DETLEV W. BELLING

# Das Günstigkeitsprinzip im Arbeitsrecht

MÜNSTERISCHE BEITRÄGE ZUR RECHTSWISSENSCHAFT

Herausgegeben im Auftrag des Fachbereichs Rechtswissenschaft
der Westfälischen Wilhelms-Universität in Münster durch die Professoren
Dr. Hans-Uwe Erichsen Dr. Helmut Kollhosser Dr. Jürgen Welp

**Band 1**

# Das Günstigkeitsprinzip im Arbeitsrecht

Von

Dr. Detlev W. Belling

M.C.L., University of Illinois

DUNCKER & HUMBLOT / BERLIN

CIP-Kurztitelaufnahme der Deutschen Bibliothek

**Belling, Detlev W.:**
Das Günstigkeitsprinzip im Arbeitsrecht / von
Detlev W. Belling. — Berlin : Duncker und Humblot,
1984.
(Münsterische Beiträge zur Rechtswissenschaft ;
Bd. 1)
ISBN 3-428-05531-4
NE: GT

D 6


**Gedruckt 1984 bei Berliner Buchdruckerei Union GmbH., Berlin 61**
**Printed in Germany**

**ISBN 3-428-05531-4**

## Vorwort der Herausgeber

Die Rechts- und Staatswissenschaftliche Fakultät der Westfälischen Wilhelms-Universität zu Münster verfügte mit den „Münsterischen Beiträgen zur Rechts- und Staatswissenschaft“ über eine Schriftenreihe, in der insgesamt 24 Werke erschienen sind. Nach der Aufgliederung der Fakultät in die Fachbereiche „Rechtswissenschaft“ und „Wirtschafts- und Sozialwissenschaften“ stellte sich die Frage, ob die Schriftenreihe in der bisherigen Form fortgeführt werden sollte. Trotz mancher noch vorhandener Gemeinsamkeiten schieden sich die Interessen der beiden Fachbereiche an diesem Punkt. Der Fachbereich Wirtschafts- und Sozialwissenschaften bevorzugt Spezialschriftenreihen für seine verschiedenen Fachrichtungen. Der Fachbereich Rechtswissenschaft empfindet hingegen weiterhin ein Bedürfnis nach einem gemeinsamen Forum zur Veröffentlichung von Arbeiten, die in der Breite des Fachbereiches entstehen. Er hat die Unterzeichner daher mit der Herausgabe einer neuen Schriftenreihe beauftragt. Als Schriftenreihe des Fachbereichs erscheint sie formal mit neuer Zählung in neuem Gewand, auch bei einem anderen Verlag. Sachlich knüpft sie aber an die Tradition der alten Fakultätsschriftenreihe an. Der Fachbereich Rechtswissenschaft nimmt auch diese Gelegenheit wahr, um den letzten Herausgebern der alten Reihe für ihre Tätigkeit herzlichen Dank zu sagen, insbesondere Herrn Kollegen Gmür in Bern für die engagierte Betreuung der juristischen Arbeiten.

*Hans Uwe Erichsen* *Helmut Kollhosser* *Jürgen Welp*

# Vorwort

Die vorliegende Untersuchung ist die nur unwesentlich ergänzte Fassung meiner Dissertation, die dem Fachbereich Rechtswissenschaft der Westfälischen Wilhelms-Universität zu Münster im Sommersemester 1983 vorlag. Sie entstand neben meiner Tätigkeit als Wissenschaftlicher Mitarbeiter am Institut für Arbeits- und Wirtschaftsrecht seit Oktober 1981.

Die Arbeit wurde am 31. Juli 1983 abgeschlossen. Rechtsprechung und Schrifttum sind bis zu diesem Zeitpunkt berücksichtigt. Es ist darauf hinzuweisen, daß demnächst der Große Senat des Bundesarbeitsgerichts aufgrund des Vorlagebeschlusses vom 8. Dezember 1982 — 5 AZR 316/81 — über das Problem der Abänderbarkeit einer arbeitsvertraglichen Einheitsregelung durch eine verschlechternde Betriebsvereinbarung befinden wird. Mit Rücksicht auf die Notwendigkeit spruchinterner vorbereitender Gutachten war bei Abschluß der vorliegenden Untersuchung weder ein Termin zur mündlichen Verhandlung anberaumt, noch war mit einem solchen Termin vor dem Jahresende zu rechnen.

Vor allem meinem verehrten Lehrer, Herrn Professor Dr. Wilfried Schlüter, Rektor der Westfälischen Wilhelms-Universität Münster, danke ich herzlich. Er hat das Thema angeregt und die Arbeit durch seine über die fachliche Beratung weit hinausgehende, stets ermutigende Betreuung sehr gefördert.

Mein besonderer Dank gilt auch Herrn Professor Dr. Hans Brox, Bundesverfassungsrichter a. D., der die Dissertation als Zweitberichterstatter begutachtet hat.

Außerdem möchte ich dem Fachbereich Rechtswissenschaft dafür danken, daß er mir die Auszeichnung zuteil werden ließ, seine neue Reihe ‚Münsterische Beiträge zur Rechtswissenschaft' zu eröffnen. Namentlich Herr Professor Dr. Helmut Kollhosser hat es ermöglicht, daß die vorliegende Untersuchung in diese Schriftenreihe aufgenommen wurde. Zu Dank bin ich schließlich Herrn Ministerialrat a. D., Professor Dr. Dr. h. c. Johannes Broermann, dem Inhaber des Verlages Duncker & Humblot, für die verlegerische Betreuung des Manuskripts verpflichtet.

Ich widme die Arbeit in Dankbarkeit meinen Eltern und meiner lieben Frau.

Münster, im Juli 1983 *Detlev W. Belling*

# Inhaltsverzeichnis

# Abkürzungsverzeichnis

| | |
|---|---|
| a. A. | anderer Ansicht |
| ABl. | Amtsblatt |
| ABlKR | Amtsblatt des Kontrollrats in Deutschland |
| ABlMR (BrZ) | Amtsblatt der Militärregierung Deutschlands, Britisches Kontrollgebiet |
| Abs. | Absatz |
| AcP | Archiv für die civilistische Praxis |
| AG | Aktiengesellschaft |
| Anm. | Anmerkung |
| AöR | Archiv des öffentlichen Rechts |
| AOG | Gesetz zur Ordnung der nationalen Arbeit |
| AP | Arbeitsrechtliche Praxis (Nachschlagewerk des Bundesarbeitsgerichts) |
| ArbGG | Arbeitsgerichtsgesetz |
| AR-Bl. | Arbeitsrecht-Blattei |
| ArbKrankhG | Gesetz zur Verbesserung der wirtschaftlichen Sicherung der Arbeiter im Krankheitsfall |
| ArbRGeg. | Das Arbeitsrecht der Gegenwart |
| Arb.R.u.Volkst. | Arbeitsrecht und Volkstum |
| ArchBürgR | Archiv für Bürgerliches Recht |
| ARSt. | Arbeitsrecht in Stichworten |
| Art. | Artikel |
| ARuSR | Arbeits- und Sozialrecht |
| Aufl. | Auflage |
| AuR | Arbeit und Recht |
| BABl. | = BArbBl. |
| BAG | Bundesarbeitsgericht |
| BAGE | Entscheidungen des Bundesarbeitsgerichts, herausgegeben von den Mitgliedern des Gerichtshofes |
| BArbBl. | Bundesarbeitsblatt |
| BayVBl. | Bayerische Verwaltungsblätter |
| BayVerf. | Verfassung des Freistaates Bayern |
| BB | Der Betriebs-Berater |
| Bd. | Band |
| BDS | Bundesverband der Selbständigen e. V. |
| Bem. | Bemerkung |
| BenshSamml. | Entscheidungen des Reichsarbeitsgerichts und der Landesarbeitsgerichte, verlegt bei Bensheimer |

| | |
|---|---|
| BetrAV | Betriebliche Altersversorgung |
| BetrAVG | Gesetz über die betriebliche Altersversorgung |
| BetrVG | Betriebsverfassungsgesetz |
| BGB | Bürgerliches Gesetzbuch |
| BGH | Bundesgerichtshof |
| BGHZ | Entscheidungssammlung für Entscheidungen des Bundesgerichtshofes in Zivilsachen, herausgegeben von den Mitgliedern des Gerichtshofes und der Bundesanwaltschaft |
| BlStSozArbR | Blätter für Steuern, Sozialversicherung und Arbeitsrecht |
| BK-GG | Kommentar zum Bonner Grundgesetz |
| BR | Bundesrat |
| BremVerf. | Verfassung der Freien Hansestadt Bremen |
| BRG | Betriebsrätegesetz |
| BT | Bundestag |
| BUrlG | Bundesurlaubsgesetz |
| BVerfGE | Entscheidungen des Bundesverfassungsgerichts, herausgegeben von den Mitgliedern des Bundesverfassungsgerichts |
| BVerwG | Bundesverwaltungsgericht |
| BVerwGE | Entscheidungen des Bundesverwaltungsgerichts, herausgegeben von den Mitgliedern des Gerichts |
| CDU | Christlich Demokratische Union |
| Ch. | Chapter |
| Co. | Company |
| DAG | Deutsche Angestelltengewerkschaft |
| DAR | Deutsches Arbeitsrecht |
| DB | Der Betrieb |
| DDR | Deutsche Demokratische Republik |
| DGB | Deutscher Gewerkschaftsbund |
| ders. | derselbe |
| dies. | dieselbe(n) |
| Dig. | Digesten |
| Diss. | Dissertation |
| DJZ | Deutsche Juristenzeitung |
| DMAN-Memo | Manpower Directorate Memorandum |
| DöD | Der öffentliche Dienst, Fachzeitschrift für Beamte und Angestellte der Verwaltung |
| DöV | Die öffentliche Verwaltung |
| DR | Deutsches Recht |
| DrdA | Das Recht der Arbeit |
| Drs. | Drucksache |
| DVBl. | Deutsches Verwaltungsblatt |

| | |
|---|---|
| EGBGB | Einführungsgesetz zum Bürgerlichen Gesetzbuch |
| Einl. | Einleitung |
| f. | folgende (Seite) |
| ff. | folgende (Seiten) |
| Fn. | Fußnote |
| Forts.-Bl. | Fortsetzungsblatt |
| GBl. | Gesetzblatt (hier: der DDR) |
| GewO | Gewerbeordnung |
| GG | Grundgesetz für die Bundesrepublik Deutschland |
| GoltdA | Archiv für Strafrecht und Strafprozeß, begründet von Goltdammer (Goldtammers Archiv) |
| GS | Großer Senat |
| GVBl. | Gesetz- und Verordnungsblatt |
| GWB | Gesetz gegen Wettbewerbsbeschränkungen |
| Halbbd. | Halbband |
| HdSW | Handwörterbuch der Sozialwissenschaften |
| HdWW | Handwörterbuch der Wirtschaftswissenschaft |
| HessVerf. | Verfassung des Landes Hessen |
| Hrsg. | Herausgeber |
| HzA | Handbuch zum Arbeitsrecht |
| Jg. | Jahrgang |
| Jherings Jahrb. | Jherings Jahrbücher für die Dogmatik des bürgerlichen Rechts |
| JR | Juristische Rundschau |
| JurA | Juristische Analysen |
| JuS | Juristische Schulung |
| JW | Juristische Wochenschrift |
| JZ | Juristenzeitung |
| KJ | Kritische Justiz |
| KSchG | Kündigungsschutzgesetz |
| LAG | Landesarbeitsgericht |
| LS | Leitsatz |
| MDR | Monatsschrift für Deutsches Recht |
| MG | Marxistische Gruppe |
| MindArbBedG | Gesetz über die Festsetzung von Mindestarbeitsbedingungen |
| MünchKomm. | Münchener Kommentar zum BGB |
| m. w. N. | mit weiteren Nachweisen |
| n. F. | neuer Fassung |
| NJW | Neue Juristische Wochenschrift |
| No. | numéro, number |
| Nr. | Nummer |
| NS | Nationalsozialismus, nationalsozialistisch |
| NSSozPol. | Monatshefte für NS-Sozialpolitik |

| | |
|---|---|
| NZfA | Neue Zeitschrift für Arbeitsrecht |
| OLG | Oberlandesgericht |
| o. Verf. | ohne Verfasserangabe |
| pr. | principium |
| RabelsZ | Rabels Zeitschrift für ausländisches und internationales Privatrecht |
| RAG | Reichsarbeitsgericht |
| RAGE | Entscheidungen des Reichsarbeitsgerichts, herausgegeben von den Mitgliedern des Gerichtshofes |
| RdA | Recht der Arbeit |
| Rdnr. | Randnummer |
| RegBl. | Regierungsblatt |
| RegBl. Württ.-Hoh. | Regierungsblatt für das Land Württemberg-Hohenzollern |
| RegE | Regierungsentwurf |
| RG | Reichsgericht |
| RGBl. | Reichsgesetzblatt |
| RGSt. | Entscheidungen des Reichsgerichts in Strafsachen, herausgegeben von den Mitgliedern des Gerichtshofes |
| RGZ | Entscheidungen des Reichsgerichts in Zivilsachen, herausgegeben von den Mitgliedern des Gerichtshofes |
| Rhld.-Pf. | Rheinland-Pfalz |
| Riv. dir. lav. | Rivista di diritto internazionale e comparata del lavoro |
| ROW | Recht in Ost und West |
| RuW | Recht und Wirtschaft |
| S. | Seite |
| SaarVerf. | Verfassung des Saarlandes |
| SAE | Sammlung Arbeitsrechtlicher Entscheidungen |
| Sächs. OVG | Sächsisches Oberverwaltungsgericht |
| SchlW | Das Schlichtungswesen, Monatsschrift für Schlichtung und Arbeitsrecht |
| SGb. | Die Sozialgerichtsbarkeit |
| SJZ | Süddeutsche Juristen-Zeitung (ab Juni 1950 = JZ) |
| Sp. | Spalte |
| SPD | Sozialdemokratische Partei Deutschlands |
| StuR | Staat und Recht |
| TV | Tarifvertrag |
| TVG | Tarifvertragsgesetz |
| TVVO | Verordnung über Tarifverträge, Arbeiter- und Angestelltenausschüsse und Schlichtung von Arbeitsstreitigkeiten |
| u. a. | unter anderen(m) |
| u. ä. | und ähnliches(m) |
| USA | United States of America |

| | |
|---|---|
| u. U. | unter Umständen |
| v. | vom |
| vs. | versus |
| VereinsG | Vereinsgesetz |
| VerfNRW | Verfassung für das Land Nordrhein-Westfalen |
| VerfRhld.-Pf. | Verfassung für Rheinland-Pfalz |
| VG | Verwaltungsgericht |
| vgl. | vergleiche |
| WeimRV | Verfassung des Deutschen Reichs v. 11. August 1919 (Weimarer Reichsverfassung) |
| WiGBl. | Gesetzblatt der Verwaltung des Vereinigten Wirtschaftsgebietes |
| WiuR | Wirtschaft und Recht |
| WM | Wertpapier-Mitteilungen |
| WürttHohBRG | Betriebsrätegesetz für das Land Württemberg-Hohenzollern |
| z. B. | zum Beispiel |
| ZfA | Zeitschrift für Arbeitsrecht |
| ZHR | Zeitschrift für das gesamte Handelsrecht und Wirtschaftsrecht |
| ZRP | Zeitschrift für Rechtspolitik |
| Ziff. | Ziffer |
| Zus. d. Verf. | Zusatz des Verfassers |

## § 1 Begriff, Funktion und Standort des Günstigkeitsprinzips

Die Freiheit des Individuums bezieht Inhalt, Maß und Sinn nur aus den natürlichen, geschichtlichen, politischen, rechtlichen und wirtschaftlichen Realitäten, welche die Freiheit beschränken und denen gegenüber sie Schutz gewähren, sich durchsetzen soll[1]. Der Arbeitsmarkt ist einer von mehreren Teilmärkten[2] in der freiheitlich und sozial orientierten marktwirtschaftlichen Ordnung der Bundesrepublik Deutschland, auf denen sich die Freiheit in besonderem Maße gegenüber solchen faktischen Einengungen bewähren muß. Der Wohnungsmarkt ist ähnlich beschaffen. Beide Märkte weisen Strukturen auf, die den Gesetzgeber um der Freiheit und Gerechtigkeit willen zu korrigierenden Eingriffen in das Marktgeschehen veranlassen mußten: Ein diesem Zweck dienendes Rechtsinstitut (im Zusammenhang mit anderen parallel wirkenden Grundsätzen) ist das *Günstigkeitsprinzip*. Es ist sowohl im Miet- als auch im Arbeitsrecht angesiedelt, ist aber hier, vor allem im Tarifrecht, besonders ausgeprägt[3].

Für den Arbeitsmarkt, wie er in der Zeit der Industrialisierung bestand, ist kennzeichnend, daß der Preis als Ausdruck für die Kauf- und Verkaufsrelation (auf dem Arbeitsmarkt Lohn genannt) kein geeignetes Mittel war, in hinreichend selbstordnender Kraft schnell und gesichert ein Gleichgewicht zwischen Angebot[4] und Nachfrage[5] und damit

---

[1] Ähnlich auch *Raiser*, L., JZ 1958, 1.

[2] Siehe hierzu *Richardi*, Kollektivgewalt, S. 116 ff., der den Unterschied zwischen Gütermarkt und Arbeitsmarkt hervorhebt. In Anlehnung an *v. Nell-Breuning*, Arbeitsmarkt, S. 32, 46 wird hier der Arbeitsmarkt als Begegnungsstätte zur Verwirklichung der von Art. 12 und 2 GG garantierten Freiheiten verstanden. So definiert, impliziert der Terminus „Arbeitsmarkt" nicht, daß Arbeit als Ware anzusehen sei. Das ist ausgeschlossen, weil der Einzelne mittels Beruf und Arbeit seine Identität findet, seine personbildende soziale Lebensaktivität entfaltet, sich bestätigt, er seine innere Sicherheit und seelische Gesundheit gewinnt — so zutreffend *Ecker*, BB 1982, 197, 198, 199. Auch *Heuss*, „Ware Arbeit", S. 231, 236 weist darauf hin, daß der Arbeitsvertrag kein individueller Kaufvertrag, bei dem die „Ware Arbeit" bzw. ihr Preis den Gesetzen von Angebot und Nachfrage unterworfen, sondern ein sozialwirtschaftliches Verhältnis eigener Ordnung sei.

[3] Vgl. *Nikisch*, Arbeitsrecht, II. Bd., S. 418.

[4] (Bestimmt durch den Umfang der arbeitsuchenden Bevölkerung).

[5] (Bestimmt durch das für die Anlegung in Arbeitskraft bereitstehende Kapital).

eine sozial ausgewogene, harmonische Gesamtordnung herzustellen[6]. Das marktwirtschaftliche Element der Freiheit — isoliert von dem des Sozialschutzes und ohne das Hinzutreten ausgleichender Mechanismen wie z. B. der Tarifautonomie — erwies sich auf dem Arbeitsmarkt vielfach nur als formal[7] und bewirkte keine gerechte Einkommensverteilung, was die sozialgeschichtlichen Erfahrungen des 19. Jahrhunderts beweisen[8]. Max Weber veranschaulicht das in seiner „Rechtssoziologie“[9]:

> „Das formale Recht eines Arbeiters, einen Arbeitsvertrag jeden beliebigen Inhalts mit jedem beliebigen Unternehmer einzugehen, bedeutet für den Arbeitsuchenden praktisch nicht die mindeste Freiheit in der eigenen Gestaltung der Arbeitsbedingungen und garantiert ihm an sich auch keinerlei Einfluß darauf. Sondern mindestens zunächst folgt daraus lediglich die Möglichkeit für den auf dem Markt Mächtigeren, in diesem Falle normalerweise den Unternehmer, diese Bedingungen nach seinem Ermessen festzusetzen, sie dem Arbeitsuchenden zur Annahme oder Ablehnung anzubieten — diesem zu oktroyieren[10].“

Eine wesentliche Ursache besteht darin, daß der Arbeitsmarkt nach Ansicht des amerikanischen Nobelpreisträgers Samuelson[11] unter anderem wegen der Ungleichheit in den Verhandlungspositionen zwischen Arbeitgeber und Arbeitnehmer[12] vom idealisierten Modell des vollständigen Wettbewerbs weit entfernt ist. Auf dem freien, „atomisierten“ Arbeitsmarkt existiert eine nicht zu leugnende strukturelle Ungleichheit der Marktmacht zwischen Anbietern und Nachfragern[13]. Wegen dieser Erscheinung wird der Arbeitsmarkt in der Volkswirtschaftslehre allgemein als „typisch unvollkommener Markt“ charakterisiert[14].

---

[6] Zur Theorie des Arbeitsmarktes in der Sicht der klassischen liberalen Nationalökonomie siehe *Smith*, Wohlstand, S. 56 - 75; *Ricardo*, Principles, Ch. V, S. 85 - 108; siehe ferner *Rüthers* in Brox / Rüthers, Arbeitskampfrecht, Rdnr. 11.

[7] So auch *Floretta*, Kollektivmacht, S. 59; *Richardi*, Kollektivgewalt, S. 113; *Karakatsanis*, Gestaltung, S. 31 f.; *Maunz / Dürig / Herzog / Scholz*, GG, Art. 9 Rdnr. 10; *v. Nell-Breuning*, Freiheit, S. 27, 30.

[8] *Köppe*, Arbeitsvertrag, S. 30 ff.; *Stahlhacke*, RdA 1959, 266; *Kramer*, „Krise“, S. 20 ff.

[9] S. 170.

[10] *Merz*, Privatautonomie, S. 6 beschreibt die Mißstände des extremen Wirtschaftsliberalismus ähnlich. Siehe auch die Darstellung der Rechtsentwicklung bei *Richardi*, Betriebsverfassung, S. 10 ff.

[11] Economics, S. 545 - 555.

[12] *Larenz*, Allgemeiner Teil, S. 48 f.; *Bührig*, RdA 1948, 11, 13; kritisch *Zöllner*, AcP 176, 221, 229ff.; *Dietz*, RdA 1949, 161, 163; *Küchenhoff*, G., AuR 1966, 321, 322.

[13] *Boelcke*, „Liberalismus“, HdWW, S. 42; *Hueck / Nipperdey / Tophoven / Stahlhacke*, TVG, Teil B Einl., S. 7; *Säcker*, Gruppenautonomie, S. 256; *Reuter*, ZfA 1975, 85, 86; *Hönn*, Kompensation, S. 197 - 199.

[14] *v. Stackelberg*, Grundlagen, S. 278; *Willeke*, HdSW, „Arbeitsmarkt“, S. 321, 326; *Geigant / Sobotka / Westphal*, Lexikon, „Arbeitsmarkt“, S. 30, 31.

Nach der rechtlichen Konzeption des 19. Jahrhunderts sollten alle Bürger gleichberechtigt befugt sein, ihr Schicksal durch freie Verträge zu gestalten, während der Staat sich aus dem Spiel der wirtschaftlichen Kräfte herauszuhalten hatte. Man versprach sich von diesem Regelungsmodell die beste und gerechteste Vertragsgestaltung[15], weil man glaubte, aus dem Zusammenspiel der Egoismen ergäbe sich das objektiv Richtige[16], ignorierte dabei aber die bestehende wirtschaftliche Ungleichheit unter den Menschen[17] oder besser (bezogen auf das Arbeitsleben) die Unvollkommenheit des Arbeitsmarktes. Die Folge davon war die bekannte Verelendung und Proletarisierung der Industriearbeiterschaft, für die die schrankenlose Vertragsfreiheit unter den konkreten wirtschaftlichen Gegebenheiten zum sozialen Joch führte. Die Vertragsfreiheit war es, durch die die Vertragsfreiheit vertraglich eingeengt wurde. Das entspricht dem allgemeinen Phänomen, daß einpolige Freiheit aus sich selbst den Zwang als ihren Gegenpol hervortreibt[18].

Ohne die Korrektur des Rechts wird unter den wirtschaftlichen Rahmenbedingungen des „unvollkommenen Marktes" die individuelle Vertragsfreiheit einseitig zu Lasten des Arbeitnehmers eingeschränkt, wenn nicht vielfach sogar aufgehoben, weil es an der für einen gegenseitigen Interessenausgleich erforderlichen Vertragsparität fehlt[19].

Radbruch[20] nahm an, daß „nur in einer Gesellschaft von lauter kleinen Eigentümern die Vertragsfreiheit eine Vertragsfreiheit für alle sein könne". Diese Ausgangssituation — im übertragenen Sinne — ist aber außer in Zeiten der Hochkonjunktur, in der ein Nachfragewettbewerb um Arbeitskräfte herrscht, im allgemeinen für den Arbeitsmarkt atypisch[21]. Wenn sich dagegen die Kontrahenten, so Radbruch[22], als „Besitzende und Besitzlose" gegenüberstehen, „wird die Vertragsfreiheit zur Diktatfreiheit des sozial Mächtigen, zur Diktathörigkeit des sozial Ohnmächtigen. Im 19. Jahrhundert spiegelte diese Situation das Verhältnis zwischen Arbeitnehmer und Arbeitgeber wider[23]. Ist ein Vertragspartner nämlich in der Lage, sich dem Wettbewerb zu entziehen, wird der Vertrag zum Instrument der Herrschaft über den an-

[15] *Hillermeier*, BB 1976, 725.

[16] *Schmidt-Rimpler*, Geschäftsgrundlage, S. 1, 6.

[17] *Dietz*, Freiheit, S. 13 f.; *Richardi*, Kollektivgewalt, S. 110; *Bänziger*, WiuR 1978, 410, 411.

[18] So sehr treffend beschrieben von *Fechner*, Freiheit, S. 73, 82 f.

[19] *Wolf*, M., ZfA 1971, 151.

[20] Rechtsphilosophie, S. 243; ders., Mensch, S. 38.

[21] Siehe auch *Acker*, Soziologie, S. 10 - 15.

[22] Rechtsphilosophie, S. 243.

[23] *Radbruch*, Einführung, S. 133.

deren Teil[24]. Die Vertragsfreiheit setzt ein gewisses Machtgleichgewicht unter den Vertragspartnern voraus[25]; anderenfalls, so schon Otto v. Gierke, ist sie „eine furchtbare Waffe in der Hand des Starken, wird sie zum Mittel der Unterdrückung des Einen durch den Anderen, der schonungslosen Ausbeutung geistiger und wirthschaftlicher Uebermacht"[26]. In dieser Situation, die der Grundauffassung unseres Rechts, vor allem des Verfassungsrechts diametral zuwiderläuft, entsteht das unabweisbare Bedürfnis, durch Einschränkungen der „juristischen Vertragsfreiheit", die nach Radbruch zur „Vertragsknechtung"[27] denaturiert, die sogenannte „soziale Vertragsfreiheit" wiederherzustellen — gemeint sind Regelungen, die zwar formell die Autonomie beschränken, materiell aber ihrer Sicherung dienen[28]. Diesem Gebot ist das deutsche Verfassungs- und Privatrecht weitgehend gerecht geworden: Nicht nur ist die gegenwärtige deutsche Verfassung als Ganzes von der liberal-individualistischen Konzeption der Verfassung des 19. Jahrhunderts abgerückt und hat einen sozialgebundenen Liberalismus proklamiert[29], einen sozialen Rechtsstaat begründet[30]; auch die Vertragsfreiheit unterliegt heute fast unbestritten denjenigen Gemeinwohlbindungen, die das Sozialstaatsprinzip der Art. 20 Abs. 1, 28 Abs. 1 GG fordert[31]. Denn die Freiheitsgarantie des Art. 2 Abs. 1 GG, die die Vertragsfreiheit einschließt[32], und das Sozialstaatsprinzip bilden eine sich gegenseitig durchdringende Einheit[33], wobei zwischen dem Schutz der

---

[24] *Raiser*, JZ 1958, 3; *Scherrer*, Vertragsfreiheit, S. 39 ff.; *Weitnauer*, Schutz, S. 19 f.; *Gamillscheg*, AcP 164, 385, 412 f.; *Grunsky*, Vertragsfreiheit, S. 237, 245 ff. weist allerdings zu Recht darauf hin, daß es für das Funktionieren der Vertragsfreiheit nicht sehr erheblich ist, ob die miteinander verhandelnden Partner gleich stark sind, sondern darauf, ob der Markt insgesamt ausgeglichen ist: Anbieter und Nachfrager müssen jeweils zusammengenommen eine der Gegenseite vergleichbare Wirtschaftskraft darstellen.

[25] *Staudinger / Dilcher*, BGB, § 138 Rdnr. 20; BAG, AP Nr. 156 zu § 242 BGB Ruhegehalt; *Gast*, Tarifautonomie, S. 4 verwendet den Terminus „Machtsymmetrie"; kritisch hingegen *Wolf*, E., Aussperrung, S. 314 ff.

[26] Soziale Aufgabe, S. 28 f.; ferner die Ausführungen des Reichstagsabgeordneten *Enneccerus*, Stenographische Berichte über die Verhandlungen des Reichstags, IX. Legislaturperiode, II. Session, 1893/94, S. 870 D.

[27] Rechtsphilosophie, S. 243.

[28] *Merz*, Privatautonomie, S. 15.

[29] *Schnorr*, Kollektivmacht, S. 229, 238.

[30] *Menger*, Sozialer Rechtsstaat, S. 18 ff.; *Forsthoff*, Sozialer Rechtsstaat, S. 145 - 164; *Bachof*, Sozialer Rechtsstaat, S. 201 - 258.

[31] *Maunz / Dürig / Herzog / Scholz*, GG, Art. 2, Rdnr. 60; BVerfGE 8, 274, 329; 21, 90, 91; *Nikisch*, Arbeitsrecht, II. Bd., S. 420; kritisch *Wolf*, M., Entscheidungsfreiheit, S. 56.

[32] Siehe hierzu § 3 III B 2.

[33] *Raiser*, L., JZ 1958, 1, 5 f.; die Synthese von Freiheit und sozialer Bindung kam auch schon in der „Declaration of Philadelphia concerning the Aims and Purposes of the International Labour Organization", Abschnitt II.

Freiheit des Einzelnen und den Anforderungen der sozialstaatlichen Ordnung eine unaufhebbare und grundsätzliche Spannungslage besteht[34]. Die Entwicklung des kollektiven Arbeitsrechts und die für das sinnnvolle Funktionieren des Arbeitsmarkts notwendige[35] Schaffung einer wirtschaftlich-sozialen Selbstverwaltung durch die Tarifpartner (Art. 9 Abs. 3 GG) finden in diesem Gebot ihre Grundlage. Die individuelle Selbstbestimmung ist überall dort, wo sie in der liberalen Zeit zu Fehlentwicklungen geführt hat, durch die kollektive Selbstbestimmung, die Koalitionsfreiheit, ersetzt worden[36]. Sie erhält ihre historische und funktionale Legitimation vorrangig aufgrund der nicht gegebenen Funktionsfähigkeit der Arbeitsvertragsfreiheit[37]. Wie Säcker[38] zutreffend feststellt, hat sich die Koalitionsfreiheit als für beide Seiten des Arbeitsmarktes reale Freiheit verbürgendes Ordnungsmodell herausgestellt. Im Hinblick auf die inhaltliche Gestaltung des Arbeitsvertrages verhindert die zwingende Wirkung des Tarifvertrags (§ 4 Abs. 1 TVG) jede Form der „Vertragsknechtung"[39]. Dem tarifgebundenen Arbeitnehmer wird die Gestaltungsmöglichkeit seines Arbeitsvertrags in dem Maße entzogen und auf die Tarifvertragsparteien übertragen, wie der Gesetzgeber annimmt, daß ein gerechter Interessenausgleich[40], der das Ziel zumindest eines jeden Arbeitsvertrags ist und sich vor allem durch einen „gerechten Lohn"[41] äußert, aufgrund der Bedingungen des

a., vom 10. 5. 1944 zum Ausdruck: „All human beings irrespective of trade, creed or sex, have the right to pursue both their material wellbeing and their spiritual development in conditions of freedom and dignity of economic security and equal opportunity." — Zitiert nach *Sauer*, Völkerrecht, S. 401, 402.

[34] BVerfGE 10, 354, 371 f.; 18, 257, 267; siehe ferner BAG AP Nr. 3 zu Art. 24 VerfNRW.

[35] *Weitnauer*, Schutz, S. 20. Auch Erdmann hält es für eine Illusion zu glauben, man könne in der zweiten Hälfte des 20. Jahrhunderts auf ausschließlich individuelle Regelungen der Arbeitsbeziehungen zurückgreifen. Er sieht nur die Alternative zwischen staatlichem Dirigismus und wirtschaftlich-sozialer Selbstverwaltung durch die Koalitionen, wobei in einer privatwirtschaftlichen auf der Privatautonomie beruhenden Ordnung der Selbstverwaltung zweifelsfrei der Vorrang gebührt. — *Erdmann*, Koalitionsfreiheit, S. 93, 94.

[36] *Hueck*, A., Freiheit, S. 187, 203.

[37] *Bieback*, ZfA 1979, 453, 477.

[38] RdA 1969, 291, 302.

[39] Ähnlich *Nikisch*, Arbeitsrecht, II. Bd., S. 418; ders., RdA 1948, 4, 5.

[40] Zur Bedeutung der „materiellen Vertragsgerechtigkeit" siehe *Schmidt-Rimpler*, AcP 147, 130 ff.; *Raiser*, L., Vertragsfunktion, S. 101, 129 ff.; *Wolf*, M., Entscheidungsfreiheit, S. 31 - 74; *Bartholomeyczik*, AcP 166, 30, 53 ff.; kritisch *Flume*, AcP 161, 52, 53; ders., Allgemeiner Teil, 2. Bd., S. 7 f.

[41] Daß es sich bei diesem Begriff um einen „normativen Idealtypus", also um ein nicht vollständig erreichbares Zielbild handelt (vgl. *Larenz*, Methodenlehre, S. 446), worauf *Richardi*, RdA 1969, 234 hinweist, mindert nicht den Wert dieses Begriffs als Legitimationsgrund für die Tarifautonomie. *Papst Johannes Paul II.*, Menschliche Arbeit, S. 72 f., bezeichnet die gerechte Be-

Arbeitsmarkts nur auf der kollektiven Ebene durch die Sozialpartner erfolgen kann. Dem einzelnen Arbeitnehmer verbleibt zwar die Abschlußfreiheit[42]; der Gestaltung des einmal begründeten Arbeitsverhältnisses sind jedoch zum Schutz der „notorisch schwächeren Vertragspartei“[43] enge Grenzen gesetzt. Nach dem Grundsatz der Unabdingbarkeit von Tarifnormen sind arbeitsvertragliche Vereinbarungen, die von den Regelungen des Tarifvertrags zum Nachteil der Arbeitnehmer abweichen, unwirksam[44]. Die ungünstigeren arbeitsvertraglichen Regelungen werden durch die Normen des Tarifvertrags verdrängt, die als objektives, ergänzendes Privatrecht unmittelbar und zwingend den Inhalt, den Abschluß oder die Beendigung von Arbeitsverhältnissen ordnen (§ 4 Abs. 1 TVG)[45]. In der Kollision zwischen Arbeitsvertrag und Tarifvertrag erweist sich dieser hier als übergeordnete, beherrschende Rechtsquelle, die den Individualvertrag verdrängt. Durch dieses Prinzip wird ausgeschlossen, daß die grundsätzlich schwächere Position, die der Arbeitnehmer ohne die Möglichkeit des verbandsmäßigen Zusammenschlusses und der kollektiven Gestaltung der Arbeits- und Wirtschaftsbedingungen einnehmen würde, dazu ausgenutzt werden könnte, ihm offensichtlich unausgewogene Vereinbarungen aufzuzwingen[46]. Nach Ansicht von Ramm[47] kann die Unabdingbarkeit der Tarifbestimmungen allein als Schutzmaßnahme zugunsten der Arbeitnehmer erklärt werden.

Dieser Schutzmechanismus beschränkte sich allerdings selbst, beanspruchte er absolut, d. h. ausnahmslos Geltung. Wäre dem tarifgebundenen Arbeitnehmer jede Einwirkung auf den Inhalt seines Arbeitsvertrages entzogen, so könnte ihm zwar kein unbilliger Lohn mehr aufgezwungen werden; andererseits wären aber die Vereinbarungen der Tarifpartner für ihn das letzte Wort. Der einzelne Arbeitnehmer könnte überhaupt nur verbandsintern, d. h. durch die Ausübung seiner Mitgliedschaftsrechte in der Gewerkschaft, also nur höchst mittelbar,

---

zahlung zutreffend als „Prüfstein für die Gerechtigkeit des gesamten sozioökonomischen Systems und für sein rechtes Funktionieren“.

[42] Diese unterliegt durch § 99 BetrVG gelegentlich allerdings auch gewissen Einschränkungen, vgl. *Gaede*, Bindungen, S. 141 - 145, wenngleich nach der Rechtsprechung des BAG, SAE 1982, 149 LS. 3; SAE 1982, 154 LS. 2, ein ohne Zustimmung des Betriebs- oder Personalrats mit einem Bewerber abgeschlossener Arbeitsvertrag voll wirksam ist.

[43] *Raiser, L.*, JZ 1958, 1, 3; *Merz*, Privatautonomie, S. 15.

[44] *Isele*, JR 1960, 289, 291; *Schelp*, DB 1962, 1242; *Nikisch*, RdA 1953, 81, 83 weist auf die weitere Bedeutung des Unabdingbarkeitsgrundsatzes als Konkurrenzschutz gegenüber nicht tarifgebundenen Arbeitnehmern hin.

[45] *Nipperdey*, RdA 1949, 81, 86.

[46] *Nikisch*, Arbeitsrecht, II. Bd., S. 420; *Bührig*, RdA 1948, 11, 13; *Butz*, DB 1953, 400.

[47] JZ 1962, 78, 82.

auf seine Arbeitsbedingungen Einfluß zu nehmen suchen. Da die Tarifnormen aufgrund ihrer Ordnungsfunktion[48] stets nur eine abstrakt-generelle Ordnung zu schaffen vermögen[49], die an typische Tatbestände anknüpft, um die Idee der Gleichheit zu verwirklichen[50], müßten Aspekte, die den Arbeitnehmer in seiner Individualität auszeichnen, vollkommen unberücksichtigt bleiben. Die Folge wäre eine Majorisierung und allgemeine Nivellierung durch die Gleichbehandlung auch ungleicher (vor allem Leistungs-)Tatbestände[51], was im Widerspruch zur eigentlichen Zielsetzung der kollektiven Vertretung stünde: nämlich dem Schutzbedürfnis des Arbeitnehmers zu dienen, die Autonomie und Freiheit des Einzelnen, die „soziale Vertragsfreiheit" im Radbruchschen Sinn[52] im Wege der Verstärkung der Verhandlungsposition durch den kollektiven Vertragsschluß wiederherzustellen. Zu Recht weisen Stahlhacke[53], Bulla[54] und besonders eingehend Karakatsanis[55] darauf hin, daß die Verbände dem Einzelnen und dem Schutz seiner Persönlichkeitsentfaltung dienen und nicht etwa um ihrer selbst willen da sind. Es liegt auf der Hand, daß die Tarifautonomie, die den Arbeitnehmer aus seiner für das 19. Jahrhundert typischen wirtschaftlichen Unterlegenheit und der sich daraus ergebenden sozialen Abhängigkeit befreit hat, nicht zu einem Mittel seiner Entmündigung entarten darf[56]. Die „Vertragsknechtung" würde sonst durch die „Verbandsknechtung" ersetzt werden[57]. Davor ist besonders zu warnen, weil die gesetzliche

---

[48] *Siebert*, Kollektivnorm, S. 119, 122; *Karakatsanis*, Gestaltung, S. 33.

[49] *Hilger*, Einfluß, F 16; *Karakatsanis*, Gestaltung, S. 51; kritisch *Schmidt*, O., RdA 1960, 288, 290 f.

[50] *Adomeit*, RdA 1967, 297, 299; *Küchenhoff*, G., AuR 1966, 321, 322.

[51] Dagegen wandte sich zu Recht die Bundesvereinigung der Deutschen Arbeitgeberverbände in ihren „Gedanken zur sozialen Ordnung", wo es unter Punkt XV. (S. 11) heißt: „... jeder Schematismus verkennt die lebengesetzlichen Unterschiede der Menschen, ihrer Begabung, ihrer Leistungsfähigkeit und ihres Leistungswillens. Es gibt keine gesunde soziale Ordnung, die nicht in der Leistung verankert wäre." Es widerspricht auch der Auffassung vom Menschen, wie sie unserem politischen System zugrundeliegt, von einer absoluten Gleichheit in physischer, psychischer, charakterlicher und leistungsmäßiger Hinsicht auszugehen. — Siehe auch *Laufer*, Freiheit, S. 337, 347.

[52] Niperdey gebraucht die Wendung „reale Vertragsfreiheit". — *Nipperdey*, Freie Entfaltung, S. 741, 756; *Hueck / Nipperdey*, Arbeitsrecht, 2. Bd., 1. Halbbd., S. 392, 395; ähnlich *Säcker*, Gruppenautonomie, S. 237.

[53] RdA 1959, 266.

[54] RdA 1962, 6, 12.

[55] Gestaltung, S. 67 f. mit zahlreichen weiteren Hinweisen.

[56] *Riezler*, ArchBürgR, Bd. 27 (1906), 219, 250.

[57] Auf die Macht der Organisationen als einen die Freiheitsgrade des Einzelnen bedrohenden Faktor weisen auch die Soziologen *Bolte* und *Aschenbrenner*, Gesellschaftliche Situation, S. 28 hin; ebenso *Hueck / Nipperdey / Tophoven / Stahlhacke*, TVG, § 1 Rdnr. 157; *Hedemann*, BB 1948, 577, 578; *Oertmann*, JW 1925, 2420, 2421; *Nikisch*, Arbeitsrecht, II. Bd., S. 292.

Begründung sozialer Machtpositionen regelmäßig auch die Versuchung zur Denaturierung oder zum Mißbrauch der rechtlichen Befugnisse auslöst[58]. Der Vorrang des Kollektivrechts und der damit verbundene Eingriff in die Individualsphäre darf daher gerade nur so weit gehen, wie es der Schutzzweck der sozialen Kollektivregelung erfordert[59].

Das Grundgesetz räumt in Art. 1 der Würde des Menschen die zentrale, das gesamte Recht beherrschende Stellung ein, ergänzt durch die Garantie der freien Entfaltung der Persönlichkeit nach Art. 2 Abs. 1 GG[60]. Um dieser grundlegenden Wertung zu entsprechen und die skizzierte Zielsetzung der Tarifautonomie nicht zu verfehlen, müssen der kollektiven Beeinflussung des Arbeitsverhältnisses durch die nicht nur gegenüber staatlicher, sondern auch gegenüber sozialer Macht geltende[61] Freiheit zu individueller Gestaltung Grenzen gezogen werden[62]. Das Tarifvertragsgesetz muß daher neben der im Unabdingbarkeitsprinzip verkörperten sozialen Komponente auch eine freiheitliche Komponente aufweisen[63]. Diese bildet das in § 4 Abs. 3 TVG niedergelegte Günstigkeitsprinzip durch die Garantie des Einzelarbeitsvertrags als selbständiges Gestaltungsmittel neben dem Tarifvertrag[64]: Es betrifft den Fall, daß ein Arbeitnehmer für sein Arbeitsverhältnis günstigere Bedingungen zu erzielen vermag, als sich aus dem für ihn anwendbaren Tarifvertrag ergeben würden, und bestimmt hierfür, daß diese individualrechtlichen Vereinbarungen denen des Tarifvertrags vorgehen. Es schränkt damit den Grundsatz der Unabdingbarkeit von Tarifnormen ein, indem es diesen eine nur einseitig zwingende Normwirkung zuweist, allerdings nur unter der Voraussetzung, daß die Rechtsstellung der geschützten Person, des Arbeitnehmers, im Vergleich zur Norm verbessert wird. Der im Prinzip der Unabdingbarkeit verkörperte Normzweck ist nämlich erfüllt, wenn es dem Arbeitnehmer aus eigener Kraft gelingt, günstigere Arbeitsbedingungen zu erzielen[65]. Das Günstigkeitsprinzip ist zugleich ein Spezialitätsprinzip, indem es die speziellere, individuelle Sonderabmachung gegenüber der generellen Ordnung des Tarifvertrags durchdringen läßt, vorausgesetzt, daß der Arbeitnehmer dadurch begünstigt wird[66].

---

[58] *Rüthers*, RdA 1976, 61, 63.

[59] Ähnlich *Papritz* Günstigkeitsprinzip, S. 25; *Biedenkopf*, Grenzen, S. 75.

[60] BVerfGE 7, 377, 405; *Karakatsanis*, Gestaltung, S. 135 f.

[61] *Gamillscheg*, AcP 164, 385, 408.

[62] *Hueck*, G., Gestaltung S. 203, 204; *Isele*, JR 1960, 289, 290.

[63] *Kreis*, RdA 1961, 97, 98.

[64] *Richardi*, Kollektivgewalt, S. 360; *Siebert*, Kollektivnorm, S. 119, 124.

[65] Siehe auch *Biedenkopf*, Grenzen, S. 75.

[66] *Nipperdey*, Mindestbedingungen, S. 257, 264; *Siebert*, Kollektivnorm, S. 119, 122.

Unbestritten bilden der Grundsatz der Unabdingbarkeit der Tarifnorm und das Günstigkeitprinzip eine Einheit, wenngleich beide Grundsätze in § 4 Abs. 1 und Abs. 3 TVG vom Gesetzgeber getrennt geregelt wurden. Sie stehen nicht im Verhältnis von Regel zu beschränkender Ausnahme[67]; das Günstigkeitsprinzip ist auch kein Vorbehalt zugunsten der Vertragsfreiheit[68], worauf Wlotzke bereits überzeugend hingewiesen hat[69]. Durch den Zusammenschluß der Arbeitnehmer und den kollektiven, unmittelbar bindenden Vertragsschluß ist die Privatautonomie nämlich nicht beseitigt, sondern durch einen vom Willen der Betroffenen getragenen Funktionswandel als Teil der Gruppenautonomie auf höherer Ebene wiedergewonnen worden[70]. Sowohl der Regelung der tariflichen als auch der übertariflichen Arbeitsbedingungen liegt daher eine echte Vertragsfreiheit zugrunde, ohne daß der Unabdingbarkeitsgrundsatz mit einem Vorbehalt zugunsten der Vertragsfreiheit versehen werden müßte[71]. Die Vertragsfreiheit der Gruppe ist vielmehr mit einem Vorbehalt zugunsten der Vertragsfreiheit des Einzelnen ausgestattet. Ob das Günstigkeitsprinzip demgegenüber als „Durchbrechungsmöglichkeit"[72] oder als „Kehrseite der Unabdingbarkeit"[73] zutreffend bestimmt wird, erscheint fraglich. Der Unabdingbarkeitsgrundsatz und das Günstigkeitsprinzip verfolgen einander ergänzend denselben Zweck. Sie dienen vorrangig dem Schutz des Arbeitnehmers. Das kann grundsätzlich entweder durch die Tarifnorm oder den Arbeitsvertrag bzw. entweder über den Unabdingbarkeitsgrundsatz oder über das Günstigkeitsprinzip erreicht werden. Die wirtschaftlichen Rahmenbedingungen

---

[67] Ebenso *Kreis*, RdA 1961, 97, 98; a. A. aber *Hueck*, A., Recht, S. 118 ff.; *Nipperdey*, Tarifrecht, S. 8; *Kronenberg*, Ausnahmen, S. 12 ff.; *Biedenkopf*, Grenzen, S. 75, 147.

[68] So *Jacobi*, Grundlehren, S. 232; *Schmidt*, A., Unabdingbarkeit, S. 26; *Schichtel*, Grenzen, S. 14 f.; *Bänziger*, Effektivklausel, S. 47; *Biedenkopf*, Auswirkungen, S. 79, 90 f.; *Säcker*, Gruppenautonomie, S. 293.

[69] Günstigkeitsprinzip, S. 16.

[70] Ebenso *Rüthers*, JurA 1970, 85 (ARuSR 3), 104 (ARuSR 22); ders., in Brox / Rüthers, Arbeitskampfrecht, Rdnr. 12; *Bänziger*, WiuR 1978, 410, 411; ähnlich auch *Däubler / Hege*, Tarifvertragsrecht, S. 57, die die Tarifautonomie als Fortsetzung der individuellen Vertragsfreiheit mit anderen Mitteln und auf anderer Ebene ansehen. Es handelt sich um „assoziierte Vertragsfreiheit" — so auch *Gast*, Tarifautonomie, S. 7. Das verkennt *Karakatsanis*, Gestaltung, S. 27, wenn er ausführt, daß die Kollektivautonomie zur Aufhebung der Privatautonomie führe. Lediglich unter der Geltung des AOG war die Vertragsfreiheit durch die einseitig zwingende Wirkung der Normen von Tarif- und Betriebsordnungen insoweit grundsätzlich beseitigt — ebenso *Nipperdey*, Mindestbedingungen, S. 257. Da es keine Koalitionen mehr gab, gingen diese Normen nämlich nicht aus einer „assoziierten Vertragsfreiheit" hervor.

[71] *Floretta*, Kollektivmacht, S. 59, 62 für das österreichische Recht.

[72] *Kaskel / Dersch*, Arbeitsrecht, S. 81.

[73] *Wlotzke*, Günstigkeitsprinzip, S. 15; zustimmend *Herschel*, RdA 1969, 211, 214; siehe auch § 2 I.

des Arbeitsmarkts sprechen häufig eher für die Kollektivnorm. Deshalb genießt sie auch als höherrangige Rechtsquelle in der Regel den Vorrang vor dem Arbeitsvertrag. Die Einheit der Zielsetzung begründet jedoch eine *Optimierungsaufgabe:* Jedes der beiden Rechtsinstitute muß das jeweils andere auf den ihm nach seinem Sinngehalt zukommenden Anwendungsbereich beschränken, damit beide zu optimaler Wirksamkeit gelangen können. In diesem Verhältnis, das man als „praktische Konkordanz"[74] bezeichnen kann, stehen Unabdingbarkeitsgrundsatz und Günstigkeitsprinzip zueinander[75]. Damit ist allerdings lediglich eine Wechselbezüglichkeit zweier Variablen beschrieben, ohne eine konkrete Leitlinie anzugeben, wann im Einzelfall der Arbeitsvertrag den Tarifvertrag überwindet. Das hat das Tarifvertragsgesetz weitgehend offengelassen[76]. Denn es konkretisiert nicht den unbestimmten Rechtsbegriff der Günstigkeit. Es ist unter anderem Aufgabe der vorliegenden Arbeit, einige methodische Grundsätze zur Ermittlung der Günstigkeit aufzustellen.

Ein Ausblick auf das Internationale Privatrecht zeigt, welch große Bedeutung der Konkretisierung des Günstigkeitsbegriffs beizumessen ist. Der Gedanke der Begünstigung spielt bei der Suche nach dem in einem Fall mit Auslandsberührung anzuwendenden nationalen Recht seit langem eine nicht zu übersehende Rolle: z. B. in Art. 11 Abs. 1 Satz 2 EGBGB sowie der Rechtsprechung zum Deliktsrecht, die seit einer Entscheidung des Reichsgerichts[77] aus dem Jahre 1888 zugunsten des Verletzten alternativ das Recht des Handlungs- oder Erfolgsortes anwendet[78]. Einer Ausweitung des Günstigkeitsprinzips im Zuge einer

[74] *Hesse,* Verfassungsrecht, Rdnr. 72.

[75] Das spiegelt sich in der heutigen volkswirtschaftlichen Struktur des Arbeitsmarktes als „morphologisch zweistufiges Gebilde" wider: Auf der ersten Stufe begegnen sich die Tarifpartner und handeln für ihre Mitglieder unmittelbar und zwingend die im Tarifvertrag festgelegten Arbeitsbedingungen aus (Marktform des bilateralen Monopols). Auf der zweiten Stufe herrscht beiderseitiger Wettbewerb. Die einzelnen Arbeitnehmer vereinbaren mit ihren Arbeitgebern die durch den Tarifvertrag vornormierten individuellen Arbeitsbedingungen. — *Geigant / Sobotka / Westphal,* Lexikon, „Arbeitsmarkt", S. 30, 31; vgl. auch *v. Nell-Breuning,* Freiheit, S. 27, 31; *Koppensteiner,* Konzertierte Aktion, S. 229, 253; *Steuer,* Tarifautonomie, S. 303, 310.

[76] Die Tarifvertragsordnung vom 23. Dezember 1918 war ebenso unbestimmt, was *Hueck,* A., RuW 1920, 157; ders., SchlW 1924, 183 als Mangel kritisierte. *Sinzheimer,* Arbeitstarifgesetz, S. 114 hatte schon im Jahr 1916 gefordert, daß das Gesetz konkretisieren solle, was unter günstigeren Arbeitsbedingungen zu verstehen sei. *Richardi,* Kollektivgewalt, S. 380 weist allerdings darauf hin, daß ein enumerativer Ausspruch des Gesetzes einer sachgerechten Lösung im Einzelfall kaum zuträglich sei und die Zweifelsfragen nur einer interpretativen Betrachtung zuschieben würde.

[77] RGZ 23, 305; ebenso BGH WM 1964, 947, 949; 1981, 548, 549.

[78] Siehe allgemein zum sogenannten „better-law approach" *Raape / Sturm,* Internationales Privatrecht, S. 9 f.; die Erscheinungsformen des Günstig-

allgemeinen „Materialisierung“ des Internationalen Privatrechts wird vor allem das Argument entgegengehalten, der nationale Richter sei kaum in der Lage zu beurteilen, welches Recht den Schutz des Schwachen am besten fördere, ihn mithin begünstige, der allgemeinen Gerechtigkeit am ehesten entspreche[79]. Daraus läßt sich ablesen, daß die praktische Bedeutung und der rechtliche Stellenwert des Günstigkeitsprinzips ganz entscheidend davon abhängen, inwieweit der Günstigkeitsbegriff bestimmbar ist. In dem Maße nämlich, in dem er sich einer Konkretisierung entzieht, was im Internationalen Privatrecht sicher stärker der Fall sein wird als im Tarifrecht, entwickelt er sich zu einer unbrauchbaren, Willkür zulassenden Leerformel.

---

keitsprinzips im internationalen Privatrecht werden eingehend von *Mühl*, Lehre, S. 101 - 126 erörtert.

[79] *Neuhaus*, RabelsZ 35 (1971), 401, 415; ders., Entwicklungen, S. 23, 25; siehe besonders *Mühl*, Lehre, S. 135 - 138.

## § 2 Die geschichtliche Entwicklung des Günstigkeitsgedankens

Der Grundsatz der Unabdingbarkeit von Tarifnormen und das Günstigkeitsprinzip wurden als zwei reziproke, sich gegenseitig ergänzende und zugleich beschränkende Rechtsinstitute mit dem einheitlichen Ziel gekennzeichnet, die rechtliche, wirtschaftliche und soziale Autonomie des Arbeitnehmers optimal zu sichern. Die Richtigkeit dieser Annahme und die innere Bedeutung beider Prinzipien als sich wandelnde Elemente des modernen Arbeitsrechts werden durch deren geschichtliche Entwicklung verdeutlicht. Das Günstigkeitsprinzip konnte nur unter zwei Voraussetzungen Bedeutung erlangen: Es müssen zunächst zwei Rechtsquellen verschiedenen Ranges gegeben sein, so daß eine Kollisionslage entstehen kann; außerdem darf die höherrangige Rechtsquelle nicht ausnahmslos verbindlich sein. Fehlt eine dieser Voraussetzungen, so besteht für das Günstigkeitsprinzip kein Raum. Es gilt daher nicht zwischen gleichrangigen arbeitsrechtlichen Gestaltungsfaktoren, also beispielsweise nicht, wenn ein Tarifvertrag ausläuft und ein neuer an seine Stelle tritt[1] oder wenn eine Betriebsvereinbarung endet und durch eine andere ersetzt wird[2]. Ist die höherrangige Rechtsquelle zwingend und abschließend, so ist jede Abweichungsmöglichkeit, unter welchen Umständen und mit welchem Ergebnis auch immer, von vornherein ausgeschlossen. Ein solches Verhältnis zweier Rechtsquellen zueinander gilt typischerweise zwischen Betriebsvereinbarung und Tarifvertrag[3]. Die Anerkennung rangmäßig abgestufter, normativ wirkender Rechtsquellen zwischen Gesetz und Vertrag stellt einen der wesentlichsten Marksteine des modernen Arbeitsrechts auf dem Weg zu einem eigenständigen Rechtsgebiet neben dem Bürgerlichen Recht dar. Indem sich das Mietrecht im Rahmen des sozialen Mieterschutzes später ebenfalls des Günstigkeitsprinzips bediente, wirkte sogar das inzwischen weitgehend verselbständigte Arbeitsrecht auf das Bürgerliche Recht zurück.

---

[1] BAG AP Nr. 5 zu § 9 TVG; BAG AP Nr. 11 zu § 4 TVG Günstigkeitsprinzip; BAG DB 1983, 944, 945; auch schon RAG BenshSamml. 45, 123; RAG BenshSamml. 40, 443, 454 generell für Gesamtregelungen.

[2] BAG AP Nr. 1 zu § 57 BetrVG 1952; BAG AP Nr. 142 zu § 242 BGB; BAG AP Nr. 5 zu § 57 BetrVG 1952; BAG AP Nr. 12 zu § 112 BetrVG; *Dietz / Richardi*, BetrVG, Bd. 2, § 77 Rdnr. 118.

[3] Siehe hierzu § 5 IV.

## I. Die Zeit von der zweiten Hälfte des 19. Jahrhunderts bis zum Inkrafttreten der Tarifvertragsverordnung vom 23. Dezember 1918

Die erste der beiden genannten Voraussetzungen wurde durch die Entwicklung des Tarifvertrages seit etwa der Mitte des 19. Jahrhunderts erfüllt. Wenngleich sich tarifvertragliche Gebilde bis in das 14. Jahrhundert[4] zurückverfolgen lassen, so ist dennoch der moderne Tarifvertrag das Ergebnis der durch den Liberalismus geprägten Staats- und Wirtschaftsordnungen des 19. Jahrhunderts, der seinerseits im Rationalismus und der Aufklärung des 18. Jahrhunderts fußte[5]. Vor allem die französische Aufklärungsphilosophie betonte die Überzeugung vom „Primat des autonomen Individuums" und rechtfertigte den Autonomieanspruch des Individuums mit der Lehre von seinen vorstaatlichen Rechten und Pflichten (Rousseau: „L'homme est né libre."). Von hier war es nur ein kurzer Schritt zu der Forderung nach einer von staatlicher Lenkung und Reglementierung befreiten (ständelosen) Wirtschaft („Laissez faire, laissez passer, le monde va de lui-même"[6]). Die schrankenlose Vertragsfreiheit war eines der prägnantesten Ergebnisse dieser Geistesrichtung. Wie bereits eingangs dargestellt, zog es allerdings zunächst die unheilvollste Konsequenz in Gestalt der sogenannten „sozialen Frage"[7] nach sich und faßte in den Augen Otto v. Gierkes lediglich „unter dem Schein einer Friedensordnung das bellum omnium contra omnes in legale Formen"[8].

Zur Verbesserung der erschütternden Lage der Arbeiterbevölkerung boten sich drei vertragsrechtliche Reformkonzepte an: die wirtschaftsrechtliche Intervention, das Abstecken von immanenten Grenzen der Vertragsfreiheit und die Förderung von Gegenmacht[9] durch die Bildung von Angebotskartellen der Arbeitskraft[10], wobei letzteres als Ausdruck

[4] z. B. Lohnvereinbarung mit den Webergesellen zu Speyer, 1351, abgedruckt in: *Ebel*, Quellen, S. 29; siehe auch *Rüthers* in Brox / Rüthers, Arbeitskampfrecht, Rdnr. 2.

[5] *Boelcke*, „Liberalismus", HdWW, S. 32 - 47.

[6] Siehe hierzu *Oncken*, Maxime, S. 80; die Einführung des Satzes „Le monde va de lui-même" in die Volkswirtschaft dürfte Mirabeau zuzuschreiben sein. Eine der frühesten Quellen, auf die dieser Satz zurückgeht, ist ein anonymer Brief, abgedruckt im Journal Economique, notes et avis sur les art..., Paris, April 1751, S. 107, 111, demzufolge Kaufleute gegenüber Colbert die Forderung erhoben: „Laissez-nous faire". Zum deutschen Wirtschaftsliberalismus am Ende des 19. Jahrhunderts siehe *Benöhr*, ZfA 1977, 187 ff.

[7] Statt vieler *v. Mohl*, Politik, S. 509 - 605.

[8] Soziale Aufgabe, S. 29.

[9] *Kramer*, Krise, S. 35.

[10] *v. Nell-Breuning*, Gewerkschaften, S. 150, 157; *Vischer*, Gesamtarbeitsvertrag, S. 395, 402 f.; zutreffend führt *Rüthers* in Brox / Rüthers, Arbeitskampfrecht, Rdnr. 11 aus, daß Art. 9 Abs. 3 GG wie zuvor schon Art. 159

von Selbsthilfe, d. h. der Subsidiarität staatlichen Handelns, liberalem Denken am meisten entsprach; es begann daher für das Problem der Austauschgerechtigkeit die gestellte Aufgabe zu übernehmen. Robert v. Mohl und Lorenz v. Stein gaben in der Rechtswissenschaft die ersten Impulse für die rechtliche Billigung von Arbeitervereinen, die auf die Schaffung erträglicherer Arbeitsbedingungen abzielten[11]. Im Jahre 1869 wurden durch § 152 GewO die einzelstaatlichen Verbote und speziellen Straftatbestände gegen Arbeitgeber und Arbeitnehmer „wegen Verabredungen und Vereinigungen zum Berufe der Erlangung günstiger Lohn- und Arbeitsbedingungen, insbesondere mittels Einstellung der Arbeit oder Entlassung der Arbeiter“[12] aufgehoben. Der erste bemerkenswerte Ansatz auf diesem von Ullmann eingehend beschriebenen Weg[13] war ein Tarifvertrag der Breslauer Buchdrucker im Jahre 1848[14]. Krahl[15] bezeichnete die Breslauer Buchdrucker als „in ihrer Art die ersten Verkünder der Tarifgemeinschaft“. Es folgten

---

WeimRV „eine Art verfassungsrechtlicher Kartellgarantie“ schafft; ders., ZfA 1982, 237, 238 f.

[11] So schrieb *v. Mohl* im Jahre 1866: „... da Verabredungen über die Gegenstände (gemeint sind Abreden über den Lohn und sonstige Arbeitsbedingungen, Zus. d. Verf.) dem Unternehmer nicht untersagt sein sollen ..., sie jedenfalls thatsächlich nicht verhindert werden können“, ist „unläugbar die Gestattung einer gemeinschaftlichen Gegenwirkung und Vertheidigung der Arbeiter gegen unbillige Anmuthungen nur Sache der Gerechtigkeit und selbst Nothwendigkeit“ (Polizei-Wissenschaft, 2. Bd., S. 298; ähnliche Gedanken finden sich schon in einer anonymen, vermutlich von *Julius Fröbel* verfaßten, in Zürich 1843 erschienen Schrift mit dem Titel „Zum Schutz der Arbeiter gegen die Willkür der Polizei im Kanton Zürich“, S. 16 f.). Nur wenig später, im Jahre 1869, vertrat *v. Mohl* den Standpunkt, daß „im Interesse einer richtigen Lösung der Arbeiterfrage die möglichste Freiheit des Vereinswesens der Arbeiter und gemeinschaftlichen Handlungen derselben“ notwendig sei (Politik, S. 571). Zu den erlaubten „gemeinschaftlichen Handlungen“ zählte er auch die kollektive Arbeitsniederlegung. *v. Stein* äußerte im selben Jahr die Überzeugung, daß „es nicht bloß nutzlos, sondern auch unberechtigt ist, gegen diese Vereine mit den Maßregeln der Gesetzgebung und der Polizei einzuschreiten“ und sagte voraus, daß die Arbeitervereinigungen sich zu einer „organischen Vertretung der kapitallosen Arbeit, ihrer Forderungen und Interessen“ entwickeln würden (Verwaltungslehre, S. 196).

[12] *Ramm*, Arbeitsverfassung, S. 191, 203; zur Geschichte der Koalitionsfreiheit besonders eingehend *Kollmann*, Koalitionsgesetzgebung, S. 1 - 388; siehe auch *Misera*, Individualbereich, S. 23 - 26; *Hueck / Nipperdey*, Arbeitsrecht, § 7; *Willoweit*, JuS 1977, 573, 576 ff.; ferner *Ritter / Tenfelde*, Durchbruch, S. 61 - 120. Damit stellte sich erstmals das Problem einer Günstigkeitsbeurteilung. Eine Voraussetzung für das Koalitionsrecht nach § 152 GewO war nämlich, daß die Vereinigung günstige Lohn- und Arbeitsbedingungen anstrebte. Siehe dazu RGSt 30, 236, 237; OLG Jena, GoltdA, Bd. 46, 377 sowie die Schrifttumsnachweise bei *Roeckner*, Bedeutung, S. 15 ff.

[13] Tarifverträge, S. 23 - 102.

[14] „Gutenberg“, Organ für das Gesamtinteresse der Buchdrucker und Schriftgießer Deutschlands, 1. Jg. Nr. 1 und 2, Berlin, Breslau, 13. 5. 1848, S. 6 f.; *Krahl*, Buchdrucker, 1. Bd., S. 205 f.

[15] Buchdrucker, 1. Bd., S. 206 f.

unter anderem der Reichstarifvertrag für das Buchdruckergewerbe von 1873[16], der bereits in den Eingangsworten den Günstigkeitsgedanken andeutete („Die im Tarif aufgestellten Satzpreise gelten als *Minimal-Preise.*")[17], der „Allgemeine Deutsche Buchdrucker-Tarif" von 1889[18] und der „Deutsche Buchdruckertarif" von 1896[19]. Bis 1890 kam es außerhalb des Buchdruckergewerbes in 17 anderen Branchen verschiedener Wirtschaftszweige zu insgesamt 64 Tarifabschlüssen, von denen 51 über das Jahr 1890 hinaus in Kraft blieben[20]. Der Schwerpunkt der weiteren Entwicklung lag in der Bauwirtschaft, in der es 1899 zum „Bauarbeitertarif" kam[21]. Nach Ullmann[22] wurden Mitte 1905 bereits 1 585 Tarifverträge für 64 272 Betriebe und 481 910 Personen registriert, 1907 betrug die Zahl der Verträge 5 324 für 111 050 Betriebe und 974 564 Personen, bis 1913 waren es 10 885 Verträge für 143 088 Betriebe und 1,4 Millionen Personen. R. Siebert[23] berichtet unter Berufung auf eine gewerkschaftliche Streikstatistik von insgesamt 34 753 Streiks in der Zeit zwischen 1890 und 1914.

Zwischen der rechtlichen Billigung von Arbeitervereinen und der rechtlichen Anerkennung von Tarifverträgen (durch das Reichsgericht[24] erstmals im Jahre 1910) sowie der Bestimmung ihres Rechtscharakters lag fast ein halbes Jahrhundert. Das Kaligesetz vom 26. Mai 1910[25] ist

---

[16] *Krahl*, Buchdrucker, 1. Bd., Anhang S. 28 - 32; es handelt sich nicht um einen Vertrag, sondern um eine vereinsrechtliche Satzung. Sie entfaltete nicht in der Ebene des Schuldrechts ihre Wirksamkeit, vielmehr als Satzung der Tarifgemeinschaft. — So *Herschel*, BABl. 1950, 377.

[17] Zur Erläuterung siehe auch *Bernstein*, Sozialistische Monatshefte, 1905, 401, 403: „Der Mindestlohn hindert keinen Prinzipal, höhere Leistungen höher zu bezahlen, keinen Arbeiter, für höhere Leistung höhere Lohnzahlung verlangen." Dennoch bestand offenbar bei manchen Arbeitern eine Abneigung gegen Tarifverträge, weil befürchtet wurde, daß sie die Tüchtigeren daran hindern würden, mehr als den Tariflohn zu verdienen. Diese Haltung beklagte jedenfalls die „Metallarbeiter-Zeitung", Organ für die Interessen der Metallarbeiter, 31. Jg., Nr. 38, 20. 9. 1913, S. 303 unter dem Titel „Wie wirkt der Tarifvertrag unter dem heutigen Recht?", wobei der Verfasser jedoch deutlich darauf hinwies, daß diese vermeintliche Wirkung die Tarifverträge „natürlich" nicht haben, sondern der tarifvertraglich festgelegte Lohn im allgemeinen die Grenze nach unten und kein Hindernis für die höhere Bezahlung hervorragender Leistung ist. — Bei *Krahl*, Buchdrucker, 2. Bd., 3. Teil, S. 151 - 157 findet sich eine Aufstellung, die die Entwicklung der übertariflichen Löhne in der Buchdruckerindustrie um die Jahrhundertwende wiedergibt.

[18] Abgedr. bei *Ullmann*, Tarifverträge, S. 65 ff.

[19] *Krahl*, Buchdrucker, 2. Bd., 3. Teil, S. 127 - 128.

[20] *Ullmann*, Tarifverträge, S. 79.

[21] *Imle*, Friedensdokumente, S. 305 ff.

[22] Tarifverträge, S. 79.

[23] Abkommen, S. 14 Fn. 6.

[24] RGZ 73, 92 ff.

[25] RGBl. 1910, Nr. 27, S. 775, 779 f.

die erste gesetzliche Rechtsquelle, in der auf Tarifvereinbarungen Bezug genommen wurde[26]. Obwohl das Tarifwesen eine außerordentliche praktische Bedeutung angenommen hatte, war der Gesetzgeber — mangels rechtswissenschaftlicher Vorbereitung — bis zum Jahre 1918 nicht in der Lage, eine entsprechende gesetzliche Ordnung bereitzustellen[27]. Zum einen eignete sich das damalige Privatrecht, das im Anschluß an das römische Vorbild das Recht der Einzelverträge bis ins Feinste ausbildete, wegen seiner individualistischen Grundorientierung nicht dazu, für neue gesamtwirtschaftliche Erscheinungen, die mit der Industrialisierung einhergingen, passende Rechtsformen anzubieten[28]. Zum anderen hatte es die Geistesrichtung des Individualismus lange Zeit verhindert, daß die Rechtswissenschaft von sozialen Tatbeständen hinreichend Kenntnis nahm[29]. Die tatsächliche Entwicklung des Arbeitslebens eilte jedoch — wie geschildert — dem Stand der Rechtsordnung voraus[30]. Brennendstes Problem bildete die Frage nach dem Verhältnis zwischen Arbeitsvertrag und Tarifvertrag, der zunächst Arbeitsnormenvertrag genannt wurde. Sinzheimer[31] bezeichnete „die Unterordnung der Sonderregelung unter die Gemeinheitsordnung des Arbeitsnormenvertrages" als „die Schicksalsfrage für die Wirksamkeit des Arbeitsnormenvertrages überhaupt", wobei die Unabdingbarkeit von Tarifnormen als stärkste Garantie für die Durchführung des Tarifvertrages angesehen wurde[32]. Aus der Erkenntnis, daß alle Vorteile der kollektiven Vertragsschließung preisgegeben würden, könnte sie einzelvertraglich abbedungen werden, leitete vor allem Lotmar[33] die unmittelbare und zwingende Rechtswirkung des Tarifvertrags her und

[26] Es hieß in § 16 des Kaligesetzes: „Die Bestimmungen der §§ 13 und 14 finden keine Anwendung auf die Kaliwerke, bei denen die Lohn- und Arbeitsbedingungen durch besondere zwischen den Kaliwerksbesitzern und der durch geheime Stimmabgabe festgestellten Mehrheit der beteiligten Arbeiter abgeschlossene Verträge geregelt sind; die Verträge dürfen keine Bestimmungen enthalten, die das Vereinigungsrecht der Arbeiter verhindern oder verbieten."

[27] Das wird durch einen Artikel (o. Verf.) mit dem Titel „Wie wirkt der Tarifvertrag unter dem heutigen Recht?", erschienen in der „Metallarbeiter-Zeitung", Organ für die Interessen der Metallarbeiter, 31. Jg., Nr. 38, 20. 9. 1913, S. 303, sehr anschaulich bestätigt; es heißt dort u. a.: „Der Tarifvertrag ist von der Gesetzgebung so gut wie gar nicht berücksichtigt, er ist etwas Neues, etwas den bezopften Juristen höchst Verdächtiges, Rebellisches."

[28] *Hueck*, A., Jherings Jahrb., 73. Bd., S. 33, 35.

[29] *Radke*, Koalitionsrecht, S. 113, 128.

[30] *Floretta*, Kollektivmacht, S. 59, 60.

[31] Arbeitsnormenvertrag, 2. Teil, S. 66.

[32] *Sinzheimer*, Arbeitsnormenvertrag, 2. Teil, S. 66; *Rundstein*, Tarifverträge, S. 141.

[33] Arbeitsvertrag, 1. Bd., S. 773 - 788; ders., Archiv für soziale Gesetzgebung und Statistik, Bd. 15 (1900), 1, 88 ff.

regte damit eine dem Bürgerlichen Recht bislang unbekannte Rechtsfigur an, die der kollektiven Natur des Tarifwesens entsprach. Erkannte Sinzheimer[34] Lotmars Ausgangspunkt als zutreffend an, so vermochte er de lege lata keine rechtliche Grundlage für die Lotmarsche Theorie zu finden und versuchte statt dessen den Tarifvertrag in das System des Bürgerlichen Gesetzbuchs einzupassen. Die damals herrschende Lehre, die von Sinzheimer maßgebend geprägt wurde, befürwortete eine lediglich obligatorische Wirkung des Tarifvertrags, die dessen Parteien verpflichtete, sich den Tarifnormen entsprechend zu verhalten[35]. Dem Arbeitgeber war es grundsätzlich untersagt, Arbeitsverträge abzuschließen, die mit den Tarifnormen im Widerspruch standen[36]. Ihre Geltung war unabhängig davon, ob die Parteien des Arbeitsvertrags die Tarifnormen kannten, und sie galten auch, wenn die Arbeitsvertragsparteien sie nicht wollten und anderes verabredeten[37]. Der Unterschied zwischen beiden Theorien bestand somit in folgendem: Während nach Lotmar der Arbeitsvertrag inhaltlich unmittelbar und zwingend durch den Tarifvertrag bestimmt wurde, also tarifwidrige arbeitsvertragliche Abmachungen unwirksam waren und durch die entsprechenden Tarifregelungen ersetzt wurden, machte sich nach der damals herrschenden Lehre der Arbeitgeber durch den Abschluß eines tarifwidrigen, aber dennoch vollwirksamen Arbeitsvertrags gegenüber seinem Tarifpartner schadensersatzpflichtig. Die herrschende Lehre näherte damit die Wirkung von Tarifnormen durch die Sanktion der Schadensersatzpflicht der Unabdingbarkeit an[38].

Die zweite der oben dargestellten Voraussetzungen[39] begann sich somit zu erfüllen. Daraus erklärt sich, daß schon zu der damaligen Zeit das Problem entstand, ob und gegebenenfalls unter welchen Voraussetzungen der Arbeitsvertrag von den tariflichen Bestimmungen abweichen durfte. Nach der Theorie von Lotmar ging die Fragestellung in eine ähnliche Richtung wie unter dem heutigen Tarifvertragsgesetz; nach der Gegenmeinung erhob sich dasselbe Problem, nur war die eintretende Rechtsfolge eine andere (nämlich Schadensersatz), falls der Arbeitsvertrag in unerlaubter Weise vom Tarifvertrag abwich[40]. Übereinstimmend sahen beide Theorien ein Abweichen vom Tarifvertrag

---

[34] Arbeitsnormenvertrag, 2. Teil, S. 65.

[35] *Sinzheimer*, Arbeitsnormenvertrag, 2. Teil, S. 92 ff.

[36] *Sinzheimer*, Arbeitsnormenvertrag, 2. Teil, S. 108.

[37] *Sinzheimer*, Arbeitstarifgesetz, S. 101.

[38] Ebenso *Schmidt*, G., Günstigkeitsprinzip, S. 16.

[39] Vgl. § 2.

[40] *Sinzheimer*, Arbeitstarifgesetz, S. 104 machte das besonders deutlich, indem er ausführte: „Es ist kein Streit über das „Ob“ der rechtlichen Bindung des Einzelwillens, über den Grundsatz, sondern ein Streit nur über das „Wie“ der rechtlichen Bindung, über die Technik.“

durch den Arbeitsvertrag *zugunsten* des Arbeitnehmers als mit dem verbindlichen Charakter des Tarifvertrages vereinbar an. Der hier zum Ausdruck kommende Günstigkeitsgedanke hatte allerdings noch nicht den Sinn, den einzelnen Arbeitnehmer vor der Macht seines Verbandes, der Gewerkschaft, zu schützen. Die Bedeutung des Günstigkeitsprinzips erschöpfte sich damals in seiner Funktion als Auslegungsregel, die besagte, daß die allgemeinen Arbeitsbedingungen nur als Mindestbedingungen aufzufassen waren, wenn die Parteien des Tarifvertrages nicht Abweichendes vereinbart hatten.

Dieser historische Rückblick weist unter anderem darauf hin, daß Wlotzkes These, wonach das Günstigkeitsprinzip die „Kehrseite der Unabdingbarkeit" sei, durchaus keine vollkommene Kennzeichnung ist. Sie berücksichtigt nämlich nicht, daß gerade auch die Gegner des Unabdingbarkeitsprinzips den Günstigkeitsgedanken ganz überwiegend anerkannten und den Tarifvertrag grundsätzlich nur als Minimalgrenze ansahen (als Nivellierung nach unten, nicht nach oben); daß zudem in verschiedene Tarifverträge, die ja nach der damals herrschenden Lehre nicht unabdingbar waren, dennoch ausdrücklich Günstigkeitsklauseln aufgenommen wurden — so z. B. der Minimaltarif für Buchbinderarbeiten von 1897, wo es heißt:

> „Dieser Tarif ist ein Minimaltarif, daher ist selbstverständlich geschickten Arbeitern und Arbeiterinnen ein höherer Stundenlohn wie der Minimallohn zu zahlen."[41]

Das Günstigkeitsprinzip ist daher zutreffender — jedenfalls in der Kollision zwischen Arbeitsvertrag und Tarifvertrag — als „*Kehrseite der rechtlichen Bindung des Einzelwillens an die Kollektivmacht*" zu bezeichnen. Jene braucht aber keineswegs unbedingt auf dem Unabdingbarkeitsgrundsatz zu beruhen, sondern kann auch als Folge des obligatorischen Charakters des Tarifvertrags eintreten, wie die oben[42] wiedergegebene Formulierung Sinzheimers beweist. Aus der Erkenntnis, daß das Günstigkeitsprinzip nicht denknotwendig an den spezifisch tarifvertragsrechtlichen Unabdingbarkeitsgrundsatz geknüpft ist, sondern an die schützende rechtliche Bindung des Einzelwillens, erklärt sich, daß das Günstigkeitsprinzip reibungslos in das Mietrecht übertragen werden konnte, als sich auch in diesem Rechtsgebiet eine Einschränkung der reinen Vertragsfreiheit als notwendig erwies. Ebenso wie die vertragliche Gestaltungsmöglichkeit des Arbeitnehmers durch die von den Tarifvertragsparteien gesetzten Rechtsnormen begrenzt ist, sind auch der Vertragsfreiheit des Mieters zu seinem Schutz Grenzen

---

[41] Zitiert nach *Sinzheimer*, Arbeitsnormenvertrag, 2. Teil, S. 62 Fn. 74; *Stommel*, Höchstbegrenzungen, S. 4; siehe auch *Hueck*, A., Recht, S. 118.

[42] Siehe § 2 I Fn. 40.

gezogen worden, die nur zu seinen Gunsten überschritten werden dürfen. Der Gesetzgeber läßt die Willensbindung des Mieters nur zu dessen Vorteil fallen, indem er in verschiedenen Vorschriften[43] anordnet, daß „eine zum Nachteil des Mieters abweichende Vereinbarung unwirksam“ ist. Der Günstigkeitsgedanke ist keine isolierte Erscheinung, sondern in ähnlicher Gestalt in unserer Rechtsordnung durchaus verbreitet. Wie Nikisch[44] zutreffend annimmt, handelt es sich um einen Rechtsgrundsatz, der sich bereits als Ergebnis der teleologischen Auslegung einer Rechtsnorm ergeben kann und deshalb nicht einmal besonders ausgesprochen zu werden braucht. Er gewinnt als Kompensationsmittel gestörter Vertragsparität regelmäßig dann Bedeutung, wenn eine Person zu ihrem Schutz in der Ausübung der Vertragsfreiheit deshalb rechtlich beschränkt ist, weil der Gesetzgeber davon ausgeht, daß faktische Gegebenheiten die freie Willensbildung und -betätigung erheblich beeinträchtigen und als Folge davon es anderen ermöglichen würden, aus dieser generellen Unterlegenheit unbillige Vorteile für sich herzuleiten[45]. Der Minderjährige kann mangels „geistiger Chancengleichheit“[46] daher rechtswirksame Willenserklärungen nur ausnahmsweise dann abgeben, wenn er dadurch lediglich einen rechtlichen Vorteil erlangt (§ 107 BGB); unter dieser Bedingung ist sein Wille nicht an seinen gesetzlichen Vertreter gebunden, weil sich der Normzweck (Schutz des Minderjährigen) durch die Erlangung eines lediglich rechtlichen Vorteils ohne die normalerweise gebotene Rechtsfolge erfüllt. Die Willenserklärung eines Geschäftsunfähigen ist dagegen in jedem Fall nichtig (§ 105 Abs. 1 BGB); insoweit hat der Minderjährigenschutz zwar keinen echten Kompensationscharakter, wie Hönn[47] zutreffend feststellt. Das Gegenteil gilt jedoch für § 107 BGB. Die Vorschrift beläßt nämlich wie § 4 Abs. 3 TVG einen Spielraum für die rechtsgeschäftliche Betätigung gerade in dem Maße, in dem sich die Vertragsparität durch ein für den normalerweise Schwächeren günstiges Vertragsergebnis als gegeben erweist[48].

---

[43] z. B. §§ 549 Abs. 2 Satz 3; 557 Abs. 4; 557 a Abs. 2; 565 a Abs. 3; 569 a Abs. 7 BGB; verunglückt ist die Formulierung in § 565 a Abs. 7 BGB — hierzu *Roquette*, Soziales Mietrecht, § 565 a Rdnr. 83.

[44] DB 1963, 1254; ebenso auch *Zöllner*, Arbeitsrecht, S. 54.

[45] Der Feststellung *Gamillschegs* (AcP 164, 385, 413), der Grundsatz „Stat pro ratione voluntas“ setze freie „voluntas“ beider Seiten voraus, ist uneingeschränkt beizupflichten. Wo der freie Wille jedoch fehlt, muß die im Recht verkörperte Vernunft regieren. Daher wird für Vertragstypen, bei denen mit ungleicher Machtlage allgemein zu rechnen ist, die Regelung den Vertragschließenden entzogen und das Rechtsverhältnis ganz oder teilweise durch unabdingbare Rechtsnormen bestimmt. — *Flume*, Rechtsgeschäft, S. 135, 143; vgl. auch *Gaede*, Bindungen, S. 11.

[46] Siehe *Hönn*, Kompensation, S. 140.

[47] Kompensation, S. 141.

Hieraus wird ersichtlich, daß das Günstigkeitsprinzip ein Ausschnitt aus dem umfassenden Schutz der Rechtsordnung vor Beeinträchtigungen der Privatautonomie ist. Er wird durch die grundsätzliche Willensbindung der geschützten Person und, nur wenn es dieser Schutzzweck erfordert, ihre ausnahmsweise durchdringende Willensfreiheit verwirklicht.

Die Beeinträchtigungen können entweder subjektiver Natur sein, wenn sie auf den begrenzten Fähigkeiten der geschützten Person beruhen (z. B. beim Minderjährigen) oder auch objektiven Charakter haben, wenn sie ungleicher Marktmacht entspringen (z. B. beim Arbeitnehmer oder Mieter)[49]. Der ausschlaggebende Gesichtspunkt für die Bindung oder Freiheit des Einzelwillens ist die „Willensfähigkeit"[50] des Einzelnen, weil von ihrem Vorhandensein typischerweise die Richtigkeitsgewähr des Vertrages und damit dessen innere Rechtfertigung überhaupt abhängt[51]. Das Gesetz geht allerdings nirgendwo so weit, dem Arbeitnehmer — gleichsam einem Geschäftsunfähigen — die Fähigkeit zu selbstverantwortlicher Gestaltung seiner Arbeitsbedingungen gänzlich abzusprechen[52]. Ob es in den Fällen lediglich formaler Gleichordnung der Vertragspartner allerdings weiterhelfen kann, die oktroyierten Vertragsbedingungen einer Grundrechtsprüfung zu unterziehen, wie es Gamillscheg[53] vorschlägt, erscheint zweifelhaft. In der Regel müssen subtilere Rechtsinstitute, wie z. B. die schützende Bindung des Einzelwillens in Gestalt des Günstigkeitsprinzips Beeinträchtigungen der Vertragsfreiheit ausgleichen, weil dadurch ein weitaus höheres Maß an Rechtssicherheit und Praktikabilität gewährleistet wird.

---

[48] Die These von *Hönn*, Kompensation, S. 141, die §§ 104 ff. BGB könnten nicht als eigenständiges Kompensationsmittel angesehen werden, ist dagegen in dieser Allgemeinheit nicht zutreffend.

[49] In eine ähnliche Richtung gehen auch die Überlegungen *M. Wolfs*, Entscheidungsfreiheit, S. 121 f. Die Ähnlichkeit der Auswirkungen von objektiven und subjektiven Beschränkungen der Privatautonomie wird durch Biedenkopfs Feststellung bestätigt, wonach zu jener Zeit wirtschaftlich Stärkeren *nicht wirtschaftlich Schwache* gegenüberstanden, *sondern wirtschaftlich* und damit in vielen Fällen auch *rechtlich* praktisch *Handlungsunfähige* — *Biedenkopf*, Wiederentdeckung, S. 21, 24.

[50] *Sinzheimer*, Zeitschrift für Soziales Recht, 1928/29, 2, 6.

[51] Zutreffend weist *Brox*, JZ 1966, 761, 762 darauf hin, daß der Vertrag als Mittel zur Ordnung des menschlichen Zusammenlebens nur von der Rechtsordnung anerkannt wird, weil und soweit durch den Regelungsmechanismus des Vertrages Richtigkeitsgedanken und Wertungsprinzipien verwirklicht werden können.

[52] *Schlüter*, DB 1972, 92; 139, 141.

[53] AcP 164, 385, 412.

## II. Die Tarifvertragsverordnung vom 23. Dezember 1918

Mit dem „Stinnes-Legien-Abkommen“ vom 15. November 1918[54], in dem die Arbeitgeberverbände und die Gewerkschaften unter anderem vereinbarten, daß „die Arbeitsbedingungen für alle Arbeiter und Arbeiterinnen ... entsprechend den Verhältnissen des betreffenden Gewerbes durch Kollektivvereinbarungen mit den Berufsvereinigungen der Arbeitnehmer festzusetzen“ waren (Ziffer 6), wurde das Bedürfnis nach einer gesetzlichen Regelung des nunmehr das gesamte Arbeitsleben beherrschenden Tarifwesens immer dringlicher. Diese Aufgabe, der sich der Gesetzgeber nicht länger verschließen konnte, wurde durch die inzwischen fundierte rechtsdogmatische Erfassung des Tarifvertrags erleichtert. Zahlreiche Gesetzgebungsentwürfe[55], von denen einige auch das Schrifttum hervorgebracht hatte, waren das Ergebnis der jahrelangen Kontroversen um das Wesen des Tarifvertrags. Am 23. Dezember 1918 wurde die „Verordnung über Tarifverträge, Arbeiter- und Angestelltenausschüsse und Schlichtung von Arbeitsstreitigkeiten“ (TVVO)[56] erlassen. Durch § 1 Abs. 1 Satz 1 TVVO erhielten die Normen des Tarifvertrags unmittelbare und zwingende Wirkung, so daß Arbeitsverträge grundsätzlich insoweit unwirksam waren, als sie von der tariflichen Regelung abwichen. Allerdings war es den Tarifvertragsparteien vorbehalten, die unmittelbare und zwingende Wirkung des Tarifvertrags auszuschließen[57]. Damit hatte sich der Gesetzgeber von der damals herrschenden Lehre abgewandt und sich die Theorie Lotmars zu eigen gemacht. Der Tarifvertrag wurde dadurch aus dem System des Vertragsrechts nach dem Bürgerlichen Gesetzbuch herausgehoben, indem er Rechtswirkungen über die Vertragsparteien hinaus entfaltete; die TVVO überließ es somit erstmals den Tarifpartnern, Recht zu setzen[58]. Das war ein entscheidendes dogmatisches Ereignis für die Verselbständigung des kollektiven Arbeitsrechts und zugleich Ausdruck

---

[54] Abgedr. in: Deutscher Reichsanzeiger und Preußischer Staatsanzeiger, 18. 11. 1918; ferner in: *Sitzler / Goldschmidt*, Tarifvertragsrecht, Anhang 7, S. 127; siehe auch *Siebert*, R., Abkommen, S. 54 - 64; *Feldmann*, Origins, Internationale wissenschaftliche Korrespondenz zur Geschichte der deutschen Arbeiterbewegung, Heft 19/20, Dez. 1973, S. 45 - 103; *Herschel*, Vereinbarungsbefugnis, D 7, 13.

[55] Siehe *Sinzheimer*, Arbeitstarifgesetz, Anlagen, S. 239 - 270.

[56] RGBl. 1918, S. 1456 - 1467, neuverkündet am 1. 3. 1928; RGBl. 1928, I, S. 47 - 51 auf Grund des Gesetzes zur Abänderung der Tarifvertragsverordnung vom 18. 2. 1928, RGBl. 1928, I, S. 46. Bei der TVVO handelt es sich um ein Gesetz, zu dessen Erlaß die Reichsregierung befugt war, weil ihr vorübergehend die gesamte Reichsgewalt in allen ihren Betätigungsmöglichkeiten (vollziehende, gerichtliche, gesetzgebende und verfassungsändernde Gewalt) zustand — *Junck*, JW 1919, 75, 76; *Anschütz*, JW 1918, 751, 752.

[57] *Jacobi*, Grundlehren, S. 225.

[58] *Sinzheimer*, Grundfragen, S. 1, 3.

einer grundsätzlichen Erweiterung des Menschenbildes[59]: Entsprechend dem später auch in Art. 427 Abs. 3 Ziff. 1 des Versailler Friedensvertrages[60] niedergelegten Grundsatz, daß „die Arbeit nicht lediglich als Ware oder Handelsartikel angesehen werden darf"[61], wurden das Arbeitsverhältnis und der Tarifvertrag nicht mehr als reine Schuldverhältnisse behandelt, die nur den Austausch zweier Vermögensgüter, Arbeit und Lohn, zum Gegenstand haben, sondern es wurde der Mensch als Sozialwesen im wirtschaftlichen Machtkampf zwischen Arbeitgeber- und Arbeitnehmerseite verstanden[62]. Die Epoche der „Sozialisierung des Privatrechts" brach an, d. h. der privatrechtliche Entschluß wurde zunehmend unter eine materielle Kontrolle des Rechts genommen, allerdings mit der Folge einer „Entindividualisierung", wie es Hallstein[63] bezeichnete; auch Hedemann[64] konstatierte einen sichtbaren Rückzug des Individuums gegenüber dem „eisernen Druck des Normativen". Dem entsprach die erstmalige Garantie der Koalitionsfreiheit in Art. 159 der Verfassung des Deutschen Reichs vom 11. August 1919. Das Günstigkeitsprinzip wurde zwar ebenfalls gesetzlich verankert (§ 1 Abs. 1 Satz 2 TVVO; § 20 der Vorläufigen Landarbeitsordnung vom 24. Januar 1919[65]) und als beherrschender Grundsatz des Tarifvertragsrechts anerkannt[66]. Hierbei folgte der Gesetzgeber allerdings der bisher geübten Tarifpraxis[67]: Das Günstigkeitsprinzip blieb bloße Auslegungsregel[68] und stand zur Disposition der Tarifvertragsparteien, bedeutete mithin noch keine Schranke der Tarifmacht oder Garantie des Individualarbeitsvertrags als eigenständiges Gestaltungsmittel neben dem Tarifvertrag. Machten die Tarifpartner von der Möglichkeit Gebrauch, das Günstigkeitsprinzip abzubedingen[69], so erhielten die Tarifnormen den Charakter von Höchst- und Mindestsätzen[70]. A. Schmidt[71]

---

[59] Eingehend *Sinzheimer*, Problem, S. 11 ff.

[60] Friedensvertrag, S. 437 = RGBl. 1919, S. 687, 1305.

[61] Zu diesem Grundsatz bekannte sich später auch das faschistische Arbeitsrecht, vgl. beispielsweise Mussolini, wiedergegeben bei *Turchi*, NSSozPol. 1938, 463; siehe auch § 1 Fn. 2.

[62] *Molitor*, RdA 1948, 44, 46; *Radbruch*, Einführung, S. 132; *Sinzheimer*, Zeitschrift für Soziales Recht 1928/29, 2, 3.

[63] SJZ 1946, 1, 2; *Potthoff*, NZfA 1931, Sp. 283, 284 f. sprach von einer „‚Entthronung' des Arbeitsvertrages".

[64] Neue Zeit, S. 13.

[65] RGBl. 1919, S. 111, 114.

[66] *Richardi*, Kollektivgewalt, S. 361.

[67] *Hueck*, A., Recht, S. 118.

[68] So auch *Richardi*, Kollektivgewalt, S. 386 f.; a. A. *Hueck / Nipperdey*, Arbeitsrecht, 2. Bd., 3./5. Aufl., S. 258.

[69] Als Beispiel hierfür siehe RAG BenshSamml. Bd. 12, 11 ff.

[70] *Potthoff*, NZfA 1929, 95.

[71] Unabdingbarkeit, S. 26.

schloß hieraus durchaus folgerichtig, daß unter der TVVO „das Kollektivprinzip ... immer an erster Stelle" steht und „seine Vorherrschaft ... durch nichts beschränkt" wird. Das spiegelte den damaligen Entwicklungsstand des kollektiven Arbeitsrechts wider, der sich noch vorrangig mit dem Erfassen des neuen kollektiven Gestaltungsmittels Tarifvertrag, seiner Möglichkeiten und Rechtswirkungen auseinandersetzte, aber nicht die notwendige Begrenzung der Tarifmacht im Blick hatte[72]. Die Dispositionsbefugnis der Tarifvertragsparteien im Verhältnis zum einzelnen Arbeitnehmer ging daher unter der Geltung der TVVO ungleich weiter als unter dem Tarifvertragsgesetz.

## III. Die nationalsozialistische Arbeitsrechtsordnung — mit einem Ausblick auf das Arbeitsrecht der DDR

Das Günstigkeitsprinzip konnte unter der Arbeitsverfassung des Nationalsozialismus nur eine untergeordnete Rolle spielen. Wie oben dargelegt wurde, setzt es die Existenz von Wettbewerbswirtschaft und Vertragsfreiheit voraus. Denn sein Sinn liegt gerade darin, ihren Träger vor den aus einem „unvollkommenen Markt" hervorgehenden Beeinträchtigungen zu schützen. Unter der nationalsozialistischen Arbeitsverfassung wurde jedoch — besonders seit Beginn des 2. Weltkriegs — die Regelung der Löhne der Selbstgestaltung durch die Beteiligten grundsätzlich entzogen und zum Zweck der allgemeinen Wirtschaftslenkung auf den Staat übertragen[73]. Dieser wurde in die Lage versetzt, den vermeintlich „objektiv gebotenen politischen Lohn" anzuordnen, der nicht wie im Kaiserreich und in der Weimarer Republik[74] auf den Interessenausgleich zwischen Arbeitgeber und Arbeitnehmer abzielte, sondern nach den allgemeinen politischen und volkswirtschaftlichen Notwendigkeiten festgelegt wurde[75]. Die politische Führung bestimmte maßgebend die allgemeine Entwicklung des Lohns[76], ohne dabei allerdings selbst die Funktionen eines Unternehmers an sich zu ziehen[77].

Der politischen Zielsetzung, die staatliche Führung im Arbeitsleben zu sichern, entsprach es, daß bereits kurz nach der nationalsozialisti-

---

[72] *Hueck / Nipperdey / Tophoven / Stahlhacke*, TVG, § 1, Rdnr. 156; *Magis*, Günstigkeitsprinzip, S. 16.

[73] *Siebert*, Arbeitsverfassung, S. 60; *Danielczik*, JW 1935, 328, 330.

[74] Allerdings gab es in der Weimarer Republik auch schon sogenannte „Zwangstarifverträge", die dem Staat die Durchführung einer seinen Wünschen entsprechenden Lohn- und Tarifpolitik erlaubten. — *Nikisch*, RdA 1948, 4, 5; siehe ferner *Ortlieb*, Zwangstarif; die Abhandlungen von *Honigschmidt-Grossich / Leidig / Löhr*, Zwangsschiedsspruch; *Hueck*, A., Freiheit, S. 187, 198 f.; RAG BenshSamml. Bd. 5, 167 ff.

[75] *Nipperdey*, Mindestbedingungen, S. 257, 262; *Huber*, JW 1934, 1017, 1020.

[76] *Huber*, DJZ 1935, 202, 207.

[77] *Buwert*, DR 1935, 67.

schen Machtergreifung „Treuhänder der Arbeit“ an die Stelle der bisherigen Tarifvertragsparteien traten[78]; jene ähnelten in gewisser Weise den Schlichtungsbehörden der Weimarer Republik[79]. Die Treuhänder der Arbeit wurden damit beauftragt, rechtsverbindlich die Bedingungen für den Abschluß von Arbeitsverträgen zu regeln[80]. Danach wurde mit dem „Aufruf an alle schaffenden Deutschen“ vom 27. November 1933[81] entschieden, daß die Berufsverbände in der Deutschen Arbeitsfront aufzugehen hatten[82] und diese selbst mit der Gestaltung der Arbeitsbedingungen nichts zu tun haben sollte. Die Tarifmacht war damit endgültig in die Hand des Staates übergegangen; an die Stelle der Verbände war in vollem Umfang staatliches Zwangsrecht getreten[83]. Darauf baute das am 20. Januar 1934 erlassene „Gesetz zur Ordnung der nationalen Arbeit“ (AOG)[84] auf. Die Durchsetzung des Führerprinzips im Arbeitsrecht galt als eine der grundlegenden Neuerungen dieses Gesetzes[85]. Es ermächtigte in § 32 Abs. 1 und 2 den Treuhänder der Arbeit, durch Richtlinien und Tarifordnungen, die den Charakter von Rechtsverordnungen[86] hatten, den Inhalt von Arbeitsverträgen zu bestimmen. Die Tarifordnung setzte unmittelbar und zwingend Mindestbedingungen (§ 32 Abs. 2 Satz 2 AOG) für das Einzelarbeitsverhältnis fest. Für den Arbeitnehmer günstigere Abweichungen waren demzufolge zugelassen[87], sogenannte Maximalklauseln, die Höchstbedingungen zum Gegenstand hatten, hingegen zwingend ausgeschlossen[88]. Das entsprach dem erstmals gesetzlich niedergelegten Grundsatz des Leistungslohns (§ 29 AOG)[89] und verlieh dem Günstigkeitsprinzip zunächst zwin-

---

[78] Gesetz über Treuhänder der Arbeit vom 19. 5. 1933, RGBl. I, S. 285.

[79] *Hueck*, A., Arbeitsrecht, S. 196 f.; siehe auch *Sitzler*, BB 1948, 333.

[80] *Nipperdey* in Hueck / Nipperdey / Dietz, AOG, § 32, Rdnr. 44.

[81] Im Wortlaut abgedruckt bei *Strathmann*, Werdegang, S. 120 f.; *Huber*, DJZ 1935, 202; Völkischer Beobachter, Berliner Ausgabe, 46. Jg., 332. Ausgabe, 28. 11. 1933, S. 1; Berliner Beobachter, Tägliches Beiblatt zum Völkischen Beobachter, Ausgabe 332, 28. 11. 1933; Völkischer Beobachter, 333. Ausgabe, 29. 11. 1933, S. 2.

[82] Zum Ende der Gewerkschaften nach der Machtergreifung siehe die Darstellungen von *Langerbein*, Arbeitsfront, S. 17 - 20; *Streich*, Entwicklung, S. 24 - 27.

[83] *Nipperdey*, BB 1948, 157, 158; *Hueck*, A., Freiheit, S. 187, 194.

[84] RGBl. I, 1934, 45 - 56.

[85] *Probst*, Günstigkeitsprinzip, S. 9.

[86] *Huber*, DJZ 1935, 202; *Wiedemann / Stumpf*, TVG, § 4 Rdnr. 308.

[87] *Nipperdey* in Hueck / Nipperdey / Dietz, AOG, § 32 Rdnr. 63, 186 ff.

[88] *Dersch*, AOG, § 30 Anm. 3 b; *Hueck*, A., Arbeitsrecht, S. 163; *Nipperdey*, Höchstlöhne, S. 9; *v. Brevern*, NSSozPol. 1937, 321, 324; *Büker*, Ausnahmen, S. 19; *Richter*, JW 1934, 1013, 1016.

[89] *Mansfeld / Pohl / Steinmann / Krause*, Ordnung, § 32 Anm. 11 c; *Mansfeld*, Ordnung, § 32 Anm. 53; *Scheidig*, DAR 1941, 21, 22; aus § 29 AOG folgte allerdings kein klagbarer Anspruch auf eine leistungsgemäße Entlohnung, wie *Gerlach*, NSSozPol. 1937, 253, 254 ausführte.

genden Charakter. Es wurde jedoch nur als vorläufiges Erziehungsmittel für die Durchsetzung des Leistungsprinzips anerkannt. Jenes sollte nach „Durchdringung jedes Schaffenden, vor allem der verantwortlichen Betriebsführer von der Notwendigkeit des Leistungsgrundsatzes“, also nach Erreichen des so definierten Erziehungsziels[90], abgeschafft werden.

Der im Günstigkeitsprinzip liegende der Selbstverantwortung und Vertragsfreiheit noch verbliebene Raum stand allerdings von Beginn an im Widerspruch zum Leitmotiv der Gemeinschaft[91] und zum Bestreben des Staates, den sogenannten „objektiv gebotenen politischen Lohn“ im Sinne einer totalen staatlichen Lohnführung zu bestimmen. Während sich Sitzler[92] noch gegen die totale Lohnführung aussprach, war nach Auffassung von Siebert[93] die Wirkung der Tarifordnung als Mindestbedingungen (also das Günstigkeitsprinzip) „von vornherein gegenüber der grundsätzlichen Stellung des Staates in der Arbeitsverfassung zu eng gefaßt“. Indem der beginnende 2. Weltkrieg den Mangel an Arbeitskräften verschärfte und zu einem Nachfragewettbewerb nach solchen führte — einem „Rückfall in die alten, jahrzehntelang geübten Gewohnheiten liberalistischer Wirtschaftsführung“, wie es Mansfeld[94] kritisierte —, hätte gerade das Günstigkeitsprinzip dem Arbeitnehmer einen Weg eröffnet, seine Lohnforderungen ohne Rücksicht auf die vom Treuhänder der Arbeit fixierten Mindestbedingungen durchzusetzen. Das hätte nicht nur die Produktion wesentlich verteuert und einen Kaufkraftüberhang geschaffen mit der weiteren Folge erheblicher Preissteigerungen, sondern letztlich auch die Stabilität der Währung gefährdet[95]. Zwei Maßnahmen waren daher eine systemkonforme politische und wirtschaftliche Zwangsläufigkeit in dem umfassenden Rahmen der Kriegswirtschaft und des damit zusammenhängenden Autarkiestrebens[96]: einerseits die vollkommene staatliche Lohnkontrolle und die Beschränkung jeglichen Wettbewerbs sowie der Vertragsfreiheit[97] im Arbeitsleben, andererseits das Verbot der Abwerbung von

[90] *Probst*, Günstigkeitsprinzip, S. 46.

[91] Siehe *Mansfeld*, DAR 1944, 17, 18 f.

[92] Soziale Praxis 1941, 3, 7. Schon zuvor hatte sich *Reinhardt*, Der gerechte Preis, S. 221, 233 f. gegen die Ausweitung der staatlichen Wirtschaftslenkung ausgesprochen, weil jede autoritative Regelung, je umfassender und starrer sie ist, die Eigenverantwortlichkeit (hier des Unternehmers) beschneidet.

[93] Arbeitsverfassung, S. 64.

[94] DAR 1939, 117, 120.

[95] *Nipperdey* in Hueck / Nipperdey / Dietz, AOG, Verordnung über die Lohngestaltung, Rdnr. 1; *Fettback*, RdA 1949, 404, 406.

[96] o. Verf., BB 1948, 330.

[97] *Schmidt-Rimpler* bekämpfte die Zurückdrängung der Vertragsfreiheit durch die hoheitliche Gestaltung als Erstickung aller Persönlichkeit und Hemmung ihrer Entwicklung. — AcP 147, 130, 170.

Arbeitskräften[98], um Störungen in der Stabilität des Arbeitseinsatzes auszuschließen[99].

Das fand seinen Niederschlag in mehreren Rechtsverordnungen: Durch die „Verordnung über die Lohngestaltung" vom 25. Juni 1938[100] wurden die Reichs- und Sondertreuhänder der Arbeit ermächtigt, in den vom Reichsarbeitsminister bestimmten Wirtschaftszweigen „Löhne mit bindender Wirkung nach oben und unten" festzusetzen (§ 1). War das Günstigkeitsprinzip hierdurch nur aus einigen Wirtschaftsbereichen verbannt, so wurde es für die Zeit bis zum Zusammenbruch des NS-Staats endgültig und vollständig durch die „Kriegswirtschaftsverordnung" vom 4. September 1939[101] beseitigt. Nach deren § 18 Abs. 1 hatten die Reichs- und Sondertreuhänder der Arbeit die Arbeitsverdienste den durch den Krieg bedingten Verhältnissen anzupassen und durch Tarifordnung Löhne, Gehälter und sonstige Arbeitsbedingungen „mit bindender Kraft nach oben" festzusetzen[102]. § 21 dieser Verordnung stellte eine Abweichung von der Tarifordnung zugunsten des Arbeitnehmers sogar unter Strafe. Diese Rechtslage wurde schließlich durch die „Verordnung zur Durchführung der Verordnung über die Lohngestaltung" vom 23. April 1941[103] ergänzt.

---

[98] Siehe dazu „Anordnung gegen Arbeitsvertragsbruch und Abwerbung sowie das Fordern unverhältnismäßig hoher Arbeitsentgelte in der privaten Wirtschaft" vom 20. 7. 1942, abgedr. in: Deutscher Reichsanzeiger und Preußischer Staatsanzeiger, Nr. 174 vom 28. 7. 1942, S. 1.

[99] Auch in der Sowjetunion, deren gegenwärtiges Wirtschaftssystem ohne die staatliche Planung und Regelung des Arbeitslohns undenkbar ist, dient dessen Festlegung der Steuerung der Volkswirtschaft: als Kontrolle über das Maß der Arbeit und des Verbrauchs, die Verteilung der Arbeitskräfte und die verschiedenen Wirtschaftszweige und Regionen und zur Senkung der Selbstkosten in der Produktion. — *Schebanowa,* in: Pravo sovetskoe trudovoe (Sowjetisches Arbeitsrecht), S. 187, 189; siehe auch *Molitor,* Riv. dir. lav. 1953, 135, 137 sowie zur Lohngestaltung in der DDR *Pleyer,* ZHR 125 (1963), 80, 90 - 97. In einem totalitären Staat hat das kollektive Arbeitsrecht, soweit es wenigstens noch scheinbar besteht, wie z. B. in der Sowjetunion und der DDR, nicht mehr die Aufgabe, den Arbeitnehmer zu schützen, sondern bezweckt die Erreichung der Ziele der staatlichen Wirtschaftsplanung. — *Hug,* Kollektives Arbeitsrecht, S. 275, 280. Das belegt auch die auf dem Internationalen Juristen-Kongreß Athen im Jahre 1955 gefaßte Entschließung des Ausschusses für Arbeit, in der es unter Punkt I. 3. heißt: „Die Interessen der Gewerkschaften (im sowjetischen Machtbereich, Zus. d. Verf.) sind den Interessen des Staates, der im überwiegenden Teil der Wirtschaft Arbeitgeber ist, untergeordnet. Ihre Aufgabe sind die Förderung und Durchsetzung der staatlichen Wirtschaftspläne." — Abgedr. in RdA 1955, 281; siehe ferner *Langanke / Napierkowski / Rogge,* Lohn, S. 31, 34.

[100] RGBl. I, S. 691.

[101] RGBl. I, S. 1609; näheres ergab sich aus den 2. Durchführungsbestimmungen zum Abschnitt III (Kriegslöhne der Kriegswirtschaftsverordnung), RGBl. I, S. 2028; siehe ferner *Steinmann,* DAR 1939, 269 ff. sowie *Herschel,* DR 1942, 1588, 1589 f.

[102] Vereinzelt wurden allerdings Durchbrechungen zugelassen, vgl. *Knolle,* NSSozPol. 1942, 178, 179.

Der Rückblick auf die Zeit des Nationalsozialismus läßt eine zweite Schutzrichtung des arbeitsrechtlichen Günstigkeitsprinzips erkennen: Es ist nicht nur ein Instrument, um privater wirtschaftlicher Übermacht Schranken zu setzen, sondern es bildet auch einen Gegensatz zu staatlicher Zwangs- oder auch Planwirtschaft. Das Günstigkeitsprinzip gewinnt damit eine über das Tarifrecht weit hinausreichende politische Dimension — es ist ein Element im Gesamtsystem der „checks and balances", das staatliche Herrschaft kontrolliert und ausgleicht. Wie gezeigt, wären die Vorbereitung und Führung des 2. Weltkrieges wirtschaftlich erheblich erschwert worden, hätte das Günstigkeitsprinzip über das Jahr 1938 hinaus in bedeutendem Umfang fortbestanden; denn die Privatautonomie des Arbeitnehmers wäre durchaus geeignet gewesen, die Konzentration der Wirtschaft auf die Rüstungsproduktion zu hemmen. Vor dem Hintergrund dieser politischen Dimension des Günstigkeitsprinzips wird einsichtig, daß ihm jedes totalitäre Staatswesen ablehnend gegenüberstehen wird[104]. Es ist ein Fremdkörper in seinem Gesamtsystem, weil es zur Eigenverantwortlichkeit und Selbstbestimmung des Bürgers beiträgt und dabei staatlich vorgegebene gesamtwirtschaftliche Zielsetzungen in Frage stellt. Entsprechendes gilt für die Vertragsfreiheit: Sie ist institutioneller Ausdruck des Primats der Bürgerfreiheit gegenüber dem Staat[105]. Zwangsläufig sind einzelvertragliche Lohnvereinbarungen auch in der DDR ausgeschlossen. Gesetzliche und kollektivvertragliche Regelungen — letztere unterscheiden sich allerdings ganz wesentlich von denen in der Bundesrepublik Deutschland[106] — bestimmen zwingend die Lohnhöhe (gelegentlich innerhalb bestimmter Margen) und legen nicht nur Mindestbedingungen zugunsten des Arbeitnehmers fest[107]. Der individuelle Arbeitsvertrag

---

[103] RGBl. I, S. 222; generell zur Entwicklung des Lohnstops LAG Düsseldorf, RdA 1948, 112; o. Verf., BB 1947, 136; *Leydhecker*, BlStSozArbR 1947, 103.

[104] *Hug* weist darauf hin, daß kollektives Arbeitsrecht überhaupt nur im freiheitlich-demokratischen Staat bestehen kann. — Kollektives Arbeitsrecht, S. 275, 279.

[105] Ebenso *Radke*, AuR 1965, 302, 303.

[106] In der DDR besitzen die kollektivvertraglichen Regelungen von jeher nicht den Charakter von Verträgen, sondern sind eher eine besondere Form der Berufsgesetzgebung. — *Sitzler*, RdA 1948, 8, 10; ebenso *Hug*, Kollektives Arbeitsrecht, S. 275, 279. Die schon erwähnte (§ 2 III Fn. 99) Entschließung des Ausschusses für Arbeitsrecht des Internationalen Juristen-Kongresses Athen kennzeichnet die sogenannten Kollektivverträge unter Punkt II. 1. folgendermaßen: „Die Arbeits- und Lohnbedingungen werden einseitig vom Staat durch Gesetze und Verordnungen sowie durch sogenannte Kollektivverträge, die aber *keine* frei vereinbarten Verträge von Sozialpartnern sind, festgesetzt." Siehe ferner *Pleyer*, Zentralplanwirtschaft, S. 161 - 175; *Langanke / Napierkowski / Rogge*, Lohn, S. 34 f.; zum Stand der Koalitionsfreiheit in der DDR siehe BT-Drs. 9/1236 vom 23. 12. 1981.

[107] *Pleyer*, ZHR 125 (1963), 81, 88.

wird dagegen als ungeeignete Form für Lohnfestlegungen angesehen[108]. Jede Abweichung von der staatlichen Lohnregelung[109] — auch wenn der betroffene Arbeitnehmer dadurch begünstigt werden würde — ist unwirksam[110] und wird wegen der Unvereinbarkeit mit der zentralen Plangestaltung der Löhne als ein „Verstoß gegen die Politik der Partei der Arbeiterklasse, gegen den Willen der Arbeiterklasse und gegen die Staatsdisziplin"[111] betrachtet. Das entspricht dem von Zieger[112] zutreffend gezeichneten Bild von der „Verplanung und Bewirtschaftung des Menschen" in der DDR.

## IV. Die Zeit vom Zusammenbruch des NS-Staats bis zum Inkrafttreten des Tarifvertragsgesetzes

Die arbeitsrechtlichen Gesetze, Verordnungen und sonstigen Normen aus der Zeit des NS-Staats galten überwiegend auch nach dessen Beseitigung zunächst fort[113]. Das Günstigkeitsprinzip konnte daher in den ersten Jahren nach dem Zusammenbruch des NS-Staates erst allmählich wiederbelebt werden.

Zwar wurde das Amt des Reichstreuhänders der Arbeit durch das von der Militärregierung schon am 18. September 1944 verkündete und in Kraft gesetzte „Gesetz Nr. 77"[114] aufgelöst, das AOG galt jedoch weiter und die lohnamtlichen Befugnisse des Reichstreuhänders der Arbeit wurden durch die „Verordnung Nr. 7" vom 27. Mai 1945[115]

---

[108] *Pätzold,* Leistungsprinzip, S. 13 f.

[109] Siehe hierzu §§ 95 - 128 Arbeitsgesetzbuch der Deutschen Demokratischen Republik vom 16. 6. 1977, GBl. I, S. 185 - 227; *Wolf,* H., Arbeitsrecht, Kap. 5.

[110] Das Günstigkeitsprinzip gilt nicht. — *Mampel,* Arbeitsverfassung, S. 53; der Arbeitsvertrag bewirkt also nur noch die Eingliederung des einzelnen Arbeitnehmers in den Arbeitsprozeß eines Betriebs. — *Volze,* BABl. 1961, 21; *Nikisch,* RdA 1953, 81, 84 Fn. 11; *Rüthers,* Politisches System, S. 136.

[111] *Pätzold,* Leistungsprinzip, S. 7. Die zwingende normative Gestaltung z. B. von Arbeitslohn, Erholungsurlaub, Arbeitszeit oder Freistellung wird von DDR-Juristen auch mit der These begründet, „daß der Werktätige im Arbeitsverhältnis als sozialistischer Eigentümer tätig" werde „und insoweit seine Beziehungen zum gesamten sozialistischen Eigentum" realisiere. — *Michas / Hultsch,* Arbeitsrecht, S. 122.

[112] ROW 1979, 209, 211.

[113] o. Verf., BB 1. Jg., Sonder-Heft 1, 1. 9. 1946, S. 23 Nr. I/13.

[114] ABlMR (BrZ) Nr. 1, S. 35. Das Gesetz trat mit dem Beginn der Besetzung in Kraft.

[115] ABlMR (BrZ) Nr. 4, S. 6 f.; ergänzend *Beine,* RdA 1948, 137, 138; zur Lage in der amerikanischen und französischen Zone siehe o. Verf., BB 1947, 268, Nr. 667; ferner die Kontrollratsdirektive Nr. 14 vom 12. 10. 1945, ABlKR, Nr. 3, 31. 1. 1946, S. 40 f.; später in der Britischen Zone ersetzt durch die „Industrial Relations Directive" Nr. 41 der Britischen Militärregierung, BB 1948, 358 f., Nr. 845; vgl. auch RdA 1948, 138.

auf die Präsidenten der Landesarbeitsämter übertragen. Der Lohnstop bestand wegen der schweren Produktionskrise der deutschen Wirtschaft und um ein lohnpolitisches Chaos zu verhindern mithin zunächst fort; seine Rechtsquelle[116] blieb im wesentlichen die oben erwähnte „Kriegswirtschaftsverordnung"[117] und die „2. Durchführungsbestimmungen zum Abschnitt III (Kriegslöhne) der Kriegswirtschaftsverordnung (2. KLDB)"[118]. Lediglich in der Zeit zwischen dem Einmarsch der alliierten Streitkräfte und dem Erlaß der „Verordnung Nr. 7"[119] sollen nach einem Urteil des LAG Hamm[120] Abweichungen vom Lohnstop zulässig gewesen sein. Im übrigen bestand für die Anwendung des Günstigkeitsprinzips in dieser Zeit kaum Raum.

Der Lohnstop wurde jedoch schon bald gelockert[121] und den Gewerkschaften dadurch ein neues, wenn auch noch sehr enges Aufgabengebiet bei der Lohngestaltung eröffnet. Mit der Aufhebung des AOG durch das „Gesetz Nr. 40" vom 30. November 1946[122] entfiel die Möglichkeit zum Erlaß einseitig behördlicher Tarifregelungen. Der Grundsatz der (noch genehmigungspflichtigen) tarifvertraglichen Regelung der Lohn- und Arbeitsbedingungen durch die Beteiligten wurde hiermit und durch folgende andere Gesetze und Direktiven formalrechtlich wieder anerkannt: die „Direktive Nr. 31" vom 3. Juni 1946[123] über die Errichtung von Gewerkschaftsverbänden[124] und das „Gesetz Nr. 35"

---

[116] *Herschel*, Arbeitsblatt für die Brit. Zone 1947, 272; *Leydhecker*, BlStSoz ArbR 1947, 103.

[117] RGBl. 1939, I, S. 1609.

[118] BGBl. 1939, I, S. 2028; zur Weitergeltung nationalsozialistischen Rechts siehe BVerfGE 6, 132, 198 f.

[119] ABlMR (BrZ) Nr. 4, S. 6 f.

[120] Sa 14/57 vom 6. 5. 1947, BB 1947, 268, Nr. 668; ablehnend allerdings LAG Düsseldorf, RdA 1948, 112.

[121] Siehe BB, 1. Jg., Nr. 14, 31. 10. 1946, S. 13, Nr. XIV; Nr. 15, 15. 11. 1946, S. 13 f., Nr. XV; Nr. 16, 30. 11. 1946, S. 15, Nr. XVI 51; RdA 1948, 138 = Memorandum über Lohnpolitik und Lohnüberwachung.

[122] ABlKR, Nr. 12, S. 229.

[123] ABlKR, Nr. 8, S. 160 f.

[124] Siehe ferner den Erlaß des Alliierten Kontrollrats (DMAN/Memo (46) 20) vom 12. April 1946, der die Wiedereinführung des Tarifwesens einleitete. Da der genannte Erlaß bis auf einen von *Herschel* in ZfA 1973, 183, 184 zitierten Satz bislang unveröffentlicht geblieben ist, wird er hier im gesamten Wortlaut wiedergegeben:

*Manpower Directorate*

SUBJECT: Recommendations to Zone Commanders on Basic Principles on the Conclusion and Contents of Collective Agreements

TO: Zone Commanders, British Zone of Occupation
French Zone of Occupation
Russian Zone of Occupation
U.S. Zone of Occupation

(Art. I und X) vom 20. August 1946[125] über Ausgleichs- und Schlichtungsverfahren in Arbeitsstreitigkeiten. Bis zum Inkrafttreten des „Gesetzes zur Aufhebung des Lohnstopps" vom 3. November 1948[126], das

---

1. Tariff regulations in force in Germany, established by Nazi authorities, to a great extent do not conform to the common aims of Allied Control Authorities in the democratization of Germany.

2. Throughout all Germany the conclusion of Tariff agreements is permitted between trade unions or their federations on the one hand and employers or their federations on the other.

3. In the absence of regulations of the Allied Control Authority concerning the organization of employers' associations or directives concerning the procedure of representation of employers for the purpose of collective bargaining, these matters may be determined by regulations of the Zone Commanders.

4. Collective agreements may govern all questions pertaining to the relationship between employer and employee, labor standards and wages, including those questions which are covered by Tariff regulations already in force. Such agreements shall not be contrary to the provisions of Control Council Directives No. 14 and 26, or to any subsequent directives on wages, hours and conditions of work, and to the provisions of other published laws.

5. Such agreements may include the following basic items: —

(a) All forms of supplementary payments and wage differentials which must be in accordance with Directive 14 and with the orders of Zone Commanders resulting from it on wage differentials and the abolition of various supplementary payments;
(b) Classification of workers according to profession and classifications for the application of wage rates;
(c) The structure of wages which may be either by piece rate or time rate;
(d) Hours of work, night work, holidays and leave;
(e) Protection of labor, industrial safety and standards of hygiene;
(f) Rules governing apprenticeship;
(g) Rules governing hiring and dismissal;
(h) Procedure of negotiation for the establishment and revision of collective agreements;
(i) Procedure for conciliation and arbitration.

These points do not limit the right of the parties to the collective agreement so (richtig vermutlich „to", Zus. d. Verf.) supplement the contents of their agreement with other items.

6. No changes in rates may be made without approval by the German Labor offices, as stipulated in the Control Council Directive No. 14. All collective agreements are subject to registration at the appropriate German labor agencies.

7. Collective agreements come into force a) by mutual consent of both parties, and b) after registration of the signed document with the appropriate German labor agency. Disputes arising out of efforts to negotiate or revise a collective agreement may be submitted to concilliation or arbitration.

For the Manpower Directorate
HENRY H. FORD
Maj. GSC
Duty Secretary

(*Quelle:* Allied Kommandantura Berlin)

[125] ABlKR, Nr. 10, S. 174 - 177.

[126] WiGBl. 1948, 117; siehe auch o. Verf., Gutachten, Wendepunkt der Arbeitsmarkt- und Lohnsteuerung, BB 1948, 330, 331, Nr. 773; o. Verf., BB 1948,

die frühere Vertragsfreiheit im Rahmen der sonstigen Gesetze für das Gebiet der Bizone wiederherstellte und jede staatliche Begrenzung der Löhne nach oben aufhob[127], war die Regelungsbefugnis für die sich in den Westzonen[128] allmählich wieder konsolidierenden Gewerkschaften und Arbeitgeberverbände[129] noch stark eingeschränkt[130].

Wenngleich die Anwendung des Günstigkeitsprinzips bis zur Wiederherstellung des freien Tarifwesens[131] für das Vereinigte Wirtschaftsgebiet im Jahre 1948 wegen der Lohnkontrolle weitgehend ausgeschlossen war, so bedeutete das dennoch nicht, daß es keinerlei praktische oder rechtliche Bedeutung gehabt hätte. In den sogenannten „Problemindustrien" waren freie Lohnvereinbarungen schon früher ausdrücklich vom Kontrollrat zugelassen worden[132]. Die in einem bestimmten begrenzten Rahmen durchaus möglichen Tarifverträge waren allein von der Genehmigung der Arbeitsbehörden und von der Registrierung abhängig[133]. Das Günstigkeitsprinzip galt bis zum Inkrafttreten des Tarifvertragsgesetzes gewohnheitsrechtlich[134] oder wieder aufgrund von § 1 TVVO, nachdem das AOG aufgehoben worden war[135]. Darüber hinaus erlangte es in Hessen und Bremen sogar Verfassungsrang: Art. 29 Abs. 2 Satz 2 der Verfassung des Landes Hessen vom 1. Dezember 1946 und Art. 50 Abs. 2 Satz 2 der Landesverfassung der Freien Hansestadt Bremen vom 21. Oktober 1947 legten gleichlautend fest, daß die Gesamtvereinbarungen zwischen Tarifpartnern „verbindliches Recht schaf-

---

513 f., Nr. 1236; zur allgemeinen arbeitsrechtlichen Entwicklung im Jahre 1948 siehe o. Verf., DB 2. Jg., Nr. 1, 5. 1. 1949, S. 11.

[127] *Herschel*, RdA 1948, 121.

[128] Zur Entwicklung in der sowjetischen Zone siehe o. Verf., Gutachten Tarifverträge und Lohnpolitik in der Ostzone, BB 1948, 455, Nr. 1109; *Leydhecker*, BlStSozArbR 1947, 103, 104; *Nikisch*, RdA 1948, 4 ff.; ders., RdA 1948, 65; *Molitor*, Riv dir. lav. 1953, 135, 143 f.

[129] Siehe o. Verf., BB, 1. Jg., Nr. 15, 15. 11. 1946, S. 12, Nr. XV 61; Nr. 17, 15. 12. 1946, S. 12, Nr. XVII 50; BB 1947, 201, Nr. 503; 245, Nr. 600; BB 1948, 38, Nr. 88; ferner den Bericht über die Ausführungen *McClusky's* in: DB 1949, 60 f., Nr. 128.

[130] Im einzelnen o. Verf., BB 1948, 60 f., Nr. 131; *Hessel*, BlStSozArbR 1947, 223.

[131] Einen sehr guten Überblick vermitteln *Nipperdey*, BB 1948, 157, 158 f. und *Streich*, Entwicklung, S. 138 - 164, 222 - 241; ferner *Beine*, RdA 1948, 24.

[132] o. Verf., BB 1948, 60, 61, Nr. 131.

[133] *Nipperdey*, BB 1948, 157, 159.

[134] *Leydhecker*, BlStSozArbR 1947, 163, 164.

[135] *Nipperdey*, BB 1948, 157, 159; im Ergebnis ebenso *Wlotzke*, Günstigkeitsprinzip, S. 118; ferner *Savaète*, Grundfragen, S. 105 f.; *Dietz*, DB 1965, 591, 592 und *Monjau*, DöD 1962, 224, 225 meinen demgegenüber, daß Tarifverträge, die vor Erlaß des TVG abgeschlossen wurden, wegen des Lohnstops allgemein den Charakter von Höchstbedingungen hatten, verkennen m. E. aber, daß der Lohnstop nicht ausnahmslos, vor allem nicht für die „Problemindustrien", galt.

fen, das grundsätzlich nur *zugunsten* der Arbeitnehmer abbedungen werden kann". Das Besatzungsrecht besaß allerdings Vorrang vor jedem deutschen Verfassungsrecht[136]. Diese für die Wiederherstellung des Günstigkeitsprinzips herausragenden Rechtsnormen, die ein deutliches Zeichen für die wiedergewonnene wirtschaftlich-soziale Selbstverwaltung und die Abkehr von dem staatlich-autoritären Arbeitsrecht des Nationalsozialismus, vor allem von dessen Lohnamtssystem, bedeuteten, werden gelegentlich übersehen. Das belegt die unzutreffende Feststellung von Magis[137], wonach das Günstigkeitsprinzip in der unmittelbaren Nachkriegszeit angeblich nirgends gesetzlich zum Ausdruck gekommen sei. Es bleibt allerdings darauf hinzuweisen, daß mit Inkrafttreten des Grundgesetzes und des Tarifvertragsgesetzes die bundesrechtliche Regelung des Günstigkeitsprinzips den genannten landesverfassungsrechtlichen Normen vorgeht, ohne sich jedoch inhaltlich von diesen zu unterscheiden[138].

## V. Die Entstehung des Tarifvertragsgesetzes und seine Regelung des Günstigkeitsprinzips

Als eine fast natürlich zu bezeichnende Folge der Aufhebung des Lohnstops nahm die Zahl der Tarifvertragsabschlüsse sprunghaft zu. Wollte der Gesetzgeber angesichts dieser Entwicklung und der unsicheren Rechtslage im Bereich des Tarifwesens nicht wieder — wie vor Erlaß der TVVO — dem ungesteuerten Lauf der Verhältnisse nacheilen, sondern für die Zukunft rechtspolitisch gestaltend wirken, das Tarifrecht also mit dem wiedererwachten Geist von Freiheit und Demokratie prägen und daneben neugewonnene Wertungen einfließen lassen, so mußte unverzüglich eine gesetzliche Regelung dieser Rechtsmaterie erfolgen. Nipperdey[139] nannte zutreffend die „rasche, einheitliche und klare Regelung des Tarifrechts eine absolute Notwendigkeit". Über das rein praktische Bedürfnis hinaus, den Tarifpartnern ein verläßliches Regelwerk an die Hand zu geben und für die Allgemeinheit zur Verhinderung von ungezügelten Arbeitskämpfen eine solide Lohngrundlage herzustellen, galt es vor allem, mit dem staatlichen Totalitarismus im Arbeitsleben restlos zu brechen, das kollektive Ar-

---

[136] *Rupp-v. Brünneck*, in: Zinn / Stein, Verfassung, 2. Bd., Teil B Einführung, S. 17; selbst das Grundgesetz ist nicht „besatzungsfest", sondern durch die im Besatzungsstatut verfaßte Besatzungshoheit begrenzt. — BVerfGE 2, 181, 201.

[137] Günstigkeitsprinzip, S. 19; ähnlich *Papritz*, Günstigkeitsprinzip, S. 16; auch bei *Wlotzke*, Günstigkeitsprinzip, findet sich kein entsprechender Hinweis.

[138] Vgl. *Spitta*, Verfassung, S. 117.

[139] BB 1948, 157, 160.

beitsrecht wieder in der deutschen Rechtsordnung zu verankern und eine Demokratie der sozialen Eigenverantwortung ins Leben zu rufen[140].

Die erste gesetzliche Regelung des Tarifrechts erfolgte im Land Rheinland-Pfalz, dessen Tarifvertragsgesetz (TVG) am 24. Februar 1949[141] in Kraft trat. Bezüglich des Günstigkeitsprinzips setzte es die Rechtslage unverändert fort, wie sie unter der TVVO bis 1933 bestanden hatte: Abweichungen vom Tarifvertrag waren nach § 4 Abs. 1 Satz 2 TVG (Rhld.-Pf.) nur zulässig, wenn sie durch den Tarifvertrag gestattet waren oder eine Änderung der Arbeitsbedingungen zugunsten des Arbeitnehmers enthielten *und* nicht durch den Tarifvertrag ausdrücklich ausgeschlossen waren. Die Tarifvertragsparteien konnten also fortan wieder die Tarifnormen zu Höchstbedingungen erklären, eine Regelung, die selbst im Arbeitsministerium von Rheinland-Pfalz nicht unumstritten war[142].

Das Tarifvertragsgesetz für die Bizone vom 9. April 1949[143] knüpfte inhaltlich an die TVVO an, ließ aber zugleich neue Wertungen erkennen. Die Möglichkeit zu staatlicher Einflußnahme wurde gegenüber der Weimarer Zeit erheblich verringert und den Tarifvertragsparteien die größte Freiheit und Verantwortung eingeräumt, die jemals Berufsverbände in Deutschland besaßen[144]. Damit wurde eine Voraussetzung für die Regelung von Tarifangelegenheiten in wirklich autonomer Selbstverantwortung geschaffen. Die Bindung des einzelnen Arbeitnehmers an die Parteien des Tarifvertrags wurde hingegen gelockert. Es läßt sich feststellen, daß der Staat im Ergebnis zwar mehr Macht an die Koalitionen abgab, als sie vor 1933 innehatten, gleichzeitig aber dafür sorgte, daß der tarifgebundene Arbeitnehmer nicht weiterer Reglementierung bei der Gestaltung der Arbeitsbedingungen preisgegeben wurde — nun durch die Verbände. Der Staat delegierte ein Höchstmaß an

---

140 Vgl. *Herschel*, Vereinbarungsbefugnis, D 7, D 8; ders., ZfA 1973, 184 f.

141 GVBl. Rhld.-Pf., 1948, I, Nr. 14, S. 82; ergänzend *Kraegeloh*, RdA 1949, 369 ff.; *Scheerer*, Schaffendes Volk in Rheinland-Pfalz 1949, 106 f.; *Fechner*, RdA 1950, 129 ff.

142 *Fechner*, RdA 1950, 129, 130 Fn. 13; *Molitor*, Rechtsgutachten, S. 5, der an den Verhandlungen über die Formulierung von § 4 Abs. 1 TVG (Rhld.-Pf.) teilnahm, berichtet allerdings, daß die Zulässigkeit von Höchstarbeitsbedingungen nicht in Zweifel gezogen worden sei.

143 WiGBl. 1949, S. 55, in Kraft getreten am 8. 6. 1949. Es wurde auf Grund der Art. 74 Ziff. 12, 125 Ziff. 1 GG und des Gesetzes über die Erstreckung des TVG vom 23. 4. 1953, BGBl. I, S. 156, Bundesrecht. Siehe ferner *Dahs*, RdA 1949, 320 ff.; für das Saarland galten zunächst das „Gesetz über Tarifverträge und Schlichtungswesen" vom 23. 6. 1950 (ABl. Saar, S. 597 ff.) und später das „Tarifvertragsgesetz" vom 22. 12. 1956 (ABl. Saar, S. 1708 f.).

144 *Storch*, DB 1949, 233. Das belegen sehr anschaulich die Ausführungen von *Bogs*, RdA 1956, 1, 3 ff.

Macht an die Tarifparteien, jedoch primär im Interesse und zum Schutz des Einzelnen. Das entsprach nicht nur der generellen Tendenz der Grundrechte des Grundgesetzes[145], die in viel stärkerem Maß Ausdruck eines Individualschutzes sind als die der Weimarer Reichsverfassung[146], sondern es kam auch besonders deutlich bei der Regelung des Günstigkeitsprinzips zum Tragen. Es erhielt eine neue rechtliche Qualität, was bei der Verabschiedung des Tarifvertragsgesetzes vermutlich allgemein noch nicht vollkommen bewußt war: Erstmals nahm das Günstigkeitsprinzip den Charakter einer Schranke der Tarifmacht an.

Das Günstigkeitsprinzip behielt in den verschiedenen Gesetzesentwürfen zunächst seinen herkömmlichen Rechtscharakter als tarifdispositive Auslegungsregel für den mutmaßlichen Willen der Tarifvertragsparteien. Der „Referentenentwurf des Zentralamtes für Arbeit (Lemgoer Entwurf) einer Verordnung über den Tarifvertrag"[147] versuchte zwar, in § 4 Abs. 1 den Unabdingbarkeitsgrundsatz schärfer zu formulieren, zielte aber nicht auf eine sachliche Abweichung von dem ehemaligen Tarifvertragsrecht ab, wie aus der Begründung zu § 4 Abs. 1 hervorgeht. Es wurde vielmehr für erforderlich gehalten, daß der Gesetzgeber den Tarifparteien die erforderlichen Rechtsformen an die Hand gebe, damit jene Maximalbedingungen jedenfalls dort, wo es ihnen notwendig erschien, festsetzen könnten[148]. Auch in § 3 Abs. 2 Satz 2 des „Entwurfs des Arbeitsrechtsausschusses des Länderrats (Zusmarshausener oder Stuttgarter Entwurf) eines Tarifvertragsgesetzes (TVG)" vom Juli 1948[149], § 5 Abs. 1 Satz 2 des „Ersten" und „Zweiten Vorentwurfs zu dem Entwurf des Bundesvorstandes des Gewerkschaftsbundes für die britische Zone" vom April 1948[150], § 5 Abs. 1 Satz 2 des „Entwurfs des Bundesvorstandes des Deutschen Gewerkschaftsbundes für die britische Zone" vom 26. April 1948[151], § 5 Abs. 1 Satz 3 des „Entwurfs eines Tarifvertragsgesetzes des Gewerkschaftsrates der Vereinigten Zonen" vom 7. September 1948[152] und schließlich auch § 5 Abs. 1 Satz 3 des „Initiativ-Antrags der SPD-Fraktion, Entwurf eines Gesetzes über Tarifverträge" vom 10. September 1948[153], der den Ent-

[145] Das TVG ist allerdings vorkonstitutionelles Recht, *Reichel*, BABl. 1969, 189, 191.

[146] *Dietz*, Koalitionsfreiheit, S. 417, 456; Freiheit, S. 13, 18.

[147] o. Verf., Materialien, ZfA 1973, 129, 130 - 132.

[148] o. Verf., Materialien, ZfA 1973, 129, 134.

[149] o. Verf., Materialien, ZfA 1973, 129, 138 - 140.

[150] o. Verf., Materialien, ZfA 1973, 129, 141 f.

[151] o. Verf., Materialien, ZfA 1973, 129, 143 f.

[152] o. Verf., Materialien, ZfA 1973, 129, 144 f.

[153] o. Verf., Materialien, ZfA 1973, 129, 149 f. = Drs. 1948 Nr. 613 des Wirtschaftsrates des Vereinigten Wirtschaftsgebietes.

wurf des Gewerkschaftsrates nach geringfügigen Änderungen übernahm, ermächtigten noch nahezu wortgleich die Tarifparteien, Höchstbedingungen festzusetzen. Erstmals in der Sitzung des Ausschusses für Arbeit vom 13. Oktober 1948[154] stellte Herschel diese Befugnis der Tarifpartner in Frage. Schließlich setzte sich die Ansicht durch, daß auf die Möglichkeit, Höchstbedingungen tariflich zu fixieren, zu verzichten sei. Bemerkenswerterweise waren es die Gewerkschaften, die in der Sitzung des Ausschusses für Arbeit vom 3. November 1948[155] einen Abänderungsvorschlag einbrachten, der im Antrag des Ausschusses für Arbeit zum Entwurf eines Tarifvertragsgesetzes die Befugnis zur Bestimmung von Höchstbedingungen entfallen ließ[156]. In dieser Fassung erlangte das Günstigkeitsprinzip Gesetzeskraft. Rechtsprechung und Lehre[157] erblicken darin ein bewußtes Abweichen des Gesetzgebers von der entsprechenden Regelung in § 1 Abs. 1 Satz 2 TVVO und den darauf aufbauenden oben genannten Gesetzgebungsvorschlägen. Zutreffend wird aus dieser Änderung geschlossen, der Gesetzgeber habe die Vereinbarung von Höchstarbeitsbedingungen jedenfalls im normativen Teil des Tarifvertrages bewußt ausschließen wollen. Für den schuldrechtlichen Teil läßt sich das aus der Entstehungsgeschichte des § 4 TVG nur mit einer gewissen, allerdings hohen Wahrscheinlichkeit herleiten. Die weitere Frage, ob auch einseitige sogenannte „Höchstnormenbeschlüsse" der Arbeitgeberverbände zulässig sind, ist mit den Mitteln der historischen Auslegung nicht zu beantworten. Träfe es zu, daß die Abänderung des „Initiativ-Antrags der SPD" lediglich auf Überlegungen der Zweckmäßigkeit und Angemessenheit beruhte, wie Dietz[158] vermutete, so würde das freilich nicht darauf hindeuten, daß der Gesetzgeber ein wirklich umfassendes Verbot von Höchstbedingungen, d. h. auch für entsprechende schuldrechtliche Abreden der Tarifvertragsparteien, habe aussprechen wollen[159]. Vereinzelt werden daher auch schuldrechtliche Höchstlohnvereinbarungen zwischen den

---

[154] o. Verf., Materialien, ZfA 1973, 129, 152.

[155] o. Verf., Materialien, ZfA 1973, 129, 155.

[156] Siehe Antrag des Ausschusses für Arbeit, Entwurf eines Tarifvertragsgesetzes (TVG), Drs. 1948 Nr. 672 des Wirtschaftsrates des Vereinigten Wirtschaftsgebietes.

[157] BAG AP Nr. 2 und 3 zu § 4 TVG Angleichungsrecht; *Stahlhacke*, Anm. zu BVerwG AP Nr. 4 zu § 4 TVG Angleichungsrecht; *Nipperdey*, RdA 1949, 81, 87; ders., Höchstlöhne, S. 9, 10; *Hueck / Nipperdey / Tophoven / Stahlhacke*, TVG, § 4 Rdnr. 188; *Nikisch*, DB 1963, 1254; ders., Arbeitsrecht, Bd. II, S. 421; *Wiedemann / Stumpf*, TVG, § 4 Rdnr. 221; *Kreis*, RdA 1961, 97, 98; eingehend auch *Roos*, Höchstnormen, S. 12; weitere Nachweise bei *Dietz*, DB 1965, 591 Fn. 6; *Molitor*, Rechtsgutachten, S. 5. Die Entwicklung des schweizerischen Rechts läßt eine entsprechende Schlußfolgerung zu, wie die Darstellung von *Bänziger*, WiuR 1978, 410, 416 f. zeigt.

[158] DB 1965, 591, 593.

[159] *Molitor*, BB 1957, 85, 87; *Papritz*, Günstigkeitsprinzip, S. 18.

Tarifparteien für zulässig gehalten[160]. Ein beachtlicher, von Papritz[161] nicht gewürdigter Anhaltspunkt für einen generellen Ausschluß von Vereinbarungen der Tarifvertragsparteien zur Herbeiführung von Höchstnormen ergibt sich jedoch aus Herschels rechtsgeschichtlicher Aufhellung der Entstehung des Tarifvertragsgesetzes[162]. Als Teilnehmer der entscheidenden Beratungen weiß er zu berichten, daß sich gegen Ende der Ausschußberatungen die Absicht durchgesetzt habe, „eine nach oben einengende Wirkung von Tarifnormen entspreche weder einem praktischen Bedürfnis noch der *natürlichen Funktion des Tarifvertrages*"[163]. Daraus folgt: Sind Höchstbedingungen für einen Tarifvertrag funktionswidrig, wie es der Gesetzgeber zu Recht annahm, weil keine kollektive Ordnung den Arbeitnehmer in der Verfolgung legitimer Einzelinteressen und dem Bestreben, die eigene soziale Position zu verbessern, behindern darf[164], so kann es den Tarifparteien nicht gestattet sein, diesen Zustand auch nur schuldrechtlich herbeizuführen. Denn die Tarifmacht verkörpert offenkundig nicht die Befugnis, funktionswidrige tarifliche Vereinbarungen abzuschließen[165]. Ist somit aufgrund eines Indizes aus der Entstehung des TVG anzunehmen, daß den Tarifpartnern die Möglichkeit entzogen wurde, im normativen oder schuldrechtlichen Teil des Tarifvertrages Höchstbedingungen zu setzen bzw. solche zu vereinbaren, so erweist sich das als Einschränkung ihrer Regelungsbefugnis, hingegen als Erweiterung der Rechtsstellung des einzelnen Arbeitnehmers gegenüber der früheren Rechtslage. Die Widerlegbarkeit, mit der das Günstigkeitsprinzip als Auslegungsregel für den Willen der Tarifvertragsparteien unter der TVVO einmal behaftet war, ist nunmehr entfallen.

Auf die Fragestellung, ob es zulässig sei, das Günstigkeitsprinzip im schuldrechtlichen Teil des Tarifvertrages auszuschließen oder durch Höchstnormenbeschlüsse seine Anwendung zu verhindern, ist noch außerhalb der historischen Betrachtung unter verfassungsrechtlichen Gesichtspunkten näher einzugehen.

### VI. Ergebnis der historischen Betrachtung

Zusammenfassend läßt sich folgendes als Ergebnis der vorangegangenen historischen Betrachtung des Günstigkeitsprinzips festhalten:

---

[160] Siehe hierzu § 4 I.

[161] Günstigkeitsprinzip, S. 18.

[162] ZfA 1973, 183, 193.

[163] Auch *Lieb*, Arbeitsrecht, S. 109 konstatiert, daß ein Tarifvertrag *wesensgemäß* nie Höchstarbeitsbedingungen enthalten könne.

[164] *Karakatsanis*, Gestaltung, S. 109 f.

[165] In diesem Sinne auch *Maus*, RdA 1958, 241, 246 f.

Sobald der Tarifvertrag rechtliche Anerkennung fand und den Inhalt des Individualarbeitsverhältnisses zu bestimmen begann, mußte sich die Frage stellen, ob und gegebenenfalls unter welchen Voraussetzungen der Einzelwille, wie er im Arbeitsvertrag zum Ausdruck gekommen war, dem im Tarifvertrag verkörperten Willen des Kollektivs vorgehen dürfe. Ausgehend von dem Zweck des Tarifvertrags, den Arbeitnehmer möglichst effektiv zu schützen — ursprünglich vor dem durch die Konzeption der reinen, aber oft nur formalen Vertragsfreiheit des Liberalismus ermöglichten Vertragsdiktat des Arbeitgebers —, wurde dem Einzelarbeitsvertrag grundsätzlich dann der Vorrang eingeräumt, wenn sich die Stellung des Arbeitnehmers dadurch verbesserte. Das stand ursprünglich allerdings unter dem Vorbehalt einer abweichenden Vereinbarung der Tarifvertragsparteien, die nach ihrem Ermessen Höchstbedingungen festsetzen konnten. Im Laufe dieses Jahrhunderts erwiesen sich *drei* verschiedene *Schutzrichtungen des Günstigkeitsprinzips:* Zielte es zunächst auf den Schutz des Arbeitnehmers allein vor der wirtschaftlichen Übermacht des Arbeitgebers ab, so zeigte sich später, daß es auch im Widerspruch zu staatlicher Zwangs- oder Planwirtschaft, namentlich staatlichem Lohndirigismus, steht; schließlich gewährt es dem Arbeitnehmer Unabhängigkeit gegenüber den Tarifpartnern, seitdem ihnen die Befugnis zur Anordnung von Höchstarbeitsbedingungen entzogen wurde. Das Günstigkeitsprinzip ist somit ein Instrument zu politischer und wirtschaftlicher Freiheit des einzelnen Arbeitnehmers in der maßgebend auf den Garantien des Art. 9 GG beruhenden grundgesetzlichen Gesellschaftsverfassung, die durch die Dreiheit von Staat, Gruppe bzw. Verband und Individuum gekennzeichnet ist[166].

Der dem Günstigkeitsprinzip zugrundeliegende Schutzmechanismus ist keine isolierte Erscheinung des Tarifrechts. Er tritt in ähnlicher Form im deutschen Zivilrecht häufig dort auf, wo die freie Willensentscheidung und -betätigung aus subjektiven oder objektiven Gründen nur eingeschränkt möglich ist und daher die Willensfreiheit bestimmten als vernünftig und gerecht empfundenen Entscheidungen des Gesetzgebers (auch die Tarifvertragsparteien handeln in gewissem Umfang als Gesetzgeber) unterliegt. Dessen Entscheidungen lassen nur einen vornormierten Vertragsinhalt zu, ohne dabei jedoch eine Begünstigung der geschützten Person auszuschließen.

---

166 *Maunz / Dürig / Herzog / Scholz*, GG, Art. 9 Rdnr. 12.

## § 3 Die rechtlichen Grundlagen des Günstigkeitsprinzips im System des deutschen Verfassungsrechts

### I. Problemstellung

Die gesetzliche Regelung des Günstigkeitsprinzips in § 4 Abs. 3 TVG ist bis heute unverändert geblieben. Daß es keine isolierte Erscheinung des Tarifrechts oder auch nur des Arbeitsrechts allgemein ist, erwies schon der historische Rückblick[1]. Hieraus ergab sich das Günstigkeitsprinzip als ein rechtliches Korrektiv gegenüber faktischen (objektiven) Beeinträchtigungen der Vertragsfreiheit. Die Charakterisierung als Garant von politischer und wirtschaftlicher Freiheit im gesellschaftlichen Spannungsfeld von Staat, Gruppe bzw. Verband und Individuum deutete schon darauf hin, daß die für das Verständnis des Günstigkeitsprinzips bedeutsamen rechtlichen Grundlagen über das allgemeine Vertragsrecht hinausreichen und ihre Wurzeln in den Freiheitsrechten der Verfassung zu vermuten sind.

Das Erkennen des rechtlichen Ursprungs ist mindestens in zweifacher Hinsicht von erheblicher Bedeutung: 1. Die rechtliche Bestandskraft des Günstigkeitsprinzips hängt offenkundig davon ab, ob es verfassungsrechtlich verankert ist und auf der Ebene des einfachen Gesetzes nur verfeinert wiederaufgenommen wurde. Trifft das zu, so ergeben sich daraus Konsequenzen zum einen für die Möglichkeit und die Voraussetzungen seiner Modifizierung durch den Gesetzgeber, zum anderen für die ähnlich gelagerte, schon zuvor aufgeworfene[2] Frage nach der Verbindlichkeit für die Tarifvertragsparteien, nämlich ob sie außerhalb des normativen Teils des Tarifvertrags die Tarifnormen als Höchstarbeitsbedingungen behandeln dürfen. Denn wenn das Günstigkeitsprinzip ohne weiteres für den Gesetzgeber disponibel wäre, so bestünden auch kaum Einwände z. B. gegen Höchstnormenbeschlüsse eines Arbeitgeberverbandes[3]. 2. Darüber hinaus erschließt das Erkennen des rechtlichen Ursprungs des Günstigkeitsprinzips Anhaltspunkte für die Frage

---

[1] § 2 I.

[2] § 2 V.

[3] *Papritz*, Günstigkeitsprinzip, S. 42; siehe auch *Nikisch*, Rechtsgutachten, S. 9, der zutreffend ausführt, daß eine einengende Auslegung des Günstigkeitsprinzips erleichtert wird, sofern davon auszugehen ist, daß es nicht vom Grundgesetz gefordert wird.

nach seiner Geltung im Verhältnis anderer arbeitsrechtlicher Gestaltungsfaktoren zueinander als zwischen Arbeitsvertrag und Tarifvertrag.

Das Problem der verfassungsrechtlichen Gewährleistung stellt sich in besonderem Maße zum einen in Zeiten des wirtschaftlichen Aufschwungs und des damit meist einhergehenden Nachfragewettbewerbs nach Arbeitskräften, weil die Arbeitgeberverbände in dieser Lage nach Mitteln suchen, der verstärkten Forderung nach übertariflichen Arbeitsbedingungen möglichst wirksam, d. h. geschlossen auf der Grundlage eines entsprechenden Verbandsbeschlusses, entgegenzutreten. Bei Roos[4] finden sich einige anschauliche Beispiele für wirtschaftliche Konstellationen, die einem Arbeitgeberverband das Instrument des Höchstnormenbeschlusses nahelegen.

Zum anderen wird gelegentlich in der Periode der wirtschaftlichen Rezession und des allgemeinen Kaufkraftschwundes — freilich aus einem falsch verstandenen Solidaritätsdenken — der Ruf nach der Zurückdrängung übertariflicher Lohnzulagen zur Arbeitsplatzsicherung vorrangig der weniger leistungsstarken Arbeitnehmer erhoben, ohne dabei allerdings zu berücksichtigen, daß durch die Verhinderung des angeblich unerwünschten Leistungswettstreits innerhalb der Arbeitnehmerschaft[5] wichtige individuelle Leistungsanreize abgebaut würden, was letztlich zur weiteren Schwächung der Volkswirtschaft beitrüge. Kreis[6] macht auf folgenden Zusammenhang aufmerksam: Durch die Festlegung von Höchstarbeitsbedingungen entfällt die Möglichkeit für den Arbeitnehmer, übertarifliche Lohnforderungen an den Arbeitgeber zu richten. Die Minderbelastung der Arbeitgeber durch den generellen Fortfall z. B. von Leistungszulagen führt in aller Regel zu einer allgemeinen Anhebung der Tariflöhne — allerdings nur zum momentanen Nutzen der Mehrheit der Arbeitnehmer, aber auf Kosten der überdurchschnittlich leistungsstarken, mit dem Effekt eines Machtzuwachses der Gewerkschaften, dem langfristigen Ergebnis eines Abbaus des Leistungsprinzips und damit schließlich zu einer Zerrüttung der Volkswirtschaft. Dennoch findet die Vorstellung von der Gleichheit der Entlohnung, der sogenannten „solidarischen Lohnpolitik“[7] immer mehr Verbreitung und

---

[4] Höchstnormen, S. 38.

[5] Vgl. *Magis*, Günstigkeitsprinzip, S. 38.

[6] Höchstarbeitsbedingungen, S. 42; bemerkenswert ist auch die jüngst erhobene Forderung des Bundesverbandes der Selbständigen e. V. (BDS), die auf die Streichung sämtlicher Subventionen für solche Betriebe gerichtet ist, deren Lohnnebenkosten den gesetzlichen Rahmen überschreiten mit der Konsequenz, daß die Tarifpartner primär für die Vollbeschäftigung verantwortlich sind. — Siehe Pressemitteilung des BDS zum Pressegespräch am 15. 3. 1982, S. 1, Punkt 4. a).

[7] *Pfromm*, Lohnpolitik, S. 31 ff.

Anhänger, worauf Laufer[8] hinweist. Vom Standpunkt der marxistischen Gewerkschaftstheorie erklärt sich diese Entwicklung dadurch, daß übertarifliche Arbeitsbedingungen für schädlich gehalten werden, weil sie angeblich die Illusion nähren, der einzelne Lohnarbeiter könne „seine Interessen in seiner Stellung als Privatperson gegenüber dem Kapital durchsetzen und zugleich in Konkurrenz zu den anderen Lohnarbeitern durch individuelle Anstrengungen einen Aufstieg entsprechend seinen natürlichen Fähigkeiten erreichen“[9].

Sollte sich schließlich auch der Staat veranlaßt sehen, zur Inflationsbekämpfung einen allgemeinen oder nur teilweisen Preisstop zu verhängen, so würde dieser zweifellos weitgehend unterlaufen werden, wenn er nicht zumindest durch eine drastische Beschneidung des übertariflichen Lohnbereichs flankiert werden würde[10]. Daher erwägt z. B. Monjau[11], in Anlehnung an entsprechende Maßnahmen in Italien und Frankreich notfalls Tariflöhne mit einer Begrenzung nach oben als „Stabilisierungsfaktor“ zu verwenden, wie es auch in den Niederlanden aufgrund des „Buitengewoon Besluit Arbeidsverhoudingen 1945“[12] lange

[8] Freiheit, S. 337, 352. Andererseits scheinen erhebliche Widerstände in der Arbeitnehmerschaft gegen eine Nivellierungspolitik der Gewerkschaften zu bestehen. So stellt *Koch*, WSI-Mitteilungen 1977, 71, 81 f. einen sozialen Druck gegen solche Bestrebungen fest, der von denjenigen Arbeitnehmern ausgeht, die durch überproportionale Lohnsatzerhöhungen einzelner Gruppen relativ schlechter gestellt werden. Dennoch wurde die gewerkschaftliche Tarifpolitik spürbar von dieser Nivellierungstendenz geprägt. Im unteren Lohnbereich wurden nämlich seit Jahren die Tariflöhne überproportional erhöht mit der von *Eich*, DB 1980, 1340, 1341 aufgezeigten Folge, daß jeglicher materielle Anreiz, eine qualifizierte Ausbildung zu absolvieren, weggefallen ist.

[9] *Bischoff / Gath / Jütte / Kurbjuhn / Lieber / Schardt*, Gewerkschaftstheorie, S. 153. Dementsprechend behauptete das von der „Marxistischen Gruppe (MG)“ im Februar 1982 verbreitete „Manifest gegen den DGB“ unter Punkt 2: „Jede Mark Übertarif, die ein Unternehmer zahlt, ist ein Fehler der Gewerkschaft.“ *Däubler / Hege*, Tarifvertragsrecht, Rdnr. 328 kennzeichnen individuelle Sondervereinbarungen als „Privilegierungen einzelner Arbeitnehmer, die geeignet sind, zur Spaltung und Entsolidarisierung der Belegschaft beizutragen“. In ähnlicher Weise charakterisieren die DDR-Arbeitsrechtler Premßler / Zierholz das Günstigkeitsprinzip, das sie irrtümlich als „Meistbegünstigungsklausel“ bezeichnen. Es solle „die Arbeiterklasse spalten und ihr gemeinsames Vorgehen erschweren“; vgl. Arbeitsrecht, S. 523. *Nipperdey*, Tarifrecht, S. 10, führte schon im Jahre 1924 aus, es sei „ein offenes Geheimnis, daß die Gewerkschaften ... fast in jeder individuellen Abmachung, in jedem Abweichen von den allgemeinen Arbeitsbedingungen etwas Unerwünschtes, für ihren Einfluß, und damit für ihre und der Gesamtarbeitnehmerschaft Stärke, Nachteiliges sehen“.

[10] In den USA wurde aufgrund des „Economic Stabilization Act of 1970“ ein Preis-, Lohn- und Mietstop durchgeführt. Siehe nähere Einzelheiten hierzu bei *Braun*, RdA 1972, 96 ff. und *Schmidt-Preuß*, Lohn- und Preisdirigismen, S. 45 - 76.

[11] DöD 1964, 224, 229.

[12] Siehe *Gamillscheg*, Internationales Arbeitsrecht, S. 298. In den Niederlanden hatten zwar die Tarifparteien seit jeher das Recht, die tariflichen

Zeit der Fall war. Eschenburg[13] vertritt ebenfalls die Meinung, daß die rechtliche Zulässigkeit eines partiellen Lohnstops, der sich nur auf übertarifliche Löhne und Gehälter bezieht, nicht ohne weiteres zu verneinen sei. Nach Ansicht von Butz[14] kann sich diese Maßnahme ausnahmsweise dann als erforderlich erweisen, wenn sie zur Sicherung des Reallohns unbedingt geboten ist. Die hierin liegende Beschränkung des Günstigkeitsprinzips, die in bestimmten wirtschaftlichen Situationen sowohl den Tarifpartnern als auch dem Staat erstrebenswert erscheinen kann, wäre wesentlich erschwert und dürfte nur unter erheblich engeren Voraussetzungen in Betracht gezogen werden, wenn das Günstigkeitsprinzip in der Verfassung verankert ist.

## II. Darstellung des Meinungsstands zur Gewährleistung des Günstigkeitsprinzips durch das Grundgesetz

Zum Problem der verfassungsrechtlichen Gewährleistung des Günstigkeitsprinzips hat sich bislang keine eindeutig herrschende Meinung herausbilden können.

1. Nipperdey, von dem die Lehre von der verfassungsrechtlichen Garantie des Günstigkeitsprinzips maßgeblich ausging[15], stützt sich in erster Linie auf eine Entscheidung des Bundesverfassungsgerichts[16], in der es ausdrücklich von dem staatlicherseits nach Art. 9 Abs. 3 GG bereitzustellenden Tarifvertragssystem im Sinne des *modernen* Arbeitsrechts sprach. Hierunter verstand das Bundesverfassungsgericht jedenfalls, daß Tarifverträge aufgrund ihrer historischen Entwicklung, die bei der Bestimmung der Tragweite des Art. 9 Abs. 3 GG zu be-

---

Arbeitsbedingungen entweder zu Mindest- oder zu Höchstarbeitsbedingungen zu erklären; vgl. *Bakels / Opheikens*, Arbeidsrecht, S. 178. Unter dem „Buitengewoon Besluit Arbeidsverhoudingen 1945" wurden jedoch von der Regierung alle Tarifbedingungen zu Höchstnormen erklärt. Diese Regelung galt bis zum Jahr 1970. Seitdem können wieder die Tarifparteien bestimmen, welchen Charakter die Normen des Tarifvertrags haben sollen. Aufgrund der Art. 10 - 12 des „Wet op de Loonvorming 1970" kann allerdings die Regierung wieder aus gesamtwirtschaftlichen Gründen einen allgemeinen Lohnstop verhängen, wovon sie in der Vergangenheit häufig Gebrauch gemacht hat.

Im Zuge der Reform des niederländischen Bürgerlichen Gesetzbuchs ist folgende Regelung des Günstigkeitsprinzips in Art. 7.11.12 lid 2 Nieuw Burgerlijk Wetboek geplant: „Een beding dat gunstiger is voor de arbeider dan de desbetreffende bepaling in de collectieve arbeidsovereenkomst, wordt niet geacht strijdig te zijn met die overeenkomst, tenzij het tegendeel uit die overeenkomst of uit andere geldende bepalingen volgt."

[13] Die Zeit v. 12. 11. 1971, S. 33.

[14] DB 1953, 400, 401.

[15] Arbeitsrecht, 2. Bd., 6. Aufl., S. 173 f.; 7. Aufl., 2. Bd., 1. Halbbd., S. 232 Fn. 38, S. 573 Fn. 2 b; Grundriß, S. 194 f., 241.

[16] BVerfGE 4, 96, 106.

rücksichtigen ist[17], Normativcharakter haben und unabdingbar sein müssen. Das wurde in einer späteren Entscheidung[18] bestätigt, in der das Bundesverfassungsgericht erklärte, daß der Tarifvertrag Rechtsnormen setze und „insoweit durch den Einzelarbeitsvertrag regelmäßig nicht zuungunsten des Arbeitnehmers abbedungen werden" könne. Nipperdeys Argumentation zielt darauf ab, daß eine tarifliche Regelung, die wie in der Weimarer Republik Höchstbedingungen zulasse, nicht dem modernen Arbeitsrecht entspreche, welches das Bundesverfassungsgericht meine. Er ordnet das Günstigkeitsprinzip dem verfassungsrechtlich geschützten Kernbereich[19] des sozialen Tarifvertragssystems mit der Folge zu, daß die Beseitigung des Günstigkeitsprinzips zu einem Verstoß gegen die Wesensgehaltsgarantie des Art. 19 Abs. 2 GG führe. Ferner sieht Nipperdey in der Einführung von Höchstlöhnen einen Verstoß gegen die in Art. 2 Abs. 1 GG garantierte Vertragsfreiheit, weil Höchstlöhne im Gegensatz zu Mindestlöhnen nicht durch Erfordernisse der verfassungsmäßigen Ordnung, namentlich das Sozialstaatsprinzip, gerechtfertigt werden könnten. Das Bundesarbeitsgericht bestätigte in zwei Urteilen[20] die Lehre Nipperdeys, indem es dem Günstigkeitsprinzip die Rechtsnatur eines „verfassungsmäßig anerkannten Grundsatzes des kollektiven Arbeitsrechts (Art. 9 Abs. 3 GG i. V. m. Art. 18 u. 21 GG)" beimaß. G. Küchenhoff schloß sich Nipperdey in einem „Rechtsgutachten über die tarif- und verbandsrechtliche Tragweite des im Tarifvertrag geltenden Günstigkeitsprinzips"[21] an. Ferner sprechen sich Reuß[22], Schelp[23], Schnorr[24], Kauffmann[25], Knigge[26], Romatka[27], Belling[28] und Karakatsanis[29] für die verfassungsrechtliche Garantie des Günstigkeitsprinzips aus, letzter in Verbindung mit dem Leistungsprinzip. Zöll-

---

[17] BVerfGE 19, 303, 314; 50, 290, 367.

[18] BVerfGE 19, 303, 314.

[19] BVerfGE 38, 386, 393.

[20] BAG AP Nr. 2 und 3 zu § 4 TVG Angleichungsrecht.

[21] Rechtsgutachten, Verbandsnachrichten 1962, Heft 7/8, S. 8; zu verweisen ist ferner auf ein Anschlußgutachten, Verbandsnachrichten 1962, Heft 12, in dem sich G. Küchenhoff mit der Frage auseinandersetzt, ob Länder, Gemeinden und Gemeindeverbände einem Verein angehören dürfen, der durch einen Höchstnormenbeschluß das Günstigkeitsprinzip des Tarifrechts und damit zugleich verfassungsrechtliche Grundsätze (Art. 2, 9 Abs. 3, 20, 28 Abs. 2 GG) verletzt. Siehe auch *Küchenhoff*, G., Einwirkungen, S. 317, 343; ders., AuR 1963, 320, 323; ders., AuR 1966, 322.

[22] AuR 1958, 321, 326; ders., ArbRGeg. 1963, Bd. 1, 144, 158.

[23] DB 1962, 1242.

[24] AuR 1963, 136, 138.

[25] NJW 1966, 1681, 1683.

[26] Einschränkbarkeit, S. 129 - 139.

[27] Unabdingbarkeit, S. 29 f., Fn. 63.

[28] DB 1982, 2513, 2514.

[29] Gestaltung, S. 111.

ner[30] vertritt die Auffassung, daß jedenfalls in normalen Zeiten, in denen keine schwerwiegenden übergeordneten Allgemeininteressen eingreifen, die durch das Günstigkeitsprinzip erschlossene kollektivfreie Individualsphäre durch das verfassungsrechtliche Prinzip der Vertragsfreiheit geradezu gefordert werde. Däubler/Hege[31] betrachten zwar die individuelle Leistung nur als zweitrangigen Grund für die Gewährung übertariflicher Arbeitsbedingungen, leiten aber das Günstigkeitsprinzip auch aus der institutionellen Garantie des Tarifvertrags ab, wobei der Schwerpunkt ihrer Argumentation in einer funktionalen (restriktiven) Interpretation der Koalitionsfreiheit liegt: Das Grundgesetz gewähre den Tarifpartnern kein Monopol für die Verbesserung der Arbeitsbedingungen, sondern ordne Tarifautonomie und allgemeine Vertragsfreiheit nur so verhältnismäßig zu, daß die letzte nicht ganz ausgeschlossen, sondern als Mittel zur Erreichung weiterer Verbesserungen erhalten bleiben müsse[32]. Kreis[33] führt das Günstigkeitsprinzip auf Art. 2 Abs. 1 GG zurück und unterwirft es damit zugleich der sich aus dieser Verfassungsnorm ergebenden Schrankentrias. In Anlehnung an eine Entscheidung des Bundesverfassungsgerichts[34] zur Vereinbarkeit gesetzlicher Preisvorschriften mit Art. 2 Abs. 1 GG nimmt Kreis an, daß ein staatlicher Eingriff in das Günstigkeitsprinzip, beispielsweise aus währungspolizeilichen Gründen, erlaubt sei, sofern die Sozialpartner nicht in der Lage seien, Gefährdungen oder ernsthafte Störungen der Währungsstabilität infolge überhöhter Lohnzahlungen abzuwehren.

2. Richardi unterscheidet hingegen zwischen einem nur unter den beiderseits Tarifgebundenen wirkenden und einem für allgemeinverbindlich erklärten Tarifvertrag. Er bestreitet, daß das Günstigkeitsprinzip als Schranke der Kollektivmacht durch das Grundgesetz gefordert und der Vorrang einzelvertraglicher Regelungen durch Art. 9 Abs. 3 GG garantiert werde[35]. Das Günstigkeitsprinzip sei daher gegenüber den Koalitionsmitgliedern kein Verfassungsgrundsatz. Anders beurteilt er es dagegen im Rahmen eines für allgemeinverbindlich erklärten Tarifvertrags, weil hier die tarifliche Bindung ohne eine individuelle

---

[30] Arbeitsrecht, S. 280; ebenso *Spiertz*, Ordnungsprinzip, S. 10.

[31] Tarifvertragsrecht, S. 56 f.

[32] *Wolf*, E., Anmerkung zu BAG AP Nr. 49 zu § 4 TVG Ausschlußfristen, dürfte in ähnlichem Sinne zu verstehen sein, indem er ausführte, die Tarifmacht bewirke nicht, „daß die TV Parteien die Einzelarbeitsverhältnisse frei regeln und den daran Beteiligten dadurch ihre rechtsgeschäftl. Wirkungsmöglichkeiten unbeschränkt nehmen können". *Herschel*, BB 1973, 1365, 1366 ff., erhebt zwar gegen den ersten Teil des Satzes von Wolf schwerwiegende Bedenken, stimmt aber dem zweiten Teil zu, der in dem hier zu erörternden Zusammenhang von Bedeutung ist.

[33] RdA 1961, 97, 99.

[34] BVerfGE 8, 274, 328 f.

[35] Kollektivgewalt, S. 367.

Unterwerfung auf öffentlich-rechtlicher Grundlage eintrete. In Art. 12 GG sei die Freiheit des Arbeitnehmers miteingeschlossen, die Arbeitsbedingungen durch eine privatautonome Ordnung zu gestalten. Diese Freiheit könne zwar durch das Sozialstaatsprinzip Einschränkungen erfahren. Die Festsetzung von Höchstbedingungen sei aber durch dieses Prinzip nicht zu rechtfertigen und bedeute einen unverhältnismäßigen Eingriff in Art. 12 GG. Entsprechendes gelte für ein Gesetz, das den Betriebspartnern gestatten würde, Arbeitsbedingungen für den Arbeitnehmer zu vereinbaren, ohne die Möglichkeit zu einzelvertraglichen Abweichungen zu gestatten[36].

3. Die Lehre von der verfassungsrechtlichen Garantie des Günstigkeitsprinzips ist in Rechtsprechung und Schrifttum nicht ohne Widerspruch geblieben. Das Bundesverwaltungsgericht[37] hat den oben dargestellten Standpunkt von Nipperdey und die darauf fußende Rechtsprechung des Bundesarbeitsgerichts ausdrücklich mit folgender Begründung abgelehnt: Die verfassungsrechtliche Garantie der Koalitionsfreiheit bedeute zwar die Anerkennung des Tarifrechts, damit sei aber nicht die gerade bei Erlaß des TVG oder die jeweilige rechtliche Ausgestaltung des Tarifrechts gewährleistet, sondern nur der Kern dessen, was das Wesen des kollektiven Tarifrechts ausmache[38], nämlich lediglich die unmittelbare Gestaltung der Lohn- und Arbeitsbedingungen durch die Verbände. Die Regelung des Tarifrechts im einzelnen bleibe dagegen dem Gesetzgeber überlassen, der folglich die Koalitionspartner dazu ermächtigen könne, Höchstarbeitsbedingungen zu vereinbaren. Neben dem Bundesverwaltungsgericht haben sich vor allem Nikisch[39], Dietz[40], Zeuner[41], Bieback[42], Scholz[43], Zeiselmair[44], Hueck / Nipperdey / Tophoven / Stahlhacke[45], Monjau[46] und Wiedemann / Stumpf[47] mit zum Teil

---

[36] Für die verfassungsrechtliche Garantie des Günstigkeitsprinzips im Betriebsverfassungsrecht sprechen sich auch *Dietz / Richardi*, BetrVG, Bd. 2 § 7 Rdnr. 98 aus.

[37] BVerwG AP Nr. 4 zu § 4 TVG Angleichungsrecht; das Bundesverwaltungsgericht hatte schon in zwei früheren unveröffentlichten Entscheidungen, über die *Dietz*, DB 1965, 591, 593 berichtet, in ähnlichem Sinne entschieden.

[38] Das entspricht der ständigen Rechtsprechung des Bundesverfassungsgerichts, BVerfGE 4, 96, 106, 108; 19, 303, 321 f.; 28, 295, 306; 50, 290, 367; das Problem besteht aber darin zu ergründen, was diesen Kern bildet.

[39] Rechtsgutachten, S. 9; ders., DB 1963, 1254, 1255.

[40] DB 1965, 591 ff.

[41] DB 1965, 630, 632.

[42] ZfA 1979, 453, 476 f.

[43] Grundrecht, S. 67 f.; ders., Koalitionsfreiheit, S. 364; *Maunz / Dürig / Herzog / Scholz*, GG, Art. 9 Rdnr. 273.

[44] Tarifmacht, S. 180 - 184.

[45] TVG, § 4 Rdnr. 187.

[46] DöD 1964, 224, 228.

unterschiedlichen Begründungen gegen eine verfassungsrechtliche Gewährleistung des Günstigkeitsprinzips ausgesprochen. Vor allem Hueck / Nipperdey / Tophoven / Stahlhacke, Wiedemann / Stumpf und Bieback bestreiten, daß es Teil des historisch überkommenen Tarifvertragssystems im Sinne des modernen Arbeitsrechts sei, welches den verfassungsrechtlich geschützten Kernbereich der Tarifautonomie bilde. Die historische Entwicklung zeige vielmehr deutlich, daß der gegenwärtig geltende Tarifvertragsbegriff, der Höchstarbeitsbedingungen im Tarifvertrag verbietet, nicht historisch überkommen sei. Unbestreitbar war vor der Geltung des TVG die Festsetzung von Höchstarbeitsbedingungen nur wenige Jahre vom Inkrafttreten des AOG bis zur Einführung des Lohnamtssystems im Rahmen der Kriegswirtschaft ausgeschlossen. Die Tarifautonomie garantiere daher nur, so auch Dietz, daß freigebildete Organisationen auf die Gestaltung der Arbeitsbedingungen durch Tarifverträge mit normativer Wirkung und Unabdingbarkeit Einfluß nehmen können. Bieback kritisiert ferner, daß die „institutionelle Deutung" von Art. 9 Abs. 3 GG seitens der Gegenmeinung den augenblicklichen Rechtszustand festschreiben und dadurch nicht nur dem Gesetzgeber, sondern auch den Koalitionen selbst jede Möglichkeit nehmen würde, das gegenwärtige Tarifvertragssystem und Tarifvertragsrecht zu ändern. Dadurch würde aber das als Handlungsfreiheit konzipierte Grundrecht des Art. 9 Abs. 3 GG zugunsten vorgegebener Strukturen eingeschränkt werden. Nach Scholz ist das Günstigkeitsprinzip deshalb nicht unmittelbar verfassungsgarantiert, weil eine verfassungsrechtliche Subsidiaritätsentscheidung zugunsten der Koalitionen fehle und nur aus der gesetzlichen Ordnung hervorgehe. Da der grundgesetzlichen Arbeits- und Wirtschaftsverfassung eine Kompetenzsystematik im Sinne eines Subsidiaritätsprinzips nicht immanent sei[48], die Verfassung vielmehr überhaupt die rechtliche Konkurrenz von „individueller" und „kollektiver" Vereinbarungsform leugne[49], könne das Grundgesetz folglich auch keine Aussage über das Günstigkeitsprinzip treffen, das ja gerade durch eine Kollisionsregel eine sachliche Vorrangkompetenz begründe. Nach Zeuner, der sich schwerpunktmäßig mit dem Problem des Verbandsbeschlusses zur Verhinderung übertariflicher Arbeitsbedingungen auseinandersetzt, läßt sich die Gegenmeinung auch nicht auf Art. 2 GG stützen. Denn sowenig ein Vertragschließender außerhalb des Arbeitsrechts nach dieser Verfassungsnorm die Gewähr habe, daß sein Vertragspartner bezüglich des zu vereinbarenden Vertragsinhalts keinerlei rechtlichen Bindungen gegenüber Dritten unterliege, sowenig gelte das

[47] TVG, § 4 Rdnr. 218; ferner *Kunst*, Günstigkeitsprinzip, S. 6 f.

[48] a. A. *Küchenhoff*, G., Rechtsgutachten, Verbandsnachrichten 1962, Heft 7/8, S. 8.

[49] Koalitionsfreiheit, S. 361 f.

auch zugunsten des Arbeitnehmers. Da etwas Gegenteiliges zudem weder aus dem Leistungsprinzip noch aus dem Sozialstaatsprinzip hervorgehe, bestünden keine verfassungsrechtlichen Bedenken gegen einen einseitigen Höchstnormenbeschluß der Arbeitgeberseite, der die Bedeutung des Günstigkeitsprinzips im Arbeitsleben allerdings einschneidend reduziert.

## III. Eigener Standpunkt

### A. Rechtstheoretische Vorüberlegungen

Für die Klärung des Meinungsstreites, ob das Günstigkeitsprinzip der Verfassung zu entnehmen ist, ist zunächst von Bedeutung, woraus und wie die rechtliche Grundlage der Tarifautonomie herzuleiten ist. Davon hängt ab, ob das Günstigkeitsprinzip als Schranke der Tarifautonomie Verfassungsrang haben *muß* oder lediglich haben *kann*, weil aus dem Rang der Rechtsgrundlage auch der Stellenwert der Schranken der Tarifautonomie folgt. Hat jene Verfassungsrang, so müssen auch ihre Schranken diesen Rang teilen; kommt der Rechtsgrundlage hingegen der Rang eines Verfassungsrechts und eines einfachen Gesetzes zu, so können sich die Schranken offenkundig aus dem einen oder dem anderen ergeben. Nur die zweite der beiden oben genannten Alternativen erfordert also überhaupt eine rangmäßige Qualifizierung des Günstigkeitsprinzips. Allein auf ihrem Boden läßt es sich als Schranke der Tarifautonomie ohne verfassungsrechtlichen Charakter einordnen. Zur Deutung des rechtlichen Ursprungs der Tarifautonomie haben sich in Rechtsprechung und Schrifttum zwei Konstruktionen herausgebildet, die den Gegenstand der Integrationstheorie oder der dieser sehr nahestehenden Lehre von der originären Autonomie einerseits und der Delegationstheorie andererseits bilden[50].

#### *1. Beurteilung nach der Integrationstheorie oder Lehre von der originären Autonomie*

Nach der Integrationstheorie ist die Rechtsgrundlage der Tarifautonomie in der institutionellen Gewährleistung des Art. 9 Abs. 3 GG als Konnexinstitut der Koalitionsfreiheit zu sehen[51]. Die Autonomie

[50] Eine umfassende Darstellung des Meinungsstandes findet sich bei *Peters / Ossenbühl*, Übertragung, S. 8 ff. und *Klas*, Verfassungsbeschwerde, S. 66 - 88.

[51] Das wird vertreten von *Schnorr*, JR 1966, 327, 329 ff.; *Kauffmann*, NJW 1966, 1681, 1682; *Knopp*, DB 1966, 1929, 1930; *Galperin*, Rechtsetzung, S. 143, 155 - 157; *Biedenkopf*, Grenzen, S. 104; *Kunze*, BB 1964, 1311, 1313; *Weber*, W., Koalitionsfreiheit, S. 24; *Reuß*, DVBl. 1966, 422; ders., ArbRGeg. 1963, Bd. 1, 144, 145; *Hamann / Lenz*, GG, Art. 9 Anm. B 8 b aa; *Lenz*, Koalitionsgarantie, S. 203, 213; siehe ferner *Säcker*, Gruppenautonomie, S. 241.

der Tarifvertragsparteien gehe aus ihrer Anerkennung als außerstaatliche Ordnungsfaktoren auf dem Gebiet der Regelung der Arbeitsverhältnisse hervor[52]. Die Tarifvertragsparteien besitzen diese Autonomie bereits originär aufgrund der Verfassung. Folglich entspringt die arbeitsrechtliche Normsetzungsbefugnis der Tarifvertragsparteien derselben Rechtsquelle wie das Gesetzgebungsrecht des Staates, dem also kein Rechtsetzungsmonopol zusteht: der Verfassung[53]. Eine ähnliche Erscheinung bildet die Autonomie der Kirche aufgrund von Art. 140 GG in Verbindung mit Art. 137 WeimRV, worauf Galperin[54] hinweist. Die Lehre von der originären Autonomie[55] sieht das Institut der Tarifautonomie als vorkonstitutionell an; es sei in der Weimarer Reichsverfassung und im Grundgesetz als vorgegebene Rechtswirklichkeit anerkannt und gewährleistet und durch das jeweilige Tarifrecht lediglich konkretisiert und positiviert worden. Damit erübrigt sich eine von der Gegenmeinung für erforderlich gehaltene Delegation der Tarifautonomie auf die Sozialpartner durch den Gesetzgeber, der statt dessen die Tarifautonomie nur respektiert und garantiert.

Für die hier zu erörternde Fragestellung ergibt sich aus dieser Deutung folgendes: Ist die Rechtsgrundlage der Tarifautonomie allein in Art. 9 Abs. 3 GG verankert, sei es weil der Verfassungsgeber in dieser Norm die Tarifautonomie gewährt, sei es weil er sie dort anerkennt, so ergeben sich zwangsläufig auch ihre Schranken ausschließlich aus dem Verfassungsrecht. Denn ein einfaches Gesetz kann per se keine Verfassungsnorm begrenzen. Zwar kann der Gesetzgeber ihre Tragweite und Grenzen durch einfaches Gesetz näher ausformen; wenn aber die Grenzen einer Verfassungsnorm prinzipiell zur Erörterung stehen, so muß darüber die Verfassung selbst entscheiden[56]. Der Gesetzgeber kann nicht in konstitutiver Weise neue Grundrechtseinschränkungen schaffen, sondern lediglich in interpretativer Weise durch ein verfassungsvollziehendes Gesetz die dem Grundrecht vorgegebenen Schranken ausfüllen. Soll von diesem Standpunkt aus der historische Wandel des Günstigkeitsprinzips von einer bloßen Auslegungsregel, wie sie die TVVO und das TVG Rheinland-Pfalz vorsahen, zu einer Schranke der Tarifmacht nicht geleugnet werden, was heute außer Frage steht[57],

---

[52] *Galperin*, Rechtsetzung, S. 143, 147; ebenso *Kaiser*, Repräsentation, S. 192.

[53] *Biedenkopf*, Grenzen, S. 104; ders., Vereinbarungsbefugnis, S. 97, 111 f.

[54] Rechtsetzung, S. 143, 156; vgl. BVerfGE 57, 220, 244.

[55] Sie wird befürwortet von *Herschel*, Rechtsnatur, S. 125, 130 f.; ders., Vereinbarungsbefugnis, D 7, D 16; ders., Problematik, S. 32, 38; *Söllner*, AuR 1966, 257, 260 f.; *Molitor*, AR-Bl. [D] Tarifvertrag I B, Entscheidungen 1; *Radke*, Koalitionsrecht, S. 113, 119.

[56] *Schnorr*, JR 1966, 327, 330.

[57] Statt vieler *Hueck / Nipperdey / Tophoven / Stahlhacke*, TVG, § 4 Rdnr. 190.

so muß das Günstigkeitsprinzip in der Verfassung verankert sein, d. h. die Verfassung selbst muß sich für das Günstigkeitsprinzip entschieden haben. Denn wie bereits dargelegt, vermag das Tarifrecht nach der Integrationstheorie bzw. der Lehre von der originären Autonomie nur solche Grenzen zu konkretisieren, die auf der Ebene des Verfassungsrechts vorentschieden sind, wobei allerdings nicht nur Art. 9 Abs. 3 GG in Betracht zu ziehen ist, sondern beispielsweise auch Art. 2 Abs. 1 GG. § 4 Abs. 3 TVG hätte daher als für die Tarifvertragsparteien bindende Vorschrift im Jahre 1953 nicht Bundesrecht werden können[58], wenn nicht das Grundgesetz schon selbst das Günstigkeitsprinzip als Schranke der Tarifmacht aufgenommen hätte. Es kann sich daher vom Standpunkt der beiden oben beschriebenen Theorien nur noch die Frage stellen, *wo* das Günstigkeitsprinzip aus der Verfassung hervorgeht. Daher erweist es sich als konsequent, wenn Reuß[59] die Tarifautonomie als verfassungsunmittelbar garantiert ansieht und zugleich dem Günstigkeitsprinzip Verfassungsrang einräumt[60].

### 2. *Beurteilung nach der Delegationstheorie*

Grundlage der Delegationstheorie ist die These, daß die Rechtsordnung die Fähigkeit, objektives, unmittelbar verbindliches Recht zu setzen, bei den Trägern hoheitlicher Gewalt monopolisiert hat[61]. Die Delegationstheorie geht daher in ihrer von Huber[62] und Nikisch[63] geprägten öffentlich-rechtlichen Variante davon aus, daß an die Tarifparteien staatliche Rechtsetzungsgewalt delegiert worden, die Tarifautonomie also derivativ ist. Die Tarifparteien schließen nach dieser Theorie als „beliehene Verbände" den Tarifvertrag als einen „öffentlich-rechtlichen Normenvertrag" ab. Die Koalitionen werden also in ihrer rechtsetzenden Funktion als Träger von Hoheitsfunktionen tätig. Demnach ist der Abschluß eines Tarifvertrags hinsichtlich seines normativen Teils als ein Akt der Betätigung öffentlicher Gewalt zu beurteilen[64]. Die privatrechtliche Delegationstheorie[65] betont demgegenüber den

---

[58] Vgl. § 2 V Fn. 143.

[59] DVBl. 1966, 422; ArbRGeg. 1963, Bd. 1, 144, 145.

[60] AuR 1958, 321, 326.

[61] Siehe hierzu die Ausführungen von *Oehmann*, RdA 1950, 457, 458, der diese These kritisiert.

[62] Wirtschaftsverwaltungsrecht, 2. Bd., S. 431 ff.

[63] Arbeitsrecht, II. Bd., S. 216 ff.

[64] *Martens*, Öffentlich, S. 164, der allerdings die Delegationstheorie ablehnt.

[65] Ihre wesentlichen Vertreter sind u. a. *Hueck / Nipperdey*, Arbeitsrecht, 2. Bd., 6. Aufl., § 18 III 2; *Hueck / Nipperdey / Tophoven / Stahlhacke*, TVG, § 1 Rdnr. 181; BAGE 1, 250, 252 ff.; 4, 133, 135 f.; *Krüger*, RdA 1957, 201, 203; *Adomeit*, Rechtsquellenfragen, S. 137 f.; *Misera*, Individualbereich, S. 18;

privatrechtlichen Charakter des Tarifvertrags, weil er von privatrechtlichen Parteien in der Form eines Vertrags geschlossen wird und auf die Regelung privater Rechtsverhältnisse abzielt. Beide Spielarten der Delegationstheorie leugnen nicht, daß im Grundrecht des Art. 9 Abs. 3 GG ein verfassungsrechtlich geschützter Kernbereich liegt, der ein staatlicherseits bereitzustellendes Tarifvertragssystem verlangt[66]. Diese Koalitionsmittelgarantie verpflichtet den Gesetzgeber zur Delegation, die dieser durch das TVG in der Art eines Ausführungsgesetzes vorgenommen hat[67]. Schranken vermag nun zum einen die Koalitionsmittelgarantie (immanent) selbst zu gebieten, oder zum anderen mag das Ausführungsgesetz sie errichten, sofern sie zum Schutz anderer Rechtsgüter von der Sache her geboten sind[68]. Es gilt auch festzuhalten, daß der Staat durch die Delegation an die Tarifvertragsparteien diesen nicht mehr Rechte einräumen kann, als er selbst hätte, wenn er in eigener Zuständigkeit tätig werden würde[69].

Für das hier zu behandelnde Problem ergibt sich daraus folgendes: Ist die Tarifautonomie eine abgeleitete, durch das TVG auf die Tarifparteien delegierte Macht, so kann das sie begrenzende Günstigkeitsprinzip entweder von der Delegationsnorm konstitutiv mitgeregelt werden, also dem Ermessen des einfachen Gesetzgebers entspringen, oder aber zwingend aus der Verfassung herrühren, die über der Delegationsnorm steht. Nach der Delegationstheorie kann sich der Schrankencharakter des Günstigkeitsprinzips aus der Verfassungsebene *oder* aus der Gesetzesebene ergeben, weil die Tarifautonomie beiden ihre Entstehung verdankt, während sie nach der Integrationstheorie oder Lehre von der originären Autonomie auch dann existieren würde, gäbe es kein Tarifvertragsgesetz. Nur auf dem Boden der Delegationstheorie stellt sich also überhaupt die Frage, *ob* das Günstigkeitsprinzip in seiner heutigen Bedeutung ein Verfassungsgrundsatz ist. Wer letzteres leugnet, muß daher entweder dartun, aus welchen Gründen die Delegationstheorie, die allerdings zunehmend an Boden verliert[70], den Vorzug verdient, weil sie die Rechtsgrundlage der Tarifautonomie treffender erklärt, oder aber ihren Ursprung völlig neu deuten.

---

*Hinz*, Tarifhoheit, S. 138 ff.; *Peters / Ossenbühl*, Übertragung, S. 15; *Knigge*, Einschränkbarkeit, S. 119.

[66] BVerfGE 4, 96, 106. Eine verfassungsrechtliche Parallelerscheinung bildet die Autonomie der Gemeinden nach Art. 28 Abs. 2 GG. Deren Autonomie hat das Bundesverwaltungsgericht, BVerwGE 6, 247, 249 f., nämlich als Rechtsetzungsrecht definiert, das nicht originär ist, sondern vom Staat besonders verliehen werden muß.

[67] *Wiedemann / Stumpf*, TVG, § 1 Rdnr. 25.

[68] BVerfGE 19, 303, 322; 28, 295, 306; 50, 290, 369; 57, 220, 246.

[69] *Hinz*, Tarifhoheit, S. 159.

[70] *Adomeit*, Rechtsquellenfragen, S. 137.

## B. Verfassungsrechtliche Analyse

### *I. Das Günstigkeitsprinzip als Ergebnis der funktionalen und der teleologischen Auslegung von Art. 9 Abs. 3 GG (Innenschranke der Tarifautonomie)*

Es wurde ausgeführt[71], daß das Günstigkeitsprinzip ein Rechtsgrundsatz ist, der sich bereits als Ergebnis der teleologischen Auslegung einer Rechtsnorm ergeben kann und deshalb nicht besonders ausgesprochen zu werden braucht. Daher ist aus dem Umstand, daß im Gegensatz zum Grundgesetz Art. 29 Abs. 2 Satz 2 HessVerf. und Art. 50 Abs. 2 Satz 2 BremVerf. das Günstigkeitsprinzip ausdrücklich gewährleisten, nicht zu schließen, der Verfassungsgeber für die Bundesrepublik Deutschland habe sich gegen das Günstigkeitsprinzip als verfassungsrechtlichen Grundsatz entschieden. Hierbei handelt es sich eher um ein beredtes Schweigen, das sich daraus erklärt, daß der Verfassungsgeber angesichts der geschaffenen Wertordnung und des verfassungs- und arbeitsrechtlichen Zustandes in den Ländern (mit Ausnahme von Rheinland-Pfalz) von der Gewährleistung des Günstigkeitsprinzips ausgehen konnte[72]. Es ist auch zu bedenken, daß das Grundgesetz durchaus auch vom Landesrecht beeinflußt wird; denn zwischen beiden besteht keine rein formale Normenhierarchie, sondern aufgrund des Föderalismusprinzips eine Verschränkung der Rechtsbegriffe in möglichster Gleichgewichtigkeit — ein Unitarismus durch Einstimmigkeit[73]. Ob das Günstigkeitsprinzip dagegen als ein Teil des staatlicherseits nach Art. 9 Abs. 3 GG bereitzustellenden Tarifvertragssystems im Sinne des *modernen* Arbeitsrechts anzusehen ist, läßt sich angesichts der Konturenlosigkeit dieses vom Bundesverfassungsgericht eingeführten Begriffs schwerlich ermitteln, wenn man nicht nach der Funktion und dem Zweck der Koalitionsfreiheit fragt. Desgleichen kritisiert Herschel[74] treffend die sogenannte Kernbereichslehre des Bundesverfassungsgerichts, ohne allerdings, wie Berghäuser[75], daraus den fehlsamen, weil

---

[71] § 2 I.

[72] Es ist eine keineswegs seltene Erscheinung, daß der Gesetzgeber, *ohne* eine Änderung der materiellen Rechtslage herbeiführen zu wollen, in einem Bundesgesetz die ausdrückliche Regelung eines Sachverhalts wegfallen läßt, obwohl das zeitlich vorangegangene Landesgesetz eine entsprechende Vorschrift enthielt: So weisen *Schlüter / Belling*, Anmerkung, SAE 1978, 49 darauf hin, daß anders als § 33 Abs. 4 WürttHohBRG (RegBl. Württ.-Hoh. 1949, 153) es § 34 BetrVG seinem Wortlaut nach offenläßt, ob die Nichtbeachtung dieser Vorschrift den Betriebsratsbeschluß in seiner Gültigkeit berührt. Dennoch steht es außer Zweifel, daß § 34 Abs. 1 BetrVG nicht als Wirksamkeitsvoraussetzung zu deuten ist. Entsprechendes gilt für das Günstigkeitsprinzip im Betriebsverfassungsrecht, vgl. § 5 II A 4 b).

[73] *Leisner*, BayVBl. 1966, 329, 332.

[74] AuR 1981, 267 f.

einseitigen, Schluß zu ziehen, der Gesetzgeber könne „jederzeit ein neues Regelungssystem für die Ausübung der Kollektivvertragsfreiheit hervorbringen, wenn dieses den Arbeitnehmern die gleichen oder bessere kollektive Mitbestimmungschancen gewährt"; denn auch der Arbeitgeber ist Träger der Koalitionsfreiheit[76].

Entstehungsgrund der Koalitionen und bis heute primäres Ziel ihrer durch Art. 9 Abs. 3 GG garantierten wirtschaftlich-sozialen Selbstverwaltung ist die möglichst effektive Verwirklichung der Synthese von Freiheit und sozialer Bindung im Arbeitsleben zum Schutz des Arbeitnehmers vor dem Mißbrauch der Vormachtstellung des Arbeitgebers[77]. Das Versagen der individuellen Arbeitsvertragsfreiheit legitimiert nicht nur die Arbeitnehmer zum Zusammenschluß, der für sie die einzige Möglichkeit eröffnet, eine der Arbeitgeberseite vergleichbare Marktmacht zur Erreichung einer materiellen Vertragsgerechtigkeit und damit mittelbar einer menschenwürdigen Existenzgrundlage[78] herbeiführen, sondern verpflichtet geradezu den Staat, diesen Vorgang verfassungsrechtlich zu gewährleisten, wenn er nicht zum Grundpostulat einer zivilisierten Verfassungsordnung, der Achtung der Menschenwürde, sowie dem Sozialstaatsprinzip[79] in Widerspruch geraten soll. Der Pauperismus des 19. Jahrhunderts, der zu menschenunwürdigen Lebensbedingungen weiter Bevölkerungskreise der Arbeitnehmerschaft führte, ist in einer Wettbewerbsordnung nur durch die Koalitionsfreiheit auszuschließen, die der Hauptgarant für soziale Gerechtigkeit im Arbeitsleben ist[80]. Das Individualrecht der Koalitionsbildung dient also der Organisation gesellschaftlicher Selbsthilfe im Arbeitsleben[81], indem es — nach der Rechtsprechung des Bundesverfassungsgerichts in erster Linie — ein Freiheitsrecht auf Gemeinschaft[82] begründet. Die Koalitionsfreiheit vereint in sich zwei Funktionen, die einen sozialen Interessenausgleich zwischen Arbeitgeber- und Arbeitnehmerseite gewährleisten: zum einen die Funktion eines Abwehrrechts im status negativus gegenüber dem Staat (Garantie einer staatsfreien Assoziationssphäre) und gegenüber der sozialen Gegenseite (Art.

---

[75] Koalitionsfreiheit, S. 205.

[76] *Scholz*, ZfA 1980, 357 - 372.

[77] *Biedenkopf*, Grenzen, S. 75; ders., Vereinbarungsbefugnis, S. 97, 113; ders., Auswirkungen, S. 79, 90.

[78] *Säcker*, Gruppenautonomie, S. 236.

[79] *v. Münch*, BK-GG, Art. 9 Rdnr. 113.

[80] Siehe hierzu auch § 1.

[81] *Scholz*, Koalitionsfreiheit, S. 43.

[82] Ebenso *Richardi*, Kollektivgewalt, S. 78; BVerfGE 50, 290, 367; von *Papritz*, Günstigkeitsprinzip, S. 46 hingegen bestritten, wenn auch ohne Begründung.

9 Abs. 3 Satz 2 GG)[83] und zum anderen die Funktion eines sozialen Schutzrechts als besondere gesellschaftspolitische Konkretisierung des Sozialstaatsprinzips[84] in Gestalt der eigenverantwortlichen, kollektiven Gestaltung der Arbeits- und Wirtschaftsbedingungen[85]. Die Koalitionsfreiheit ist daher als liberales Freiheitsrecht mit sozialer Zwecksetzung zu verstehen[86], das nach herrschender Meinung zwei unterschiedliche, sich aus den beschriebenen beiden Funktionen dieses Rechts ergebende Gewährleistungsschichten aufweist: Auf der ersten Ebene ist die Koalitionsfreiheit als individuelles Freiheitsrecht verbrieft, das für den Einzelnen die Möglichkeit eröffnet, sich mit anderen zu einer Koalition zusammenzuschließen (positive Koalitionsfreiheit)[87] und sich einer Koalition fernzuhalten oder aus ihr wieder auszuscheiden (negative Koalitionsfreiheit)[88]. Ihr Kern liegt vor allem darin, ein den Koalitionen nicht zustehendes Monopol zur Verbesserung der Arbeits- und Wirtschaftsbedingungen auszuschließen. Das gilt gegenüber Außenseitern und Koalitionsmitgliedern gleichermaßen. Die negative Koalitionsfreiheit auch zwischen den Mitgliedern und ihrer Koalition anzuwenden, ist keineswegs fernliegend. Es rechtfertigt sich daraus, daß das Dasein und die Wirksamkeit der Koalitionen auch im öffentlichen Interesse gewährleistet wird[89] und sie aufgrund ihrer teilsouveränen Stellung bei der Gestaltung der Arbeits- und Wirtschaftsbedingungen zu „Mitträgern der freiheitlich-demokratischen Grundordnung" geworden sind[90]. Diese Besonderheit hat Rückwirkungen auf die individuelle (negative) Koalitionsfreiheit, die den Charakter eines Abwehrrechts auch innerhalb der Koalition annimmt, unter anderem als Minderheitenschutz.

Das Individualgrundrecht wirkt somit als Schranke gegen solche kollektivrechtlichen Regelungen, die die Rechte des Einzelnen beeinträchtigen, und begrenzt zugleich auch die interne Regelungsbefugnis der Koalitionen, die Verbandsautonomie[91]. Die praktische Bedeutung

---

[83] *Scheuner*, Koalitionsfreiheit, S. 27, 43.

[84] *Maunz / Dürig / Herzog / Scholz*, GG, Art. 9 Rdnr. 10; *Badura*, ArbRGeg., Bd. 15 (1978), 17, 34 f.

[85] *Lerche*, Zentralfragen, S. 27.

[86] *Scholz*, Koalitionsfreiheit, S. 35.

[87] BVerfGE 17, 319, 333; 50, 290, 367; 57, 220, 245; BAGE 20, 175, 210; *Dietz*, Koalitionsfreiheit, S. 417, 444 ff.; *Richardi*, AöR 93, 243, 265; *Maunz / Dürig / Herzog / Scholz*, GG, Art. 9 Rdnr. 169 m. w. N.

[88] BVerfGE 50, 290, 367; 57, 220, 245; BAGE 20, 175, 210, 213 ff.; *Dietz*, Koalitionsfreiheit, S. 417, 453 ff.; *Maunz / Dürig / Herzog / Scholz*, GG, Art. 9 Rdnr. 169 m. w. N.

[89] *Krüger*, Vereinbarungsbefugnis, S. 7, 93.

[90] *Säcker*, Tarifhoheit, S. 93, 99.

[91] *Lux*, Tarifvertrag, Handbuch des Arbeitsrechts (HdA), Gruppe 18, S. 56.

vor allem der negativen Koalitionsfreiheit liegt hauptsächlich in der Begrenzung tarifvertraglicher Maßnahmen, die vorrangig dem Schutz der kollektiven Verbandsinteressen und dem Allgemeininteresse dienen. Auf der zweiten Ebene sichert die Koalitionsfreiheit als kollektives Freiheitsrecht (Gruppengrundrecht) den Koalitionen als solchen korporativen Bestands- und Betätigungsschutz[92]. Der Betätigungsschutz für die Gewerkschaften umfaßt allerdings nur solche Tätigkeiten, für die jene gegründet wurden und die für die Erhaltung und Sicherung ihrer Existenz unerläßlich sind[93]; entsprechendes gilt für die Arbeitgeberverbände. Der Schutz der kollektiven Koalitionsfreiheit beschränkt sich somit auf das funktionsgerechte Verhalten der Berufsverbände[94].

Die Koalitionsfreiheit wird zutreffend, wenn auch nicht erschöpfend als „Doppelgrundrecht" beschrieben[95]. Diese Kennzeichnung läßt nämlich nicht erkennen, in welcher Beziehung die beiden „Janusköpfe der Koalitionsfreiheit"[96] zueinander stehen. Individueller und kollektiver Gehalt der Koalitionsfreiheit ergänzen sich bei der Abwehr staatlicher Eingriffe, z. B. der staatlichen Anordnung von Festlöhnen durch einen Lohnstop[97]. Sie können aber widerstreitenden Charakter annehmen, wenn das Verhältnis zwischen Individuum und sozialer Macht betroffen ist. Die Bestands- und Betätigungsgarantie der Koalitionen überschneidet sich vornehmlich mit der negativen Koalitionsfreiheit des Einzelnen, wenn die Koalition ihre Zuständigkeit zu erweitern sucht, und kollidiert mit dem Freiheitsrecht ihres Mitglieds, wenn sie dabei gegen seinen Willen und zu seinen Lasten in dessen Individualsphäre eindringt. Dieser Fall tritt z. B. dann ein, wenn die Tarifpartner gesetzlich dazu ermächtigt werden würden, Höchstarbeitsbedingungen festzusetzen, und von dieser Möglichkeit Gebrauch machten. Die in Art. 9 Abs. 3 GG zunächst vorzufindende Antinomie zwischen individuellem und kollektivem Freiheitsrecht kehrt im Verhältnis von Günstigkeitsprinzip und Unabdingbarkeitsgrundsatz wieder. Es handelt sich hierbei um dieselbe vordergründig als antagonistisch erscheinende Beziehung, de-

---

[92] BVerfGE 19, 303, 312 m. w. N.; 28, 295, 304; 50, 290, 367; 57, 220, 245; BAGE 20, 175, 210 ff.; *Maunz / Dürig / Herzog / Scholz*, GG, Art. 9 Rdnr. 170, 239; eingehend auch *Scholz / Konzen*, Aussperrung, S. 124 - 130.

[93] In diesem Sinne auch BAG NJW 1979, 1847; BVerfGE 38, 281, 305; 57, 220, 246.

[94] *Säcker*, Gruppenautonomie, S. 238.

[95] Siehe die Nachweise bei *Scholz*, Koalitionsfreiheit, S. 63 Fn. 2; zu Art. 159 WeimRV siehe *Nipperdey*, Koalitionsrecht, S. 385, 407 - 433; kritisch *Zöllner*, AöR 98 (1973), 71, 80 f., der die Vorstellung „eines einheitlichen Grundrechts mit verschieden gestufter Zuständigkeit zur Ausübung" für sinnvoller hält.

[96] *Hanau*, JuS 1969, 213, 214.

[97] *Schmidt-Bleibtreu / Klein*, GG, Art. 9 Rdnr. 15.

ren Gegenläufigkeit sich jedoch harmonisieren läßt, wenn die Schutzrichtung von Art. 9 Abs. 3 GG berücksichtigt wird.

Es gibt in diesem Zusammenhang aus methodischer Sicht nur zwei Lösungsmöglichkeiten. Beide beruhen auf der Einstufung der individuellen Koalitionsfreiheit als keinesfalls unterlegenes Recht gegenüber der kollektiven Koalitionsfreiheit. Die Intensität, mit der das Grundgesetz die Freiheitssphären des Einzelnen absichert, läßt einen anderen Ausgangspunkt nicht zu. Zum einen läßt sich das kollektive Recht als abgeleitete, aus der Bündelung des Individualgrundrechts folgende Gewährleistung[98] begründen. Dem kollektiven Recht kommt danach also nur dienender Charakter zu, es kann niemals die individuelle Rechtssphäre verdrängen und wirkt sich lediglich extern, d. h. im Verhältnis zum Staat und zu den Grundrechtsträgern außerhalb der Koalitionssphäre, aus[99]. Jene ist in erster Linie verfassungsgarantiert. Die Bestands- und Betätigungsgarantie der Koalitionen verhilft dem individuellen Recht nur zur Grundrechtseffektivität. Nach Richardi[100], Dietz[101], Hueck / Nipperdey[102] und Födisch[103] ergibt sich der verfassungsrechtliche Schutz der Koalitionen nur aus der Garantie der individuellen Koalitionsfreiheit und besteht nur ihretwegen, nur um dem Einzelnen die Möglichkeit zur Entfaltung seiner Persönlichkeit in Gemeinschaft mit anderen zu geben[103a]. Das folgt aus der Einstufung des Koalitionsschutzes als Institutsgarantie[104]. Papritz[105] zieht daraus den zwingenden Schluß, daß das Tarifvertragssystem als Teil der Betätigungsgarantie der Koalitionen im Grunde immer so aussehen muß, wie es das Individualgrundrecht verlangt. Wenn dessen Sinn und Zweck (telos) darin besteht, die strukturelle Machtungleichheit zwischen Arbeitgeber- und Arbeitnehmerseite auszugleichen, um die vom Sozialstaatsprinzip geforderte Vertragsgerechtigkeit im Arbeitsleben zu verwirklichen, so ist daran gemessen eine etwaige generelle Aufhebung des Günstigkeitsprinzips sinn- und funktionswidrig und widerspricht somit geltendem Verfassungsrecht. Denn die Anwendung dieses Prinzips setzt dort ein, wo gleiche Marktmacht herrscht, für die Koalitionsbetätigung also kein

---

[98] So *Zöllner*, AöR 98 (1973), 71, 80, der allerdings die Lehre vom Doppelgrundrecht ablehnt.

[99] *Reuter*, ZfA 1978, 1, 37.

[100] Kollektivgewalt, S. 75.

[101] Koalitionsfreiheit, S. 417, 459; Freiheit, S. 13, 19.

[102] Arbeitsrecht, 1. Bd., S. 29.

[103] RdA 1955, 88, 93.

[103a] Auch nach Ansicht von *Rüthers* in Brox / Rüthers, Arbeitskampfrecht, Rdnr. 83 ist Art. 9 Abs. 3 GG *primär* ein Individualgrundrecht.

[104] *Schnorr*, Kollektivmacht, S. 229, 232 f., der jedoch selbst eine institutionelle Garantie annimmt, S. 238.

[105] Günstigkeitsprinzip, S. 51.

Raum und keine Legitimation mehr bestehen können. Das Günstigkeitsprinzip durch die absolute Geltung des Unabdingbarkeitsprinzips auszuschalten, hieße den Schutzzweck der Koalitionsfreiheit in sein Gegenteil zu verkehren, indem der Arbeitgeber durch den Tarifvertrag vor über diesen hinausgehenden Einzelforderungen geschützt würde. Erkennt man das Primat der individuellen Koalitionsfreiheit an, folgt daraus auch die Anerkennung des Günstigkeitsprinzips als implizite Begrenzung der kollektiven Koalitionsfreiheit und der aus ihr unmittelbar oder durch Delegation erwachsenden Tarifautonomie.

Betrachtet man dagegen die individuelle und die kollektive Gewährleistungsschicht der Koalitionsfreiheit als ebenbürtig[106], so führt das zu keiner anderen Rechtsqualität des Günstigkeitsprinzips. Aus dieser Sicht liegt eine echte Verfassungsantinomie vor, die zu einer freiheitsbeschränkenden Grundrechtskonkurrenz[107] führt, jedoch nicht, wie Scholz[108] zutreffend feststellt, „als verbindlicher Abschluß einer vorgezeichneten Verfassungsentwicklung" gelten darf, sondern im Wege der Optimierung nach dem Prinzip der praktischen Konkordanz aufzulösen ist[109]. Da die Koalitionsfreiheit trotz ihrer zwei Gewährleistungsschichten ein einheitliches Grundrecht ist, sollte von der gleichen Geltungsqualität seiner individuellen und kollektiven Ausprägung ausgegangen werden. Die Konfliktlage zwischen den beiden Seiten der Koalitionsfreiheit läßt sich ebenso lösen wie zwischen zwei verschiedenen, miteinander konkurrierenden Grundrechten: nicht anhand einer nur schwer nachweisbaren Rangordnung zwischen Haupt- und Hilfsgrundrecht, sondern anhand des Übermaßverbots[110] durch die Optimierung beider Seiten, ausgerichtet am gemeinsamen Ziel. Das entspricht auch dem Wesen des sozialen Rechtsstaats, der auf einem Gleichgewicht von Freiheit und sozialer Bindung beruht[111]. Es bedeutet, daß die von seiten der Koalition ausgehende Beschränkung, die der Ausübung der individuellen Freiheitskomponente gesetzt werden muß, um den Gesamtzweck zu erreichen, zu diesem in einem angemessenen Verhältnis stehen muß. Die kollektive Koalitionsgarantie soll nämlich das Individualrecht unterstützen und nicht gefährden[112]. Die Macht der Verbände darf daher den einzelnen Arbeitnehmer nicht entmachten, wo es ihm selbst gelingt, günstigere Arbeitsbedingungen zu erzielen als durch die Macht der Verbände[113]. Die kollektive Betätigung, die sich vor allem

---

[106] So *Däubler / Hege*, Koalitionen, Rdnr. 150.

[107] *Konzen*, AcP 177, 473, 495.

[108] Koalitionsfreiheit, S. 66.

[109] Siehe hierzu *Rüfner*, Grundrechtskonflikte, S. 453, 466 f.

[110] Siehe hierzu *Müller*, F., Einheit, S. 211.

[111] *Huber*, Wirtschaftsverwaltungsrecht, 1. Bd., S. 44.

[112] *Scholz*, Koalitionsfreiheit, S. 37.

in der Setzung unabdingbarer Tarifnormen äußert, muß dort enden, wo ihr Zweck erreicht ist. Dieser besteht vor allem darin, durch den gruppenförmigen Zusammenschluß der Arbeitnehmer die Vertragsfreiheit wiederzugewinnen. Ist das erreicht, so wäre es funktions- und zweckwidrig, wenn die kollektive Koalitionsfreiheit dem realen Gebrauch der Vertragsfreiheit durch das Individuum im Wege stehen würde[114]. Ginge die kollektive Koalitionsfreiheit so weit, so wäre sie übermäßig und durch den von Art. 9 Abs. 3 GG intendierten Zweck nicht mehr legitimiert. Eben das verhindert das Günstigkeitsprinzip, das im Rahmen dieser Verfassungsnorm als *Übermaßverbot* fungiert und um der optimalen Verwirklichung des Normzwecks willen eine verfassungsrechtlich gebotene Schranke setzt, die sich vor allem auf die Tarifautonomie auswirkt.

### 2. *Das Günstigkeitsprinzip als Bestandteil der Vertragsfreiheit*

Das Günstigkeitsprinzip hat in Art. 9 Abs. 3 GG die Bedeutung einer (Innen)schranke oder Restriktion der Tarifmacht. Im Vordergrund steht hierbei der Bezug zu den Koalitionen, also den Mächten, denen gegenüber Schutz gewährt wird. Es bezieht dagegen seinen positiven Gehalt und zugleich seine eigenen Grenzen als Ausprägung und nach Maßgabe der allgemeinen Handlungsfreiheit (Art. 2 Abs. 1 GG), die die Vertragsfreiheit miteinschließt. In diesem Rahmen steht die Rechtsstellung des einzelnen Arbeitnehmers im Mittelpunkt der Betrachtung. Es geht also um die Position des Geschützten selbst, die eine Außenschranke gegenüber der Tarif- und Betriebsautonomie bildet. Offenkundig ergänzen sich beide Pole: Denn ein Weniger an Tarifmacht bedeutet bei ausgeglichener Marktmacht zugleich ein Mehr an realer individueller Gestaltungsfreiheit. Dennoch besteht keine vollkommene gegenseitige Ergänzung. Die Gewährleistung des Günstigkeitsprinzips im Rahmen von Art. 9 Abs. 3 GG ist nämlich ausschließlich auf die Koalitionen ausgerichtet, während die Schutzgarantie im Rahmen von Art. 2 Abs. 1 GG auch staatliche Eingriffe und solche der Betriebspartner abwehrt.

Obwohl die Vertragsfreiheit im Grundgesetz nicht wie in Art. 152 Abs. 1 WeimRV, Art. 151 Abs. 2 BayVerf. und Art. 44 Satz 1 SaarVerf. ausdrücklich geregelt ist, kann es als in Rechtsprechung und Schrifttum gesichert gelten, daß die Vertragsfreiheit als Teil der allgemeinen Handlungsfreiheit durch Art. 2 Abs. 1 GG geschützt wird, jedenfalls soweit die Vertragsfreiheit nicht durch besondere Grundrechte ge-

---

[113] *Küchenhoff*, G., Rechtsgutachten, Verbandsmitteilungen 1962, Heft 7/8, S. 7.

[114] Vgl. *Biedenkopf*, Grenzen, S. 75; *Nikisch*, Arbeitsrecht, II. Bd., S. 420.

währleistet wird[115]. Das Günstigkeitsprinzip ist selbst Bestandteil der Vertragsfreiheit und unterliegt daher auch denselben Beschränkungen wie diese. Es ist eine interpretative Ausfüllung der Grundentscheidung des Verfassungsgebers für die wirtschaftliche Entfaltungsfreiheit des Einzelnen und garantiert dem tarifgebundenen Arbeitnehmer ein Mindestmaß an Eigenständigkeit und Selbstverantwortung bei der rechtlichen Gestaltung seiner Arbeitsbedingungen.

Nicht nur die Zurückdrängung der Vertragsfreiheit durch eine hoheitliche Gestaltung der Lebensverhältnisse und Rechtsbeziehungen zwischen den Bürgern führt zu einer Erstickung der Persönlichkeitsentfaltung, wie es Schmidt-Rimpler[116] unter der nationalsozialistischen Herrschaft anprangerte, sondern auch die Konzentration der Vertragsfreiheit in den Händen der sozialen Mächte, der Verbände, würde dazu führen. W. Weber hat daher zu Recht gefordert, daß sich die „Frontrichtung der Grundrechte des Individuums" nicht nur einseitig gegen einen bestimmten Inhaber von Herrschaftsbefugnissen zu wenden habe; sie müsse unter anderem auch gegen die Gewerkschaften und Arbeitgeberverbände wirken, die dem „Individuum die Selbstbehauptung gegen die Preisgabe seiner freien Persönlichkeitsentfaltung abnehmen"[117]. Die absolute individuelle Vertragsfreiheit hat zwar ihre eigene Beschränkung für den Arbeitnehmer bewirkt[118]; die Antwort darauf darf es

[115] BVerfGE 8, 274, 328; 12, 341, 347; BVerwGE 1, 321, 323; 2, 114, 115; 2, 118, 120; 3, 303, 304; 4, 332, 336; BAGE 1, 258, 268; 4, 274, 280; VG Frankfurt, DöV 1958, 224, 226; *Leibholz / Rinck*, GG, Art. 2 Anm. 10; *Maunz / Dürig / Herzog / Scholz*, GG, Art. 2 Rdnr. 53; *Laufke*, Vertragsfreiheit, S. 145 ff.; *Raiser*, JZ 1958, 1, 3; *Grossmann*, Vertragsfreiheit, S. 36 ff.; *Gaede*, Bindungen, S. 6 - 9; *Fikentscher*, Schuldrecht, S. 70; *v. Münch*, Grundgesetz-Kommentar, Bd. 1, Art. 20 Rdnr. 20; *Küchenhoff*, G., AuR 1966, 321, 322; ablehnend *Kreutz*, Betriebsautonomie, S. 116 ff., der die verfassungsrechtliche Gewährleistung der Vertragsfreiheit verneint, weil sie ein inhaltsleeres Grundrecht bedeuten würde, das keine inhaltsbestimmende Funktion auf niederrangiges, verfassungsausführendes Privatrecht ausüben könne. Die Folge sei ein „Leerlaufen" des Grundrechts. Dieser Ansicht ist entgegenzuhalten, daß folgerichtig auch die verfassungsrechtliche Garantie der Tarifautonomie oder Kollektivvertragsfreiheit geleugnet werden müßte, weil auch diese erst ihre eigentliche Prägung durch das Ausführungsgesetz des TVG und die Rechtsprechung erhält. Diesen Schritt vollzieht Kreutz allerdings nicht. Er würdigt nicht genügend, daß die Privatautonomie, deren wesentlichste Ausprägung die Vertragsfreiheit ist, durch die verfassungsmäßige Anerkennung und Gewährleistung eine gesellschaftsprägende Qualität erlangt. — Siehe hierzu auch *Richardi*, Betriebsverfassung, S. 9.

[116] AcP 147, 130, 170. Auch *Hillermeyer*, BB 1976, 725, 726 ist uneingeschränkt darin zuzustimmen, daß in einem sozialen Rechtsstaat die Freiheit des Schwächeren durch zwingende Normen zu sichern ist, allerdings „ohne den Bürger zu bevormunden, ohne zu tief in den Markt einzugreifen, ohne insbesondere die Gewichte zwischen dem Bereich grundsätzlicher Vertragsfreiheit einerseits und andererseits dem Bereich behördlicher Reglementierung weiter zu Lasten der Freiheit zu verschieben".

[117] *Weber*, W., Verfassung, S. 11.

[118] Vgl. § 1.

aber nicht bei der Abhängigkeit und Fremdbestimmung des Arbeitnehmers belassen, indem man lediglich die Übermacht der Arbeitgeberseite auf die Gewerkschaften verlagert, d. h. die Freiheit gegenüber der anderen Arbeitsmarktpartei um den Preis der Unfreiheit gegenüber der eigenen Organisation erkauft wird[119]. Denn das Grundgesetz, namentlich Art. 1 Abs. 1 und Art. 2 Abs. 1 verbieten es, den Menschen zum Objekt des Kollektivs zu degradieren. Das Grundgesetz steht in einer eindeutigen Abwehrstellung gegen den puren Individualismus, der das 19. Jahrhundert kennzeichnete, ebenso entschieden aber auch gegen den Kollektivismus, der im 20. Jahrhundert extreme Formen annahm[120]. Wie der historische Rückblick belegt[121], verhindert das Günstigkeitsprinzip zusammen mit dem Unabdingbarkeitsgrundsatz beide Erscheinungsformen im Arbeitsleben. Beide Grundsätze stehen in einer funktionalen Einheit zur Erfüllung eines der Hauptziele der Verfassung: einen Freiraum zur Entfaltung eines souveränen, aber gemeinschaftsbezogenen, grundsätzlich selbstverantwortlichen Individuums zu garantieren[122]. Während das Günstigkeitsprinzip der allgemeinen individuellen Handlungsfreiheit des Art. 2 Abs. 1 GG entspringt, geht das Unabdingbarkeitsprinzip aus der kollektiven Handlungsfreiheit des Art. 9 Abs. 3 GG hervor. Das entspricht der Dichotomie von freiheitlichem und sozialem Rechtsstaat, wobei sogar infolge von Art.1 Abs. 1 GG und Art. 19 Abs. 2 GG von einer unbezweifelbaren Ausgangsvermutung zugunsten des ersten Elements und der Erforderlichkeit einer Rechtfertigung für Regelungen zur Verwirklichung des zweiten Elements auszugehen ist[123]; denn dem Menschen muß um seiner Würde willen eine möglichst weitgehende Entfaltung seiner Persönlichkeit gesichert werden[124]. Die Anerkennung dieser funktionalen Einheit von Unabdingbarkeitsgrundsatz und Günstigkeitsprinzip erzwingt es daher, nicht nur jenen ersten Grundsatz als im Verfassungsrecht verankert anzusehen, so aber das Bundesverfassungsgericht[125], sondern auch dem *Komplementärinstitut* („Korrelat der Unabdingbarkeit")[126] denselben Rang beizumessen.

---

[119] *v. Nell-Breuning,* Freiheit, S. 27, 31.

[120] *Maunz / Dürig / Herzog / Scholz,* GG, Art. 1 Rdnr. 46.

[121] Vgl. § 2 VI.

[122] BVerfGE 4, 7, 15 ff.; 7, 377, 405; 30, 1, 20; 50, 290, 353.

[123] Ähnlich auch *Maunz / Dürig / Herzog / Scholz,* GG, Art. 2 Rdnr. 60; *Benda,* RdA 1981, 137, 141.

[124] BVerfGE 5, 85, 204 f.

[125] BVerfGE 4, 96, 106; 19, 303, 314.

[126] *Romatka,* Unabdingbarkeit, S. 29, 56; nach Ansicht von *Herschel,* RdA 1969, 211, 214 ist die Günstigkeit nur eine besondere Ausformung der tariflichen Unabdingbarkeit.

Das Günstigkeitsprinzip läßt die Willensbindung des Arbeitnehmers an die Koalition fallen, sobald generalisierend vermutet werden kann, daß er seine Arbeitsbedingungen eigenständig zu regeln vermag, so wie es vom Grundgesetz und vom Bürgerlichen Gesetzbuch für die im Normalfall ebenbürtige, nicht strukturell unterlegene Vertragspartei vorausgesetzt wird. Diese Vermutung wird im Arbeitsverhältnis dadurch bestätigt, daß der Arbeitnehmer günstigere Abmachungen als die von seiner Gewerkschaft erzielten vorweist. Durch eine inhaltsbezogene Abgrenzung der Regelungszuständigkeit zwischen den Koalitionen einerseits und den Parteien des Individualarbeitsvertrages andererseits wird gewährleistet, daß diese sich wie unabhängige, freie Tauschpartner bei gleicher Machtverteilung verhalten[127]. Das Günstigkeitsprinzip ermöglicht es dem Arbeitnehmer somit aufgrund einer ex-post Bewertung des Verhandlungsergebnisses und einer daraus abgeleiteten Schlußfolgerung auf das Machtverhältnis zwischen den Vertragsparteien, Rechtsfolgen herbeizuführen, die deshalb eintreten, weil sie gewollt sind und nicht, weil eine Rechtsnorm (Tarifvertrag) sie — unabhängig vom Parteiwillen — verbindlich anordnet. Das Günstigkeitsprinzip macht damit der potentiellen Ausübung der Vertragsfreiheit durch den einzelnen Arbeitnehmer den Weg frei. Es ist Absicherung der vertragsfreiheitlichen Rechtsgestaltung[128]. Auch Richardi[129] erkennt an, daß es eine Schranke der Kollektivmacht zugunsten der individuellen Vertragsfreiheit begründet. Ihre verfassungsrechtliche Garantie wäre für den tarifgebundenen Arbeitnehmer aber wertlos, wäre nicht auch dasjenige Rechtsinstitut entsprechend verfassungsrechtlich abgesichert, das die potentielle Ausübung der Vertragsfreiheit ermöglicht.

Zutreffend gehen das Bundesverfassungsgericht[130], Leibholz / Rinck[131] und Maunz / Dürig / Herzog / Scholz[132] davon aus, daß Art. 2 Abs. 1 GG als lex generalis nur dann eingreift, wenn nicht Spezialgrundrechte besondere Erscheinungsformen der Vertragsfreiheit erfassen. Denn es ist ein allgemeines Rechtsprinzip, daß die generelle Norm zurücktritt, falls das Gesetz für die Beurteilung des Sachverhalts eine spezielle Norm zur Verfügung stellt[133]. Hiervon ausgehend ordnen Maunz / Dürig / Herzog / Scholz die Vertragsfreiheit im Hinblick auf Arbeits- und

[127] Vgl. *Herschel,* AuR 1974, 33, 35.

[128] *Bulla,* RdA 1962, 6, 13.

[129] Kollektivgewalt, S. 372.

[130] BVerfGE 8, 274, 328; 12, 341, 347.

[131] GG, Art. 2 Anm. 10.

[132] GG, Art. 2 Rdnr. 53; kritisch *Huber,* E., Vertragsfreiheit, S. 9 f., der der herrschenden Meinung eine „Zerstückelung" der Vertragsfreiheit innerhalb des Grundgesetzes vorwirft.

[133] BVerfGE 13, 290, 296.

Dienstverträge in Art. 12 GG ein, und Richardi[134] sieht das Günstigkeitsprinzip im Rahmen eines allgemeinverbindlichen Tarifvertrags für die Außenseiter als von dieser Verfassungsnorm garantiert an. Die Frage, auf welche Grundrechtsnorm das Günstigkeitsprinzip zurückzuführen ist, ist vor allem für seine Schranken von Bedeutung. Die Schrankentrias des Art. 2 Abs. 1 GG gilt nämlich nicht, wo eine spezielle Grundrechtsvorschrift Anwendung findet[135]. Zu einer durch das Spezialitätsprinzip zu lösenden Grundrechtskonkurrenz kommt es aber dann nicht, wenn Art. 12 GG einen von Art. 2 Abs. 1 GG geregelten Lebensbereich gar nicht erfaßt. Das wird von Gubelt[136] für den gesamten Inhalt der Arbeitsvertragsfreiheit bejaht — auch Nipperdey[137] hält es für sachlich besser, sie Art. 2 Abs. 1 GG zuzuordnen —, während Maunz / Dürig / Herzog / Scholz[138], Richardi[139] und Schmidt-Preuß[140] das Gegenteil vertreten, indem sie die gesamte Vertragsfreiheit im Arbeitsleben in Art. 12 GG ansiedeln, also von einem Spezialitätsverhältnis ausgehen. Beide Positionen beruhen auf einer unzureichenden Differenzierung. Denn die Vertragsfreiheit im Hinblick auf das Arbeitsverhältnis wird in zwei wichtigen Teilbereichen von Art. 12 GG und im übrigen von Art. 2 Abs. 1 GG geschützt. Art. 12 GG betrifft die Berufswahl- und die Berufsausübungsfreiheit, nicht mehr und nicht weniger. Dem entsprechen die Freiheit zum Abschluß des Arbeitsvertrags (Abschluß- oder Kontrahierungsfreiheit)[141] und die Freiheit in der Wahl des Vertragspartners[142], nicht aber die rechtliche Möglichkeit, den Arbeitsvertrag inhaltlich, d. h. bezüglich der Arbeitsbedingungen, frei und im gegenseitigen Einvernehmen mit dem Arbeitgeber auszugestalten (Gestaltungsfreiheit). Dieser Bereich verbleibt bei Art. 2 Abs. 1 GG. Das Günstigkeitsprinzip steht in engem Zusammenhang mit der Gestaltungsfreiheit und geht daher aus dieser Verfassungsnorm hervor. Denn seine Rechtsfolge ergibt sich aus dem Vergleich zwischen tariflicher und individueller (inhaltlicher) Regelung des Arbeitsverhältnisses. Die Grenzen des Günstigkeitsprinzips sind daher der Schranken-

---

[134] Kollektivgewalt, S. 368.

[135] Für das Verhältnis von Art. 2 Abs. 1 GG zu Art. 12 GG: BVerfGE 9, 73, 77; 10, 185, 199; 21, 227, 234; 30, 292, 336; *Gubelt* in v. Münch, Grundgesetz-Kommentar, Bd. 1, Art. 12 Rdnr. 88; *Maunz / Dürig / Herzog / Scholz,* GG, Art. 12 Rdnr. 11.

[136] In: v. Münch, BK-GG, Art. 12 Rdnr. 88.

[137] Soziale Marktwirtschaft, S. 43 Fn. 60; ders., Freie Entfaltung, S. 741, 886 Fn. 594.

[138] GG, Art. 2 Rdnr. 53.

[139] Kollektivgewalt, S. 368.

[140] Lohn- und Preisdirigismen, S. 216.

[141] Ebenso *Söllner,* Arbeitsrecht, S. 202.

[142] So auch *Laufke,* Vertragsfreiheit, S. 145, 163.

trias des Art. 2 Abs. 1 GG zu entnehmen. Hiernach bemißt sich, ob und gegebenenfalls unter welchen Voraussetzungen der Gesetzgeber die jeweils geltenden Tariflöhne zu Höchstlöhnen erklären oder die Tarifvertragsparteien dazu ermächtigen kann, entsprechendes nach eigenem Ermessen im normativen oder schuldrechtlichen Teil des Tarifvertrags zu vereinbaren. Das bedeutet keinen allgemeinen Lohnstop und hat auch keine Einschränkung der Tarifautonomie — eher deren Verstärkung — zur Folge, weil den Koalitionen weiterhin die Möglichkeit belassen bleibt, die Arbeits- und Wirtschaftsbedingungen eigenverantwortlich, und zwar sogar abschließend, zu regeln[143].

Daß das Günstigkeitsprinzip und damit der übertarifliche Sektor nicht schrankenlos von der Verfassung garantiert werden, ergibt sich daraus, daß auch die Vertragsfreiheit und das Recht auf freie Entfaltung der Persönlichkeit nur unter dem Vorbehalt der Rechte anderer, der verfassungsmäßigen Ordnung[144] und des Sittengesetzes gelten[145]. Zutreffend stellt Kreis[146] daher fest, daß Art. 2 Abs. 1 GG keine besondere Schutzfunktion der Art innewohnt, daß dem Arbeitnehmer ein unantastbares Recht auf Erzielung höchster Löhne zusteht. Dieses Streben endet vor allem dort, wo die verfassungsmäßige Ordnung auf dem Spiel steht, wobei Schmidt-Preuß[147] zu dem Schluß gelangt, daß die verfassungsrechtliche Schwelle für eine Beeinflussung von Löhnen und Gehältern im über- und außertariflichen Bereich durch — von ihm allerdings als Berufsausübungsregeln qualifizierte — Lohndirigismen niedriger anzusetzen ist als im Falle lohndirigistischer Einwirkung auf Tariflöhne und -gehälter. Das Bundesverfassungsgericht hat wiederholt ausgesprochen[148], daß der Einzelne es hinnehmen müsse, wenn der Gesetzgeber entsprechend dem Sozialstaatsprinzip aus überwiegenden gesamtwirtschaftlichen und sozialen Gründen im Interesse des Gemeinwohls liegende oder doch vertretbare Maßnahmen treffe, die die Handlungsfreiheit auf wirtschaftlichem Gebiet beschrän-

---

[143] Das wird von *Magis*, Günstigkeitsprinzip, S. 41 verkannt, der hierin einen schweren Eingriff in die Sozialautonomie der Tarifpartner sieht. Magis vermag allerdings nicht zu erklären, inwiefern die Begrenzung des übertariflichen, also kollektivfreien Raums einen Eingriff in die Rechte der Tarifpartner bedeuten kann, denen eine Regelungsbefugnis in diesem Raum überhaupt nicht zusteht.

[144] Vgl. BVerfGE 25, 371, 407 f.; 50, 290, 366.

[145] Unrichtig ist es dagegen, die Vertragsfreiheit zusätzlich dem Gesetzesvorbehalt nach Art. 2 Abs. 2 GG zu unterstellen, wie es das Bundesverwaltungsgericht tat, BVerwGE 1, 321, 324; 2, 114, 115 f.; denn eines Gesetzesvorbehalts bedarf es wegen der Schrankentrias für Art. 2 Abs. 1 GG gar nicht, so auch BVerfGE 6, 32, 37.

[146] Höchstarbeitsbedingungen, S. 53; ders., RdA 1961, 97, 99.

[147] Lohn- und Preisdirigismen, S. 217.

[148] Vgl. BVerfGE 18, 315, 327; 29, 260, 267.

ken. Daher bedarf der von Nipperdey[149] aufgestellte Satz, „es würde ... verfassungswidrig sein, wenn ein Tarifgesetz Höchstlöhne oder Festlöhne zulassen würde", der Einschränkung.

Steht das Günstigkeitsprinzip somit unter dem Vorbehalt der verfassungsmäßigen Ordnung als der in dem hier interessierenden Zusammenhang wichtigsten grundrechtsimmanenten Schranke des Art. 2 Abs. 1 GG, so hängt die Bestandskraft dieses Prinzips wesentlich von dem bis heute nicht vollkommen geklärten rechtlichen Gehalt dieses Schrankenvorbehalts ab[150]. Nach der ständigen Rechtsprechung des Bundesverfassungsgerichts[151], der sich auch das Bundesverwaltungsgericht[152] angeschlossen hat, ist unter dem Begriff der verfassungsmäßigen Ordnung im Sinne von Art. 2 Abs. 1 GG „die verfassungsmäßige Rechtsordnung, d. h. die Gesamtheit der Normen, die formell und materiell der Verfassung gemäß sind"[153], zu verstehen und nicht nur die Verfassung selbst oder gar nur elementare Verfassungsgrundsätze[154]. Die vor allem von Nipperdey[155] erhobenen Einwände[156], aufgrund derer er Eingriffe in die Freiheitsgarantie von Art. 2 Abs. 1 GG nur für gerechtfertigt hält, „soweit der Schutz besonders wichtiger Gemeinschaftsgüter es zwingend erfordert"[157], vermochten sich dagegen jedenfalls für den Bereich der Vertragsfreiheit zu Recht nicht durchzusetzen. Erachtete nämlich der Verfassungsgeber die Erwähnung der Vertragsfreiheit als entbehrlich, so läßt das vermuten, daß ihr verfassungsrechtlicher Rang nicht derart hoch anzusiedeln ist, zumal auch nur wenige Beschränkungen der Vertragsfreiheit nach dem Bürgerlichen Gesetzbuch (z. B. verschiedene Formvorschriften) Nipperdeys Standard gerecht werden würden. Gegen diesen sprechen vor allem rechtssystematische Gründe: Folgte man der Ansicht Nipperdeys, so ergäbe sich daraus zwingend die Konsequenz, daß die ausdrücklich erwähnten,

---

[149] *Hueck / Nipperdey,* Arbeitsrecht, II. Bd., 6. Aufl., S. 174; ähnlich auch 7. Aufl., II. Bd., 1. Halbbd., S. 232 Fn. 38. Auch *Herschel,* DB 1960, 292 f. hält *jede* rechtliche Bindung der Löhne nach oben für unvereinbar mit den Prinzipien der Vertragsfreiheit und der freien Entfaltung der Persönlichkeit sowie den Grundwerten der verfassungsmäßigen Ordnung schlechthin.

[150] Siehe hierzu *Kreutz,* Betriebsautonomie, S. 124 - 128.

[151] BVerfGE 6, 32, 37; 6, 389, 433; 10, 89, 99; 10, 354, 363; 17, 306, 313; 24, 220, 235; 35, 382, 399 f.; 49, 24, 57; 49, 168, 180 f.; 50, 256, 262; zustimmend auch *Schmidt-Bleibtreu / Klein,* GG, Art. 2 Rdnr. 9; *Leibholz / Rinck,* GG, Art. 2 Anm. 5 - 7; *Misera,* Individualbereich, S. 76 f.

[152] BVerwGE 6, 354, 356; 7, 125, 134; 7, 189, 196; 10, 340, 343 f.

[153] BVerfGE 6, 32, LS 3.

[154] BVerfGE 6, 32, 38.

[155] Freie Entfaltung, S. 741, 791 ff.

[156] Kritisch gegenüber dem Bundesverfassungsgericht auch *Maunz / Dürig / Herzog / Scholz,* GG, Art. 2 Rdnr. 17 ff.

[157] Freie Entfaltung, S. 741, 901.

speziellen Freiheitsgarantien des Grundrechtskatalogs, soweit sie einem Gesetzesvorbehalt unterliegen, eine schwächere Freiheitsverbürgung enthielten, als die allgemeinen Freiheitsrechte, die von der Generalnorm des Art. 2 Abs. 1 GG lediglich implizit miterfaßt werden. Sämtliche mit einem Gesetzesvorbehalt versehenen Spezialgrundrechte wären gegenüber der allgemeinen Handlungsfreiheit negative Ausnahmen in dem Sinne, daß ihnen eine nur vergleichsweise abgeschwächte Rechtswirkung zukäme. Diese Folgerung erweist, daß Nipperdey die Eingriffsschwelle für Art. 2 Abs. 1 GG zu hoch ansetzt; denn offenkundig bezwecken die Spezialgrundrechte eine Grundrechtsverstärkung durch ihre besondere tatbestandlich konkret umschriebene Erfassung und nicht das Gegenteil. Nipperdeys Ausgangspunkt erklärt jedoch, warum er das Günstigkeitsprinzip praktisch für unbeschränkbar hält. Huber[158] ist zuzugestehen, daß die Vertragsfreiheit heute nicht mehr (jedenfalls nicht mehr in demselben Sinne) einem allgemeinen (schrankenlosen) Gesetzesvorbehalt unterliegt wie nach Art. 152 WeimRV in Verbindung mit Art. 151 WeimRV. Der entscheidende Unterschied zwischen beiden Verfassungen ist darin zu sehen, daß das Grundgesetz die Eigenständigkeit, Selbstverantwortlichkeit und Würde des Menschen unabänderlich garantiert, während unter der Weimarer Reichsverfassung jedes verfassungsmäßig erlassene Gesetz durch den allgemeinen Gesetzesvorbehalt ein Grundrecht „leerlaufen" lassen konnte[159]. Daraus folgt, daß nach dem Grundgesetz dem einzelnen Bürger eine Sphäre privater Lebensgestaltung vorbehalten ist, ein letzter unantastbarer Bereich menschlicher Freiheit, der der Einwirkung der gesamten öffentlichen Gewalt entzogen ist. Für die Vertragsfreiheit und das Günstigkeitsprinzip bedeutet das wiederum, daß sie zwar unter der Weimarer Reichsverfassung vollkommen aufgehoben werden konnten — der Spielraum von § 1 Abs. 1 Satz 2 TVVO spiegelt das wider —, während nach dem Grundgesetz die Vertragsfreiheit und das Günstigkeitsprinzip in ihrem Kernbereich unantastbar (Art. 19 Abs. 2 GG) und ansonsten nur im Einklang mit der gesamten Rechtsordnung beschränkbar sind.

Wo die Grenze zum Kernbereich der Vertragsfreiheit verläuft und unter welchen Bedingungen sie beschränkbar ist, lassen einige Entscheidungen des Bundesverfassungsgerichts erkennen, die sich mit der Zulässigkeit von Eingriffen in die freie Preisgestaltung befassen. Zwar ging es dabei regelmäßig um die Entfaltung der Unternehmerinitiative. Der Initiative des Arbeitnehmers bezüglich der übertariflichen Lohngestaltung dürften aber sehr ähnliche Grenzen zu ziehen sein, mit

[158] Wirtschaftsverwaltungsrecht, II. Bd., S. 302.

[159] *Leibholz / Rinck*, GG, Art. 2 Anm. 6.

Sicherheit keine engeren, so daß sich die Rechtsprechung zur Preiskontrolle heranziehen läßt[160]. Auszugehen ist von dem Grundsatz, daß ein angemessener Spielraum zur Entfaltung der Unternehmerinitiative unantastbar ist[161] und der Preiswettbewerb in einer Marktwirtschaft mit freier Preisbildung grundsätzlich nicht durch staatliche Eingriffe behindert werden darf[162]. Diese Dispositionsfreiheit („Preisfreiheit“) beschränkt sich nicht nur auf den Unternehmer, sondern gilt auch für den Arbeitnehmer bei der Bereitstellung seiner Arbeitskraft. Denn Art. 2 Abs. 1 GG umfaßt auch das Recht auf entgeltliche Verwertung der eigenen Arbeitskraft, wie das Bundesverwaltungsgericht[163] zutreffend entschieden hat. Nicht nur staatlichem Handeln, sondern auch dem der sozialen Verbände steht es daher grundsätzlich nicht zu, die Eigeninitiative des Arbeitnehmers bei der Lohngestaltung zu behindern. Das Günstigkeitsprinzip muß demzufolge seiner Anlage nach den Rang einer Schranke der Tarifmacht und nicht einer bloßen Auslegungsregel haben. Denn die Vertragsfreiheit ist in ihrem Wesensgehalt (Art. 19 Abs. 2 GG) auch in der Person des (tarifgebundenen) Arbeitnehmers unantastbar. Das Bundesverfassungsgericht hat es allerdings für zulässig erachtet, daß der Gesetzgeber Preisgesetze erläßt, wenn die Gefahr starker Preisschwankungen droht, die der Staat aus wirtschaftlichen, sozialen oder politischen Gründen nicht hinnehmen kann[164], und entgegen dem Bundesverwaltungsgericht[165] § 2 des Preisgesetzes vom 10. April 1948[166] für verfassungsgemäß erklärt. Es war Zweck dieses Gesetzes, „die Auswirkungen von Störungen und Krisen des wirtschaftlichen Lebens auf die Preisentwicklung in Grenzen zu halten und durch Einwirkung auf die Preise Gefahren abzuwehren, die dem gesamten wirtschaftlichen, sozialen und politischen Leben durch eine ungestüme Preisentwicklung drohen können“[167]. Nach der zutreffenden Ansicht von Huber[168] ist eine die Preisbindung rechtfertigende Gefahrenlage vor allem dann gegeben, wenn im marktwirtschaftlichen Ordnungsgefüge schwere Gleichgewichtsstörungen, insbesondere Knappheitserscheinungen, auftreten, die nicht mehr mit Hilfe des selbsttätigen Preismechanismus' ausgeglichen werden können. Zwar unterlag die Lohngestaltung eindeutig nicht dem Preisgesetz, so daß die letztgenannte Ent-

---

[160] So auch *Kreis*, RdA 1961, 97, 99.

[161] BVerfGE 12, 341, 347 f.; 29, 260, 267; 50, 290, 366.

[162] BVerfGE 21, 292, 296.

[163] BVerwG MDR 1970, 867.

[164] BVerfGE 8, 274, 309 ff.

[165] BVerwGE 4, 24 ff. — Vorlagebeschluß.

[166] WiGBl. S. 27.

[167] BVerfGE 8, 274, 310.

[168] Wirtschaftsverwaltungsrecht, II. Bd., S. 302.

scheidung des Bundesverfassungsgerichts sich damit auch nicht auseinandersetzen konnte. Sie trifft jedoch grundlegende Aussagen über die Wirtschaftsordnung in der Bundesrepublik Deutschland, ohne daß davon der Arbeitsmarkt auszuschließen ist. Daher lassen sich aus der Entscheidung zum Preisgesetz beachtenswerte Schlüsse auch für die hier zu erörternde Fragestellung ableiten. Auffällig ist, daß das Bundesverfassungsgericht den unantastbaren Kernbereich der Vertragsfreiheit extrem eng gefaßt hat. Denn es führt aus, es könne nicht ernsthaft die Rede davon sein, daß selbst bei voller Ausschöpfung des Preisgesetzes dieser Kernbereich berührt werde[169]. Später hat das Bundesverfassungsgericht[170] allerdings erklärt, daß Absatz- und Preisregelungen als Einschränkungen der wirtschaftlichen Betätigungsfreiheit nur zulässig sind, *soweit überwiegende Gründe des Gemeinwohls es rechtfertigen oder gar gebieten.* Das ist auch die erforderliche Eingriffsschwelle für eine Begrenzung oder Sperrung des übertariflichen Raumes: der wirtschaftliche Krisenfall[171]. Als Mittel zur ordnungssichernden Gefahrenabwehr, etwa wenn ein lohnpolitisches Chaos droht und sich ernsthaft die Preis- und Währungsstabilität gefährdende Störungen nicht anders bekämpfen lassen, ist der Gesetzgeber dazu legitimiert, das Günstigkeitsprinzip zur Disposition der Tarifvertragsparteien zu stellen oder aber selbst die jeweiligen Tariflöhne zu Höchstlöhnen zu erklären. Nur unter diesen engen Voraussetzungen ist eine Verstärkung der Ordnungsfunktion der Tarifverträge erlaubt, während es unter normalen Umständen nicht Aufgabe der Sozialpartner ist, oberhalb des tariflichen Minimalniveaus einheitliche Arbeitsbedingungen herzustellen[172]. Eine solche Nivellierung ist dem Menschenbild des Grundgesetzes fremd. Damit ist eine sich nicht auf die Ausnahme der Gefahrenabwehr beschränkende Regelung nach dem Vorbild von § 1 Abs. 1 Satz 2 TVVO oder § 4 Abs. 1 TVG Rhld.-Pf. ausgeschlossen. Denn eine solche ließe die Aufhebung des Günstigkeitsprinzips weit unterhalb dieser von Art. 2 Abs. 1 GG gebotenen Eingriffsschwelle zu.

Indem Schmidt-Preuß[173] Einschränkungen des über- und außertariflichen Raumes als Regelungen der Berufsausübung qualifiziert, gelangt er zu einem ähnlichen Ergebnis: Das Günstigkeitsprinzip steht hiernach unter dem Gesetzesvorbehalt nach Art. 12 Abs. 1 Satz 2 GG. Als

---

[169] BVerfGE 8, 274, 328 f.; das veranlaßte *Ridder* zu dem Schluß, daß dem Gesetzgeber ein beträchtlicher Raum zur Preispolitik freigegeben sei — AöR 87 (1962), 311, 331.

[170] BVerfGE 18, 315, 327.

[171] Vgl. *Butz,* DB 1953, 400, 401; *Nikisch,* Arbeitsrecht, II. Bd., S. 421.

[172] *Dreyer,* Einheitsregelung, S. 79; *Jaeckle,* Ablösung, S. 133 m. w. N. in Fn. 303.

[173] Lohn- und Preisdirigismen, S. 217, 144 ff.

unrichtig erweist es sich dagegen, Einschränkungen des Günstigkeitsprinzips bzw. der Vertragsfreiheit nur aufgrund eines verfassungsändernden Gesetzes zuzulassen[174].

Die verfassungsmäßige Ordnung erfordert ferner, daß bei einer Beschränkung des Günstigkeitsprinzips der Grundsatz der Verhältnismäßigkeit von Zweck und Mitteln, der selbst verfassungsrechtlichen Rang hat[175], berücksichtigt wird. In welchem Umfang das Günstigkeitsprinzip beschränkbar ist, richtet sich nach der Eingriffsschwere des angewandten Mittels im Verhältnis zum angestrebten Zweck. Die Beschneidung des übertariflichen Raumes wiegt jedoch unterschiedlich schwer, je nachdem, ob ein Gewerkschaftsmitglied oder ein Außenseiter, der einem allgemeinverbindlichen Tarifvertrag unterliegt, davon betroffen ist. Während das Gewerkschaftsmitglied nämlich seiner Koalition aufgrund eines Willensakts angehört, also willentlich tarifgebunden ist, und auf die Tarifverhandlungen jedenfalls in gewissem, wenn auch recht geringem, Umfang einwirken kann, beruht für den Außenseiter die Tarifbindung auf einem Rechtssatz, und weder die Tarifverhandlungen noch deren Ergebnis sind von ihm beeinflußbar[176]. Denn die Allgemeinverbindlicherklärung erfolgt nach Abschluß des Tarifvertrags. Bei Ausschluß des Günstigkeitsprinzips unterliegt demnach der Außenseiter einem totalen Lohndiktat, während für das Gewerkschaftsmitglied immerhin noch *seine Koalition* die Tarifregelung herbeigeführt hat. Dieser Unterschied in der Legitimation der Tarifnormen, neben die ihre wesentlich geringere Richtigkeitsgewähr für den Außenseiter tritt[177], berührt jedoch nicht die Frage, ob das Günstigkeitsprinzip an sich verfassungsbewehrt ist. Daher vermag es nicht zu überzeugen, wenn Richardi[178] dem Günstigkeitsprinzip im Verhältnis zum Gewerkschaftsmitglied den Verfassungsrang abspricht, weil die Tarifgebundenheit auf der freiwilligen Mitgliedschaft zur Koalition beruht, den Verfassungsrang dagegen für den Außenseiter bejaht, weil dessen tarifliche Bindung auf öffentlich-rechtlicher Grundlage eintritt[179]. Denn auch das Gewerkschaftsmitglied begibt sich keineswegs seiner Vertragsfreiheit im übertariflichen Raum, indem es sich unter den Schutz der Tarifautonomie stellt. Die dargestellte Differenzierung hinsichtlich der Eingriffsschwere für das Gewerkschaftsmitglied bzw. den Außenseiter

---

[174] Vgl. hierzu *Nikisch*, Rechtsgutachten, S. 9.

[175] BVerfGE 19, 342, 348 f.

[176] So auch *Reuter*, ZfA 1978, 1, 22.

[177] *Reuter*, ZfA 1978, 1, 22 ff.

[178] Kollektivgewalt, S. 367 f.

[179] Das gleiche gilt für die von Richardi befürwortete unterschiedliche Gewährleistung des Günstigkeitsprinzips im Tarif- und Betriebsverfassungsrecht — siehe hierzu § 2 III.

kommt aber z. B. dann zum Tragen, wenn sich der Notstand für die Volkswirtschaft abschwächt und die Aufhebung des Günstigkeitsprinzips schrittweise rückgängig gemacht wird. Für den Außenseiter ist unter der Geltung eines allgemeinverbindlichen Tarifvertrags vorrangig das Günstigkeitsprinzip wiederherzustellen, weil sich dessen Aufhebung zuerst als unverhältnismäßig darstellt. Diese Differenzierung entspricht dem Grundsatz, daß sich die Bindungswirkung der Individualrechte für den Gesetzgeber mit steigender Freiheitsbegrenzung verstärkt[180].

### 3. *Das Leistungsprinzip*

Das Günstigkeitsprinzip besitzt in seinem Kernbereich eine weitere Gewährleistung von Verfassungsrang: das Leistungsprinzip. Auszugehen ist von dem elementaren Recht jedes Arbeitnehmers nach Art. 23 Nr. 2 und 3 der Allgemeinen Erklärung der Menschenrechte der Vereinten Nationen und Art. 7 a) i) des Internationalen Pakts über wirtschaftliche, soziale und kulturelle Rechte[181] auf angemessenen Lohn und gleiches Entgelt für gleiche Arbeit. Letzteres kommt besonders in § 611 a BGB zum Ausdruck. Die Bemessung des angemessenen Lohns beruht neben der sozialen Bedürftigkeit des Arbeitnehmers in erster Linie auf seiner individuellen Leistung, die er regelmäßig aufgrund seines Arbeitsvertrags erbringt. Aus dem Recht, gleiches Entgelt für gleiche Arbeit zu beanspruchen, folgt offenkundig umgekehrt das Gebot zur Differenzierung bei ungleicher Arbeit, wobei das wichtigste Kriterium für das Gleichheitsurteil ebenfalls in der jeweiligen Leistungsanforderung der zu verrichtenden Tätigkeit (Äquivalenzprinzip) besteht[182] und grundsätzlich nicht primär in der Leistungsfähigkeit des Einzelnen[183].

Dahrendorf[184] und Roellecke[185] erklärten, daß eine menschliche Gesellschaft ohne Ungleichheit realistisch nicht möglich ist. Damit aber

[180] *Kreutz*, Betriebsautonomie, S. 136 f.

[181] BGBl. 1973, II, S. 1570, 1572; für die Bundesrepublik Deutschland gemäß Bekanntmachung vom 9. 3. 1976, BGBl. 1976, II, S. 428 in Kraft getreten.

[182] Ebenso *Karakatsanis*, Gestaltung, S. 112; *Klett*, Normsetzungsbefugnis, S. 64.

[183] *Bebel*, Frau und Sozialismus, S. 286 vertrat einen gegenteiligen Standpunkt, indem er ausführte: „Ist Jemand von der Natur so stiefmütterlich behandelt, daß er bei dem besten Willen nicht zu leisten vermag, was Andere leisten, so kann ihn die Gesellschaft für die Fehler der Natur nicht bestrafen. Hat umgekehrt Jemand durch die Natur Fähigkeiten erhalten, die ihn über die Andern erheben, so ist die Gesellschaft nicht verpflichtet zu belohnen, was nicht sein persönliches Verdienst ist." (Sperrungen im Originaldruck wurden weggelassen.) Bebel ging damit ersichtlich von einem fremddeterminierten Menschenbild aus, während sich das Grundgesetz an einem selbstbestimmten Menschen orientiert.

[184] Ungleichheit, S. 37.

Ungleichheit nicht Unrecht bewirkt, bedarf sie der Rechtfertigung. Unter dem Grundgesetz ist es vor allem, wenn auch nicht ausschließlich, das Leistungsprinzip, das in staatsethischer Hinsicht die Ungleichheit legitimiert[186]. Es bewirkt somit den Ausgleich sozialer Gegensätze ohne Angleichung[187] und verwirklicht damit das Gerechtigkeitsprinzip „suum cuique“. Die Verwirklichung der Chancengleichheit und das Gebot zum Einsatz ausschließlich fairer Mittel sind für die Legitimation durch das Leistungsprinzip allerdings unverzichtbare Voraussetzungen[188]. Daran ändert auch das Sozialstaatsprinzip nichts. Denn wie Benda[189] treffend festgestellt hat, will der Gleichheitsgrundsatz in Verbindung mit dem Sozialstaatsprinzip, „daß es zwar jedem gut und wenn möglich immer besser gehen soll, nicht aber, daß es keinem besser gehen darf als anderen“. Diese Grundlagen werden im deutschen Recht durch das Institut des Leistungsprinzips verkörpert, das für den tarifgebundenen Arbeitnehmer durch das Günstigkeitsprinzip verwirklicht wird.

Das Leistungsprinzip ist für das Berufsbeamtentum ausdrücklich in Art. 33 Abs. 2 GG verankert worden[190], für Arbeitnehmer in Art. 2 Abs. 1 GG und Art. 3 Abs. 1 GG angesiedelt und ferner — ebenfalls ausdrücklich — in Art. 24 Abs. 2 VerfNRW, Art. 33 Satz 1 HessVerf. und Art. 56 Abs. 1 Satz 1 VerfRhld-Pf.[191] niedergelegt. Der überwiegende Teil des arbeitsrechtlichen Schrifttums erkennt den Verfassungsrang des Leistungsprinzips an[192], weil, so u. a. Nikisch, „sich im Ar-

---

[185] Gleichheit, S. 7.

[186] *Leisner*, Gleichheitsstaat, S. 202; *Roellecke*, Gleichheit, S. 17 ff. und *Jenkis*, Leistung, S. 84 - 87 legten allerdings auch in überzeugender Weise die Grenzen dieses Prinzips offen, dessen Wert hier vor allem darin gesehen wird, Unterscheidungsmerkmale wie Abstammung, Rassen, Klassen und Religionen auszuschließen. Zutreffend gelangt *Jenkis*, Leistung, S. 87 zu dem Ergebnis: „Weder das Leistungsprinzip noch die darauf basierende Leistungsgesellschaft sind (absolut) gerecht. Aber das Leistungsprinzip gibt für weite Bereiche des menschlichen Lebens dem Einzelnen Chancen, die kein anderes Zuteilungsprinzip bietet; es ist die *relative* soziale Gerechtigkeit, die hierdurch geschaffen wird. In einer unvollkommenen Welt ist auch die Leistung als Zuteilungskriterium unvollkommen“.

[187] *Leisner*, Egalisierung, S. 81, 89.

[188] *Wiedemann*, Leistungsprinzip, S. 635, 644.

[189] RdA 1981, 137, 142; siehe auch *Leisner*, Egalisierung, S. 81, 90.

[190] Siehe hierzu *Krüger*, Leistungsprinzip; *Schmidt-Bleibtreu / Klein*, GG, Art. 33 Rdnr. 30; *Achterberg*, DVBl. 1977, 541 ff.; ferner BVerfGE 38, 1, 2; 39, 196, 201.

[191] Die genannten Vorschriften aus den Landesverfassungen gelten nach Art. 142 GG oder jedenfalls in entsprechender Anwendung des Art. 142 GG neben dem Grundgesetz weiter, so BAG AP Nr. 1 zu Art. 24 VerfNRW, und binden auch die Tarifvertragsparteien, BAG AP Nr. 3 zu Art. 24 VerfNRW.

[192] *Nikisch*, Arbeitsrecht, Bd. 2, S. 420 f.; *Nipperdey*, Arbeitsrecht, Bd. 2, 1. Halbbd., S. 572; *Siebert*, Kollektivnorm, S. 119, 126 f.; ders., BB 1953, 241; *Krüger*, RdA 1957, 201, 205; *Maus*, RdA 1958, 241, 246; *Butz*, DB 1953, 400; *Wlotzke*, Günstigkeitsprinzip, S. 23 f.; *Gamillscheg*, BB 1967, 45, 51; *Schichtel*,

beitsleben der einzelne Arbeitnehmer nur voll entfalten kann, wenn seine persönliche Leistung auch in den Arbeitsbedingungen, vornehmlich in der Höhe der Entlohnung, Anerkennung findet". Den engen Zusammenhang zwischen Arbeitsentgelt und erbrachter Arbeitsleistung einerseits sowie der Würde des Arbeitnehmers und freien Entfaltung seiner Persönlichkeit andererseits macht das Bundesarbeitsgericht in seiner Rechtsprechung zur Beschäftigungspflicht[193] deutlich. Es hat nämlich entschieden, daß die genannten Grundrechtspositionen verletzt werden, wenn ein zum Nichtstun gezwungener Arbeitnehmer Lohn in Empfang nehmen müsse, der nicht durch die entsprechenden vertraglich geschuldeten Arbeitsleistungen verdient worden sei. Es kann keinem Zweifel unterliegen, daß der Wert der Persönlichkeit, wie er sich aus den Grundrechten des Grundgesetzes ergibt, weitaus schwerer beeinträchtigt würde, wenn sich ein tätiger Arbeitnehmer mit einem Lohn zufriedengeben müßte, der unter dem durch tatsächliche Leistungen Verdienten liegt, weil ihm der übertarifliche Raum verschlossen wird. Es würde einen fatalen Wertungswiderspruch bedeuten, zwar in der Person des zum passiven, aber finanziell saturierten Zahlungsempfänger degradierten Arbeitnehmers eine Grundrechtsverletzung anzuerkennen, dasselbe aber für den gemessen an seiner aus dem Normalmaß herausragenden Arbeitsleistung mangels entsprechender Leistungszulagen unterbezahlten Arbeitnehmer zu verneinen. Gerade für diesen verdient das Leistungsprinzip die verfassungsrechtliche Gewährleistung, um den übertariflichen Raum — potentiell — für Leistungszulagen offen zu halten. Nach der hier vertretenen Auffassung ist es daher abzulehnen, das Leistungsprinzip lediglich zur „Problemverdeutlichung"[194] heranzuziehen, zumal es von der Negierung des Leistungsprinzips zur Infragestellung des Günstigkeitsprinzips überhaupt nur ein kurzer Schritt ist, wie die Ausführungen von Magis[195] belegen. Daß das Leistungsprinzip erstmals in § 29 AOG Gesetzeskraft erlangte und auch in Art. 2 Abs. 3 Satz 3 Verfassung der DDR und § 95 Abs. 1 Arbeitsgesetzbuch der DDR[196] Eingang fand, steht diesem

Grenzen, S. 19; *Großmann*, Verhältnis, S. 112; *Courth*, Günstigkeitsprinzip, S. 21; *Papritz*, Günstigkeitsprinzip, S. 88; *Karakatsanis*, Gestaltung, S. 111; ablehnend allerdings *Richardi*, Kollektivgewalt, S. 368 - 372; *Magis*, Günstigkeitsprinzip, S. 29 ff.; *Wiedemann*, Leistungsprinzip, S. 635, 649; *Molitor*, Rechtsgutachten, S. 7 f.; *Zeiselmair*, Tarifmacht, S. 183.

193 BAG AP Nr. 2 zu § 611 BGB Beschäftigungspflicht.

194 So aber *Hueck*, G., Gestaltung, S. 203, 212 Fn. 26 und *Richardi*, Kollektivgewalt, S. 372.

195 Günstigkeitsprinzip, S. 32.

196 Das Leistungsprinzip wird in den sozialistischen Ländern durch „moralische Stimulierung" (mittels Ehrenurkunden, Ehrentafeln, Wimpel, Abzeichen, Medaillen und Orden), „materielle Interessiertheit" (durch Prämien, Zusatzurlaub u. ä.) und „materielle Bestrafung" wegen Bummelei und geringer Leistung verwirklicht. — Siehe hierzu *Zander*, Leistungsprinzip, S. 40,

Ergebnis nicht entgegen. Denn jede moderne Sozialordnung in einer Industriegesellschaft muß aufgrund volkswirtschaftlicher Vernunft oder zur Erreichung individueller Gerechtigkeit bei der Gestaltung der Arbeitsbedingungen und Plazierung des Einzelnen im Gesellschaftsgefüge vorrangig die individuelle Leistung berücksichtigen, soll nicht dem Nepotismus, der Überspitzung des egalisierenden Wohlfahrtsdenkens zu Lasten des Tüchtigen, versorgungsstaatlichen Erschlaffungserscheinungen oder den Symptomen einer Ständegesellschaft Vorschub geleistet werden[197]. Wie bereits oben[198] dargelegt wurde, schafft der Tarifvertrag nur eine abstrakt-generelle Ordnung, die von einer Normalleistung ausgeht[199], einer darüber liegenden gesteigerten individuellen Leistung hingegen nicht gerecht zu werden vermag[200] und demzufolge den hervorragenden Arbeitnehmer mangels Differenzierung benachteiligen würde.

Es ist entgegen der Annahme von Magis[201] mit Sicherheit beim Verbandstarif mit seiner Flächenwirkung aufgrund der Vielfalt der Verhältnisse in einem Industriezweig schlechterdings unmöglich, jedem Arbeitnehmer einen leistungsgerechten Lohn zu verschaffen[202], gäbe es

---

112 ff.; zum Leistungsprinzip aus sozialistischer Sicht eingehend *Poppe*, StuR 1982, 398 - 406. In der DDR gilt die Verteilung nach der Arbeitsleistung als ein objektives ökonomisches Gesetz des Sozialismus und als eine Errungenschaft der Arbeiterklasse, wie die Erläuterungen zum 5. Kapitel des Arbeitsgesetzbuchs der DDR von *Langanke / Napierkowski / Rogge*, Lohn, S. 11 f. belegen. Zudem hat sich den genannten Autoren zufolge die Erkenntnis durchgesetzt, daß sich „Gleichmacherei ... negativ auf die Entfaltung der Fähigkeiten der Werktätigen und damit auch auf ihre Bewußtseins- und Persönlichkeitsentwicklung" auswirkt, Lohn, S. 12.

197 Siehe hierzu *Jenkis*, Leistung, S. 102.

198 § 1.

199 Nach Ansicht von *Karakatsanis*, Gestaltung, S. 110, ist der Tariflohn sogar nur auf den „leistungsmäßig unten stehenden Grenzarbeitnehmer" zugeschnitten.

200 So auch *Maus*, RdA 1958, 241, 246.

201 Günstigkeitsprinzip, S. 31.

202 Obwohl die Kritik von Magis an der beschriebenen herrschenden Lehre auf der Vermutung des Gegenteils beruht, lehnt er es ab (S. 32) zu untersuchen, ob in der Praxis tatsächlich die Aussicht besteht, in Kollektivvereinbarungen einen gerechten Lohn für jeden einzelnen Arbeitnehmer festzulegen. Das muß schon daran scheitern, daß der moderne Massenverband die beruflichen und wirtschaftlichen Interessen seiner einzelnen Mitglieder nur in höchst gebündelter, egalisierender Weise durchsetzen kann und die Koalitionen in einer Pflichtstellung gegenüber der Allgemeinheit stehen, die dem Einzelnen nicht in demselben Maß obliegt; siehe dazu auch BAG AP Nr. 7 zu § 4 TVG Effektivklausel. Zutreffend geht auch *Molitor*, Rechtsgutachten, S. 3 davon aus, daß jeder Tarifvertrag selbst bei noch so sorgfältiger und eingehender Bildung von Tarifgruppen bei der Masse der tarifgebundenen Arbeitnehmer von der Durchschnittsleistung ausgehen muß, deren auch der mindestleistende Normalarbeiter fähig ist. In den siebziger Jahren war im übrigen sogar eine wachsende „Uniformierung" der Tarifabschlüsse festzustellen; *Steuer*, Tarifautonomie, S. 303, 306 f. Es kommt

kein Mittel der individuellen Anpassung. Allein das Leistungsprinzip gewährleistet die differenzierte Bewertung der Einzelleistung[203] und bedeutet die zentrale, wenn auch nicht ausschließliche, inhaltliche Legitimation für Abweichungen von der gleichmäßigen Wirkung der Tarifnormen, also für die Mechanik des Günstigkeitsprinzips („Günstigkeit weil Leistung")[204]. Das Leistungsprinzip, das Nipperdey[205] zunächst als umfassende rechtliche Ausprägung des Günstigkeitsprinzips verstand, vermag dieses allerdings nur noch in einem wichtigen Teilbereich zu rechtfertigen, wie auch das Bundesarbeitsgericht[206] zu erkennen gab, indem es günstigere Sonderabmachungen nach § 4 TVG sowohl auf das Leistungsprinzip als auch auf die soziale Bedürftigkeit des Arbeitnehmers zurückführte. Neben dem Prinzip des Leistungslohns steht also das des Soziallohns[207]. Oft sind allerdings auch die jeweilige Stärke des Unternehmens und dessen Standort[208] sowie besondere Marktverhältnisse (Arbeitskräftemangel)[209] für die Gewährung übertariflicher Arbeitsbedingungen maßgebend.

Sicherlich ist einzelvertraglichen Abmachungen nicht deshalb die rechtliche Anerkennung zu versagen, weil sie nicht auf einer überdurchschnittlichen Arbeitsleistung oder gesteigerten sozialen Bedürftigkeit beruhen. Denn die Vertragsfreiheit ist kein Recht, mit dem nur bestimmte, vom Gesetzgeber vorgegebene Zwecke verfolgt werden dürfen[210]. Der Wirkungsbereich des Günstigkeitsprinzips läßt sich darum auch nicht auf nur solche vertraglichen Vereinbarungen beschränken, die besonderen individuellen Gesichtspunkten Rechnung tragen; für eine solche restriktive Auslegung bietet § 4 Abs. 3 TVG keinen Anhaltspunkt[211]. Das Leistungsprinzip beschreibt aber den Zentralbereich des

---

schließlich hinzu, daß eine sog. „betriebsnahe Tarifpolitik" durch Firmentarifverträge selbst vom Deutschen Gewerkschaftsbund abgelehnt wird, weil sie die Gefahr der Zersplitterung der gewerkschaftlichen Tarifpolitik in sich birgt; siehe *Leminsky / Bernd*, Programmatik, S. 179 f.

[203] Ohne allerdings dem einzelnen Arbeitnehmer einen Rechtsanspruch auf einen übertariflichen Leistungslohn zu gewähren, so aber unrichtig *Rehhahn*, AuR 1956, 37, 41. Wie das LAG Hamm, SAE 1956, 15, 16 ff. zutreffend entschied, ist auch ein Streik rechtswidrig, der mit dem Ziel geführt wird, übertarifliche Löhne zu erzwingen.

[204] *Gamillscheg*, BB 1967, 45, 51 Fn. 38.

[205] Mindestbedingungen, S. 258, 263.

[206] BAGE 5, 130, 135; BAG AP Nr. 7 zu § 4 TVG Günstigkeitsprinzip.

[207] BAG AP Nr. 3 zu Art. 24 VerfNRW.

[208] *Eich*, DB 1980, 1340.

[209] *Lieb*, Arbeitsrecht, S. 109.

[210] *Richardi*, ZfA 1970, 85, 87 bezeichnet Art. 2 Abs. 1 GG anschaulich als „zweck-lose Freiheit"; eingehend auch ders., Kollektivgewalt, S. 401 f.; ebenso *Säcker*, Grundprobleme, S. 24 m. w. N.

[211] Ebenso *Wlotzke*, Günstigkeitsprinzip, S. 47; *Nikisch*, Anmerkung, SAE 1960, 146; *Richardi*, RdA 1965, 49, 54; anders dagegen BAGE 5, 130, 135; BAG

Günstigkeitsprinzips[212]; Wlotzke[213] sieht zutreffend im Leistungsprinzip die „vornehmlichste Berechtigung“ für das Günstigkeitsprinzip. Dieses Kernelement darf einer in dem oben beschriebenen Rahmen der Schrankentrias ausnahmsweise zulässigen Beschränkung des über- oder außertariflichen Raums erst an letzter Stelle zum Opfer fallen. Die Ausnutzung beispielsweise eines Mangels an bestimmten Arbeitskräften ist dagegen weniger schutzwürdig, wenn es um ordnungssichernde Maßnahmen zur Bekämpfung eines wirtschaftlichen Krisenfalls geht.

### IV. Zusammenfassung der verfassungsrechtlichen Analyse

Das Günstigkeitsprinzip ist ein verfassungsrechtlich gebotener Grundsatz:

Es folgt aus der Funktion und dem Zweck der Koalitionsfreiheit nach Art. 9 Abs. 3 GG und der Vertragsfreiheit, die ihrerseits ein Bestandteil der durch Art. 2 Abs. 1 GG garantierten allgemeinen Handlungsfreiheit auf wirtschaftlichem Gebiet ist, sowie dem Leistungsprinzip, das ebenfalls in diesem Freiheitsrecht sowie auf dem (negativen) Gleichheitssatz nach Art. 3 Abs. 1 GG fußt. Hierdurch ist das Günstigkeitsprinzip — entsprechend der verstärkten Betonung der Individualgrundrechte, die sich vor allem im Menschenbild des Grundgesetzes und durch die Wesensgehaltsgarantie nach Art. 19 Abs. 2 GG äußert, — erheblich weitergehend abgesichert worden als unter der Weimarer Reichsverfassung. Das Günstigkeitsprinzip steht im Gegensatz zur „Entindividualisierung des Privatrechts“[214] und ist eine Antwort

AP Nr. 26 zu § 44 Truppenvertrag; BAG AP Nr. 7 zu § 4 TVG Günstigkeitsprinzip; *Siebert*, Kollektivnorm, S. 119, 127, wonach die Sperrwirkung des § 4 Abs. 3 TVG nur soweit gelten soll, wie es sich um günstigere individuelle Sondervereinbarungen in einzelnen Arbeitsverträgen handelt. Später entschied das BAG allerdings zutreffend, daß schlechtere tarifliche Regelungen an den einzelvertraglich begründeten, wenn auch allgemein durch rechtsgestaltende betriebliche Übung entstandenen Rechtspositionen ihre Grenzen finden und daß für das Verhältnis beider an dem Güstigkeitsprinzip festzuhalten ist. — BAG AP Nr. 7 zu § 242 BGB Betriebliche Übung. Eine solche Differenzierung läßt sich in aller Regel auch gar nicht treffen. So richtet sich zwar bei einer arbeitsvertraglichen Einheitsregelung (siehe dazu § 5 III) die Höhe des Arbeitsentgelts meist nach allgemein üblichen Grundsätzen, die besondere individuelle Gesichtspunkte nicht berücksichtigen. Welche Tätigkeit aber von dem einzelnen Arbeitnehmer zu verrichten ist, woran also die allgemeinen Vergütungssätze anknüpfen, beruht unzweifelhaft auf einer individuellen Entscheidung nach Maßgabe des Leistungsprinzips und findet seinen Ausdruck in einer einzelvertraglichen Vereinbarung; vgl. auch *Steindorff*, Anmerkung, SAE 1963, 38, 39.

[212] Vgl. auch *Neumann-Duesberg*, RdA 1949, 48; *Messner*, Lohngerechtigkeit, S. 717, 726 kennzeichnet das Bedürfnisprinzip und das Leistungsprinzip als die „wichtigsten Gerechtigkeitsprinzipien in der Lohnfrage“.

[213] Günstigkeitsprinzip, S. 47.

auf die angesichts des Gebots zur Achtung der Menschenwürde und des Prinzips der menschlichen Handlungsfreiheit unverzichtbaren Forderung, den Menschen dort nicht zu entmündigen, wo er noch zur Selbsthilfe fähig und bereit ist[215]. Im Sinne von Hallstein[216] ermöglicht es das Günstigkeitsprinzip, „keine Gesamtplanung unwidersprochen zu lassen, die durch Belebung der Einzelinitiativen ersetzt werden" kann, und trägt somit erheblich dazu bei, einem hochaktuellen rechtspolitischen Bedürfnis gerecht zu werden, das auch zu einem Beratungsgegenstand der Tagung der Vereinigung der Deutschen Staatsrechtslehrer 1981 gehörte: der verstärkten Überlassung von Regelungsräumen an die Privatautonomie[217].

Das Günstigkeitsprinzip ist allerdings nicht grenzenlos garantiert, sondern steht ausnahmsweise zur Disposition des Gesetzgebers oder aufgrund einer entsprechenden gesetzlichen Ermächtigung der Tarifvertragsparteien, vor allem wenn der Schutz der verfassungsmäßigen Ordnung es erfordert. Dieser Fall ist gegeben, soweit überwiegende Gründe des Gemeinwohls es rechtfertigen oder gar gebieten, also als Mittel der ordnungssichernden Gefahrenabwehr zur Bekämpfung eines wirtschaftlichen Krisenfalls. Dabei ist das Verhältnismäßigkeitsprinzip zu wahren, was insbesondere eine Differenzierung zwischen Gewerkschaftsmitgliedern und einem allgemeinverbindlichen Tarifvertrag unterworfenen Außenseitern zugunsten letzterer erfordern kann. Bei einer Einschränkung des Günstigkeitsprinzips sind schließlich auf dem Leistungsprinzip beruhende übertarifliche Zulagen nur als ultima ratio abzubauen.

---

[214] *Hallstein*, SJZ 1946, 1, 2; vgl. auch § 2 II; *Leisner*, Egalisierung, S. 81, 91 hat erst in jüngster Zeit erneut darauf hingewiesen, daß es in der Rechtspolitik gelte, wieder mehr zu „individualisieren".

[215] *Benda*, RdA 1981, 137, 141.

[216] SJZ 1946, 1, 5.

[217] *Leisner*, DVBl. 1981, 849, 855.

## § 4 Die Beurteilung von schuldrechtlichen Vereinbarungen und einseitigen Beschlüssen einer Koalition zur Aufhebung oder Einschränkung des Günstigkeitsprinzips — anhand des Ergebnisses der verfassungsrechtlichen Analyse

### I. Schuldrechtliche Abreden im Tarifvertrag

Schon die Entstehungsgeschichte des Tarifvertragsgesetzes[1] legte die Annnahme nahe, daß den Tarifparteien auch im Rahmen des schuldrechtlichen Teils des Tarifvertrags die Befugnis entzogen wurde, sich gegenseitig zu verpflichten, die tariflichen Arbeitsbedingungen als Höchstbedingungen zu behandeln. Die vorangegangene verfassungsrechtliche Betrachtung bestätigt die Annahme von der Unwirksamkeit derartiger Abreden, was auch der Rechtsprechung des Bundesarbeitsgerichts[2] und der herrschenden Meinung im Schrifttum[3] entspricht.

Gamillscheg[4] bezeichnet dagegen die Frage, ob die Vereinbarung von Höchstarbeitsbedingungen unzulässig und verfassungswidrig ist, als noch offen.

Die Tarifvertragsparteien bedienen sich der Vertragsfreiheit, die ihnen durch Art. 2 Abs. 1 GG in Verbindung mit Art. 19 Abs. 3 GG verfassungsrechtlich garantiert wird, wenn sie schuldrechtliche Vereinbarungen im Tarifvertrag treffen[5]. Wie jeder Private können jedoch auch jene ihre Vertragsfreiheit nur insoweit ausüben, als die erstrebte

---

[1] Siehe § 2 V.

[2] BAGE GS 20, 175, 194; vgl. auch BAG AP Nr. 7 zu § 4 TVG Effektivklausel.

[3] *Zöllner*, Arbeitsrecht, S. 51; *Söllner*, Arbeitsrecht, S. 122; *Hueck / Nipperdey*, Arbeitsrecht, 2. Bd., 1. Halbbd., S. 573 f.; *Hueck / Nipperdey / Stahlhacke*, TVG, § 4 Rdnr. 192; *Wiedemann / Stumpf*, TVG, § 4 Rdnr. 219; *Wlotzke*, Günstigkeitsprinzip, S. 24 ff.; *Reuß*, AuR 1958, 321, 326; *Maus*, RdA 1958, 241, 246; *Kreis*, Höchstarbeitsbedingungen, S. 56 ff.; ders., RdA 1961, 97, 99; *Küchenhoff*, G., AuR 1963, 321, 328; *Nikisch*, DB 1963, 1254, 1255; *Dietz*, DB 1965, 591, 594; *Biedenkopf*, Vereinbarungsbefugnis, S. 97, 138; ders., Grenzen, S. 75; *Herschel*, Vereinbarungsbefugnis, D 7, D 19; ders., DB 1960, 292; *Kauffmann*, NJW 1966, 1681, 1683; *Richardi*, Kollektivgewalt, S. 373; *Stommel*, Höchstbegrenzungen, S. 31; *Hölters*, Harmonie, S. 186 f.; *Däubler / Hege*, Tarifvertragsrecht, Rdnr. 117; *Spiertz*, Ordnungsprinzip, S. 9; für das schweizerische Recht ebenso *Bänziger*, WiuR 1978, 410, 423 f.

[4] BB 1967, 45, 51.

[5] Vgl. *Säcker*, AR-Bl. [D] Tarifvertrag I, C Verhältnis zu anderen Rechtsquellen (II.).

Rechtsfolge erlaubt ist, d. h. nur im Rahmen der grundrechtsimmanenten Schranken des Art. 2 Abs. 1 GG. Wie das Bundesarbeitsgericht[6] zutreffend erkannt hat, findet die Vertragsfreiheit der Tarifpartner vor allem ihre Grenze in der verfassungsmäßigen Ordnung. Das bedeutet, daß sie zwar durchaus schuldrechtliche Verpflichtungen zu begründen vermögen, die nicht Gegenstand einer normativen Regelung des Tarifvertrags sein können[7], weil Art. 2 Abs. 1 GG einen weiteren Betätigungsrahmen steckt als Art. 9 Abs. 3 GG; verschlossen bleiben aber den Tarifparteien auch auf der schuldrechtlichen Ebene solche Vereinbarungen, die darauf abzielen, Schranken zu überwinden, die für die Rechtsetzungsbefugnis der Tarifvertragsparteien bestehen[8], sowie Regelungen, die mit den Grundrechten anderer kollidieren, hier namentlich der Vertragsfreiheit der einzelnen Koalitionsmitglieder, oder mit allgemeinen verfassungsrechtlichen oder gesetzlichen Grundsätzen wie dem Günstigkeits- oder dem Leistungsprinzip im Widerspruch stehen. Gerade diese Rechtspositionen werden aber in Frage gestellt, wenn sich die Tarifvertragsparteien rechtsverbindlich darauf einigen könnten, die Tarifnormen als Höchstnormen zu behandeln. Wenn der Gesetzgeber den übertariflichen Raum nur aus überwiegenden Gründen des Gemeinwohls beschränken darf[9], dann kann es nicht im freien Belieben der Koalitionen stehen, diese Rechtslage vertraglich zu schaffen — gewissermaßen durch ein Kartell, das den Arbeitsmarkt für die Tarifgebundenen in ein morphologisch einstufiges, vom bilateralen Monopol der Koalitionen beherrschtes Gebilde umwandelt[10]. Das ist deshalb ausgeschlossen, weil, wie Leisner[11] es darlegte, „dem einzelnen ..., kraft der ihm durch die Vertragsfreiheit eingeräumten ... Befugnisse, nicht mehr gestattet“ ist, „als der Gesetzgeber bei vollständiger, etwa im Falle allgemeiner Not erfolgender Ausschöpfung des Gesetzesvorbehalts (bzw. der Schrankentrias, Zus. d. Verf.) tun bzw. dem einzelnen gestatten könnte“. Würde nämlich eine Koalition staatlichen Rechtsschutz begehren, um eine derartige Absprache gegenüber der anderen Koalition durchzusetzen, so würde unter Umständen der Staat gezwungen werden können, hoheitlich im Wege des Urteils einen Rechtszustand her-

[6] BAG AP Nr. 4 zu Art. 3 GG.

[7] So auch *Herschel*, Vereinbarungsbefugnis, D 7, D 19.

[8] *Richardi*, Kollektivgewalt, S. 197 f.

[9] Siehe § 3 III B 2.

[10] Siehe § 1 Fn. 75; nach Ansicht von *Leisner*, Gleichheitsstaat, S. 208, ist das Streben nach einer Monopolstellung durchaus typisch für die großen Berufsverbände, was *Herschel*, DB 1960, 292 zufolge mit den Grundsätzen des Wettbewerbsrechts im Widerspruch steht. Zwar betrifft es nach § 1 GWB nicht den Inhalt von Arbeitsverhältnissen, jedoch nur weil ein Eingriff in die Autonomie der Sozialpartner unterbleiben sollte, aber nicht um Lohnbegrenzungsverträge zu ermöglichen.

[11] *Leisner*, Grundrechte, S. 330.

beizuführen, den er unmittelbar durch Gesetz aus verfassungsrechtlichen Gründen nur unter wesentlich engeren Voraussetzungen anordnen dürfte. Die hierin liegende Verletzung von Art. 1 Abs. 3 GG liegt auf der Hand.

Es erweist sich somit als unrichtig, wenn sich Molitor[12], Magis[13] und Courth[14] für die Rechtswirksamkeit derartiger Vereinbarungen im schuldrechtlichen Teil des Tarifvertrags aussprechen. Das Hauptargument, auf das sich vor allem Molitor stützt, lautet folgendermaßen: Dem Arbeitgeber ist es aufgrund seiner Vertragsfreiheit anheimgestellt, übertarifliche Löhne zu zahlen oder es zu unterlassen. Es sei nun in keiner Weise einzusehen, warum sich der Arbeitgeber zu dem, was ihm gesetzlich freisteht, nicht auch durch Verträge verpflichten können soll. Bei diesem auf den ersten Blick einleuchtend erscheinenden Gedanken wird allerdings verkannt, daß sich weder der einzelne Arbeitgeber (außer im Firmentarifvertrag) noch der einzelne Arbeitnehmer, sondern ihre jeweiligen Verbände zur Behandlung der Tarifnormen als Höchstnormen verpflichten. Diese sagen dem jeweiligen sozialen Gegenspieler nach Auffassung der genannten Mindermeinung rechtswirksam zu, mit den ihnen zur Verfügung stehenden verbandlichen Mitteln ihre Mitglieder dazu anzuhalten, die im Tarifvertrag vorgesehenen Arbeitsbedingungen nicht zu überschreiten. Das setzt voraus, daß jeder der vertragschließenden Verbände befugt ist, über die grundgesetzlich geschützte Vertragsfreiheit seiner Mitglieder zu disponieren. Mag das für den einzelnen Arbeitgeber weniger schmerzlich sein, sogar in seinem Sinne liegen, weil er durch seinen Verband und mittelbar sogar durch die Gewerkschaft vor übertariflichen Lohnforderungen durch die Arbeitnehmer bewahrt würde, indem er eine zeitlich begrenzte Kostengarantie[15] erhielte, so bedeutete es hingegen für die Arbeitnehmer die Preisgabe des eigentlichen Zwecks für ihren kollektiven Zusammenschluß, nämlich ihre Verhandlungsposition möglichst effektiv zu stärken und auf eine Verbesserung der Arbeitsbedingungen hinzuwirken. Der Arbeitnehmer will sich offenkundig durch seinen Koalitionsbeitritt unter den Schutz der Gewerkschaft stellen, mit Sicherheit will er aber nicht, daß diese ihm mit ihrer überwältigenden sozialen Macht aufgrund einer tarifvertraglichen Verpflichtung gegenüber der Arbeitgeberseite die Möglichkeit zur Erlangung eines übertariflichen, oft überhaupt erst leistungsgerechten Lohns entzieht. Das ist deshalb ausgeschlossen, weil die Tarifvertragsparteien dem einzelnen Mitglied nicht

---

[12] BB 1957, 85, 86 f.

[13] Günstigkeitsprinzip, S. 47 f.

[14] Günstigkeitsprinzip, S. 115 f.

[15] Vgl. *Vischer*, Gesamtarbeitsvertrag, S. 395, 400.

Rechtsgestaltungen aufzwingen können, für die es sich nicht der Verbandsgewalt unterworfen hat[16].

## II. Einseitige Höchstnormenbeschlüsse einer Koalition

### A. Abgrenzung zu schuldrechtlichen Vereinbarungen im Tarifvertrag

Die meist von Arbeitgeberverbänden gefaßten, sogenannten Höchstnormenbeschlüsse[17] unterscheiden sich von den oben behandelten schuldrechtlichen Abreden im Tarifvertrag dadurch, daß es sich bei jenen um rein innerverbandliche Maßnahmen aufgrund der Verbandsautonomie handelt. Durch derartige Beschlüsse werden die Mitglieder dazu angehalten (unter Androhung von Vertragsstrafen), die Tarifbedingungen nicht zu überschreiten. Folglich wird zwar in beiden Fällen auf die Koalitionsmitglieder mit verbandlichen Mitteln Druck mit dem Ziel ausgeübt, nicht mehr als die Tarifsätze zu vereinbaren; insofern besteht also eine Rechtsähnlichkeit, jedoch ist jeweils die Rechtsgrundlage verschieden. In dem unter § 4 I. erörterten Fall besteht sie in einer vertraglichen Verpflichtung gegenüber dem sozialen Gegenspieler, hat also in den Außenbeziehungen der Koalitionen ihren Ursprung, während der Höchstnormenbeschluß eine einseitige, rein verbandsinterne Anweisung an die Mitglieder darstellt, also sich im Innenverhältnis bewegt. Die entscheidende Frage zur Beurteilung der Wirksamkeit von einseitigen Höchstnormenbeschlüssen zielt folglich darauf ab, *ob es Schranken der internen Verbandsautonomie gibt,* die derartige das Günstigkeitsprinzip tatsächlich äußerst wirksam beschränkende[18] Beschlüsse verbieten.

### B. Darstellung des Meinungsstands

#### 1. *Die herrschende Meinung*

Nach überwiegender Ansicht[19] sind Höchstnormenbeschlüsse unwirksam, weil sie gegen zwingendes Tarifrecht verstoßen. Nipperdey[20] führt

---

[16] So auch *Richardi,* Kollektivgewalt, S. 201.

[17] Ein Beispiel hierfür findet sich bei *Hueck / Nipperdey,* Arbeitsrecht, 2. Bd., 1. Halbbd., S. 576 Fn. 6 a.

[18] *Richardi,* Kollektivgewalt, S. 373.

[19] *Hueck / Nipperdey,* Arbeitsrecht, 2. Bd., 1. Halbbd., S. 574 ff., 315; *Hueck / Nipperdey / Stahlhacke,* TVG, § 4 Rdnr. 195; *Nikisch,* Arbeitsrecht, Bd. II, S. 422; *Wlotzke,* Günstigkeitsprinzip, S. 24 f.; *Biedenkopf,* Grenzen, S. 76; *Reuß,* AuR 1958, 321, 326; ders., ArbRGeg. 1963, Bd. 1, 144, 158; *Maus,* RdA 1958, 241, 247; *Herschel,* DB 1960, 292; *Isele,* JR 1960, 289, 291; *Neumann-Duesberg,* JZ 1960, 525, 526; *Kreis,* Höchstarbeitsbedingungen, S. 68 ff.; ders., RdA 1961, 97, 99; *Küchenhoff,* G., AuR 1963, 321, 323; *Kauffmann,* NJW 1966, 1681, 1683; *Roos,* Höchstnormen, S. 69 ff.; *Stommel,* Günstigkeitsprinzip, S.

zur Begründung der Unwirksamkeit vorwiegend drei Gründe an: Unter der Geltung der TVVO waren die Tarifvertragsparteien grundsätzlich nicht daran gehindert, Höchstnormenbeschlüsse zu fassen. Legten die Koalitionen im Tarifvertrag ausdrücklich fest, daß die Tarifbedingungen als Mindestbedingungen zu verstehen waren, so galten Höchstnormenbeschlüsse als tarifwidrig[21]. Nach § 4 Abs. 3 TVG ist die Überschreitungsmöglichkeit der Tarifnormen im Gegensatz zur Rechtslage nach der TVVO zwingend vorgeschrieben, die Tarifnormen wurden mithin ex lege zu Mindestbedingungen erklärt. Hinsichtlich der Wirksamkeit von Höchstnormenbeschlüssen könne nun aber kein Unterschied darin bestehen, ob Tarifnormen den Rechtscharakter von Mindestsätzen aufgrund vertraglicher Vereinbarung zwischen den Koalitionen oder kraft gesetzlichen Gebots beigemessen worden ist; die Selbstbeschränkung durch die Koalitionen steht insoweit der gesetzlichen bzw. verfassungsrechtlichen Beschränkung gleich mit der Folge, daß Höchstnormenbeschlüsse in beiden Fällen tarifwidrig sind. Einen weiteren Grund für deren Unwirksamkeit sieht Nipperdey darin, daß sie gegen die Durchführungspflicht der Tarifvertragsparteien — so auch Nikisch[22] und Däubler / Hege[23] — und das Prinzip der tariflichen Loyalität — ebenso Kauffmann[24] — verstoßen, wonach eine verbandsinterne Handhabung untersagt ist, die im Gegensatz zu dem steht, was verbandsextern nach tariflichen Normen rechtens ist[25]. Die Satzung trage nämlich nach der verbandsinternen Seite die Einschränkung in sich, daß verbandsintern nichts beschlossen werden dürfe, was verbandsextern tarifwidrig sei. Da verbandsextern das Günstigkeitsprinzip die Tarifsätze zwingend zu Mindestsätzen erkläre, müsse nach dem Prinzip der Homogenität von Verbandsinternum und Verbandsexternum eine das Günstigkeitsprinzip beeinträchtigende Beschlußfassung satzungs-

40 ff.; *Papritz*, Günstigkeitsprinzip, S. 37 ff.; *Däubler / Hege*, Tarifvertragsrecht, Rdnr. 117; *Molitor*, Rechtsgutachten, S. 6 erwähnt eine unveröffentlichte Entscheidung des Landesverwaltungsgerichts Minden (2 K 124/54 vom 21. 6. 1955), in der es „einen Strafbeschluß, der aufgrund einer verbandsinternen, unter den einzelnen Mitgliedern einer Arbeitgebertarifpartei geschlossenen Vereinbarung ergangen war, wonach die tariflichen Vergütungen als Höchstsätze anzusehen sind, für unwirksam erklärt". Zu Recht erachtet es *Schlüter* in Brox / Rüthers, Arbeitskampfrecht, Rdnr. 497 für geboten, daß alle verbandsinternen Maßregelungen der Koalitionen gegenüber ihren Mitgliedern uneingeschränkt gerichtlich nachgeprüft werden können.

[20] Arbeitsrecht, 2. Bd., 1. Halbbd., S. 574 - 576.

[21] *Meissinger*, NZfA 1922, 18, 19; *Hueck / Nipperdey*, Arbeitsrecht, 2. Bd., 3./5. Aufl., S. 260; *Jacobi*, Grundlehren, S. 233 f.

[22] Arbeitsrecht, Bd. II, S. 422.

[23] Tarifvertragsrecht, Rdnr. 117.

[24] NJW 1966, 1681, 1683.

[25] Ebenso *Stahlhacke* in Hueck / Nipperdey / Tophoven / Stahlhacke, TVG, § 4 Rdnr. 195.

widrig und unwirksam sein. Schließlich verstoße ein derartiger Höchstnormenbeschluß gegen die Vertragsfreiheit der Verbandsmitglieder. Nach Ansicht von Wlotzke[26] und wohl auch Maus[27] überschreitet ein Verband durch einen solchen Beschluß die ihm durch das Tarifvertragsgesetz vorgegebenen Schranken seiner Lebenssphäre mit der Folge, daß ein Höchstnormenbeschluß sogar nur den „Schein einer Verbandshandlung“ bedeute. Nach G. Küchenhoff[28] werde durch einen Höchstnormenbeschluß ein tarifliches Grundprinzip umgangen. Es sei ein Fall des „in fraudem legis agere“ gegeben. Eine Koalition, die in dieser Weise ihren verfassungsrechtlich geordneten Funktionskreis verlasse, verliere die Tariffähigkeit. Denn aus einem Verstoß der Verbandssatzung gegen einen Grundsatz der Staatsverfassung (hier das Günstigkeitsprinzip) oder eines sie ausführenden Gesetzes könne folgen, daß die Verbandsautonomie „den Verband außerhalb derjenigen Funktionen stellt, welche Staatsverfassung und Gesetz nur demjenigen verliehen haben, welcher sich in den gesamten Funktionenbereich des jeweiligen Rechtsgebietes, hier des Tarifrechts, einfügt“. Reuß[29] erblickt in einem Höchstnormenbeschluß eine durch Art. 9 Abs. 3 Satz 2 GG verbotene Verbandsbetätigung gegen die verfassungsmäßige Ordnung, während Roos[30] ein entsprechendes Verbot im Wege der ergänzenden Rechtsfindung aus § 4 Abs. 3 TVG in Verbindung mit § 134 BGB herleitet. Stommel[31] hält einseitige Höchstbegrenzungen von Tarifnormen durch eine Tarifvertragspartei vor allem deshalb für unzulässig, weil nur so das Günstigkeitsprinzip wirksam seine soziale Schutzfunktion entfalten könne; bei der rechtlichen Anerkennung von Höchstnormenbeschlüssen käme hingegen die mit der zwingenden Ausgestaltung des Günstigkeitsprinzips verbundene gesetzgeberische Intention in der Praxis nicht zum Durchbruch. Kreis[32] deutet schließlich eine Begründung für Nipperdeys Prinzip der Homogenität von Verbandsexternum und -internum an: Nach außen und innen erfahre die Autonomie der Sozialpartner eine einheitliche Ausgestaltung, weil die „öffentlich-rechtliche Aufgabe normativer Lohngestaltung“ dem Verband das einheitliche Gepräge verleihe. Hierbei handelt es sich um einen richtungweisenden Ansatz, den es unter § 4 II. C. weiter zu verfolgen gilt.

---

[26] Günstigkeitsprinzip, S. 25.
[27] RdA 1958, 241, 247.
[28] Rechtsgutachten, Verbandsnachrichten 1962, Heft 7/8, S. 11.
[29] AuR 1958, 321, 326; ders., ArbRGeg. 1963, Bd. 1, 144, 158.
[30] Höchstnormen, S. 69 - 73.
[31] Höchstbegrenzungen, S. 40 f.
[32] Höchstarbeitsbedingungen, S. 70.

### 2. *Die Gegenmeinung*

Die Gegenmeinung[33] beruht im wesentlichen auf der Annahme, daß das Günstigkeitsprinzip lediglich die Gestaltungsbefugnis der Tarifparteien begrenze, also ausschließlich die Tarifautonomie, nicht dagegen die Verbandsautonomie. Dafür spreche schon der Wortlaut des § 4 Abs. 3 TVG, der den Tarifnormen nur den Charakter von Mindestarbeitsbedingungen verleihe und dementsprechend die Möglichkeit eröffne, von ihnen abzuweichen, jedoch weder ein Verbot noch eine Unterlassungspflicht begründe, außertarifliche Vereinbarungen von Höchstarbeitsbedingungen zu treffen[34]. Molitor[35] und Nikisch[36] führen unter anderem an, daß Höchstnormenbeschlüsse durchaus geeignet wären, eine legitime Funktion zu erfüllen, indem sie in Zeiten einer Hochkonjunktur die Abwerbung von Arbeitnehmern verhindern, mithin eine „Schmutzkonkurrenz" durch Anlockung von Arbeitskräften seitens besonders leistungsfähiger Arbeitgeber bekämpfen würden[37]. Im öffentlichen Dienst gefährde eine solche Abwerbung die ordnungsgemäße Verwaltung. Keinesfalls sei nach dem geltenden Vereinsrecht eine Homogenität zwischen der Verbandssatzung und dem äußeren Verhalten des Verbandes erforderlich, weil das deutsche Recht eine Ultra-Vires-Theorie im Sinne des angelsächsischen Rechts[38] nicht kenne. Eine Satzungsbestimmung könne daher auch nicht die Tariffähigkeit berühren. Das Prinzip der Homogenität von Verbandsinternum und Verbandsexternum sei auch deshalb nicht tragfähig, weil — so Wiedemann / Stumpf[39] — das Günstigkeitsprinzip weder das private Vereinsrecht noch das öffentliche Organisationsrecht beeinflussen wolle. Schließlich macht Molitor[40] deutlich, daß es zu einem „absurden" Ergebnis führen würde, aus einer vor Abschluß des Tarifvertrags getrof-

---

[33] Vor allem vertreten von *Molitor,* BB 1957, 85, 86 ff.; *Nikisch,* DB 1963, 1254, 1257; *Dietz,* DB 1965, 591, 594; *Zeuner,* DB 1965, 630; *Löwisch,* RdA 1969, 129, 134; *Magis,* Günstigkeitsprinzip, S. 57 ff.; *Richardi,* Kollektivgewalt, S. 374; ders., Günstigkeitsprinzip, AR-Bl. [D] Tarifvertrag VI, Rechtswirkungen, A Günstigkeitsprinzip; *Courth,* Günstigkeitsprinzip, S. 103 ff.; *Wiedemann / Stumpf,* TVG, § 4 Rdnr. 221; *Zeiselmair,* Tarifmacht, S. 218 - 236 hält Höchstnormenbeschlüsse lediglich auf der Arbeitgeberseite für zulässig.

[34] *Molitor,* Rechtsgutachten, S. 10.

[35] BB 1957, 85, 87.

[36] DB 1963, 1254, 1256.

[37] Wie der historische Rückblick, § 2 III Fn. 98, zeigt, hatte diese Erwägung schon einmal Eingang in eine Rechtsverordnung gefunden.

[38] Siehe hierzu den leading case „Ashbury Railway Carriage and Iron Co., Ltd. vs. Reiche", 1875 Law Reports VII English and Irish Appeal Cases and Claims of Peerage before the House of Lords, 653. Eingehend wird die Ultra-Vires-Lehre und ihre Problematik im deutschen Recht von *Rohwedder,* Ultra-Vires-Lehre, behandelt.

[39] TVG, § 4 Rdnr. 221.

[40] BB 1957, 85, 87.

fenen Satzungsbestimmung die mangelnde Tariffähigkeit des betreffenden Verbands herzuleiten: Der Tarifvertrag würde nämlich mangels Tariffähigkeit nichtig sein mit der weiteren Folge, daß § 4 Abs. 3 TVG keine Anwendung finde, während die Gültigkeit der Vereinbarung über die Höchstarbeitsbedingungen unberührt bleibe. Dietz[41] führt ferner an, daß es durchaus mit dem Tarifrecht vereinbar sei, wenn ein einzelner Arbeitgeber beschließe, seinen Arbeitnehmern nur den Tariflohn zu zahlen, und eine entsprechende Weisung für seine Betriebe erteile. Es sei nun aber nicht einsehbar, warum es dem Tarifrecht widerspreche, wenn die Anweisung nicht von *einem* einzelnen Arbeitgeber für *seine* Betriebe oder *seine* Dienststellen gegeben werde, sondern von mehreren Arbeitgebern gemeinsam für ihre Betriebe und ihre Dienststellen, und wenn jene vereinbarten, so vorzugehen und sich dazu gegenseitig verpflichteten. Vor allem ergäben sich aus Art. 2 GG keine Bedenken gegen einen Höchstnormenbeschluß, weil aus dem Schutz der Persönlichkeit keine Pflicht des Arbeitgebers gegenüber dem Arbeitnehmer entspringe, höhere Löhne zu verabreden, als jener wolle. Denn — so auch Magis[42] — die Vertragsfreiheit des Arbeitnehmers gewähre keinen Anspruch auf den Abschluß eines Vertrages und erst recht nicht auf den mit einem bestimmten Inhalt. Vielmehr folge die Befugnis der Arbeitgeber zu einem abgestimmten Verhalten mit dem Ziel, die Tarifnormen nicht zu überschreiten, aus deren Vertragsfreiheit. Daran ändere auch die tarifliche Durchführungspflicht nichts, da sie nur zum Gegenstand habe, daß die tariflichen Arbeitsbedingungen erfüllt würden, nicht aber darauf, daß ein übertariflicher Lohn bezahlt werden dürfe. Es bestehe daher für den Verband keine Pflicht — auch nicht aufgrund seiner Friedenspflicht —, die Besserstellung der Arbeitnehmer im übertariflichen Raum zu ermöglichen. Nach Wiedemann / Stumpf[43] gelte das um so mehr, wenn die Arbeitgeberseite schon bei den Tarifvertragsverhandlungen zum Ausdruck gebracht habe, daß die einzelnen Verbandsmitglieder verpflichtet werden sollten, von den Tarifbedingungen nicht oder nur bedingt abzuweichen. Nach Ansicht von Dietz werde auch die Ordnungsfunktion des Tarifvertrages durch einen Höchstnormenbeschluß verstärkt, was für den öffentlichen Dienst geradezu notwendig sei, um eine sparsame Wirtschaftsführung zu erleichtern. Zeuner[44] meint, die Zulässigkeit solcher Beschlüsse ergäbe sich aus der öffentlichen Funktion der Sozialpartner, die es der Arbeitgeberseite auferlege, möglichst wirksam für die Einhaltung der Grenzen zu sorgen, „jenseits deren eine weitere Anhebung der Arbeitsbe-

[41] DB 1965, 591, 595.
[42] Günstigkeitsprinzip, S. 61.
[43] TVG, § 4 Rdnr. 221.
[44] DB 1965, 630, 631.

dingungen das wirtschaftliche und soziale Gefüge in Unordnung bringen könnte". Wiedemann / Stumpf[45] führen zudem an, daß sich die Wirksamkeit von Höchstnormenbeschlüssen nur verneinen lasse, wenn § 4 Abs. 3 TVG ein Kartellverbot oder eine Freiheitsgarantie zugunsten des Arbeitnehmers zu entnehmen sei, die es ihm garantiere, keinen aufgrund innerverbandlicher Verpflichtungen verhandlungsunfähigen Arbeitgeber anzutreffen. Weder sei jedoch das TVG ein Gesetz gegen Wettbewerbsbeschränkungen, noch sei ihm ein generelles Verbot zu entnehmen, die Arbeitsbedingungen in gewissem Umfang zu vereinheitlichen, was triftige Gründe der Stabilitäts-, Tarif- und Haushaltspolitik gebieten könnten. Außerdem führe die herrschende Lehre zu dem ungereimten Ergebnis, daß sich nichttarifgebundene Arbeitgeber über Lohn- und Gehaltsrichtlinien verständigen könnten, tarifgebundene Arbeitgeber dagegen nicht. Richardi[46] betont, daß vom Standpunkt der herrschenden Meinung die Stellung der Arbeitgeberseite im Arbeitskampf beeinträchtigt werde; denn künftige Tarifverhandlungen würden durch das Verhalten einzelner Arbeitgeber faktisch präjudiziert[47], wenn es ihnen freistehe, die ausgehandelten Tarifsätze beliebig zu überschreiten, zumal diese weder durch einen neuen Tarifvertrag herabgesetzt werden könnten, noch eine Aussperrung zum Zweck ihres Abbaus möglich sei. Die Gegenmeinung kann schließlich auch auf andere freiheitliche Rechtsordnungen verweisen: So sind in den USA tarifliche Arbeitsbedingungen Höchstbedingungen[48]; ferner können in Schweden die Tarifparteien bestimmen, daß die Tariflöhne nicht überschritten werden dürfen, was z. B. in der Bauindustrie dieses Landes der Fall ist[49]. Auch in Österreich und in den Niederlanden können die Kollektivvertragsparteien Höchstarbeitsbedingungen festlegen[50].

## C. Eigener Standpunkt

Ausgehend von dem verfassungsrechtlichen Rang des Günstigkeitsprinzips und dem durch Rechtsprechung und herrschende Lehre anerkannten Verbot von Abreden im schuldrechtlichen Teil des Tarifvertrags, die Tarifnormen als Höchstnormen zu behandeln, müssen auch hierauf abzielende einseitige Beschlüsse einer Koalition als unwirksam angesehen werden. Trotz der aufgezeigten Unterschiede zwischen

[45] TVG, § 4 Rdnr. 221.

[46] Kollektivgewalt, S. 375.

[47] Die günstigeren individuellen Lohn- und Arbeitsbedingungen sind häufig die Schrittmacher zu einer Verbesserung der Tarifverträge und damit der Lage der Arbeitnehmer insgesamt. — So auch *Molitor*, Rechtsgutachten, S. 3.

[48] *Birk*, AuR 1979, 65, 70 Fn. 35.

[49] *Schmidt*, F., Reform, S. 151 f.

[50] *Bänziger*, WiuR 1978, 410, 414; *Dirschmied*, AuR 1976, 104, 107; vgl. § 3 I Fn. 12.

schuldrechtlichen Vereinbarungen und Höchstnormenbeschlüssen besteht zwischen beiden eine Rechtsähnlichkeit in der Zielsetzung, die nach zutreffender Auffassung von Courth[51] für eine einheitliche Beurteilung der Rechtswirksamkeit beider Gestaltungsmittel spricht. Die Ähnlichkeit äußert sich darin, daß in beiden Fällen angestrebt wird, die tariflichen Arbeitsbedingungen nicht zu überschreiten. Der Gegenmeinung ist zugute zu halten, daß hierbei das Gemeinwohl fördernde, legitime Zwecke maßgebend sein können, wie z. B. die Bekämpfung von „Schmutzkonkurrenz", das Bestreben nach sparsamer Wirtschaftsführung im öffentlichen Dienst, die Gewährleistung einer ordnungsgemäßen Verwaltung und die Durchsetzung einer billigenswerten Stabilitäts-, Tarif- oder Wirtschaftspolitik sowie schließlich die Verstärkung der Ordnungsfunktion des Tarifvertrags. Im Gegensatz zu den genannten ausländischen Rechtsordnungen[52] hat der deutsche Verfassungs- und Gesetzgeber indes — vorbehaltlich eigener auf den Notfall beschränkter Ausnahmeregelungen — bewußt die Tarifnormen zu Mindestnormen erklärt. Den Koalitionen wurde die Befugnis entzogen, die angeführten Ziele durch die Änderung des Charakters der Tarifnormen zu realisieren, obwohl gerade das Zusammenwirken der Sozialpartner eine gewisse Gewähr für die Tauglichkeit und Lauterkeit einer solchen Maßnahme hätte bieten können und ausgeschlossen worden wäre, daß der individuelle Arbeitnehmer nur deshalb belastet wird, um einseitig das Arbeitgeberrisiko durch die Ausschaltung des Lohnwettbewerbs zu verringern. Wenn der Gesetzgeber sogar ein Zusammenwirken der Koalitionen, für das grundsätzlich eine Richtigkeitsgewähr spricht, ausschließen wollte, soweit der übertarifliche Raum auf dem Spiel steht, so läuft es dieser gesetzgeberischen Intention zuwider, das einseitige, durch den sozialen Gegenspieler unkontrollierte, aber faktisch dasselbe Ergebnis bewirkende Vorgehen einer Koalition zu sanktionieren. Das bedeutete nichts anderes, als die Wertungen des Tarifrechts durch einen Rückgriff auf das Instrumentarium des Vereins- und Verbandsrechts zu unterlaufen. In diesem Licht ist auch das von Nipperdey hervorgehobene Prinzip der Homogenität von Verbandsinternum und -externum zu sehen, dem jedenfalls nicht mit dem Argument begegnet werden kann, daß es im deutschen Recht keine Ultra-Vires-Lehre gibt[53], wie sie die angelsächsische Rechtsordnung kennt. Sie betrifft im dortigen Gesellschaftsrecht den Fall, daß ein rechtsgeschäftlicher Akt von einem ordnungsgemäß bestellten Gesellschaftsorgan in organschaftlicher

[51] Günstigkeitsprinzip, S. 116.

[52] Vgl. § 4 B 2.

[53] Die Ultra-Vires-Lehre wird im übrigen auch vereinzelt für das deutsche Recht bejaht, vgl. *Küchenhoff*, G., Anmerkung zu BAG AP Nr. 11 zu § 4 TVG Ordnungsprinzip; *Küchenhoff*, G. / *Küchenhoff*, E., Staatslehre, S. 22 Fn. 16; *Eggert*, Ultra-Vires-Lehre, S. 96 ff.

Eigenschaft durchgeführt wird, ohne jedoch von der korporativen Ermächtigung nach Maßgabe des Gesellschaftszwecks umfaßt zu sein[54]; grundsätzlich wird ein solches Rechtsgeschäft als rechtliches Nichts behandelt, das auch von den Gesellschaftern nicht genehmigt werden kann[55]. Eine Homogentät von Gesellschaftsinternum und -externum liegt zwar auch der Ultra-Vires-Lehre zugrunde, jedoch folgt hier die Nichtigkeit des rechtsgeschäftlichen Handelns nach außen aus der fehlenden Ermächtigung im Internum. Im Gegensatz dazu geht es bei der Beurteilung von Höchstnormenbeschlüssen darum, ob ein Grundsatz des Verfassungs- und Gesetzesrechts, der eine bestimmte Rechtshandlung im Außenverhältnis (im Zusammenwirken mit dem sozialen Gegenspieler) ausschließt, Rechtswirkungen auf die Verbandsautonomie für das Verhältnis zwischen den Verbandsorganen und den Verbandsmitgliedern hat. Die Verschiedenartigkeit zwischen der Ultra-Vires-Lehre und dem hier befürworteten Homogenitätsprinzip wird besonders deutlich durch die jeweils entgegengesetzte Schutzrichtung, die beiden Rechtsprinzipien innewohnt: Während die Ultra-Vires-Lehre den Korporationen Schutz vor bestimmten Rechtsgeschäften mit externen Dritten gewährt[56], hat das Homogenitätsprinzip den Zweck, den (externen) Arbeitnehmer vor dem internen Handeln eines Arbeitgeberverbands zu schützen. Bei diesem gravierenden Unterschied ist es verfehlt, aus der Tatsache, daß das deutsche Recht die Ultra-Vires-Lehre nicht verwendet, ein Argument gegen Nipperdeys Prinzip der Homogenität von Verbandsinternum und -externum herzuleiten.

Es ist im übrigen auch außerhalb des Tarifrechts anzutreffen: So findet das Druckverbot nach § 25 Abs. 2 GWB nicht nur im Außenverhältnis zwischen Vereinigungen von Unternehmern und anderen Unternehmen Anwendung; es gilt auch — wie der Bundesgerichtshof[57] entschieden hat — zwischen einer Unternehmensvereinigung und einem ihr als Vereinsmitglied angehörenden Unternehmen mit der Auswirkung, daß § 25 Abs. 2 GWB eine entsprechende Vereinsstrafe untersagt. Das in dieser Vorschrift ausgesprochene Verbot wirkt mithin in gleicher Weise auf das Vereinsexternum wie auf das Vereinsinternum und stellt somit eine Homogenität zwischen Wettbewerbsprinzip und Satzungsautonomie her.

Die für die Zulässigkeit von Höchstnormenbeschlüssen entscheidende Frage zielt darauf ab, ob die Satzungsautonomie der Koalitionen das Recht einschließt, die gesetzgeberische Sozialgestaltung, nach der Tarif-

---

[54] *Schlink*, Ultra-Vires-Lehre, S. 94 f.

[55] *Charlesworth / Cain*, Company Law, S. 76.

[56] *Rohwedder*, Ultra-Vires-Lehre, S. 46.

[57] BGHZ 36, 105, 114.

normen zwingende Mindestnormen sind, mit den Mitteln des innerverbandlichen Zwangs zu neutralisieren mit der Folge, daß die Tarifnormen faktisch den Charakter von Höchstnormen annehmen. Mit Reuter[58] läßt sich das Problem als „Kollision gesetzlicher und privater Gerechtigkeitsvorstellungen" kennzeichnen, wobei offenkundig ist, daß je weiter der Rahmen der Satzungsautonomie gesteckt wird, desto stärker der reale Einfluß der gesetzgeberischen Sozialgestaltungsideen verringert wird[59]. Auszugehen ist von dem Grundsatz, daß sich der Gesetzgeber auch in den staatsfreien Autonomiebereichen seiner Rechtsetzungsbefugnis nicht völlig entäußern und seinen Einfluß auf den Inhalt der von den körperschaftlichen Organen zu erlassenden Normen nicht gänzlich preisgeben darf[60]. Das erfordert die Vereinsautonomie nicht; denn „Vereinsautonomie heißt nicht Freiheit von der Gesamtrechtsordnung", wie es Nicklisch[61] treffend formuliert hat. Das Grundgesetz gibt daher vor allem in Art. 9 Abs. 2 und Art. 21 Abs. 2 zu erkennen, daß den privaten, sich in der Vereinsautonomie verwirklichenden Gerechtigkeitsvorstellungen Grenzen gesetzt sind. So sind Vereinigungen verboten, die bestimmte der Staatsverfassung entgegenstehende Zwecke verfolgen, und politische Parteien müssen eine demokratische Organisationsstruktur aufweisen. Daß die Vereinigungsfreiheit an der Staatsverfassung eine Grenze findet, gilt auch für Arbeitnehmer- und Arbeitgebervereinigungen, wie sich aus § 16 VereinsG in Verbindung mit § 3 Abs. 1 VereinsG ergibt. Ein solches Homogenitätsbedürfnis, das allerdings nicht auf einen Zustand totalitärer und freiheitsvernichtender Identität von Staat und Gesellschaft hinauslaufen darf[62], besteht für die Koalitionen auch bezüglich der Sozialverfassung, d. h. die Binnenstruktur muß so geartet sein, daß sich die Koalitionen nach ihren Zielsetzungen und Aktivitäten in die (grundgesetzkonforme) gesetzliche Sozialverfassung einfügen[63]. Das folgt aus dem Befund, daß in der Verfassungswirklichkeit die Verbände selbst „ein Stück Staat"[64], zu „Mitträgern der freiheitlich-demokratischen Grundordnung"[65], zu „Gesellschaft und Mitgestaltern der Gesamtordnung"[66] geworden sind; denn es

[58] MünchKomm., Vor § 21 Rdnr. 56.

[59] *Reuter*, MünchKomm., Vor § 21 Rdnr. 61.

[60] So BVerfGE 33, 125, 158 für die Satzungen der Ärztekammern.

[61] Inhaltskontrolle, S. 25.

[62] Vgl. *Martens*, Öffentlich, S. 166.

[63] So sehr treffend auch *Reuter*, MünchKomm., Vor § 21 Rdnr. 56; ähnlich *Krüger*, Vereinbarungsbefugnis, S. 7, 30.

[64] *Krüger*, NJW 1956, 1217, 1220; zur Staatsähnlichkeit der Verbände siehe auch *Leisner*, Gleichheitsstaat, S. 208 f.

[65] *Lerche*, Zentralfragen, S. 29; *Säcker*, Gruppenautonomie, S. 241; ders., Tarifhoheit, S. 93, 99; *Reuß*, AuR 1975, 289, 293.

[66] *Liesegang*, Gewerkschaften, S. 27; zum Eigenverständnis der Berufsverbände siehe *Masthoff*, Rechtsnatur, S. 20 ff.

gibt kein einheitliches Subjekt der Herrschaft mehr[67], sondern statt dessen einen Machtpluralismus von Parteien, Verbänden und staatlicher Bürokratie[68], einen „Pluralismus oligarchischer Herrschaftsgruppen“[69]. Die Koalitionen sind, wie W. Weber[70] feststellt, „Organisationserscheinungen von so hohem Rang und von derart übergreifender Gesamtverantwortung, daß sie einen öffentlichen Status genießen und in die unmittelbare und beinahe konkurrierende Nähe etwa zu den politischen Parteien gerückt sind“. Dem entspricht es, daß die Koalitionen bezüglich ihrer Tariffähigkeit vom Bundesarbeitsgericht[71] ähnlich wie Parteien behandelt werden, indem es das für die Koalitionen aufgestellte Erfordernis der Durchsetzungsfähigkeit oder Verbandsmacht der 5 %-Sperrklausel gleichgesetzt. Auch das Bundesverfassungsgericht[72] und der Bundesgerichtshof[73] lassen keinen Zweifel daran entstehen, daß Art. 9 Abs. 3 GG den Koalitionen eine öffentliche Aufgabe zuweist[74]. Aus dieser Sonderstellung aufgrund ihrer Funktion erfahren die Verbände Privileg und Grenze zugleich, letzteres weil eine öffentliche Verantwortung jedem öffentlichen Status immanent ist[75]. Hier gilt die Konzeption von Kants[76] kategorischem Imperativ in besonderem Maße: „Handle so, daß die Maxime deines Willens jederzeit zugleich als Prinzip einer allgemeinen Gesetzgebung gelten könnte.“ Das hierin zum Ausdruck kommende Gebot hat sich in der Homogenität des staatsfreien Gemeinschaftsbereichs, dessen sich die Koalitionen im Rahmen ihrer Verbandsautonomie bedienen, mit den in der allgemeinen Staats- und Sozialstruktur statuierten Gerechtigkeitsentscheidungen zu erfüllen. Das Homogenitätserfordernis gewinnt an Gewicht, je mehr die Koalitionen

---

67 *Hesse*, Verfassungsrecht, S. 8.

68 *Föhr*, Willensbildung, S. 106.

69 *Weber*, W., Spannungen, S. 49.

70 DVBl. 1969, 413, 417.

71 BAG DB 1982, 231, 232.

72 BVerfGE 28, 295, 304; ablehnend jedoch *Richardi*, Kollektivgewalt, S. 144 ff., der unter öffentlichen Aufgaben nur solche Angelegenheiten versteht, die dem Staat zur Wahrung des Gemeinwohls zugewiesen sind. Daß diese Begriffsbestimmung zu eng ist, legt *Martens*, Öffentlich, S. 161 überzeugend dar, ohne allerdings direkt auf Richardis Position einzugehen.

73 BGHZ 42, 210, 217.

74 Es handelt sich jedoch nicht um eine „öffentlich-rechtliche“ Aufgabe, wie *Kreis*, Höchstarbeitsbedingungen, S. 70 annimmt. Die Koalitionen sind nämlich weder Bestandteil staatlicher Verwaltung noch Träger öffentlicher Gewalt im Sinne von Art. 19 Abs. 4 GG, noch unterliegen sie öffentlichem Recht — im Unterschied zu Industrie- und Handelskammern, Landwirtschafts- und Handwerkskammern sowie Handwerksinnungen, die nach §§ 54 Abs. 3 Nr. 1, 82 Nr. 3 und 85 Abs. 2 HandwO tariffähig sind; BVerfGE 20, 312, 317 f., 320 f.; *Ossenbühl*, NJW 1965, 1561 ff. hat das überzeugend dargelegt; siehe ferner *Säcker*, Gruppenautonomie, S. 240.

75 *Lerche*, Zentralfragen, S. 29.

76 Critic, S. 54 ff.

nach Maßgabe ihrer Mitgliederstärke, ihrer ökonomisch-politischen Mächtigkeit, ihrer Ausstattung mit staatlichen Teilhabeprivilegien und ihrer Funktion für den sozialen Frieden selbst Staatsähnlichkeit annehmen, wie die politischen Parteien verfassungsrechtlich und -politisch notwendige Bestandteile der politischen, wirtschaftlichen und sozialen Gesamtordnung werden und die internen Entscheidungen der Verbände Auswirkungen haben, also nicht nur die innere Vereinigungsfreiheit und auch nicht bloße Serviceaufgaben betroffen sind. Aus diesem Grund haben das Bundesverfassungsgericht[77] und das Bundesarbeitsgericht[78] stets gefordert — und davon die Tariffähigkeit abhängig gemacht —, daß die Koalitionen das geltende Tarif- und Schlichtungsrecht, um so mehr natürlich das Verfassungsrecht[79], als für sich verbindlich anerkennen müssen. Zu dieser Rechtsprechung setzt sich Courth[80] mit seiner These in Widerspruch, ein Arbeitgeberverband brauche seine Aktionen an den heutigen Anschauungen des Tarifrechts nicht auszurichten bzw. nicht den Willen zu haben, Tarifverträge auf dieser Grundlage abzuschließen[81].

Eines der Hauptargumente der Befürworter von Höchstnormenbeschlüssen besteht darin, daß dem Verband nicht verboten sein kann, was dem einzelnen Arbeitgeber erlaubt ist, sich nämlich dazu zu entschließen, die Tarifnormen nicht zugunsten des Arbeitnehmers zu überschreiten. Dabei wird allerdings verkannt, daß der Spielraum der Satzungsautonomie nicht dem der Vertragsfreiheit gleichgesetzt werden kann, vor allem weil diese in weitaus stärkerem Maße einer Richtigkeitskontrolle unterworfen ist als die interne Gestaltungsmacht des Verbandes, die deshalb einer umfassenden rechtlichen Bindung bedarf. Hinzu kommt der wesentliche Unterschied, daß derjenige, der sich der Vertragsfreiheit bedient, im Hinblick auf die aktuelle Marktlage seine Eigeninteressen durch eine individuell-konkrete Regelung durchsetzen will und somit am Wettbewerb auf dem Markt teilnimmt. Die Ausübung der Vereins- oder Verbandsautonomie zielt im Gegensatz dazu auf eine abstrakt-generelle Sonderordnung zur Verringerung des Wettbewerbs (hier des Lohnwettbewerbs) unabhängig von einer konkreten Interessenkollision ab, so daß jeder, der in diesem Bereich agiert (einschließlich der Nichtmitglieder, also der Arbeitnehmer), faktisch von der

[77] BVerfGE 18, 18, 28.

[78] BAGE 21, 98, 101; BAG AP Nr. 14 zu § 2 TVG; BAG JZ 1977, 470, 472.

[79] Siehe LAG München, AP 53 Nr. 272.

[80] Günstigkeitsprinzip, S. 101 f.

[81] Dagegen besteht keine Verpflichtung der Koalitionen, überhaupt den Abschluß eines Tarifvertrages anzustreben; denn die Tariffähigkeit bedeutet lediglich eine rechtliche Möglichkeit, aber keinen rechtlichen Zwang zum Abschluß eines Tarifvertrages — BVerfGE 20, 312, 320; vgl. auch *Reichel*, BABl. 1969, 189, 195; ebenso BAG AP Nr. 1 zu § 1 TVG Verhandlungspflicht.

vereins- bzw. verbandsintern beschlossenen Ordnung in erheblichem Maße betroffen ist. Wie Reuter[82] treffend feststellt, entsteht eine Konkurrenz von privater und staatlicher Gestaltung des Soziallebens. Dieser prinzipielle Unterschied zwischen privatautonomer und verbandsautonomer Regelung verbietet es, aus der unbestrittenen Gestaltungsfreiheit des einzelnen Arbeitgebers im Rahmen seiner Vertragsfreiheit, die Tarifnormen als Höchtsnormen behandeln zu dürfen, auf eine entsprechende Befugnis des Arbeitgeberverbandes zu schließen.

Aufgrund dieser Überlegungen erweist sich die Forderung von Nipperdey nach der Homogenität von Verbandsinternum und Verbandsexternum bezüglich des Günstigkeitsprinzips als berechtigt. Das Homogenitätsprinzip verbietet vor allem wegen der öffentlichen Funktionen der Berufsverbände deren Flucht aus den koalitionsspezifischen Rechtsgrundsätzen und Wertungen in das allgemeine, auf jedweden Personenzusammenschluß gemünzte (organisationsrechtliche) Instrumentarium des Vereins- und Verbandsrechts, das per se zur Kontrolle der nach außen gerichteten Verbandsmacht nichts beizutragen vermag. Das Tarifrecht muß auch als partielle Funktionalisierung des Vereins- und Verbandsrechts verstanden werden, was sich daraus erklärt, daß sich — wie oben[83] dargelegt — der Schutz der kollektiven Koalitionsfreiheit auf das *funktionsgerechte* Verhalten der Berufsverbände beschränkt. Was aber funktionsgerecht ist, bestimmt neben dem Verfassungsrecht das Tarifvertragsrecht, wonach die Tarifvertragsparteien unter Respektierung der individuellen Vertragsfreiheit im Einzelarbeitsverhältnis ein Lohnminimum vorrangig zum Schutz des Arbeitnehmers und nicht des Arbeitgebers sicherzustellen haben. Folglich wird die Satzungsautonomie durch den Verfassungsauftrag der Koalitionen sachlich begrenzt[84]. Ferner trägt die Funktionalisierung des Vereins- und Verbandsrechts nach dem jeweiligen Öffentlichkeitsgehalt, der einem Verband und seiner Tätigkeit zukommt, dem Grundsatz Rechnung, daß die Ausübung desselben Rechts in verschiedenen Funktionen und gesellschaftlichen Lebensbereichen eine unterschiedliche soziale Verantwortung erfordert; denn — so L. Raiser[85] — „der Grad der Privatheit oder Öffentlichkeit eines Lebensbereichs" muß „zu rechtlich relevanten Unterschieden in der Funktion und Handhabung privatrechtlicher Rechtsinstitute führen". Folglich kann das Homogenitätsprinzip für einen Kegelklub weitaus weniger Geltung beanspruchen als für die Koalitionen, deren Öffentlichkeitsgehalt bei der Regelung der Arbeitsbedingungen besonders hoch ist.

---

[82] MünchKomm., Vor § 21 Rdnr. 61.

[83] Siehe § 3 B 1.

[84] Ebenso *Wiedemann*, RdA 1975, 78, 81.

[85] Zukunft, S. 27.

Aus dem Homogenitätsprinzip in Verbindung mit dem Günstigkeitsprinzip folgt, daß ein Höchstnormenbeschluß nichtig ist, weil für einen solchen Verbandsakt die erforderliche Verbandsautonomie fehlt; dabei ist es allerdings unergiebig, diesen Beschluß nur als Schein einer Verbandshandlung einzustufen. Darauf hat bereits Kreis[86] hinreichend aufmerksam gemacht. Unrichtig ist es hingegen, die Nichtigkeit auf § 134 BGB zurückzuführen[87]; denn das Günstigkeitsprinzip ist als Schranke der Tarif- und Verbandsmacht kein gesetzliches Verbot im Sinne dieser Vorschrift. Indem das Recht Höchstnormenbeschlüssen die Anerkennung versagt, beschränkt es nicht das Dürfen des Verbands, sondern sein Können[88]. In einem Fall des rechtlichen „Nichtkönnens" die Vorschrift des § 134 BGB heranzuziehen, wird von Enneccerus / Nipperdey[89] mit Recht als überflüssig bezeichnet. Durchgreifende Bedenken bestehen auch gegen die Auffassung von G. Küchenhoff, wonach ein Verstoß gegen das Verbot von Höchstnormenbeschlüssen den Verlust der Tariffähigkeit nach sich ziehen könne[90]. Die Verletzung eines Grundsatzes des Verfassungs- und Tarifrechts (des Günstigkeitsprinzips) mit dem generellen Verlust der Fähigkeit, Partei eines wirksamen Tarifvertrags sein, zu ahnden, ist eine unverhältnismäßige Rechtsfolge und wird weder der Stellung noch der Funktion der Koalitionen gerecht, trägt jene doch wegen ihrer Auswirkungen auf den Tarifvertrag dazu bei, den Arbeitnehmer stärker zu belasten, als es aus einem Höchstnormenbeschluß folgen würde, selbst wenn unterstellt wird, er entfalte die bezweckten Wirkungen. Denn er schränkt zwar faktisch den übertariflichen Lohnbereich erheblich ein; wird jedoch die Tariffähigkeit einer Seite in Frage gestellt, so stehen u. U. die tariflichen Mindestarbeitsbedingungen auf dem Spiel. Hierauf macht Molitor zu Recht aufmerksam. Zudem würden die Koalitionen gegenüber anderen Grundrechtsträgern benachteiligt werden. Denn es steht vollkommen außer Frage, daß beispielsweise aus dem vorsätzlichen Mißbrauch der Vertragsfreiheit ausschließlich die Nichtigkeit des Rechtsgeschäfts folgt, möglicherweise verbunden mit Schadensersatzpflichten, nicht aber zusätzlich der generelle oder teilweise Ausschluß aus dem Rechtsverkehr oder gar Verlust der Rechts-

---

[86] Höchstarbeitsbedingungen, S. 72.

[87] *Stommel*, Günstigkeitsprinzip, S. 48 f.; *Roos*, Höchstnormen, S. 72 f.

[88] Zu dieser Unterscheidung statt vieler *v. Thur*, Allgemeiner Teil, Bd. II, 2. Hälfte, S. 2.

[89] Allgemeiner Teil, I. Bd., 2. Halbbd., S. 1153.

[90] Eingehend in Rechtsgutachten, Verbandsnachrichten 1962, Heft 7/8, S. 13 ff., wo ausgeführt wird: „Der rechtmäßige Tarifwille und daher die Tariffähigkeit fehlen ..., wenn ein Verband in seiner Satzung von vornherein erkennen läßt, daß er nicht gewillt ist, Tarifverträge in derjenigen Konzeption zu gestalten und durchzuführen, welche dem geltenden Tarifvertragsrecht, wie es im Tarifvertragsgesetz zum Ausdruck kommt, zugrunde liegt" (S. 14).

fähigkeit[91]. Das Gebot zur Anerkennung der geltenden Rechtsordnung als Voraussetzung der Tariffähigkeit ist vielmehr dahingehend zu verstehen, daß die Satzung eines tariffähigen Verbands sowie die auf ihrer Grundlage gefaßten Beschlüsse an das geltende Recht gebunden sind, ohne daß jedoch mit jeder unrichtigen Anwendung einer Verfassungs- oder Gesetzesnorm der Verlust der Tariffähigkeit einhergeht[92]. Daher ist es um so mehr verfehlt, in einem Höchstnormenbeschluß eine durch Art. 9 Abs. 2 GG untersagte Verbandsbetätigung gegen die verfassungsmäßige Ordnung zu sehen, die sogar das Verbot der betreffenden Koalition nach sich ziehen müßte; das Bundesverfassungsgericht[93] hat nämlich darauf hingewiesen, daß dem Rechtsbegriff der verfassungsmäßigen Ordnung in Art. 9 Abs. 2 GG eine andere Bedeutung zukommt als in Art. 2 Abs. 1 GG. Denn es handelt sich jeweils um verschiedene Normadressaten. Es dürfte der Auslegung des Bundesverfassungsgerichts entsprechen, diesen Begriff in Art. 9 Abs. 2 GG wegen der privilegierten Stellung der Koalitionen auf die elementaren Verfassungsgrundsätze zu beschränken. Dazu ist allerdings das Günstigkeitsprinzip nicht zu rechnen.

### III. Ergebnis

Schuldrechtliche Vereinbarungen zwischen den Tarifpartnern, die darauf abzielen, die tariflichen Arbeitsbedingungen als Höchstbedingungen zu behandeln, sind ebenso wie einseitige sogenannte Höchstnormenbeschlüsse eines Verbandes nichtig. Derartige Abreden widersprechen der natürlichen Funktion des Tarifvertrags, überschreiten die Vereinbarungsbefugnis der Tarifvertragsparteien und beeinträchtigen in unzulässiger Weise die Vertragsfreiheit auf der Ebene des Individualarbeitsvertrags. Verbandsinterne Höchstnormenbeschlüsse sind vor allem deshalb unwirksam, weil sie von der Verbandsautonomie nicht gedeckt sind. Aufgrund des öffentlichen Status und der öffentlichen Funktionen der Berufsverbände ist nämlich das Verbandsinternum grundsätzlich ebenso beschränkt wie das Verbandsexternum, so daß zwischen beiden eine Homogenität besteht. Im Verbandsexternum ist es jedoch verfassungs- und tarifwidrig, den Charakter der Tarifnormen als Min-

---

[91] Ebenso *Däubler / Hege*, Koalitionen, Handbuch des Arbeitsrechts, Gruppe XI A, Rdnr. 142 f.

[92] Desgleichen *Wiedemann / Stumpf*, TVG, § 2 Rdnr. 201.

[93] Außerdem scheinen die zitierten Entscheidungen des Bundesverfassungsgerichts und des Bundesarbeitsgerichts — siehe § 4 II C Fn. 77 und 78 — an die Rechtsprechung des Reichsarbeitsgerichts, RAGE 6, 63, 66 anzuknüpfen, das anarcho-syndikalistischen Vereinigungen die Tariffähigkeit mangels Anerkennung des Tarifrechts absprach; hiermit ist jedoch die Verletzung des Günstigkeitsprinzips durch einen Höchstnormenbeschluß nicht gleichzusetzen. Siehe hierzu auch *Nikisch*, Rechtsgutachten, S. 16.

destbedingungen durch kollektive Maßnahmen dahingehend abzuändern, daß die Überschreitung der Mindestsätze ausgeschlossen oder erschwert wird. Der Verlust der Tariffähigkeit folgt jedoch nicht aus einem Verstoß gegen das Verbot, Höchstnormenbeschlüsse zu fassen und zu praktizieren.

## § 5 Der Wirkungsbereich des arbeitsrechtlichen Günstigkeitsprinzips im Rahmen anderer Regelungskonkurrenzen als zwischen Individualarbeitsvertrag und Tarifvertrag

### I. Vorbemerkung

Obwohl das Günstigkeitsprinzip für den Individualarbeitsvertrag im Tarifrecht seine besondere Ausprägung und gesetzliche Normierung erfahren hat, handelt es sich nicht um einen ausschließlich und spezifisch tarifvertraglichen Rechtsgrundsatz. Sinzheimer[1] ist bereits davon ausgegangen, daß die in § 1 TVVO festgelegte Unabdingbarkeit — und damit auch das Günstigkeitsprinzip — *keine Sondervorschrift* ist, sondern *„Ausdruck des kollektiven Rechtsprinzips"*; auch Dietz[2] kennzeichnet das Günstigkeitsprinzip als das „allgemeine Prinzip zur Lösung der Konkurrenz von Regelungen auf verschiedener Ebene". Nach Maßgabe der grundgesetzlichen Wertordnung und der danach auszurichtenden Zweckbestimmung der übrigen Rechtsnormen findet es auch ohne ausdrückliche gesetzliche Erwähnung[3] vor allem dann Anwendung, wenn ein Rechtsverhältnis zum Schutz einer der beteiligten Seiten deren autonomer Gestaltung partiell entzogen ist und statt dessen durch grundsätzlich unabdingbare Rechtsnormen bestimmt wird, die entweder aus der sozialen Selbstverwaltung hervorgehen oder durch einen staatlichen Akt begründet werden. Es ist daher zu untersuchen, inwieweit das Günstigkeitsprinzip die Kollision von anderen verschiedenrangigen arbeitsrechtlichen Gestaltungsfaktoren regelt als zwischen Tarifvertrag und Individualarbeitsvertrag. Dabei sind zwei wesentliche Gesichtspunkte zu berücksichtigen: Wegen der Schutzrichtung des Günstigkeitsprinzips, das darauf angelegt ist, neben der Garantie eines kollektivfreien Raumes die generelle oder strukturelle Unterlegenheit und die daraus resultierende Beeinträchtigung der Privatautonomie eines Vertragspartners gegenüber dem anderen auszugleichen und dadurch für eine prinzipielle Richtigkeitsgewähr zu sorgen, verliert es an Geltungsberechtigung, je ausgewogener die Macht der Vertragsschließenden ist und je stärker die Vermutung für die Verwirklichung der Vertragsgerechtigkeit spricht. Wegen der Machtparität zwischen den

---

[1] Grundzüge, S. 239.

[2] Betriebsvereinbarung, S. 131, 152; ebenso *Siebert*, Kollektivnorm, S. 119, 120.

[3] Siehe hierzu auch § 2 I.

Rechtssubjekten und -organen des kollektiven Arbeitsrechts — im Gegensatz zu dem Verhältnis zwischen dem einzelnen Arbeitnehmer und der Arbeitgeberseite — besteht ein grundlegender Unterschied darin, ob ein individualrechtlicher mit einem kollektivrechtlichen Gestaltungsfaktor, zwei verschiedenrangige kollektivrechtliche Gestaltungsfaktoren oder ein kollektivrechtlicher mit einem gesetzlichen zusammentreffen. Die Kollision zwischen Betriebsvereinbarung und Tarifvertrag entscheidet das Gesetz (§ 77 Abs. 3 Satz 1 BetrVG) daher zu Recht grundsätzlich nach anderen Kriterien, als sie das Günstigkeitsprinzip verkörpert, nämlich durch einen von Art. 9 Abs. 3 GG gebotenen Sperrvorrang des ranghöheren Gestaltungsmittels. Bei der Kollision zwischen einem individualrechtlichen und kollektivrechtlichen Gestaltungsfaktor ist ferner das Augenmerk auf die Legitimationsgrundlage der höherrangigen Norm zu richten; denn für die Möglichkeit, von ihr abzuweichen, ist es von erheblicher Bedeutung, ob ihre Legitimation auf einem individualrechtlichen Unterwerfungsakt oder auf einem kollektiven Wahlakt beruht.

## II. Das Günstigkeitsprinzip im Verhältnis zwischen Individualarbeitsvertrag und Betriebsvereinbarung

### A. Die Geltung des Günstigkeitsprinzips

#### *1. Der Wortlaut des Gesetzes*

Die in einer Betriebsvereinbarung festgelegten Normen sind nach § 77 Abs. 4 BetrVG unabdingbar. Diese Vorschrift ist § 4 Abs. 1 TVG nachgebildet worden; eine Regelung nach dem Vorbild von § 4 Abs. 3 TVG fehlt hingegen im Betriebsverfassungsgesetz. Die Frage, ob das Günstigkeitsprinzip im Betriebsverfassungsrecht gilt, läßt sich daher anhand des Gesetzeswortlauts nicht eindeutig beantworten.

#### *2. Der Meinungsstand im Schrifttum*

Im Schrifttum[4] wird die Geltung des Günstigkeitsprinzips für Abweichungen von einer Betriebsvereinbarung durch einen Individualar-

---

[4] *Galperin / Löwisch*, BetrVG, Bd. II, § 77 Rdnr. 94; *Fitting / Auffarth / Kaiser*, BetrVG, § 77 Rdnr. 40; *Thiele*, GK-BetrVG, Bd. II, § 77 Rdnr. 159 ff.; *Stege / Weinspach*, BetrVG, § 77 Rdnr. 30 f.; *Weiss*, BetrVG, § 77 Rdnr. 6; *Küchenhoff, G.*, Betriebsverfassungsrecht, § 77 Rdnr. 17; *Dietz / Richardi*, BetrVG, Bd. 2, § 77 Rdnr. 98; *Richardi*, Beschränkung, S. 755, 771 f.; ders., Kollektivgewalt, S. 368; *v. Hoyningen-Huene*, Betriebsverfassungsrecht, S. 150; *Lieb*, Anmerkung, SAE 1983, 130, 132; *Belling*, DB 1982, 2513, 2515 f.; *Brecht*, BetrVG, § 77 Rdnr. 14; *Etzel*, Betriebsverfassungsrecht, S. 277 f.; *Glaubrecht / Halberstadt / Zander*, Betriebsverfassung, Gruppe 1, S. 134; Gruppe 4, S. 24; *Bobrowski / Gaul*, Arbeitsrecht, Bd. II, S. 351 Fn. 72, S. 596; *Nikisch*, Arbeitsrecht, III. Bd., S. 288; *Zöllner*, Arbeitsrecht, S. 57; *Hueck / Nipperdey*,

beitsvertrag nahezu unbestritten befürwortet. Die herrschende Lehre überträgt für diese Fälle das Günstigkeitsprinzip des § 4 Abs. 3 TVG im Wege der Analogie in das Betriebsverfassungsgesetz. § 77 Abs. 3 BetrVG enthalte eine planwidrige Gesetzeslücke, weil diese Vorschrift zwar die Unabdingbarkeit der Betriebsvereinbarung regele, aber nichts darüber besage, wo die Unabdingbarkeitswirkung ihre Grenze finde. Fitting / Auffahrt / Kaiser[5] bezeichnen das Fehlen einer § 4 Abs. 3 TVG entsprechenden Regelung als „eine Ungenauigkeit", Dietz / Richardi[6] als „Redaktionsversehen des Gesetzgebers". Wegen der zwischen Tarifvertrag und Betriebsvereinbarung vor allem in den Rechtswirkungen bestehenden Rechtsähnlichkeit, die Zöllner[7] sogar dazu veranlaßt, die Betriebsvereinbarung als „kleinen Tarifvertrag" einzustufen[8], müsse die in § 77 Abs. 4 BetrVG bestehende Gesetzeslücke durch das in § 4 Abs. 3 TVG vorgezeichnete Rechtsprinzip geschlossen werden. Denn bei Ausschaltung des Günstigkeitsprinzips im Betriebsverfassungsrecht hätte die Betriebsvereinbarung gegenüber dem Vertrag eine stärkere Wirkung als der Tarifvertrag, was von Fitting / Auffahrt / Kaiser[9] als

---

Arbeitsrecht, II. Bd., 2. Halbbd., S. 1291; *Kunst*, Günstigkeitsprinzip, S. 22 - 24; *Schuhmann*, Regelungsbefugnis, S. 97 - 99; *Säcker*, ZfA-Sonderheft 1972, 41, 53 ff.; ders., AR-Bl. [D] Betriebsvereinbarung, I Übersicht, 11. Forts.-Bl.; *Kreutz*, Betriebsautonomie, S. 224; *Siebert*, BB 1953, 663; ders., Kollektivnorm, S. 119, 123, 127; *Galperin*, BB 1949, 374, 376; *Görner*, DB 1955, 689, 727, 728; *Raatz*, DB 1972, Beilage Nr. 1, S. 4.

5 BetrVG, § 77 Rdnr. 40.

6 BetrVG, Bd. 2, § 77 Rdnr. 98.

7 Arbeitsrecht, S. 57.

8 Kritisch *Richardi*, Kollektivgewalt, S. 309 - 314 und *Säcker*, AR-Bl. [D] Tarifvertrag I, C Verhältnis zu anderen Rechtsquellen (VIII. 2), die im Gegensatz zu *Jacobi*, Grundlehren, S. 345 die Betriebsvereinbarung nicht als einen auf die Stufe des Betriebs projizierten Tarifvertrag ansehen. Wegen der vergleichsweise schwächeren Legitimationsgrundlage und Richtigkeitsgewähr der Betriebsvereinbarung gegenüber dem Tarifvertrag trifft es zu, daß bei einem Vergleich beider Rechtsinstitute trotz ihrer Wesensverwandtheit weniger die Ähnlichkeit als vielmehr die Gegensätzlichkeit ins Auge springt; so auch *Richardi*, Kollektivgewalt, S. 313.

9 BetrVG, § 77 Rdnr. 40; auch *Schlüter*, DB 1972, 92, 139, 141 hält es für unerfindlich, warum es den Belegschaftsangehörigen verwehrt sein soll, in Einzelverträgen mit dem Arbeitgeber in Fragen des § 87 BetrVG (z. B. Akkordregelung) günstigere Arbeitsbedingungen auszuhandeln, als sie in der vom Betriebsrat abgeschlossenen Betriebsvereinbarung enthalten sind. Ein weiteres Beispiel enthält das Urteil des LAG Berlin vom 19. 12. 1977 — 9 Sa 80/77 —, das sich mit dem Problem auseinandersetzt, ob ein Arbeitnehmer, der nach seinem Arbeitsvertrag nur in der Frühschicht zu arbeiten verpflichtet ist, aufgrund einer Betriebsvereinbarung künftig in Wechselschicht arbeiten müsse. In der Betriebsvereinbarung hieß es u. a.: „Aus betriebswirtschaftlichen Gründen ist es erforderlich, daß ... von *allen* Mitarbeitern in zwei Schichten gearbeitet wird." Das LAG Berlin erkannte, daß die (günstigere) individualrechtliche Rechtsposition des Arbeitnehmers, die darin bestand, nur in der Frühschicht zu arbeiten, durch eine Betriebsvereinbarung nicht zum Nachteil des Arbeitnehmers abgeändert werden könne. Nach zutreffender Ansicht von *Etzel*, Betriebsverfassungsrecht, S. 277 kommt

„offenbar unsinniges und nicht beabsichtigtes Ergebnis“ abgelehnt wird; Thiele[10] bezeichnet es als unvereinbar mit den Leitprinzipien des Betriebsverfassungsrechts, die am Schutz der Arbeitnehmer und an der Idee der Selbstbestimmung ausgerichtet sind.

Umstritten ist die Frage, ob bei sogenannten Regelungen mit Drittwirkung einer Günstigkeitsabrede die Wirksamkeit zu versagen ist. Die Drittwirkung wird darin gesehen, daß die Günstigerstellung einzelner Arbeitnehmer automatisch zum Nachteil für andere führe. Säcker[11] meint hierzu, daß jedenfalls dann, wenn der Gegenstand der Günstigkeitsabrede durch das dem Betriebsrat eingeräumte Mitbestimmungsrecht gerade der einseitigen Disposition des Arbeitgebers entzogen werden solle, die zwischen ihm und einem einzelnen Arbeitnehmer verabredete Günstigerstellung hinter der durch die mitbestimmungsrechtliche Regelung geschaffenen, allgemeinen Ordnung zurücktreten müsse[12].

Entgegen der herrschenden Lehre hob G. Hueck[13] die Ordnungsfunktion der Betriebsvereinbarung besonders hervor und differenzierte danach, ob günstigere Einzelabreden schon vor Abschluß der Betriebsvereinbarung bestanden oder erst danach verabredet wurden. Im ersten Fall sollte das Günstigkeitsprinzip gelten, im letzten nicht. Auch Säcker scheint die Geltung des Günstigkeitsprinzips einschränken zu wollen, wenn er in Frage stellt, „ob der vom BAG nachdrücklich proklamierte Vorrang der individuellen Vertragsfreiheit vor der Gleichbehandlungsmaxime ... auch dann noch gelten kann, wenn der Arbeitgeber Löhne und Gehälter nach einem sachbezogenen, objektivierten Verfahren der Arbeitsbewertung festgesetzt und dann im Einzelfall die von ihm selbst gewählte Sachgesetzlichkeit durchbricht, ohne daß ein sachlicher, systemimmanenter Grund, z. B. Neubewertung des Arbeitsplatzes, vorliegt“[14].

---

hierin das Günstigkeitsprinzip zum Ausdruck. Zahlreiche weitere Beispiele für die Anwendung des Günstigkeitsprinzips im Rahmen von § 87 Abs. 1 BetrVG finden sich bei *Galperin / Löwisch*, BetrVG, Bd. II, § 77 Rdnr. 96.

[10] GK-BetrVG, Bd. 2, § 77 Rdnr. 161.

[11] AR-Bl. [D] Betriebsvereinbarung I, Übersicht (D. II. 2. c.); ebenso *Galperin / Löwisch*, BetrVG, Bd. II, § 77 Rdnr. 96; *Fitting / Auffarth / Kaiser*, BetrVG, § 77 Rdnr. 40; *Kunst*, Günstigkeitsprinzip, S. 42 ff.; erheblich einschränkend *Dietz / Richardi*, BetrVG, Bd. 2, § 77 Rdnr. 105.

[12] Siehe Näheres zu diesem Problem unten § 5 III B 2, § 6 III.

[13] Betriebsvereinbarung, S. 115 ff.; *Hueck*, G., gab diese Unterscheidung jedoch später auf, vgl. ders., Gestaltung, S. 203, 216.

[14] Gruppenautonomie, S. 78 f. Fn. 18; *Säcker* bezeichnete andererseits in ZfA-Sonderheft 1972, 41, 55 das Gleichbehandlungsgebot des § 75 Abs. 1 BetrVG als bloße Verpflichtung zum Verzicht auf jede Diskriminierung. Nach dieser zutreffenden Auslegung gebietet es der Gleichbehandlungsgrundsatz jedoch nur, bei allgemein-begünstigenden freiwilligen Leistungen (z. B. allgemeine Lohnbewegung, sogenannte Lohnwelle) deren Voraussetzungen so

Gegen die Geltung des Günstigkeitsprinzips im Betriebsverfassungsrecht schlechthin sprechen sich — soweit ersichtlich — nur Kammann / Hess / Schlochauer[15] aus. Sie nehmen an, der Gesetzgeber habe eine § 4 Abs. 3 TVG entsprechende Regelung bewußt in § 77 Abs. 4 BetrVG nicht aufgenommen, obgleich er im übrigen eine Anpassung an die Vorschriften des TVG vornahm. Die Autoren stellen jedoch zugleich fest, daß der Gesetzgeber mit dieser Lösung ohne anerkennenswertes rechtspolitisches Bedürfnis von dem bisher im Betriebsverfassungsrecht geltenden Günstigkeitsprinzip abgerückt sei.

Ob das Günstigkeitsprinzip auch Anwendung findet, wenn eine arbeitsvertragliche Einheitsregelung Abweichungen von einer Betriebsvereinbarung vorsieht, wird gesondert untersucht[16].

### 3. *Die Rechtsprechung des Bundesarbeitsgerichts*

Der 6. Senat des Bundesarbeitsgerichts[17] hat entgegen der oben dargestellten herrschenden Lehre im Schrifttum ausgesprochen, daß die Geltung des Günstigkeitsprinzips im Betriebsverfassungsrecht davon abhänge, ob die mit dem Arbeitsvertrag kollidierende Betriebsvereinbarung im Bereich der freiwilligen Mitwirkung oder aber der erzwingbaren Mitbestimmung abgeschlossen worden sei. Im Rahmen der freiwilligen Mitwirkung könne zwar durch eine Betriebsvereinbarung die einzelvertragliche Rechtsposition verbessert, nicht jedoch verschlechtert werden. Zum Abschluß einer Betriebsvereinbarung, die hierauf keine Rücksicht nehme, fehle dem Betriebsrat die Kompetenz. Das gelte nur dann nicht, wenn der Arbeitsvertrag „betriebsvereinbarungsoffen" sei, d. h. unter dem Vorbehalt einer ablösenden Betriebsvereinbarung ste-

---

abzugrenzen, daß kein betriebsangehöriger Arbeitnehmer hiervon aus sachfremden oder willkürlichen Gründen ausgeschlossen wird (BAG NJW 1982, 461; BAG DB 1982, 2192), untersagt es dem Arbeitgeber aber nicht, aus anderen Gründen, die die aufgestellten Leistungsvoraussetzungen nicht vorsehen, individuelle Begünstigungen zuzusagen und dadurch die gewählte Sachgesetzlichkeit zu verlassen; ebenso *Hoppe*, BlStSozArbR 1983, 65, 66. Wurde das Arbeitsentgelt also beispielsweise nach einem sachgemäßen Verfahren der Arbeitsplatzbewertung festgesetzt, so bestehen keine Bedenken dagegen, einem einzelnen Arbeitnehmer zusätzlich zu seinem sich danach ergebenden Verdienst eine Sondervergütung zu versprechen, weil jener aus sozialen Gründen besonders bedürftig ist oder aber aufgrund individueller Fähigkeiten für den Betrieb unentbehrlich ist, jedoch von anderen Betrieben so stark umworben wird, daß der betreffende Arbeitnehmer anders als durch eine Gehaltszulage nicht an den bisherigen Betrieb gebunden werden kann. Obwohl diese Gründe gemessen an den Kriterien der Arbeitsplatzbewertung systemfremd sind, berechtigen sie dennoch zu einer individuellen Abweichung und haben keinen diskriminierenden Charakter für andere Arbeitnehmer.

[15] BetrVG, § 77 Rdnr. 50.

[16] Siehe dazu § 5 III.

[17] DB 1982, 2298.

he[18]. Demgegenüber soll im Bereich der erzwingbaren Mitbestimmung nach § 87 Abs. 1 BetrVG das Gegenteil gelten: Hier gehe grundsätzlich — auch zu Lasten der Arbeitnehmer — die Einheit der betrieblichen Regelung einzelvertraglichen Rechten vor, soweit nicht die Betriebsvereinbarung „arbeitsvertragsoffen“ sei[19]. Dafür spreche u. a. der Wortlaut von § 77 Abs. 4 Satz 1 BetrVG, der anders als § 4 Abs. 3 TVG keine Regelung über den Vorrang von Individualvereinbarungen enthalte. Somit entfalte zwar die Betriebsvereinbarung eine „stärkere Wirkung“ als der Tarifvertrag. Das sei aber dadurch gerechtfertigt, daß im Gegensatz zu Regelungen eines Tarifvertrags jeder Arbeitnehmer eines Betriebs der betrieblichen Ordnung und den Normen einer Betriebsvereinbarung unterliege und auch jederzeit jedenfalls im Bereich von § 87 BetrVG mit Änderungen seiner Rechtsstellung durch Betriebsvereinbarungen rechnen müsse.

Während also im ersten Fall (freiwillige Mitwirkung) die Kollisionsregel des Günstigkeitsprinzips eingreift und allein zur Disposition der Arbeitsvertragsparteien steht, gilt es im zweiten Fall (erzwingbare Mitbestimmung) nur ausnahmsweise, nämlich nur soweit es die Betriebspartner zulassen. Dem 6. Senat zufolge soll diese Konzeption sowohl für den (echten) Individualarbeitsvertrag als auch für die arbeitsvertragliche Einheitsregelung gelten[20].

### 4. *Eigene Stellungnahme*

Die vom 6. Senat vorgenommene Zurückdrängung des Günstigkeitsprinzips als Schranke der Betriebsautonomie auf den Bereich der freiwilligen Mitwirkung des Betriebsrats stößt sowohl aus verfassungsrechtlicher als auch aus betriebsverfassungsrechtlicher Sicht auf gravierende Bedenken[21].

#### a) Verfassungsrechtliche Erwägungen

Wie oben[22] ausgeführt wurde, besitzt das Günstigkeitsprinzip die Rechtsnatur eines verfassungsmäßig anerkannten Grundsatzes des kollektiven Arbeitsrechts[23]. Während das Günstigkeitsprinzip im Rahmen

---

[18] BAG DB 1982, 2298, 2299.

[19] BAG DB 1982, 2298, 2300.

[20] Siehe hierzu § 5 III B, C 3; ob der Lösungsweg des 6. Senats auch auf arbeitsvertragliche Einheitsregelungen anwendbar ist, steht aufgrund eines Vorlagebeschlusses des 5. Senats, DB 1983, 346 zur Entscheidung durch den Großen Senat des Bundesarbeitsgerichts.

[21] Siehe dazu auch die kritische Anmerkung von *Lieb*, SAE 1983, 130 ff.

[22] Siehe § 3 II - IV.

[23] BAG AP Nr. 2 und 3 zu § 4 TVG Angleichungsrecht; *Hueck / Nipperdey*, Arbeitsrecht, II. Bd., 1. Halbbd., S. 232 Fn. 38, S. 573 Fn. 2 b; *Küchenhoff, G.*,

von Art. 9 Abs. 3 GG die Qualität einer Restriktion (Innenschranke der Tarifautonomie) hat und als Ausgleich zwischen der individuellen und der kollektiven Ebene der Koalitionsfreiheit fungiert, bezieht es seinen positiven Gehalt und zugleich seine eigenen Grenzen aus der allgemeinen Handlungsfreiheit (Art. 2 Abs. 1 GG), die die Vertragsfreiheit miteinschließt. Es geht hier um die Position des geschützten Individuums selbst, die eine Außenschranke gegenüber (der Tarif- und) der Betriebsautonomie bildet. Das Günstigkeitsprinzip ist eine interpretative Ausfüllung der Grundentscheidung des Verfassungsgebers für die wirtschaftliche Entfaltungsfreiheit des Einzelnen und garantiert dem Arbeitnehmer ein Mindestmaß an Eigenständigkeit und Selbstverantwortung bei der rechtlichen Gestaltung seiner Arbeitsbedingungen. Das Günstigkeitsprinzip macht der potentiellen Ausübung der Vertragsfreiheit durch den einzelnen Arbeitnehmer den Weg frei. Es ist daher Absicherung der vertragsfreiheitlichen Rechtsgestaltung[24] gegenüber der Rechtssetzungsmacht (der Tarifvertragsparteien ebenso wie der) der Betriebspartner. § 75 Abs. 2 BetrVG projiziert diese Freiheitsverbürgung auf die Ebene des Betriebsverfassungsrechts, indem die Vorschrift dem Arbeitgeber und dem Betriebsrat auferlegt, die freie Entfaltung der Persönlichkeit der im Betrieb beschäftigten Arbeitnehmer zu schützen und zu fördern.

Daß das Günstigkeitsprinzip und damit der kollektivfreie Sektor nicht schrankenlos von der Verfassung garantiert werden, ergibt sich daraus, daß auch die Vertragsfreiheit und das Recht auf freie Entfaltung der Persönlichkeit nur unter dem Vorbehalt der Rechte anderer, der verfassungsmäßigen Ordnung und des Sittengesetzes gelten. Soweit überwiegende Gründe des Gemeinwohls es rechtfertigen oder gar gebieten, ist daher die kollektivfreie Individualsphäre, die das Günstigkeitsprinzip eröffnet, einschränkbar. Aber auch § 87 BetrVG in Verbindung mit § 77 Abs. 4 BetrVG sind als Schranken in Betracht zu

---

Rechtsgutachten, Verbandsnachrichten der Deutschen Orchestervereinigung in der DAG 1962, Heft 7/8, S. 8; ders., Einwirkungen, S. 317, 343; ders., AuR 1963, 320, 323; ders., AuR 1966, 322; *Reuß*, AuR 1958, 321, 326; ders., ArbRGeg. 1963, Bd. 1, 144, 158; *Schelp*, DB 1962, 1242; *Schnorr*, AuR 1963, 136, 138; *Kauffmann*, NJW 1966, 1681, 1683; *Knigge*, Einschränkbarkeit, S. 129 - 139; *Romatka*, Unabdingbarkeit, S. 29 f., Fn. 63; *Belling*, DB 1982, 2513, 2514; *Karakatsanis*, Gestaltung, S. 111; *Dietz / Richardi*, BetrVG, Bd. 2, § 77 Rdnr. 98 und *Richardi*, Kollektivgewalt, S. 368 mit Einschränkungen; *a. A.* BVerwG AP Nr. 4 zu § 4 TVG Angleichungsrecht; *Nikisch*, Rechtsgutachten, S. 9; ders., DB 1963, 1254, 1255; *Dietz*, DB 1965, 591 f.; *Zeuner*, DB 1965, 630, 632; *Bieback*, ZfA 1979, 453, 476 f.; *Scholz*, Koalitionsfreiheit, S. 364; *Maunz / Dürig / Herzog / Scholz*, GG, Art. 9 Rdnr. 273; *Zeiselmair*, Tarifmacht, S. 180 - 184; *Hueck / Nipperdey / Tophoven / Stahlhacke*, TVG, § 4 Rdnr. 187; *Wiedemann / Stumpf*, TVG, § 4 Rdnr. 218; *Monjau*, DöD 1964, 224, 228; *Kunst*, Günstigkeitsprinzip, S. 6 f.

[24] *Bulla*, RdA 1962, 6, 13.

ziehen. Denn sie sind Teil der verfassungsmäßigen Ordnung. Dabei ist allerdings zu berücksichtigen, daß die Gestaltungsbefugnis der Betriebspartner ihre Grenze am Grundsatz der individuellen Entfaltungsfreiheit findet, wie der 1. Senat[25] und der 2. Senat[26] ausgeführt haben, und in aller Regel nicht die individuelle Entfaltungsfreiheit an der Gestaltungsbefugnis der Betriebspartner. Ferner ist zu beachten, daß sich auch für den Betriebsrat eine Beschränkung seiner Vereinbarungsbefugnis aus ihrer Zwecksetzung ergibt: Wie das LAG Berlin[27] zutreffend ausgeführt hat, ist Zweck der Vereinbarungsbefugnis nur, solche Rechtsstellungen des Arbeitnehmers zu gestalten, bei denen er des Schutzes durch Kollektivverträge bedarf. Wo die Betriebsvereinbarung diesen Schutzzweck nicht erfüllen kann, weil der Arbeitnehmer durch den Arbeitsvertrag besser gestellt wird als durch die kollektive Regelung, ist kein Raum mehr für sie. Die möglichen Schranken, die die §§ 87, 77 Abs. 4 BetrVG ziehen mögen, können nicht dazu führen, das Günstigkeitsprinzip in einem Zentralbereich des Betriebsverfassungsrechts allein vom Willen der Betriebspartner abhängig zu machen und in der Regel praktisch auszuschließen. Der Betriebsvereinbarung somit eine stärkere Normativkraft beizumessen als dem Tarifvertrag, wird weder dem verfassungsrechtlichen Stellenwert der Tarifautonomie gerecht, noch entspricht es der Legitimation und Richtigkeitsgewähr der Betriebsvereinbarung.

Während die Tarifautonomie verfassungsrechtlich durch Art. 9 Abs. 3 GG verbürgt wird, ist die Betriebsautonomie nicht von der Verfassung gewährleistet (jedenfalls sofern man nicht Art. 165 WeimRV als heute noch teilweise fortgeltend betrachtet), sondern wird erst durch das Betriebverfassungsgesetz eröffnet[28]. Die betriebliche Normsetzungskompetenz ist daher gegenüber der tariflichen stark reduziert. Das zeigt auch der Tarifvorrang, den § 77 Abs. 3 und § 87 Abs. 1 BetrVG zur Absicherung der Tarifautonomie statuieren. Dem unterschiedlichen Gewicht, das der Verfassungs- und der Gesetzgeber der Tarifautonomie bzw. der Betriebsautonomie dadurch verliehen haben, widerspricht es, diese als stärkere und weitergehende Begrenzung der individuellen Vertragsfreiheit (Günstigkeitsprinzip) einzustufen, als sie von der Tarifautonomie ausgeht.

Gegen eine stärkere Normativwirkung der Betriebsvereinbarung im Vergleich zum Tarifvertrag spricht außerdem, daß die Betriebsverein-

---

[25] BAG AP Nr. 1 zu § 399 BGB; AP Nr. 12 zu § 112 BetrVG.

[26] BAGE 23, 257, 270.

[27] Urteil vom 19. 12. 1977 — 9 Sa 80/77.

[28] *Konzen*, BB 1977, 1307; *Säcker*, AR-Bl. [D] Tarifvertrag I, C Verhältnis zu anderen Rechtsquellen (VIII. 2).

barung auf einer schwächeren Legitimation durch die Normunterworfenen beruht als der Tarifvertrag. Darauf hat Canaris[29] bereits eingehend hingewiesen. Während nämlich die Rechtssetzungsbefugnis der Gewerkschaft durch den freien Beitritt ihrer Mitglieder legitimiert wird, kann sich der Betriebsrat lediglich auf seine Wahl durch die Belegschaft berufen; jene ist allerdings kein privatrechtlicher Sanktionierungsakt der Mitbestimmungsrechte des Betriebsrats, die vielmehr auf einer „Vertretung kraft Gesetzes" beruhen[30]. Während der Gewerkschaftsbeitritt unmittelbar und willentlich darauf abzielt, sich in den Schutzbereich der tariflichen Normsetzung zu begeben, ist der Eintritt in einen Betrieb nicht darauf gerichtet, sich den dort gegenwärtig oder zukünftig geltenden Betriebsvereinbarungen zu unterwerfen — das ist nur eine Nebenfolge der Betriebszugehörigkeit. Anders als die Gewerkschaft ist der Betriebsrat keine Selbsthilfeorganisation seiner Mitglieder[31] bzw. Wähler. Außerdem kann sich das Gewerkschaftsmitglied der Geltung eines Tarifvertrags durch die Ausübung seines durch Art. 9 Abs. 3 GG geschützten Austrittsrechts entziehen und seine Arbeitsbedingungen mit dem Arbeitgeber selbständig zu regeln versuchen. In gleicher Weise kann sich der Arbeitnehmer aber nicht seiner Vertretung durch den Betriebsrat entledigen; er würde damit zugleich den Arbeitsplatz verlieren. Der Betriebsverband weist also einen gewissen „Zwangscharakter" auf[32], aus dem sich die Notwendigkeit ergibt, daß die betrieblichen Normen derogierbar sind[33].

Neben der schwächeren Legitimation der Betriebsvereinbarung steht ihre geringere inhaltliche Richtigkeitsgewähr. Denn die Freiheit des Aushandelns und die Mittel, die den Betriebspartnern hierzu zur Verfügung stehen, sind weitaus enger begrenzt als zwischen den Tarifvertragsparteien. Nach § 2 Abs. 1 BetrVG arbeiten der Arbeitgeber und der Betriebsrat vertrauensvoll zum Wohl der Arbeitnehmer und des Betriebs zusammen. Während die Betriebspartner also auf das Wohl des Betriebs verpflichtet sind und auch eine Betriebsvereinbarung ab-

---

[29] AuR 1966, 129, 139.

[30] *Richardi*, Beschränkung, S. 755, 782 f.

[31] *Gast*, Tarifautonomie, S. 5.

[32] *Biedenkopf*, Grenzen, S. 302; *Dietz / Richardi*, BetrVG, Bd. 2, § 77 Rdnr. 50.

[33] Wie das LAG Bremen, RdA 1949, 270, 271 schon vor Inkrafttreten des Grundgesetzes entschieden hat, widerspräche es der Vertragsfreiheit und bedeutete eine Majorisierung, sogar „Vergewaltigung des einzelnen durch das Kollektiv", würde der Mehrheit einer aus rein faktischen Verhältnissen erwachsenen sozialen Gruppe die Befugnis eingeräumt werden, „über den Kopf des einzelnen Arbeitnehmers hinweg" über seine privatrechtlichen Ansprüche zu bestimmen. — Hierzu führte aber unweigerlich die Anwendung des Unabdingbarkeitsprinzips, wenn es nicht restriktiv verfassungskonform ausgelegt werden würde.

schließen dürfen, die sich in erster Linie zum Vorteil des Arbeitgebers und lediglich auf dem Umweg über das Wohl des Betriebs auch zugunsten der Arbeitnehmer auswirkt[34], verfolgen die Tarifpartner hauptsächlich die Interessen ihrer jeweiligen Mitglieder; im übrigen sind sie nur dem Gemeinwohl, nicht aber dem Wohl der Gegenseite verpflichtet[35]. Nach § 74 Abs. 2 BetrVG herrscht im Betrieb eine absolute Friedenspflicht, wie sie für die Koalitionen stets nur bis zum Ablauf des Tarifvertrags besteht. Der Betriebsrat ist zudem nicht in gleicher Weise wie die Gewerkschaft gegnerfrei; denn die Betriebsratsmitglieder sind gleichzeitig betriebsangehörige Arbeitnehmer, und der Arbeitgeber trägt nach § 40 Abs. 1 BetrVG die durch die Tätigkeit des Betriebsrats entstehenden Kosten. Auch fehlt es naturgemäß an der überbetrieblichen Organisation, die andererseits eine Voraussetzung für die Tariffähigkeit ist. Einer Betriebsvereinbarung trotz geringerer Richtigkeitsgewähr eine stärkere Normativkraft als einem Tarifvertrag zu verleihen, ist dogmatisch angreifbar und beschwört vielfach überhaupt erst jene Ungerechtigkeiten herauf, die der 6. Senat im Wege der Billigkeitskontrolle wieder korrigieren will.

Das Bundesarbeitsgericht rechtfertigt die nach seiner Auffassung vergleichsweise stärkere Wirkung der Betriebsvereinbarung dadurch, „daß im Gegensatz zu Regelungen eines Tarifvertrags jeder Arbeitnehmer eines Betriebs der betrieblichen Ordnung und den Normen einer Betriebsvereinbarung unterliegt ...". Wie gezeigt, verringert aber gerade dieser Befund die Legitimation der Betriebsvereinbarung und erhöht die Eingriffsschwere der kollektiven Vertretung, was wiederum die Geltungsberechtigung des Günstigkeitsprinzips verstärkt.

Auch das vom 6. Senat betonte Interesse an einer einheitlichen betrieblichen Regelung der in § 87 Abs. 1 BetrVG normierten Tatbestände rechtfertigt jedenfalls nicht grundsätzlich, sondern allenfalls in Ausnahmefällen, daß divergierende vertragliche Rechte Einzelner weichen müssen. Denn nach dem Wertsystem des Grundgesetzes stellen weder die betriebliche Mitbestimmung noch die generelle Einheitlichkeit der betrieblichen Ordnung einen Selbstwert dar. Nicht einmal den Sozialpartnern ist es normalerweise erlaubt, oberhalb des tariflichen Minimalniveaus einheitliche Arbeitsbedingungen herzustellen, wie Nikisch[36] zutreffend festgestellt hat. In Anlehnung an die Ausführungen Bieden-

---

[34] *Löwisch*, AuR 1978, 97, 100.

[35] Zutreffend weist *Richardi*, DB 1978, 1736, 1743 Fn. 61 m. w. N. darauf hin, daß das Betriebsverfassungsrecht auf einem Kooperationsmodell beruht, während das durch Art. 9 Abs. 3 GG gewährleistete Koalitionsverfahren ein Konfrontationsmodell darstellt.

[36] Anmerkung, SAE 1960, 146; ebenso *Dreyer*, Einheitsregelung, S. 79; *Jaeckle*, Ablösung, S. 133 m. w. N. in Fn. 303.

kopfs[37] rechtfertigt ein Bedürfnis nach einheitlicher Ordnung gleicher Sachverhalte eine Einschränkung der individuellen Gestaltungsfreiheit nur ausnahmsweise dann, wenn diese Einheitlichkeit selbst dem Schutz des Arbeitnehmers (nicht aber notwendig auch dem Interesse des Betriebsrats) dient; das kann beispielsweise im Rahmen von § 87 Abs. 1 Nr. 7 BetrVG der Fall sein, trifft aber auf den vom Bundesarbeitsgericht entschiedenen Fall nicht zu. Es ist daher auch nicht einzusehen, warum der Betriebsrat es dem Arbeitgeber durch den Abschluß einer entsprechenden Betriebsvereinbarung ermöglichen können soll, sein Direktionsrecht zu Lasten einzelner Arbeitnehmer auszuüben, in deren Arbeitsverträgen zuvor das Direktionsrecht in günstigerer Weise konkretisiert worden ist. Es ist mit geltenden Rechtsgrundsätzen schwerlich vereinbar, daß die Einschaltung eines Repräsentanten der Arbeitnehmer es dem Arbeitgeber erlauben soll, bestehende Verträge mit den Arbeitnehmern ohne Kündigung und selbst gegen deren erklärten Willen, unter Umständen eindeutig zu ihrem Nachteil, abzuändern, obwohl derselbe Vorgang im direkten Verhältnis zwischen den Vertragsparteien rechtlich unmöglich wäre. Wenn dem Betriebsrat diese Gestaltungsbefugnis (im Zusammenwirken mit dem Arbeitgeber) verwehrt bleibt, kann entgegen dem 6. Senat des Bundesarbeitsgerichts[38] nicht angenommen werden, daß damit das Mitbestimmungsrecht des Betriebsrats „leerlaufe". Es findet vielmehr seine Grenze am Selbstbestimmungsrecht des Arbeitnehmers, das dieser selbstverständlich nicht dazu einsetzen darf, um die individuelle Rechtsposition anderer Arbeitnehmer zu beeinträchtigen. Nicht schützenswert sind dagegen ihre bloßen Interessen[39]. Darüber hinaus gilt das Günstigkeitsprinzip nicht, wenn es der Arbeitgeber als Instrument einer Diskriminierungspolitik einsetzt. Die von Säcker[40] erhobenen Zweifel, die darauf abzielen, ob nicht der Gleichbehandlungsgrundsatz den Vorrang der individuellen Vertragsfreiheit einschränken müsse, erweisen sich hingegen als unberechtigt. Denn auch die Tarifvertragsparteien setzen die Löhne objektiviert und sachbezogen fest; dennoch steht außer Frage, daß § 4 Abs. 3 TVG beliebige Abweichungen zuläßt. Entsprechendes muß auch auf der Betriebsebene gelten. Anderenfalls würde der Gleichbehandlungsgrundsatz hier Regelungen verbieten, die im tariflichen Bereich zulässig sind. Zu Recht bezeichnet Lieb[41] daher den Standpunkt Säckers als rechtspolitisch höchst fragwürdig.

---

[37] Auswirkungen, S. 79, 91.

[38] DB 1982, 2298, 2300.

[39] Siehe dazu § 6 III.

[40] Siehe oben § 5 II A 2.

[41] ZfA 1978, 179, 189.

Der Stellenwert der Tarifautonomie und die beiden aufgezeigten Schwächen der Betriebsvereinbarung — ihre geringere Legitimation und Richtigkeitsgewähr im Vergleich zum Tarifvertrag — schließen es aus, das Günstigkeitsprinzip und mit ihm die kollektivfreie Individualsphäre in einem Zentralbereich des Betriebsverfassungsrechts (§ 87 BetrVG) stärker zu begrenzen als im gesamten Tarifrecht. Das Ergebnis einer verfassungskonformen Interpretation der §§ 77 Abs. 4, 87 Abs. 1 BetrVG kann nur darin bestehen, im Betriebsverfassungsrecht generell dem Günstigkeitsprinzip einen besonders hohen Stellenwert einzuräumen und seinen Bestand in jedem Fall vom Willen der Betriebspartner unabhängig zu machen. Anderenfalls gelangte man zu dem von Säcker[42] als unsinnig bezeichneten Ergebnis, daß eine tarifvertragliche Regelung sozialer Angelegenheiten nach § 4 Abs. 3 TVG für günstigere Regelungen offen wäre, eine von den Tarifparteien zugelassene (§ 77 Abs. 3 Satz 2 BetrVG) oder bei Fehlen einer tariflichen Regelung abgeschlossene Betriebsvereinbarung dagegen nicht.

### b) Betriebsverfassungsrechtliche Gesichtspunkte

Auch die Entstehungsgeschichte des § 77 Abs. 4 BetrVG bestätigt, daß das Fehlen eines dem § 4 Abs. 3 TVG entsprechenden Absatzes eine planwidrige Unvollständigkeit ist. Die Reform des Betriebsverfassungsrechts durch das Betriebsverfassungsgesetz 1972 läßt deutlich die Tendenz erkennen, die Rechtsstellung des einzelnen Arbeitnehmers zu verbessern[43]. Besonders stark hat der CDU-Entwurf diese Zielrichtung betont, für den die Sicherung der freien Entfaltung der Persönlichkeit des Arbeitnehmers ein Hauptanliegen war[44]. Doch auch der Regierungsentwurf in seiner als Gesetz verabschiedeten Fassung postu-

---

[42] ZfA-Sonderheft 1972, 41, 55.

[43] Vgl. BT-Drs. VI/1786, S. 31, Begründung zum Regierungsentwurf; BT-Drs. zu VI/2729, S. 9, Schriftlicher Bericht des Ausschusses für Arbeit und Sozialordnung; *v. Hoyningen-Huene*, ZRP 1978, 181, 184 äußert allerdings berechtigte Zweifel daran, ob dieses Bestreben im geltenden Betriebsverfassungsrecht hinreichend zum Ausdruck gekommen ist und fordert nachdrücklich eine Verstärkung der individuellen Rechtsposition des einzelnen Arbeitnehmers in der Betriebsverfassung. Konsequenterweise bezeichnet *v. Hoyningen-Huene*, Betriebsverfassungsrecht, S. 150 die dargestellte Rechtsprechung des 6. Senats jedenfalls insofern als „außerordentlich bedenklich", als nach dessen Auffassung auch einzelvertragliche Vereinbarungen durch Betriebsvereinbarung im Rahmen von § 87 Abs. 1 BetrVG zum Nachteil des Arbeitnehmers abgeändert werden können. Zutreffend sieht v. Hoyningen-Huene darin eine starke Einschränkung der vertraglichen Gestaltungsmöglichkeit des einzelnen Arbeitnehmers.

[44] BT-Drs. VI/1806, S. 30, Begründung zum CDU-Entwurf; Ausführungen des Bundestagsabgeordneten Ziegler in der 2. und 3. Beratung des Entwurfs eines Betriebsverfassungsgesetzes, 150. Sitzung, 6. Wahlperiode, Verhandlungen des Deutschen Bundestages, Stenographische Berichte, Bd. 77, S. 8584, 8602 ff.

liert in § 75 Abs. 2 BetrVG nach dem Vorbild von Art. 2 Abs. 1 GG den Schutz der freien Entfaltung der Persönlichkeit der im Betrieb beschäftigten Arbeitnehmer. Zu diesem Anliegen des Gesetzgebers steht das Urteil des Bundesarbeitsgerichts im Widerspruch, weil die absolute Unabdingbarkeit der Betriebsvereinbarung im Bereich der erzwingbaren Mitbestimmung eine gravierende neue Abhängigkeit des einzelnen Arbeitnehmers von den Betriebspartnern schaffen würde. Die zugestandenermaßen unvollkommene Fassung des § 77 Abs. 4 BetrVG läßt sich daher nur wie folgt erklären: In dieser Vorschrift sollte die früher nicht unumstrittene Frage der Wirkung von Betriebsvereinbarungen in Anlehnung an das Tarifvertragsrecht geregelt werden, um bestehende Rechtsunklarheiten zu beseitigen[45]. Die Geltung des Günstigkeitsprinzips wurde jedoch unter dem Betriebsverfassungsgesetz 1952 so gut wie nicht in Frage gestellt[46], obwohl gerade dieses Gesetz abweichend von § 30 AOG[47], § 34 Abs. 3 Satz 1 BRG Bremen[48], § 40 Abs. 2 BRG Schleswig-Holstein[49] und § 60 o Abs. 1 Satz 2 BRG Württemberg-Hohenzollern[50] eine ausdrückliche Normierung des Günstigkeitsprinzips bzw. des Rechtscharakters der Regelungen einer Betriebsvereinbarung als Mindestarbeitsbedingungen entfallen ließ. Eine Klarstellung wurde im Betriebsverfassungsgesetz 1972 offenbar für überflüssig gehalten, weil das Günstigkeitsprinzip ein selbstverständliches, da von Art. 2 Abs. 1 GG verfassungsrechtlich und von § 75 Abs. 2 BetrVG betriebsverfassungsrechtlich zwingend gebotenes Korrektiv des Unabdingbarkeitsgrundsatzes ist, das — wie Nikisch[51] zutreffend meint — gesetzlich nicht besonders positiviert zu werden braucht. Davon ist auch deshalb auszugehen, weil dem Gesetzgeber der „Zwangscharakter" des Betriebsverbands bewußt war[52]. Für ein etwaiges argumentum e contrario, das sich auf die unterschiedliche Fassung von § 77 Abs. 4 BetrVG und § 4 Abs. 1 und 3 TVG stützt, bietet die Entstehung des Betriebsverfassungsgesetzes 1972 im Hinblick auf dessen erkennbare Zielsetzung somit keine Grundlage. Der gegenteilige Standpunkt des 6. Senats, der darauf gestützt wird, daß der Gesetzgeber die Wirkungsweise der Betriebsvereinbarung an die des Tarifvertrags lediglich „anlehnen" und daher das Günstigkeitsprinzip im Bereich der erzwingbaren Mitbestim-

---

[45] BT-Drs. VI/1786, S. 47, Begründung zu § 77 RegE.

[46] Vgl. *Säcker*, ZfA-Sonderheft 1972, 41, 54.

[47] RGBl. I, 1934, S. 45, 49.

[48] GBl. 1949, S. 7, 10.

[49] GVBl. 1950, S. 169, 176.

[50] RegBl. 1949, S. 153, 161.

[51] DB 1963, 1254.

[52] Siehe die Ausführungen von *Radke* in der 46. Öffentlichen Informationssitzung des Ausschusses für Arbeit und Sozialordnung am 25. 2. 1971 über den Entwurf eines Betriebsverfassungsgesetzes u. a., Protokoll Nr. 46, S. 142.

mung ausschließen wollte, vermag dagegen nicht zu überzeugen. Gegen ein solches argumentum e contrario spricht schließlich auch folgende Überlegung: Nach § 77 Abs. 3 Satz 2 BetrVG können die Tarifvertragsparteien den Abschluß ergänzender Betriebsvereinbarungen zulassen. Sieht der Tarifvertrag eine solche Öffnungsklausel vor, so können die Betriebspartner nach einer verbreiteten Ansicht[53] auch die tariflichen Regelungen in eine Betriebsvereinbarung übernehmen und somit die Geltung der Tarifnormen auf die gesamte Belegschaft einschließlich der Außenseiter erstrecken. Würde das Günstigkeitsprinzip für die Betriebsvereinbarung nicht gelten, so könnten die Koalitionen im Zusammenwirken mit den Betriebspartnern Höchstarbeitsbedingungen herbeiführen, die auch für Nichtmitglieder gelten. Wenn es aber — wie oben[54] dargelegt wurde — den Koalitionen schon untersagt ist, für ihre Mitglieder Höchstarbeitsbedingungen zu vereinbaren, so muß es erst recht ausgeschlossen sein, daß die Koalitionen zusammen mit den Betriebspartnern dasselbe sogar für Nichtmitglieder bewirken. Das wird beim Firmentarifvertrag besonders offenkundig.

Der Anwendung des Günstigkeitsprinzips auf Vertragsabreden über soziale Angelegenheiten (im Sinne von § 87 Abs. 1 BetrVG) läßt sich auch nicht das Mitbestimmungsrecht des Betriebsrats entgegenhalten. Denn wie Dietz / Richardi[55] überzeugend darlegen, ist eine vertragliche Abrede zwischen Arbeitgeber und Arbeitnehmer nicht deshalb rechtsunwirksam, weil sie sich auf eine mitbestimmungspflichtige Angelegenheit bezieht und der Betriebsrat nicht beteiligt worden ist. Die Mitbestimmung bewirkt nicht eine partielle Beseitigung der Vertragsfreiheit[56]. Die Wirksamkeit der einzelvertraglichen Abrede wird auch nicht dadurch berührt, daß der Arbeitgeber mit mehreren Arbeitnehmern eine begünstigende Einzelvereinbarung abschließt. Die Mitbestimmung rechtfertigt nämlich nicht — wie Dietz / Richardi[57] ausführen — einen Einbruch in die individuelle Vertragsfreiheit nur deshalb, weil der Vertragsinhalt eine kollektive Regelung darstellt. Das bestätigt folgende Überlegung: Wären die begünstigenden einzelvertraglichen Vereinbarungen nichtig, weil der Arbeitgeber durch ihren Abschluß (möglicherweise) das Mitbestimmungsrecht des Betriebsrats verletzt hat, so könnte sich der Arbeitgeber auf eine betriebsverfassungsrechtliche Pflichtwidrigkeit berufen, um sich einen Rechtsvorteil zu verschaffen[58]; dieser

---

[53] *Fitting / Auffarth / Kaiser*, BetrVG, § 77 Rdnr. 12, 63.

[54] Siehe § 4.

[55] BetrVG, Bd. 2, § 87 Rdnr. 109.

[56] *Dietz / Richardi*, Bd. 2, § 87 Rdnr. 112.

[57] BetrVG, Bd. 2, § 87 Rdnr. 111.

[58] So auch *Richardi*, ZfA 1976, 1, 37 für zusätzliche vermögenswerte Leistungen des Arbeitgebers, die sich als Arbeitsentgelt darstellen, auch wenn

bestünde darin, sich nachträglich von den begünstigenden Zusagen lösen zu können. Hieraus wird deutlich, daß § 87 BetrVG dem Betriebsrat kein Recht zur Mitgestaltung der Arbeitsverträge gewährt und folglich sein Mitbestimmungsrecht die Geltung des Günstigkeitsprinzips im Bereich der sozialen Angelegenheiten nicht zu tangieren vermag.

### c) Der rechtspolitische Aspekt

Sollte das Bundesarbeitsgericht daran festhalten, daß die Unabdingbarkeit von Betriebsvereinbarungen im Bereich der erzwingbaren Mitbestimmung ausschließlich durch eine Billigkeitskontrolle eingeschränkt sei, nicht jedoch durch das Günstigkeitsprinzip, so bewahrheitet sich die von Hedemann[59] schon im Jahr 1919 getroffene Feststellung, daß sich das Individuum auf einem sichtbaren Rückzug gegenüber dem „eisernen Druck des Normativen" befinde. Auch Leisner[60] wendet sich gegen eine „übersteigerte, systematisierte Gleichheit", die zur „Entindividualisierung der Rechtspolitik" führe; es gelte statt dessen, wieder mehr zu „individualisieren". Um den von Hedemann befürchteten Rückzug aufzuhalten und der Privatautonomie verstärkt Regelungsräume zu überlassen[61], ist die von Buchner[62] an den Gesetzgeber des Betriebsverfassungsgesetzes von 1972 gerichtete Forderung erneut und verstärkt aufzugreifen, daß das Günstigkeitsprinzip zur Klarstellung in § 77 Abs. 4 BetrVG positiviert werde. Das könnte durch die Anfügung der Worte „zugunsten der Arbeitnehmer" in § 77 Abs. 4 Satz 1 BetrVG geschehen oder durch den Hinweis, daß § 4 Abs. 3 TVG entsprechend gelte.

## B. Anwendung und Grenzen

Da das Günstigkeitsprinzip eine Kollisionsregel für zwei verschiedenrangige, inhaltlich voneinander abweichende Rechtsquellen bzw. arbeitsrechtliche Gestaltungsfaktoren ist, setzt dessen Anwendung naturgemäß voraus, daß beide wirksam sind, d. h. Verbotsnormen, die zur Nichtigkeit einer dieser Regelungen führen, begrenzen zugleich den

---

für die Gewährung und Bemessung kein unmittelbares Synallagma zur Arbeitsleistung besteht; a. A. *Buchner*, DB 1983, 877, 883 abweichend von seiner früheren Auffassung in Die AG 1971, 189, 196. Damals meinte er zutreffend, es sei nicht anzunehmen, daß im Zuge der Reform des Betriebsverfassungsgesetzes habe verhindert werden sollen, daß der Arbeitnehmer sich durch einzelarbeitsvertragliche Abrede mit dem Arbeitgeber bessere Arbeitsbedingungen sichern könne, als sie in einer Betriebsvereinbarung vorgesehen seien. Dafür sah *Buchner* „kein anerkennenswertes rechtspolitisches Bedürfnis". Siehe hierzu auch unten § 5 III C 2.

[59] Neue Zeit, S. 13.

[60] Egalisierung, S. 81, 91.

[61] Siehe hierzu *Leisner*, DVBl. 1981, 849, 855 f.

[62] Die AG 1971, 189, 196.

Anwendungsbereich des Günstigkeitsprinzips. Bezüglich der Betriebsvereinbarung kommt § 77 Abs. 3 BetrVG eine besondere Bedeutung zu. Nach dieser Vorschrift können Arbeitsentgelte und sonstige Arbeitsbedingungen, die durch Tarifvertrag geregelt sind oder üblicherweise geregelt werden, nicht Gegenstand einer Betriebsvereinbarung sein, es sei denn, ein Tarifvertrag läßt den Abschluß ergänzender Betriebsvereinbarungen ausdrücklich zu. Eine weitere Ausnahme für den Regelungsvorrang der Tarifparteien begründet § 112 Abs. 1 Satz 4 BetrVG für den Sozialplan. Die den Tarifparteien durch § 77 Abs. 3 BetrVG eingeräumte Vorrangkompetenz vor den Betriebspartnern dient der Absicherung der in Art. 9 Abs. 3 GG gewährleisteten Tarifautonomie[63], nicht jedoch zur Vermeidung von Streitigkeiten über materielle Arbeitsbedingungen zwischen Arbeitgeber und Betriebsrat[64]. Es würde das Thema der vorliegenden Arbeit sprengen, die Tragweite dieser Regelungssperre im einzelnen zu untersuchen; insoweit sei auf die Darstellungen von Kreutz[65] und Klasen[66] verwiesen. Gerade die jüngste Recht-

---

[63] Es ist jedoch eine teleologische Verengung, wenn *Säcker*, BB 1979, 1201, 1202, 1203 die Vorrangkompetenz der Koalitionen vor den Betriebspartnern damit begründet, daß durch die Konkurrenz von Gewerkschaften und Betriebsräten die „Attraktivität des Gewerkschaftsbeitritts ... verblassen" und für die betriebsangehörigen Arbeitnehmer der Betriebsrat zur „bedeutsameren Kollektivpartei" werden würde als die „‚externe' Tarifpartei". Die grundlegende Rechtfertigung für die Normsetzungsprärogative der Koalitionen liegt darin, daß nach dem Art. 9 Abs. 3 GG zugrundeliegenden Ordnungsmodell in erster Linie freie, gegnerunabhängige und überbetriebliche Vereinigungen für die Wahrung und Förderung der Arbeits- und Wirtschaftsbedingungen eintreten sollen. Vorbehaltlos zuzustimmen ist *Richardi*, Kollektivgewalt, S. 268; *Dietz / Richardi*, BetrVG, Bd. 2, § 77 Rdnr. 50, der den Vorrang der Tarifautonomie darauf zurückführt, daß eine kollektive Ordnung, die auf dem Grundsatz der individuellen Selbstbestimmung beruht (und durch den freiwilligen Koalitionsbeitritt legitimiert wird), der verfassungsmäßigen Grundentscheidung für eine herrschaftsfreie Sozialordnung besser entspricht als eine kollektive Ordnung auf korporativer Grundlage (Betriebszugehörigkeit). Kraft dieser Wertentscheidung des Verfassungsgebers sind die Koalitionen mit dem geeigneten und erforderlichen rechtlichen Instrumentarium zur Ausübung ihres von § 1 Abs. 1 TVG beschriebenen Auftrags und zum Schutz ihrer Mitglieder ausgestattet worden. Es findet seine *Ergänzung* darin, daß die von der Verfassung für diese Funktionen nicht primär legitimierten Betriebspartner nach § 77 Abs. 3 Satz 1 BetrVG nur subsidiär die Kompetenzen der Tarifpartner übernehmen dürfen. Die Vorschrift erfüllt damit einen Verfassungsauftrag aus Art. 9 Abs. 3 GG, wie das LAG Berlin, DB 1978, 115, 116 zutreffend festgestellt hat; siehe auch BAG, SAE 1981, 109, 113. Die Normsetzungsprärogative dient aber nicht dazu, den Gewerkschaften möglichst viele Mitglieder zuzuführen. Darauf weist zutreffend auch *Klasen*, Tarifvorrang, S. 25 m. w. N. hin, der andererseits jedoch leugnet, daß der Tarifvorrang durch Art. 9 Abs. 3 GG geboten ist. Klasen sieht darin zu Unrecht eine vom einfachen Gesetzgeber jederzeit abänderbare Modalität der Tarifautonomie.

[64] *Weber*, H., Anmerkung, SAE 1981, 114, 119.

[65] Betriebsautonomie, S. 208 - 222.

[66] Tarifvorrang, S. 21 - 42.

sprechung des Bundesarbeitsgerichts[67] zur Mitbestimmung des Betriebsrats bei der Festsetzung der Gehälter für AT-(= außertarifliche) Angestellte trifft Aussagen zu § 77 Abs. 3 BetrVG, die geeignet sind, dem Günstigkeitsprinzip im Betriebsverfassungsrecht einen neuen, wichtigen Anwendungsbereich zu eröffnen.

### *1. Die Lohngestaltung für außertarifliche Angestellte*

Es gibt in der Bundesrepublik Deutschland nach Schätzungen eine Million AT-Angestellte, die nicht dem von § 5 Abs. 3 BetrVG abgegrenzten Personenkreis der leitenden Angestellten angehören[68]; in der chemischen Industrie soll der Anteil der AT-Angestellten 20 %, in der Mineralölindustrie 50 % betragen[69]. Die AT-Angestellten werden von den Tarifpartnern meist anhand folgender Kriterien definiert und aus dem persönlichen Geltungsbereich des Gehaltstarifvertrages ausgenommen: Art der Tätigkeit/Aufgabengebiet; entsprechende Einstufung durch Einzelarbeitsvertrag; Höhe des Jahreseinkommens[70]. Zutreffend hat das Bundesarbeitsgericht[71] entschieden, daß dem Betriebsrat nach § 87 Abs. 1 Nr. 10 BetrVG weder ein Mitbestimmungsrecht hinsichtlich der Festsetzung der Höhe der Gehälter noch hinsichtlich der Festlegung des Wertunterschieds zwischen der höchsten Tarifgruppe und der untersten AT-Gruppe zusteht. Der Betriebsrat ist vielmehr nur bei der Bestimmung der „Strukturformen des Entgelts einschließlich ihrer näheren Vollziehungsformen“ zu beteiligen; ferner wirkt er bei der Festsetzung von prozentualen Mindestabständen zwischen den AT-Gruppen[72] mit. Ist demnach zwar die betriebliche Lohngestaltung für AT-Angestellte der erzwingbaren Mitbestimmung des Betriebsrats weitgehend entzogen, so verbleibt dennoch die Möglichkeit, diesen Sachkomplex nach § 88 BetrVG durch eine freiwillige Betriebsvereinbarung zu regeln. Im übertragenen Sinne kommt das einem gruppenspezifischen „kleinen Tarifvertrag“ auf Betriebsebene gleich. Dem steht nach der erwähnten Rechtsprechung des Bundesarbeitsgerichts[73] die Vorschrift des § 77 Abs. 3 BetrVG jedenfalls nicht entgegen. Denn diese setzt das Bestehen einer vollständigen, aus sich heraus zu handhabenden tariflichen Regelung oder wenigstens Tarifüblichkeit voraus, weil es um die Sicherung der ausgeübten, aktualisierten Tarifautonomie geht[74]. Wenn aber die Tarif-

---

[67] SAE 1981, 109 ff.

[68] *Föhr*, Mitbestimmungsgespräch 1980, 89.

[69] *Schneider*, WSI-Mitteilungen 1980, 375, 377.

[70] Siehe die Darstellung bei *v. Friesen*, DB 1980, Beilage Nr. 1, 3 f.

[71] SAE 1981, 109, 113 f.

[72] *Säcker*, Manager-Magazin 1980, Nr. 10, S. 36, 38 f.

[73] SAE 1981, 109, 113.

partner ausdrücklich auf die Normierung von Arbeitsbedingungen für einen bestimmten Personenkreis durch eine Negativregelung verzichten oder wenn der Tarifvertrag anderweitig erkennen läßt, daß er in einem bestimmten Ausmaß den Betriebspartnern für ihre nähere Regelung freie Hand lassen will[75], wird die Tarifautonomie durch entsprechende betriebliche Regelungen nicht berührt und eine Sperrwirkung folglich nicht ausgelöst. Andererseits gilt für die ÜT- (= übertariflichen) Angestellten der Sperrvorrang des Tarifvertrages[76]. Für eine freiwillige Betriebsvereinbarung über die Gehälter der AT-Angestellten ergibt sich aus § 88 BetrVG auch eine ausreichende Ermächtigungsgrundlage[77]. Die Vorschrift begründet eine Generalermächtigung für die Betriebspartner zur umfassenden Regelung sozialer Angelegenheiten, d. h. aller Rechte und Pflichten aus dem Arbeitsverhältnis einschließlich des Lohns[78]. Daß bei einer freiwilligen Betriebsvereinbarung, die die materiellen Arbeitsbedingungen, also auch die Gehälter der AT-Angestellten zum Gegenstand hat, das Günstigkeitsprinzip Anwendung finden muß, läßt sich nach geltendem Verfassungsrecht nicht bestreiten. Von einer derartigen Betriebsvereinbarung, soweit sie überhaupt einvernehmlich zwischen Arbeitgeber und Betriebsrat zustandekommt und Rechtswirksamkeit erlangt, muß die Vertragsfreiheit der betroffenen Arbeitnehmer allein schon wegen ihrer Unterrepräsentation im Betriebsrat unberührt bleiben; denn statuierte die Betriebsvereinbarung mehr als nur einen Mindeststandard, würde in eklatanter Weise einer unerträglichen und verfassungswidrigen Zwangskollektivierung und tiefgreifenden Bevormundung überdurchschnittlich urteilsfähiger und leistungsstarker Arbeitnehmer, die dem Betriebsrat kein Vertretungsmandat zur verbindlichen Normierung ihrer Arbeitsbedingungen erteilt haben[79], Tür und Tor geöffnet werden[80]. Auch ist die von Lieb[81] und

---

[74] BAG AP Nr. 13 zu § 118 BetrVG; *Dietz / Richardi*, Bd. 2, BetrVG, § 77 Rdnr. 196.

[75] BAGE 13, 31, 37.

[76] Ebenso *v. Friesen*, DB 1980, Beilage 1, S. 4 f.

[77] *Lieb*, ZfA 1978, 179, 180 berichtet, daß es in einigen Unternehmen schon zu derartigen Betriebsvereinbarungen gekommen ist. Das wird bestätigt von *Hönerhoff / Linnemann*, WSI-Mitteilungen 1980, 381, 387, die Betriebsvereinbarungen erwähnen, aufgrund derer auch dem AT-Angestellten ein Mindestgehalt garantiert werden soll, vergleichbar dem in Tarifverträgen abgesicherten; solche Betriebsvereinbarungen werden den Autoren zufolge bei der BASF AG, Bayer AG und Ruhrchemie AG praktiziert. Hinzuzufügen sind gegenwärtig außerdem die Ford Werke AG, Ruhrkohle AG und VFW-Fokker. Beispiele für solche Betriebsvereinbarungen finden sich im Manager-Magazin 1979, Nr. 8, S. 45; 1981, Nr. 2, 87 f.; RdA 1981, 181 ff.

[78] *Löwisch*, AuR 1978, 97, 99; BAGE GS 3, 1, 4; siehe ferner *Kreutz*, Betriebsautonomie, S. 207 ff.

[79] Allerdings wäre es verfehlt, die AT-Angestellten aus der Vertretung durch den Betriebsrat generell auszuklammern; ebenso *v. Friesen*, AuR 1980, 367, 368.

Reuter[82] erhobene Befürchtung nicht von der Hand zu weisen, aus der bloßen Existenz einer Betriebsvereinbarung, die eine Lohnordnung für den AT-Bereich schafft, könne ein faktischer Zwang oder Anpassungsdruck erwachsen, von ihrer Normierung nicht zugunsten einzelner Angestellter abzuweichen, so daß das Günstigkeitsprinzip seine volle (rechtliche) Wirkung gar nicht entfalte[83]. Sollten rechtstatsächliche Feststellungen das erhärten, so ergäbe sich daraus ein unabweisbares Bedürfnis, dem sich der Gesetzgeber nicht erneut verschließen dürfte, das Günstigkeitsprinzip nach dem Vorbild des TVG und früherer Betriebsrätegesetze ausdrücklich im Betriebsverfassungsgesetz zu verankern, um die Bedeutung dieses Prinzips für die Betriebsvereinbarung nachdrücklich hervorzuheben. Seine kraft der Schrankentrias nach Art. 2 Abs. 1 GG vorgegebenen Schranken sind in dem hier behandelten Bereich ebenso hoch anzusiedeln wie bei tariflichen Außenseitern, die aufgrund einer Allgemeinverbindlichkeitserklärung einem Tarifvertrag unterworfen werden.

### 2. *Das Senioritätsprinzip bei Kündigungen und das Günstigkeitsprinzip*

Verschiedentlich wird gefordert, bei sogenannten *Regelungen mit Drittwirkung*, d. h. wenn die Günstigerstellung einzelner automatisch zum Nachteil für andere Arbeitnehmer führt, einer Günstigkeitsabrede die Wirksamkeit zu versagen[84]. Bei solchen Regelungen mit Drittwir-

---

[80] Siehe auch *v. Friesen*, DB 1980, Beilage Nr. 1, S. 13.

[81] ZfA 1978, 179, 189.

[82] Vergütung, S. 7 f.

[83] Einzelne Passagen in vorliegenden einschlägigen Betriebsvereinbarungen (bzw. entsprechenden Entwürfen) für den AT-Bereich lassen auf die Tendenz schließen, daß die Bedeutung des Günstigkeitsprinzips tatsächlich zurückgedrängt wird: So legt der Entwurf des Gesamtbetriebsrates der Krupp Stahl AG für eine AT-Betriebsvereinbarung unter § 7 Nr. 1.1 fest, daß sich die Gehaltsfestsetzung nach Aufgabengebiet, Verantwortungsspielraum, Entscheidungsrahmen für personelle, finanzielle und technische Disposition im Rahmen des Organisationsplanes richtet, unter § 7 Nr. 1.5, daß für die Gehaltsfestsetzung der Gleichbehandlungsgrundsatz gilt, und unter § 7 Nr. 2, daß jede Gehaltserhöhung — sei es im Zusammenhang mit Tariferhöhungen, sei es auch aus anderen Gründen — im Einvernehmen mit dem Betriebsrat zu erfolgen hat — Quelle: Manager-Magazin 1981, Nr. 2, S. 87. Ähnliche Regelungen sieht der in RdA 1981, 181, 182 abgedruckte Entwurf unter § 7 Abs. 1 a), c), d), Abs. 4 a) vor. Die Betriebsvereinbarung der Ford-Werke AG vom 30. 10. 1978 besagt sogar unter B.5.2 über die individuelle Gehaltsfestsetzung: „*Gehaltserhöhungen dürfen das Gehalt nicht über das Maximum der Gehaltsgruppen-Bandbreite bringen, die der Position zugeordnet ist.*" — Quelle: Manager-Magazin 1979, Nr. 8, S. 45. Daß durch eine solche Regelung das Günstigkeitsprinzip nicht nur in Frage gestellt wird, sondern schlechthin außer Kraft gesetzt werden soll, steht dieser Betriebsvereinbarung auf der Stirn geschrieben.

[84] *Säcker*, AR-Bl. [D], Betriebsvereinbarung, I Übersicht, 12. Forts.Bl.; *Galperin / Löwisch*, BetrVG, Bd. II, § 77 Rdnr. 96; *Fitting / Auffarth / Kaiser*,

kung erschöpfen sich die Auswirkungen der Günstigkeitsabsprache nicht im Innenverhältnis zwischen Arbeitnehmer und Arbeitgeber, sondern führen unmittelbar zu Nachteilen für andere Arbeitnehmer. Zur Begründung für eine teleologische Reduktion des Günstigkeitsprinzips bei dieser Lage führt Säcker an, daß dann, wenn der Gegenstand der Günstigkeitsabrede durch das Mitbestimmungsrecht des Betriebsrats gerade der einseitigen Disposition des Arbeitgebers entzogen werden sollte, die zwischen diesem und einem Arbeitnehmer vereinbarte Günstigerstellung hinter der durch die mitbestimmungsrechtliche Regelung geschaffenen, für alle Arbeitnehmer verbindlichen Ordnung zurücktreten müsse; der Zweck des Mitbestimmungsrechts bestehe nämlich gerade darin, die Benachteiligung und Diskriminierung Einzelner auszuschließen. Als Beispiel nennt Säcker eine Auswahlrichtlinie für Kündigungen gemäß § 95 BetrVG, durch die ein *Senioritätsprinzip* für die Belegschaft verankert worden ist[85]. Es ist einleuchtend, daß bei Geltung dieses Systems durch die Neueinstellung eines aufgrund einer Sonderabmachung nur aus wichtigem Grund kündbaren Arbeitnehmers grundsätzlich jeder vor diesem eingestellte Arbeitnehmer einen Nachteil erleiden kann (allerdings nicht alle gekündigten Arbeitnehmer zusammen, sondern stets nur derjenige, der von den Ausscheidenden die niedrigste Seniorität besaß[86]), wenn der Personalbestand verringert werden muß. Eine solche Auswirkung auf die bisherige Belegschaft ist allerdings keineswegs nur im Zusammenhang mit einem Senioritätsprinzip zu beobachten, sondern auch dann, wenn nach sozialen Gesichtspunkten auszuwählende Arbeit-

---

BetrVG, § 77 Rdnr. 40; *Schuhmann*, Regelungsbefugnis, S. 120 f.; *Kunst*, Günstigkeitsprinzip, S. 42 ff.; a. A. *Dietz / Richardi*, BetrVG, Bd. 2, § 77 Rdnr. 105.

[85] Die Dauer der Betriebszugehörigkeit entscheidet zugunsten der am längsten im Betrieb beschäftigten Arbeitnehmer über die Reihenfolge von Kündigungen, die zum Zweck des Personalabbaus erforderlich werden. In den USA sind derartige Vereinbarungen unter dem aussagekräftigen Begriff „Last-hired-first-fired agreements" bekannt. *Dohse / Jürgens / Russig*, Hire and Fire?, S. 106 beschreiben die Wirkung eines Senioritätsprinzips wie folgt: „... die zu erwartende Betroffenheit von personalpolitischen Maßnahmen verliert unter den Bedingungen formalisierten Senioritätsschutzes an Diffusität, und daher können auch Anpassungsleistungen vermieden werden, die kollektiv desolidarisierend bzw. individuell pathogen wirken können. Die Wahrscheinlichkeit, den Arbeitsplatz zu verlieren, ist zwar ungleich verteilt. Gemeinsam ist allen Arbeitnehmern jedoch, daß die Verteilungsprinzipien a priori formalisiert und von Leistungskriterien entkoppelt sind. Niemand kann durch Leistungsverbesserung oder andere Anpassungsmaßnahmen an die Interessen des Managements seine Rangposition verbessern. Die Ungleichheit ist damit nicht beseitigt, die Konkurrenz der Arbeitnehmer ebensowenig, aber sie wird hier durch Bedingungen reguliert, welche die Arbeitnehmer kollektiv beeinflussen können."

[86] Folgt man den oben genannten Autoren, so ist diese Erkenntnis für § 102 Abs. 3 Nr. 2 BetrVG insofern von Bedeutung, als der Betriebsrat nur bei diesem einen Arbeitnehmer gegen die Kündigung widersprechen kann, was allerdings wegen der Frist nach § 102 Abs. 2 Satz 1 BetrVG bei einer sukzessiv erfolgenden Personalreduzierung auf Schwierigkeiten stoßen muß.

nehmer aus dringenden betrieblichen Erfordernissen gekündigt werden müssen, einzelne jedoch aus dieser Auswahl ausgenommen worden sind, indem zwischen ihnen und dem Arbeitgeber die ordentliche Kündigung einzelvertraglich ausgeschlossen wurde. Um überhaupt sinnvoll zu sein, setzt ein Senioritätsprinzip voraus, daß die Belegschaft in aufgaben- und funktionsbezogene Gruppen eingeteilt wird, weil sonst u. U. der Fall eintreten könnte, daß zwar aus betriebsbedingten Gründen ein Chauffeur entlassen werden muß, aber nur einem bestimmten Techniker gekündigt werden darf, weil dieser eine niedrigere Seniorität aufweist. Durch eine entsprechende Gruppenbildung innerhalb der Belegschaft wird aber der Wirkungsbereich möglicher Benachteiligungen verringert, weil nicht sämtliche Betriebsangehörige in die Vergleichsbasis einbezogen werden[87]. Es kann mithin, wenn überhaupt, nur dann von einer Benachteiligung die Rede sein, wenn einem Neueingestellten einzelvertraglich ein stärkerer Kündigungsschutz zugebilligt wird, als sich für einen Betriebsangehörigen, der diesem Arbeitnehmer aufgaben- und funktionsbezogen gleichgestellt ist, nach dem Senioritätsprinzip ergibt. Doch auch in diesem Fall fragt sich, ob die Betriebsvereinbarung eine von ihr abweichende Einzelabrede bei künftigen Einstellungen zu verdrängen vermag, was jedenfalls bei allgemeiner Verbreitung des Senioritätsprinzips schwerwiegende Nachteile besonders für ältere Arbeitnehmer nach sich ziehen würde. Je länger nämlich ein Arbeitnehmer seinem bisherigen Betrieb angehörte und je näher für ihn das Rentenalter gerückt ist, desto nachteiliger müßte sich für diesen Arbeitnehmer ein Betriebswechsel auswirken. Denn er würde stets auf Arbeitgeber treffen, die aufgrund des für ihren Betrieb geltenden Senioritätsprinzips außerstande wären, dem neu einzustellenden Arbeitnehmer den gleichen Kündigungsschutz zu gewähren, den er vorher genoß. Dieser Umstand behindert in exemplarischer Weise durch die Erschwerung des Arbeitsplatzwechsels die freie Entfaltung der Persönlichkeit, die das Günstigkeitsprinzip durch das Verbot von Höchstarbeitsbedingungen ausschließen soll. Ein unabdingbares Senioritätssystem stellt nichts anderes als Höchstarbeitsbedingungen für die Beendigung des Arbeitsverhältnisses zu Lasten von Arbeitnehmern auf, die den Betriebsrat noch nicht einmal durch seine Wahl legitimiert haben. Es darf nämlich auch nicht übersehen werden, daß nicht nur die Günstigkeitsabrede eine Drittwirkung in dem oben beschriebenen Sinn ausüben kann, sondern auch die Betriebsvereinbarung ihrerseits zu Lasten Dritter wirkt, indem nämlich die bisherigen Betriebsangehörigen gegenüber neueingestellten Arbeitnehmern privilegiert bzw. diese ge-

[87] Beispiel: Ist die einzige Stelle eines Systemanalytikers neu zu besetzen, so wird der dem Betrieb schon seit 25 Jahren angehörende Pförtner nicht dadurch benachteiligt, daß jenem — abweichend vom Senioritätsprinzip — eine unkündbare Stelle vertraglich zugesichert wird.

genüber den bisherigen benachteiligt werden würden. Es ist auch verfehlt, von einer Umgehung des Mitbestimmungsrechts des Betriebsrats bei der Personalplanung durch günstigere Einzelvereinbarungen mit neuen Arbeitnehmern auszugehen. Denn das Mitbestimmungsrecht kann nur im Rahmen des Verfassungs- und Gesetzesrechts ausgeübt werden. § 624 BGB erlaubt jedoch den Abschluß von Arbeitsverträgen auf Lebenszeit, bei denen eine ordentliche Kündigung für den Arbeitgeber ebenso ausgeschlossen ist wie bei befristeten Arbeitsverhältnissen nach § 620 BGB; auch ist nach § 622 BGB das Kündigungsrecht des Arbeitgebers abdingbar. Daraus, daß dem Betriebsrat durch § 95 BetrVG eine Einflußnahme auf die Art und Weise der Ausübung des arbeitgeberseitigen Kündigungsrechts durch die Kokretisierung des Auswahlermessens in Gestalt eines Senioritätsprinzips eingeräumt wird, folgt offenkundig nicht, daß die genannten, gesetzlich vorgesehenen Rechtsgestaltungen unzulässig werden müßten, weil bei ihnen bereits mangels eines Handlungsermessens des Arbeitgebers ein entsprechendes Auswahlermessen von vornherein entfällt. Sonst träte nämlich folgender, durch keine rechtliche Erwägung zu rechtfertigender Widerspruch auf: Während es unzweifelhaft zulässig ist, das Recht des Arbeitgebers zur ordentlichen Kündigung einzelvertraglich abzubedingen und dadurch den betreffenden Arbeitnehmer aus der bei betriebsbedingten Kündigungen gesetzlich vorgeschriebenen Sozialauswahl herauszunehmen, würde diese Möglichkeit entfallen, sobald die Sozialauswahl durch ein Senioritätsprinzip im Wege der Betriebsvereinbarung konkretisiert worden ist. Jedenfalls läßt sich diese unterschiedliche Behandlung der Gestaltungsbefugnis der Arbeitsvertragsparteien nicht unter Hinweis darauf erklären, daß anderenfalls durch den Verzicht des Arbeitgebers auf die ordentliche Kündigung gegenüber einzelnen Arbeitnehmern ein „indirektes Abbedingen" der Auswahlrichtlinie gestattet werde[88]; denn der Kündigungsschutz eines einzelnen Arbeitnehmers kann durch Auswahlrichtlinien nicht eingeschränkt werden[89], auch wenn diese gerade wegen seines Kündigungsschutzes nicht zum Tragen kommen.

Bei der Ausübung seiner Mitbestimmungsrechte muß der Betriebsrat — stärker noch als die Tarifpartner — ferner respektieren, daß das Günstigkeitsprinzip ein Grundsatz von Verfassungsrang ist, der den zwingenden Charakter kollektiver Normen mit der Einschränkung verbindet, zum Vorteil des Einzelnen abbedungen werden zu können. Die Betriebspartner würden daher ihre Gestaltungsbefugnisse überschreiten, wenn sie Rechtspositionen aufzubauen versuchten, die es für neue Betriebsangehörige ausschlössen, den ihnen von der Verfassung einge-

[88] So aber *Kunst*, Günstigkeitsprinzip, S. 60.

[89] BAG SAE 1977, 145, 146.

räumten Handlungsspielraum zu verwirklichen. Während somit keine Bedenken dagegen bestehen, daß einzelnen Arbeitnehmern vertraglich ein stärkerer Kündigungsschutz zugesichert wird, als er sich nach der Dauer ihrer Betriebszugehörigkeit im Rahmen eines Senioritätssystems ergäbe, muß das Günstigkeitsprinzip allerdings dann zurücktreten, wenn durch die Begünstigung eines Arbeitnehmers widerrechtlich die individuellen Rechtspositionen anderer Arbeitnehmer (im Unterschied zu ihren bloßen Interessen) beeinträchtigt werden. Davon kann keine Rede sein, wenn bestimmte Vereinbarungen (z. B. Arbeitsverträge auf Lebenszeit, befristete Arbeitsverträge) vom Gesetz ausdrücklich vorgesehen sind, mögen sie sich auch im konkreten Einzelfall nachteilig auf andere Arbeitnehmer auswirken. In diesen Fällen ist die Drittwirkung vom Gesetz gestattet. Richardi[90] bezeichnet ebenfalls den oben wiedergegebenen Standpunkt Säckers[91] als zu weitgehend und hält eine begünstigende Vertragsabrede nur dann für unwirksam, „wenn sie dem Regelungsinhalt der Betriebsvereinbarung widerspricht und deshalb ihre Realisierung eine Drittwirkung zu Lasten anderer Arbeitnehmer entfaltet".

## III. Das Günstigkeitsprinzip im Verhältnis zwischen arbeitsvertraglicher Einheitsregelung einerseits und Tarifvertrag oder Betriebsvereinbarung andererseits

### A. Begriffsbestimmung und Problemstellung

1. Durch eine arbeitsvertragliche Einheitsregelung werden die Arbeitsbedingungen der Arbeitnehmer nach Maßgabe eines abstrakt-generellen Vergütungs- oder Leistungssystems durch den Abschluß inhaltlich gleichartiger Einzelarbeitsverträge betriebs-, unternehmens- oder konzerneinheitlich gestaltet. Die arbeitsvertragliche Einheitsregelung läßt sich in Anlehnung an Adomeit[92] in drei Hauptelemente aufgliedern: den materiellen Regelungsinhalt allgemeiner Arbeitsbedingungen (vom Arbeitgeber einheitlich vorformulierte Bestimmungen für die inhaltliche Gestaltung von Arbeitsverhältnissen)[93], die individualrechtliche Geltungsanordnung und den durch allgemeine, einheitliche und gleichmäßige Anwendung der vorentworfenen Ordnung entstehenden Kumulierungseffekt, der sich in parallelen, inhaltsgleichen Verträgen äußert. Das Gesamtgebilde konformer Arbeitsbedingungen geht nicht aus einem Kollektivvertrag zwischen den Koalitionen oder Betriebs-

---

[90] *Dietz / Richardi*, BetrVG, Bd. 2, § 77 Rdnr. 105.

[91] Vgl. § 5 II B 2, § 6 III.

[92] Rechtsquellenfragen, S. 116.

[93] *Däubler / Hege*, Tarifvertragsrecht, Rdnr. 119.

partnern hervor, sondern entwickelt sich aus einem einseitig vom Arbeitgeber fixierten, *nicht normativen,* sondern rein faktischen Plan. Dieser setzt lediglich die den Arbeitnehmern zukommenden (und oft zugleich auch die von ihnen geschuldeten) Leistungen systematisch zueinander in Bezug und begründet eine rechtliche Ordnung erst dadurch, daß durch Arbeitsverträge seine Geltung angeordnet wird. Allerdings erschöpft sich der Arbeitsvertragsschluß nicht in dieser Funktion. Zwar ist der Arbeitnehmer zunächst nur vor die Wahl gestellt, sich mit dem vorgegebenen Muster gegenseitiger Rechte und Pflichten einverstanden zu erklären oder auf den Abschluß des Arbeitsvertrags zu verzichten. Verschafft der Arbeitnehmer aber im Zusammenwirken mit dem Arbeitgeber dem Regelungsinhalt der allgemeinen Arbeitsbedingungen durch den Vertragsschluß Geltung, so wird dadurch ein wechselseitiger auf die Vertragserfüllung gerichteter Vertrauenstatbestand für beide Vertragsparteien begründet[94]. Die arbeitsvertragliche Einheitsregelung weist von ihrer rechtlichen Struktur her deutliche Gemeinsamkeiten mit den Allgemeinen Geschäftsbedingungen des Bürgerlichen Rechts auf: Beide Erscheinungen bezwecken Schematisierungen, beruhen auf *einzelvertraglicher Grundlage* und sind nur deshalb gegenüber dem Vertragsgegner durchsetzbar, weil in der Regel zwischen den Parteien ein Machtgefälle besteht.

2. Daß im Zuge einer arbeitsvertraglichen Einheitsregelung nachträglich keine ungünstigeren Arbeitsbedingungen vereinbart werden können, als sie ein bestehender, einschlägiger Tarifvertrag oder eine entsprechende Betriebsvereinbarung vorsehen, folgt aus dem Unabdingbarkeitsgrundsatz des § 4 Abs. 1 TVG bzw. § 77 Abs. 4 BetrVG und steht außer Frage[95]. Umstritten ist dagegen, ob das Günstigkeitsprinzip Anwendung findet, wenn ein Tarifvertrag oder eine Betriebsvereinbarung von einer bereits praktizierten arbeitsvertraglichen Einheitsregelung zum Nachteil der Arbeitnehmer abweicht.

Sofern das zu bejahen ist, schließt sich die weitere Überlegung an, ob jene Ordnung jeder für den Arbeitnehmer ungünstigen Veränderung trotzt. Ist das abzulehnen, so stellt sich schließlich die Frage, auf welchem rechtlichen Weg eine als notwendig erkannte Abänderung dogmatisch unbedenklich herbeigeführt werden kann.

---

[94] Ähnlich *Richardi,* Kollektivgewalt, S. 402.

[95] Ebenso *Jaeckle,* Ablösung, S. 112; ebenso unbestritten ist, daß das Günstigkeitsprinzip zwischen einem Kollektivvertrag und einer nachfolgenden arbeitsvertraglichen Einheitsregelung gilt.

### B. Die von der Rechtsprechung entwickelten Lösungen

Das Bundesarbeitsgericht hat in ständiger Rechtsprechung mit allerdings wechselnden Begründungen und nicht ohne erhebliche Einschränkungen die Abänderbarkeit arbeitsvertraglicher Einheitsregelungen durch verschlechternde kollektivvertragliche Vereinbarungen (Tarifvertrag, Betriebsvereinbarung) anerkannt.

1. Der 1. Senat setzte sich im Jahr 1957[96] erstmals mit der Frage auseinander, ob ein Tarifvertrag die Bestimmungen einer arbeitsvertraglichen Einheitsregelung auch zum Nachteil der Arbeitnehmer ablösen kann. Das Gericht löste das Problem, indem es das *Ordnungsprinzip*[97] heranzog, das ohne nähere Begründung dem Wesen des Tarifvertrags entnommen wurde, und es auf das Verhältnis von arbeitsrechtlichen Gestaltungsfaktoren verschiedenen Rangs und unterschiedlichen Rechtscharakters anwandte. Das Günstigkeitsprinzip wurde hingegen ausschließlich auf individuelle Sonderabmachungen reduziert[98], die insbesondere auf der Grundlage des Leistungsprinzips oder der sozialen Bedürftigkeit getroffen worden waren. Dem Bundesarbeitsgericht zufolge müsse für günstigere einheitliche Arbeitsbedingungen, die vor Abschluß des verschlechternden Tarifvertrags vereinbart worden waren, das Günstigkeitsprinzip zurücktreten, weil es anderenfalls einen nicht gerechtfertigten Einbruch in die Tarifautonomie bedeuten würde; für die Tarifpartner würde nämlich die Möglichkeit zur Schaffung einheitlicher Arbeitsbedingungen auf kollektiver Ebene erheblich erschwert oder gar ausgeschlossen werden. Dieser Rechtsprechung des 1. Senats hat sich auch der 5. Senat[99] angeschlossen.

2. Nahezu identisch hat das Bundesarbeitsgericht zunächst auch das Verhältnis zwischen einer arbeitsvertraglichen Einheitsregelung und einer aus der Sicht der Arbeitnehmer die Arbeitsbedingungen verschlechternden Betriebsvereinbarung beurteilt. Schon bevor der 1. Senat seine oben erwähnte Entscheidung[100] verkündet hatte, gelangte der

---

[96] BAGE 5, 130.

[97] Das BAG bekannte sich erstmals in AP Nr. 5 zu § 9 TVG ausdrücklich zum Ordnungsprinzip. Es war bereits zuvor in BAGE 1, 205, 213 angeklungen. Seine Bedeutung läßt sich in Anlehnung an den Beschluß des Großen Senats des BAG, BAGE 8, 285, 311 folgendermaßen umreißen: Es betrifft den Fall, daß an die Stelle einer bisherigen allgemeinen Regelung eines arbeitsrechtlichen Tatbestands eine neue allgemeine Regelung dieses Tatbestands tritt, und besagt hierfür, daß die bestehenden Arbeitsverhältnisse in vollem Umfang von dieser ergriffen werden, und zwar ohne Rücksicht darauf, ob die bisherigen Regeln günstiger waren als die neue Regelung.

[98] Ebenso BAG AP Nr. 26 zu § 44 Truppenvertrag; siehe hierzu auch § 3 B 3 Fn. 211.

[99] BAG AP Nr. 7 zu § 4 TVG Günstigkeitsprinzip.

[100] BAGE 5, 130.

2. Senat[101] zu dem Ergebnis, daß an die Stelle einer bestehenden allgemeinen Regelung der Arbeitsverhältnisse eine neue durch Betriebsvereinbarung erfolgte Gestaltung treten kann, selbst wenn sie sich auf das von dem einzelnen Arbeitnehmer bisher erzielte Arbeitsentgelt nachteilig auswirkt. Warum sich der Arbeitnehmer in diesem Fall nicht auf das Günstigkeitsprinzip berufen konnte, begründete das Gericht mit keinem Wort. In den nahezu gleichzeitig ergangenen Entscheidungen des 1. und 3. Senats[102] im Jahr 1962 stützten sich diese auf das Ordnungsprinzip, dessen Rechtsgrundlage der 1. Senat allerdings abweichend von der bisherigen Rechtsprechung erklärte: Es ergebe sich nämlich „regelmäßig auch aus der Auslegung der vorhergehenden Einheitsregelung bei Berücksichtigung ihres der Sache nach kollektiven Ursprungs". Sie stehe „unter dem Vorbehalt, daß die bestehende Ordnung dann ihre Geltung verliert, wenn im gleichen Geltungsbereich eine andere allgemeine Ordnung in Kraft tritt". Damit war der kollektivrechtliche Charakter des Ordnungsprinzips in Frage gestellt worden. Da die Heranziehung des Ordnungsprinzips durch das Bundesarbeitsgericht auf erheblichen Widerspruch im Schrifttum gestoßen war, dem sich das Gericht nicht verschließen wollte, änderte es im Jahr 1970[103] seine Begründung. Der 3. Senat „unterstellte" nunmehr, daß es das Ordnungsprinzip als Rechtsgrundsatz nicht gäbe[104]. Der Senat hielt jedoch daran fest, daß auch künftig Korrekturen betrieblicher Ruhegeldordnungen und deren Anpassung an geänderte Umstände möglich sein müssen und zwar auch dann, wenn diese Ruhegeldordnungen Inhalt der einzelnen Arbeitsverhältnisse geworden sind. Das individualrechtliche Instrumentarium (Änderungsvertrag, Massenänderungskündigung) erschien ungeeignet, um eine „Versteinerung" der Ruhegeldordnungen zu verhindern[105]. Aus diesem Befund sowie aus der Fragwürdigkeit des Ordnungsprinzips schloß das Bundesarbeitsgericht, daß das geltende Recht eine anfängliche offene Regelungslücke aufweise[106], die im Wege der richterlichen Rechtsfortbildung durch eine aus dem „Vereinbarungs- und Mitbestimmungsgedanken" gefolgerte *Ablösungsbefugnis* der Betriebspartner zu schließen sei. Da die Betriebsvereinbarung in besonderem Maße als Rechtsgrundlage einer Ruhegeldordnung geeignet sei, müsse nicht nur die erstmalige Festlegung von Ruhegeldrichtlinien in dieser Rechtsform befürwortet, sondern auch

[101] BAGE 3, 274, 277.

[102] BAG AP Nr. 87 zu § 242 BGB Ruhegehalt bzw. BAG AP Nr. 1 zu § 4 TVG Ordnungsprinzip.

[103] BAGE 22, 252.

[104] BAGE 22, 252, 263.

[105] Die Feststellung wurde jüngst erneut hervorgehoben in BAG DB 1982, 46, 47; ebenso BAG DB 1982, 2298, 2299.

[106] BAGE 22, 252, 263.

die Überführung bestehender vom Arbeitgeber „erlassener" Ruhegeldordnungen in betriebliche Ruhegeldvereinbarungen zugelassen werden. Dadurch wurde es möglich, eine betriebliche Einheitsregelung durch eine Betriebsvereinbarung in gleichem Umfang abzuändern wie eine frühere Betriebsvereinbarung durch eine spätere. Ohne das Ordnungsprinzip aufzugeben, übernahm der 2. Senat[107] als Parallelbegründung diesen Lösungsweg, den er mit dem Terminus „*Ablösungsprinzip*" kennzeichnete. An diesem Prinzip bzw. am „Rechtsinstitut der ablösenden Betriebsvereinbarung"[108] hielten der 2. und 3. Senat des Bundesarbeitsgerichts bis heute unverändert fest[109]. Das Landesarbeitsgericht Düsseldorf[110] hat die dargestellte Rechtsprechung zur Abänderbarkeit von Ruhegeldordnungen generell auf soziale Leistungen des Arbeitgebers ausgeweitet[111]. Wie Backhaus[112] zutreffend feststellt, ist zur Zeit offen, wie das Bundesarbeitsgericht das Problem der Abänderbarkeit einer Einheitsregelung durch Tarifvertrag lösen will, nachdem es das Ordnungsprinzip aufgegeben hat.

3. Das Bundesarbeitsgericht hat sich durch seine Ablehnung des Günstigkeitsprinzips und Anerkennung des Ordnungs- und später des Ablösungsprinzips grundsätzlich für eine *inhaltsneutrale Kollisionsregel* entschieden. Das Gericht sah sich jedoch gezwungen, hiermit einhergehende Härten und Ungerechtigkeiten durch Einschränkungen seines Lösungswegs auszugleichen. Zunächst soll die Ablösung einer arbeitsvertraglichen Einheitsregelung nur unter der Voraussetzung möglich sein, daß die neue kollektive normative Ordnung den gleichen *Geltungsbereich* hat wie die frühere Einheitsregelung[113]. Schon zuvor hatte der

---

[107] BAGE 23, 257, 274 f.

[108] So die Bezeichnung von *Hilger / Stumpf*, Ablösung, S. 209, 212 ff.

[109] BAGE 27, 194, 195 f., LS 4; BAG AP Nr. 185 zu § 242 BGB Ruhegehalt; AP Nr. 8 zu § 1 BetrAVG Wartezeit; AP Nr. 3 zu § 1 BetrAVG; BAG DB 1982, 46, 47. Das BAG läßt aber eine Betriebsvereinbarung nicht in solche Versorgungsanwartschaften eingreifen, die die Arbeitnehmer aufgrund einer individuellen Zusage erworben haben, BAG AP Nr. 177 zu § 242 BGB Ruhegehalt. Der 1. Senat wendet das Institut der ablösenden Betriebsvereinbarung sogar auf den Fall an, daß eine Betriebsvereinbarung an die Stelle einer anderen (Sozialplan) tritt, BAG AP Nr. 12 zu § 112 BetrVG, obwohl dazu wegen des Grundsatzes „lex posterior derogat legi priori" kein Bedürfnis besteht; nach einem Urteil des 3. Senats, DB 1983, 944, 945 regelt sich auch das Verhältnis zwischen einem früheren und einem späteren Tarifvertrag nach dem Ablösungsprinzip.

[110] DB 1982, 655.

[111] Ebenso LAG Hamm, ARSt. 1975 Nr. 1200; LAG Düsseldorf, AuR 1980, 124; ferner *Hilger*, Anmerkung zu BAG AP Nr. 12 zu § 112 BetrVG; eine andere Entscheidung des LAG Düsseldorf, DB 1981, 2545 läßt allerdings gegenüber der BAG-Rechtsprechung deutliche Vorbehalte erkennen; auch *Kissel*, Aspekte, S. 10, 23 hat eine so weitgehende Abschlußkompetenz des Betriebsrats „von der Systematik her" als einen „Fremdkörper" bezeichnet.

[112] AuR 1983, 65, 75.

Große Senat des Bundesarbeitsgerichts[114] entschieden, daß eine Betriebsvereinbarung einem Versorgungsberechtigten dann keine Rechte mehr abschneiden kann, wenn der Versorgungsfall (Betriebsrente) bereits eingetreten ist. Dasselbe soll gelten, wenn der Eintritt der Ruhegeldberechtigung für den einzelnen Versorgungsberechtigten unmittelbar bevorsteht[115] sowie für Arbeitnehmer, denen mit Vollendung des 65. Lebensjahres der Versorgungsanspruch angewachsen ist, die aber über das 65. Lebensjahr hinaus im Dienst verbleiben[116]. Durch diese Einschränkungen versucht das Bundesarbeitsgericht den *Vertrauensschutzgedanken* angemessen zu berücksichtigen[117]. Bei Eingriffen in vorhandene Versorgungsrechte wird der Vertrauensschutz, der auch als „*abstrakte Billigkeitskontrolle*" bezeichnet wird[118], ergänzt durch eine „Härteklausel" in Gestalt einer „*konkreten Billigkeitskontrolle*"; durch sie wird geprüft, ob die Neuregelung im Einzelfall Wirkungen entfaltet, die „nach dem Regelungsplan nicht beabsichtigt sein können und unbillig erscheinen"[119]. Soweit allerdings eine Versorgungsanwartschaft noch nicht erdient ist, sollen im Rahmen der Billigkeitskontrolle lediglich die sachlichen Gründe, die den Arbeitgeber bzw. die Betriebspartner zur Änderung der Versorgungsordnung veranlaßt haben, geprüft und gegenüber den Abstrichen abgewogen werden, die die betroffenen Arbeitnehmer hinnehmen sollen. Die „Steigerungsbeträge", für die die Gegenleistungen noch nicht erbracht wurden, genießen also einen geringeren Vertrauens- und Bestandsschutz[120]. In all den beschriebenen Ausnahmefällen bleibt die vorherige für den Arbeitnehmer günstigere individualrechtliche Regelung gegenüber der späteren kollektivrechtlichen bestehen. Das Bundesarbeitsgericht führte aber diese Durchbrechungen nicht auf das Günstigkeitsprinzip zurück, sondern nahm eine bloße Ergebniskorrektur anhand von Billigkeitserwägungen vor.

4. Wie bereits oben[121] dargelegt wurde, hat der 6. Senat des Bundesarbeitsgerichts[122] einen neuen Lösungsweg beschritten. Im Unterschied

---

[113] BAG AP Nr. 87 zu § 242 BGB Ruhegehalt.

[114] BAGE 3, 1, LS 1.

[115] BAG AP Nr. 87 zu § 242 BGB Ruhegehalt unter Bezugnahme auf BAGE 3, 327.

[116] BAGE 22, 252, LS 3.

[117] Siehe Näheres dazu in BAG DB 1982, 46, 48; BAG NJW 1982, 1773; einen guten Überblick zur Durchführung der ablösendenden Betriebsvereinbarung nach der Rechtsprechung des Bundesarbeitsgerichts geben *Ahrend*, BetrAV 1982, 96, 98 - 100 sowie *Höfer / Küpper*, BB 1982, 565 - 575.

[118] BAG DB 1982, 46, 48.

[119] BAG DB 1982, 46, 48.

[120] BAG NJW 1982, 1773, 1774.

[121] Siehe § 5 II A 3.

[122] DB 1982, 2298.

zur Rechtsprechung der vorstehend erwähnten Senate[123] hält der 6. Senat den Eingriff in durch vertragliche Einheitsregelungen gestaltete Ansprüche durch Betriebsvereinbarung nur insoweit für zulässig, als es sich um Angelegenheiten handelt, die zum Bereich der erzwingbaren Mitbestimmung nach § 87 BetrVG gehören[124]. Bei Betriebsvereinbarungen, die im Rahmen der freiwilligen betrieblichen Mitwirkung nach § 88 BetrVG abgeschlossen werden, fehle dem Betriebsrat die Kompetenz zur Einwirkung auf einzelvertragliche Ansprüche[125]. Der 5. Senat, der sich für das Ordnungsprinzip ausgesprochen hatte, jedenfalls wenn ein Tarifvertrag auf eine arbeitsvertragliche Einheitsregelung folgt[126], hat durch einen Vorlagebeschluß[127] nach § 45 Abs. 2 Satz 2 ArbGG den Großen Senat des Bundesarbeitsgerichts angerufen um zu klären, welchem Lösungsweg zu folgen sei[128].

## C. Die vom Schrifttum entwickelten Lösungen

Das Schrifttum läßt sich zunächst in zwei Hauptgruppen unterteilen, deren Konzeptionen hier nur in den wesentlichen Grundzügen dargestellt werden können: Die eine Gruppe läßt sich dadurch kennzeichnen, daß sie zu gleichen oder zumindest ähnlichen Ergebnissen gelangt wie das Bundesarbeitsgericht. Einzelne Vertreter dieser Richtung haben durch ihre Lehre erst die Grundlage für die oben skizzierte Rechtsprechung geschaffen. Die andere Gruppe von Autoren bewertet dagegen die individualrechtliche Rechtsposition des Arbeitnehmers höher als die Einheitlichkeit der kollektiven tariflichen oder betrieblichen Ordnung und gelangt daher zu einer weitgehenden Anwendbarkeit des Günstigkeitsprinzips auch auf das Verhältnis zwischen arbeitsvertraglicher Einheitsregelung einerseits und nachfolgender kollektiver Regelung desselben Gegenstands durch Tarifvertrag und Betriebsvereinbarung andererseits.

---

[123] Siehe § 5 III B.

[124] Siehe auch § 5 II A 3.

[125] So auch die Zusammenfassung der Position des 6. Senats durch den Vorlagebeschluß des 5. Senats, DB 1983, 346.

[126] BAG AP Nr. 7 zu § 4 TVG Günstigkeitsprinzip; der 5. Senat zitiert dieses Urteil in seinem Vorlagebeschluß allerdings nicht.

[127] DB 1983, 346.

[128] *Backhaus*, AuR 1983, 65, 75 bezeichnet das als längst fälligen Schritt, um die für die Praxis unerträgliche Rechtsunsicherheit in dieser Frage zu beseitigen.

### *1. Konzeptionen für eine inhaltsneutrale Ablösbarkeit arbeitsvertraglicher Einheitsregelungen durch Tarifvertrag und Betriebsvereinbarung*

a) Das vom Bundesarbeitsgericht wiederholt herangezogene *Ordnungsprinzip* wurde von Nipperdey[129] im Jahre 1937, also unter der Geltung des AOG, aufgestellt, um die Ablösung einer kollektiven allgemeinen arbeitsrechtlichen Regelung durch eine andere zu erklären. Nach der Lehre von Nipperdey[130] bestand die Wirkung dieses Prinzips in folgendem: Setzte der Treuhänder der Arbeit oder der Führer des Betriebes an die Stelle einer bisherigen allgemeinen Ordnung der Arbeitsverhältnisse eine neue Ordnung des gleichen Geltungsbereichs, so ergebe sich aus dem Ordnungsprinzip die alleinige Geltung der neuen Ordnung, ohne Rücksicht darauf, ob die bisherige Ordnung für die Beschäftigten günstiger war. Es war allerdings nicht auf gleichrangige kollektive Regelungen beschränkt[131], sondern wurde u. a. auch bei einer Kollision zwischen einseitig vom Arbeitgeber gestalteten allgemeinen Arbeitsbedingungen und einer nachfolgenden Betriebsordnung (nicht jedoch einer Tarifordnung) herangezogen[132]. Als Begründung führte Nipperdey an, daß das AOG die allgemeinen Arbeitsbedingungen und die Betriebsordnung in gleicher Weise als „Ordnungen" sehe, deren Ablösbarkeit daher auch unterschiedslos durch das Ordnungsprinzip beherrscht werde[133]. Es stand aber nach der Lehre Nipperdeys in beschränktem Rahmen zur Disposition der Parteien des Einzelarbeitsvertrags. Sicherte nämlich der Betriebsführer die allgemeinen Arbeitsbedingungen dem Arbeitnehmer individuell zu, so nahmen diese den Charakter besonderer Leistungsbedingungen an und blieben als günstigere Abmachungen gegenüber einer ungünstigeren neuen Betriebsordnung bestehen[134]. Während für Nipperdey also noch in gewissem Umfang der Wille der Parteien des Einzelvertrags maßgebend war (das Ordnungsprinzip diente als Auslegungsgrundsatz), grenzte Siebert[135] das Günstigkeitsprinzip und das Ordnungsprinzip funktionell vonein-

[129] Mindestbedingungen, S. 257 - 269; eine ausführliche Darstellung und Analyse von Nipperdeys Lehre vom Ordnungs-, Spezialitäts- und Leistungsprinzip findet sich bei *Richardi,* Kollektivgewalt, S. 398 - 400.

[130] Mindestbedingungen, S. 257, 262.

[131] Dafür hätte der Grundsatz „lex posterior derogat legi priori" genügt; vgl. *Dietz / Richardi,* BetrVG, Bd. 2, § 77 Rdnr. 118.

[132] *Nipperdey,* Mindestbedingungen, S. 257, 268; anders jedoch RAG Bensh Samml. 31, 173, 175; in diesem Punkt mißdeutet *Fette,* Günstigkeitsvergleich, S. 24 f. die Ausführungen Nipperdeys.

[133] Im Verhältnis zur Tarifordnung sollte dagegen für beide Gestaltungen das Spezialitätsprinzip gelten.

[134] *Hueck / Nipperdey / Dietz,* AOG, § 30 Rdnr. 18 e.

[135] Arbeitsverfassung, S. 91; ders., Kollektivnorm, S. 119, 126 f.

ander ab, betonte also stärker objektive Gesichtspunkte. Das Günstigkeitsprinzip sollte nur für Vereinbarungen gelten, die eine natürliche „Individualisierungs- und Garantiefunktion" erfüllten, während das Ordnungsprinzip eingreife, wenn in der generellen einzelvertraglichen Ordnung weder der Leistungs- noch der Bedürftigkeitsgedanke noch ein sonstiges individuelles Moment berücksichtigt werde; in diesem Fall bestehe nämlich kein wesentlicher Unterschied zu einer auch formell kollektiven Regelung. Nipperdey bestätigte seine Lehre später — nunmehr auch unter Bezugnahme auf die Rechtsprechung des Bundesarbeitsgerichts —, wobei er das Ordnungsprinzip zwischen der arbeitsvertraglichen Einheitsregelung einerseits und dem Firmentarif, dem firmenbezogenen Verbandstarif (nicht aber dem allgemeinen Verbandstarif) und der Betriebsvereinbarung andererseits anwandte[136].

b) Verschiedentlich wird die Abänderungsbefugnis der Betriebs- und Sozialpartner auf einen *stillschweigenden Änderungsvorbehalt* der arbeitsvertraglichen Einheitsregelung zurückgeführt; dieser Vorbehalt sei hier im Wege der ergänzenden Auslegung dem Vertrag zu entnehmen[137]. Bei dieser Konzeption steht erkennbar das Bemühen im Vordergrund, eine Schlechterstellung der tarifgebundenen Arbeitnehmer gegenüber den Außenseitern zu verhindern, wenn ein Tarifvertrag ungünstigere Arbeitsbedingungen schafft. Über den Änderungsvorbehalt soll nämlich die neue Tarifregelung für alle Arbeitnehmer gelten, auf die

---

[136] *Hueck / Nipperdey*, II. Bd., 1. Halbbd., S. 593; das Ordnungsprinzip wird ferner befürwortet u. a. von: *Hilger*, Ruhegeld, S. 230 f.; dies., BB 1958, 417, 418; *Biedenkopf*, Grenzen, S. 229 Fn. 32; S. 251 Fn. 123; nur noch eingeschränkt, ders., Auswirkungen, S. 79, 91, soweit die Einheitlichkeit selbst dem Schutz des Arbeitnehmers dient; *Monjau*, DB 1959, 707, 709; *Kammann*, RdA 1967, 401, 403 ff.; *Säcker*, RdA 1969, 291, 299 f.; ders., Gruppenautonomie, S. 355 - 359 (Säcker verwendet den Terminus „Ordnungsprinzip" jedoch nur als Kürzel für die eigene Lösung; vgl. Gruppenautonomie, S. 327; dazu *Canaris*, RdA 1974, 18, 23); *Fitting / Auffarth / Kaiser*, BetrVG, § 77 Rdnr. 41; *Weiss*, BetrVG, § 77 Rdnr. 7; *Stege / Weinspach*, BetrVG, § 77 Rdnr. 31; *Bobrowski / Gaul*, Arbeitsrecht, Bd. II, S. 351; *Etzel*, Betriebsverfassungsrecht, S. 277 f.; *Wiedemann / Stumpf*, TVG, § 4 Rdnr. 320 sprechen sich für eine Beschränkung der mit dem Ordnungsprinzip beschriebenen Kollisionsregel auf das Verhältnis von Betriebsvereinbarungen zu betriebseinheitlichen Arbeitsbedingungen aus; für das Ablösungsprinzip *Galperin / Löwisch*, BetrVG, Bd. II, § 77 Rdnr. 98; *Ahrend / Förster / Rühmann*, DB 1982, 224, 226.

[137] Dieser Ansatz, der sich dadurch auszeichnet, daß er die Ablösungsbefugnis nicht dem Kollektivvertrag entnimmt, sondern sie auf die arbeitsvertragliche Einheitsregelung selbst zurückführt, wurde erstmals von *Beitzke*, Anmerkung zu BAG AP Nr. 11 zu Art. 44 Truppenvertrag, angeregt und weiterverfolgt von *Neumann-Duesberg*, Betriebsverfassungsrecht, S. 397 f.; ders., JZ 1960, 525, 526, der der Einheitsregelung unter Umständen eine auflösende Bedingung entnehmen will; *Hueck*, G., Gestaltung, S. 203, 227 für Änderungsvorbehalt; *Hueck / Nipperdey / Stahlhacke*, TVG, § 4 Rdnr. 217: „Wer eine vorhandene allgemeine Ordnung einfach übernimmt, der anerkennt auch eine künftige Änderung durch eine allgemeine kollektive Ordnung, ..."; *Courth*, Günstigkeitsprinzip, S. 28 - 33.

zuvor die Einheitsregelung Anwendung fand, indem die tarifliche Regelung mit individualrechtlichen Mitteln in das Arbeitsverhältnis transformiert wird[138].

c) Für Richardi[139], der im Grundsatz der zuletzt beschriebenen Konzeption folgt, ist entscheidend, welches *Maß an Bestandssicherung* die Arbeitnehmer der einheitlichen Regelung zumessen. Maßgebend sei, ob die Arbeitnehmer den kollektiven Charakter der Regelung erkennen konnten und sich nach Treu und Glauben auf den Vorbehalt hätten einlassen müssen, daß sie durch Tarifvertrag oder Betriebsvereinbarung geändert werden kann, wenn die Parteien bei Vertragsabschluß daran gedacht hätten; die einheitliche Gestaltung muß also nach außen hervorgetreten sein.

d) Namentlich auf Hilger[140] und Karakatsanis[141] geht die Auffassung zurück, nicht das bloß formale Kriterium des Zustandekommens einer vertraglichen Einheitsregelung dürfe entscheidend sein[142], sondern es sei auch, wenn nicht sogar in erster Linie, auf den *Regelungsinhalt* abzustellen. Bei dieser Betrachtungsweise können sich auf individualrechtlicher Grundlage sowohl Rechtsansprüche kollektivrechtlicher Natur als auch individualrechtlicher Natur ergeben: Kollektiven Rechtscharakter soll der Anspruch aufweisen, wenn ihn der Arbeitnehmer kraft seiner Stellung innerhalb des Kollektivs erwirbt und es nicht auf seine Person, sondern seine Funktion, insbesondere also auf seinen Arbeitsplatz ankommt (objektive abstrakte Voraussetzungen; auf eine kollektive Situation bezogene Gruppenrechte). Insoweit sei die Einheitsregelung gegenüber einer kollektivvertraglichen Regelung funktions- und wirkungsgleich. Individualrechtliche Qualität sollen dagegen solche Ansprüche haben, die dem Einzelnen um seiner Person willen zustehen. Schutz vor dem kollektiven Zugriff sollen nun nur solche Rechtsstellungen verdienen, die nach ihrem Inhalt individuellen Charakter haben (Günstigkeitsprinzip). Generelle „einzelvertragliche" Rechte sollen dagegen der nachfolgenden kollektiven Regelung aufgrund des Ordnungsprinzips weichen[143]. Der Bestandsschutz einzelvertraglicher Rechte wäre danach nicht mehr von ihrer Rechtsgrundlage abhängig, sondern nur von dem Gehalt des Rechts[144].

---

138 *Zöllner*, RdA 1969, 250, 254.

139 RdA 1965, 49, 56; ders., Kollektivgewalt, S. 404 f.; *Dietz / Richardi*, BetrVG, Bd. 2, § 77 Rdnr. 124.

140 BB 1958, 417, 418; dies., Ruhegeld, S. 228 ff.; dies., Einfluß, F 5, F 18 f.; zustimmend *Kammann*, RdA 1967, 401, 405.

141 Gestaltung, S. 41 - 51.

142 So auch *Säcker*, Gruppenautonomie, S. 358.

143 Ähnlich *v. Hoyningen-Huene*, Betriebsverfassungsrecht, S. 150.

e) Auch Lieb[145] führt die Abänderbarkeit einer arbeitsvertraglichen Einheitsregelung durch eine Betriebsvereinbarung auf deren jeweiligen Regelungsinhalt zurück. Nicht die rechtliche Gestaltungsform der Einheitsregelung begründe ihre leichtere Abänderbarkeit (im Vergleich zum echten Individualvertrag), es sei vielmehr „der Aspekt einer weit in die Zukunft reichenden und damit in ihren Auswirkungen nicht ausreichend vorhersehbaren Regelung". Da sich die zukünftige Entwicklung auch nicht einigermaßen ausreichend prognostizieren lasse, könne kein schutzwürdiges Vertrauen in den Fortbestand der Regelung entstehen. Der Begünstigte müsse bei generellen, weit in die Zukunft reichenden Regelungen damit rechnen, daß zumindest diejenige Zeit, die noch vor ihm liege, nach veränderten rechtlichen Grundsätzen beurteilt und behandelt werde. Aus dieser inhaltlich begründeten Abänderbarkeit leitet Lieb für die individualrechtliche Ebene ein Widerrufsrecht des Arbeitgebers ab, das dieser „aus sachlichen (vernünftigen) und nicht erst aus wichtigen Gründen oder gar erst bei wirtschaftlicher Notlage ... mit Wirkung für die Zukunft" ausüben könne.

f) In Anlehnung an die frühe Rechtsprechung des Bundesarbeitsgerichts[146], das das Ordnungsprinzip deshalb für notwendig erachtete, weil für die Sozialpartner anderenfalls die Möglichkeit zur Schaffung einheitlicher Arbeitsbedingungen auf kollektiver Ebene erheblich erschwert oder gar ausgeschlossen werde, leitete Säcker[147] aus Art. 9 Abs. 3 GG die kollektivrechtliche Regelungszuständigkeit im Bereich arbeitsvertraglicher Einheitsregelungen ab. Der Kernbereichsgarantie von Art. 9 Abs. 3 GG entnimmt Säcker[148] eine „Normsetzungsprärogative", mit der tarifresistente arbeitsvertragliche Einheitsregelungen unvereinbar seien. Jene lasse sich nämlich nicht auf die „Aufgabe ständiger ‚Eskalierung' der Allgemeinen Arbeitsbedingungen" reduzieren[149]; vielmehr sei die Zuständigkeit der Koalitionen in Zeiten nachlassender Konjunktur auch für die Anpassung über- und außertariflicher Löhne und Sozialleistungen an die veränderte wirtschaftliche Situation, d. h. für den Abbau der effektiven Arbeitsbedingungen[150] gegeben. Nach dieser von Säcker[151] im tariflichen Bereich allerdings auf den Firmentarifvertrag und den firmenbezogenen Verbandstarifvertrag beschränk-

---

[144] *Hilger*, Ruhegeld, S. 230; siehe ferner dies., Anmerkung zu BAG AP Nr. 12 zu § 112 BetrVG.

[145] Anmerkung, SAE 1983, 130, 132.

[146] BAGE 5, 130, 135; BAG AP Nr. 7 zu § 4 TVG Günstigkeitsprinzip.

[147] Gruppenautonomie, S. 308 - 330.

[148] Gruppenautonomie, S. 253 - 269.

[149] *Säcker*, Gruppenautonomie, S. 312.

[150] *Canaris*, RdA 1974, 18, 23.

[151] Gruppenautonomie, S. 324 f.

ten Konzeption sind die Allgemeinen Arbeitsbedingungen, die nicht Inhalt des Arbeitsvertrags werden sollen[152], sondern seinen Inhalt von außen bestimmen[153], kraft des Grundgesetzes (Art. 9 Abs. 3 GG) tarifdispositiv[154]. Daraus folgt allerdings noch keine Begründung für die Abänderungsbefugnis der Betriebspartner; denn auch Säcker verkennt nicht, daß die Betriebsautonomie nicht aus Art. 9 Abs. 3 GG hervorgeht. Dennoch plädiert er für die Abänderungsbefugnis auch der Betriebspartner[155]. Anderenfalls sei nämlich das Regelungsinstrument der Betriebsvereinbarung „stumpf", und es würden Wertungswidersprüche zum Tarifrecht geschaffen werden. Da schließlich auch ein besonderes Vertrauen der Arbeitnehmer in den unveränderten Fortbestand gerade Allgemeiner Arbeitsbedingungen rechtstatsächlich in keiner Weise nachweisbar zutage getreten sei[156], hält es Säcker[157] „gerechtigkeitspolitisch" für unausweichlich, kollektivvertragliche und individualvertragliche Allgemeinregelungen gleich zu behandeln und den Unterschied in der rechtlichen Qualität — dort Norm, hier Vertrag — für irrelevant zu erklären.

g) Ahrend[158] vertritt den Standpunkt, die betriebsverfassungsrechtlichen Grundsätze über die Mitbestimmung hätten dazu geführt, daß sich Gesamtzusagen als Kollektivvereinbarungen darstellten. Daß betriebliche Versorgungswerke in ihrer inhaltlichen Ausgestaltung dem erzwingbaren Mitbestimmungsrecht des Betriebsrats unterliegen, bewirke, daß generelle betriebseinheitliche Versorgungsregelungen auch zu Lasten einzelner Arbeitnehmer über eine Betriebsvereinbarung abgeändert werden könnten. Die Gesamtzusage habe „praktisch" Normativität, weshalb auf ihr Verhältnis zu einer späteren Betriebsvereinbarung der allgemeine Rechtsgrundsatz „lex posterior derogat legi priori" anwendbar sei.

h) Buchner[159], der bei der Reform des Betriebsverfassungsgesetzes im Jahre 1971 noch gefordert hatte, das Günstigkeitsprinzip in § 77 Abs. 4 Satz 1 RegE zu positivieren[160], läßt nunmehr die arbeitsvertragliche

[152] *Säcker*, Gruppenautonomie, S. 495.

[153] Vgl. die ähnliche Konstruktion bei *Herschel*, DAR 1944, 38, 40; ders., DR 1942, 753, 754.

[154] Vgl. *Herschel*, AuR 1974, 33, 35.

[155] *Säcker*, Gruppenautonomie, S. 357; ders., AR-Bl. [D] Betriebsvereinbarung I, Übersicht (D) II. 4. d) bb) mit zahlr. Hinw. auf Rechtsprechung und Schrifttum.

[156] *Dreyer*, Einzelvertragliche Einheitsregelung, S. 122 f. vermutet allerdings das Gegenteil.

[157] Gruppenautonomie, S. 314 f.

[158] Ruhegeldrecht, S. 17, 25.

[159] DB 1983, 877, 883; siehe auch § 5 II A 4 b), c).

[160] Die AG 1971, 189, 196.

Gestaltungsbefugnis immer schon dann zugunsten des kollektiven Regelungsbegehrens des Betriebsrats zurücktreten, wenn die vom Arbeitgeber gewährte Leistung kollektiven Bezug hat. Sofern diese Voraussetzung erfüllt sei, könnten die Arbeitnehmer ihre Interessen nicht mehr allein individualrechtlich wahrnehmen. Während die Tarifautonomie die Gestaltungsbefugnis des Einzelnen auf arbeitsvertraglicher Ebene unberührt lasse und damit dem Arbeitnehmer die Schaffung günstigerer Positionen mit individualrechtlichen Gestaltungsmitteln offenhalte, blocke das Betriebsverfassungsrecht sie ab.

### 2. *Die Konzeption einer nur einseitigen, inhaltsbezogenen Ablösbarkeit arbeitsvertraglicher Einheitsregelungen durch Tarifvertrag oder Betriebsvereinbarung*

a) aa) Die nach Zöllner[161] herrschende Lehre erkennt eine Differenzierung zwischen Einheitsvertrag und individueller Vereinbarung im Rahmen von § 4 Abs. 3 TVG nicht an und befürwortet — jedenfalls im Grundsatz — die Geltung des Günstigkeitsprinzips auch bei einer Regelungskollision zwischen Einheitsvertrag einerseits und Tarifvertrag oder Betriebsvereinbarung andererseits[162]. Die für diese Konzeption maßgebenden Gründe erwachsen aus der Ablehnung der von der Gegenmeinung befürworteten Restriktion des Günstigkeitsprinzips. Auf Kritik stößt schon die Ausgangsthese der Gegenmeinung, wonach es nur etwas über das Verhältnis von individuellen und kollektiven Vereinbarungen besagen soll. Denn — so Däubler / Hege[163] — es ist unbestritten, daß auch günstigere Einheitsregelungen einem Tarifvertrag vorgehen, wenn sie *nach* dessen Abschluß vereinbart wurden. Warum aber die nachträgliche Vereinbarung einer günstigeren Einheitsregelung die Tarifautonomie weniger beeinträchtige als die Weitergeltung einer solchen Regelung, sei unerfindlich[164]. Zudem ermangele es

---

[161] Arbeitsrecht, S. 260 Fn. 11; ebenso *Säcker*, AR-Bl. [D] Tarifvertrag I, C Verhältnis zu anderen Rechtsquellen (XII).

[162] *Zöllner*, Arbeitsrecht, S. 260 f.; *Brox*, Grundbegriffe, Rdnr. 47; *Däubler / Hege*, Tarifvertragsrecht, Rdnr. 119 - 125; *Canaris*, RdA 1974, 18, 24; *Brox*, BB 1966, 1190, 1191 f.; ders., Abbau, S. 197, 203; *Söllner*, Leistungsbestimmung, S. 38; *Bulla*, RdA 1962, 6, 14; *Hueck*, G., Gestaltung, S. 203, 227, soweit der Einheitsregelung kein Änderungsvorbehalt zu entnehmen ist; mit ähnlicher Einschränkung *Richardi*, RdA 1965, 49, 55; ders., Kollektivgewalt, S. 401 - 406; ders., ZfA 1970, 85, 92; *Neumann-Duesberg*, Betriebsverfassungsrecht, S. 397 f.; ders., JZ 1960, 525, 526 f., sofern die Einheitsregelung nicht unter einer auflösenden Bedingung (Abschluß eines Tarifvertrages) steht; *Gramm*, AuR 1961, 353 - 357; *Nikisch*, Arbeitsrecht, II. Bd., S. 429 f.; ders., Anmerkung, SAE 1960, 146; *Stahlhacke*, RdA 1959, 266, 272; *Wlotzke*, Günstigkeitsprinzip, S. 47 f.; für das schweizerische Recht *Stöckli*, Allgemeine Arbeitsbedingungen, S. 103 - 105.

[163] Tarifvertragsrecht, Rdnr. 123; auch *Canaris*, RdA 1974, 18, 24 weist auf diesen Aspekt hin; ebenso *Jaeckle*, Ablösung, S. 134.

[164] *Hueck*, G., Gestaltung, S. 203, 224.

der Gegenmeinung nicht nur jeder stichhaltigen Begründung für ihre mit dem Wortlaut und den Wertungen von § 4 Abs. 3 TVG unvereinbaren Restriktion; dieser Standpunkt belaste auch besonders den „gewöhnlichen" Arbeitnehmer, der nur in den Genuß der für alle geltenden Normen komme und nicht als Individuum „Sonderbedingungen" aushandeln könne[165]. Vor allem Gramm[166] und Nikisch[167] heben hervor, daß die Gegenmeinung nicht dem Schutz gerecht wird, den das Recht vertraglichen Abreden gewähre (unter dem Gesichtspunkt „pacta sunt servanda"), gleichviel aus welchem Grund sie getroffen wurden. Was durch Vertrag begründet worden sei, könne nur auf vertragsmäßige Weise wieder beseitigt werden[168]. Richardi[169] führt aus, die Vertragstreue werde zum Nachteil der Arbeitnehmer beseitigt, wenn das Günstigkeitsprinzip als Regelungsschranke der Betriebsvereinbarungsautonomie durch das Ablösungsprinzip ersetzt werde. Gerade der Arbeitsvertrag genieße Bestandsschutz und zwar nicht nur hinsichtlich seiner Auflösung, sondern auch in bezug auf eine Abänderung der Vertragsbedingungen. Der Ausschluß des Günstigkeitsprinzips bedeute daher eine Verletzung zwingender Grundsätze des Kündigungsschutzrechts[170]. Canaris und Richardi[171] argumentieren ähnlich, indem sie den Gesichtspunkt des Vertrauensschutzes betonen. Allein die vertragliche Form — so Richardi — schaffe bereits einen für den betreffenden Arbeitnehmer individuell geprägten Vertrauenstatbestand. Canaris begründet das folgendermaßen: Habe die Gewerkschaft dem Arbeitnehmer bestimmte Arbeitsbedingungen erkämpft, so könne und müsse er damit rechnen, daß auch die Gewerkschaft ihm diese wieder nehmen könne. Wenn dagegen der Arbeitgeber seinen Arbeitnehmern bestimmte Arbeitsbedingungen vertraglich versprochen habe, so werden und können jene nicht damit rechnen, daß ihnen diese Zusage durch die am Zustandekommen gänzlich unbeteiligte Gewerkschaft wieder genommen werden könne.

bb) Nicht nur bei den Befürwortern des Günstigkeitsprinzips im Verhältnis zwischen Einheitsregelung und Tarifvertrag oder Betriebsvereinbarung ist die im Schrifttum vereinzelt auch heute noch vertretene Lehre vom Ordnungsprinzip auf deutliche Ablehnung gestoßen. Für das Verhältnis gleichrangiger kollektiver Gestaltungsmittel ist das Ordnungsprinzip überflüssig, weil sich deren jeweilige Ablösbarkeit ohne weiteres aus dem allgemeinen Grundsatz „lex posterior derogat legi

[165] So auch *Richardi*, Kollektivgewalt, S. 402.

[166] AuR 1961, 353, 356.

[167] Arbeitsrecht, II. Bd., S. 430; ders., Anmerkung, SAE 1960, 146.

[168] *Büker*, A., Ausnahmen, S. 21.

[169] *Dietz / Richardi*, BetrVG, Bd. 2, § 77 Rdnr. 123.

[170] *Stahlhacke*, RdA 1959, 266, 271.

[171] Kollektivgewalt, S. 402; ders., RdA 1965, 49, 54.

priori" ergibt[172]. Eine Ausdehnung dieses Prinzips auf verschiedenrangige arbeitsrechtliche Gestaltungsmittel sei dagegen eine „Überspannung des Ordnungsprinzips"[173], das überdies einer unfreiheitlichen Rechtsordnung — nämlich der des Nationalsozialismus — entstammt und sich nicht auf die freiheitliche Arbeits- und Wirtschaftsverfassung des Grundgesetzes übertragen lasse[174]. Isele[175] legte eingehend dar, daß es ein Ordnungsprinzip als rechtssatzmäßig fundierten, praktizierbaren und judizierbaren Grundsatz im heutigen Arbeitsrecht nicht gebe. Denn zum einen sei es widersprüchlich, das Ordnungsprinzip sowohl als Prinzip normativer Ordnung der nachfolgenden tariflichen Regelung einzustufen, als es auch auf den Willen der Parteien der Einheitsregelung zu stützen. Zum anderen — und das ist der gewichtigste Einwand — lasse es sich nicht auf die Tarifautonomie zurückführen, weil es weder Aufgabe der Tarifpartner sei, noch sie dazu überhaupt in der Lage seien, einheitliche Arbeitsbedingungen zu schaffen[176]. Die Tarifvertragsparteien haben nämlich gegenüber den Außenseitern keine Regelungsbefugnis. Der nachfolgende Tarifvertrag würde also nur zur Zersplitterung der bis dahin einheitlichen Ordnung führen und damit den Ordnungsgedanken verletzen, statt ihn zu fördern. Dieser Vorgang dürfte sich auch nur „wenig gewerkschaftsfördernd" auswirken, befürchten Däubler / Hege[177].

cc) Auch der vornehmlich von Hilger und Karakatsanis unternommene Versuch, die Lehre Nipperdeys durch die Gleichsetzung von kollektivbezogener Urheberschaft und kollektivbezogenem Inhalt zu fundieren (These von der Funktions- und Wirkungsgleichheit zwischen Einheitsvertrag und Kollektivvertrag) ist überwiegend auf Ablehnung gestoßen[178]. Gramm und Richardi heben hervor, es gehöre zu den Grundprinzipien des derzeitigen Arbeitsrechts, daß kollektives Recht nur im Zusammenwirken der Sozialpartner (Koalitionen, Betriebspartner) und nicht einseitig vom Arbeitgeber durch die „Anhäufung von paral-

[172] *Wiedemann / Stumpf*, TVG, § 4 Rdnr. 313; *Lieb*, Arbeitsrecht, S. 110.

[173] *Nikisch*, Arbeitsrecht, II. Bd., S. 429.

[174] *Ramm*, JZ 1964, 546, 549; ders., JZ 1966, 214, 218; *Radke*, AuR 1965, 302, 304; *Gramm*, AuR 1961, 353, 354; *Isele*, JZ 1964, 113; *Wlotzke*, Günstigkeitsprinzip, S. 46.

[175] JZ 1964, 113, 117.

[176] *Nikisch*, Anmerkung, SAE 1960, 146; *Wlotzke*, Günstigkeitsprinzip, S. 48 f.; *Stahlhacke*, RdA 1959, 266, 271 f.; *Gramm*, AuR 1961, 353, 356; *Hueck*, G., Gestaltung, S. 203, 225; *Zöllner*, RdA 1969, 250, 253; *Richardi*, Kollektivgewalt, S. 403.

[177] Tarifvertragsrecht, Rdnr. 125.

[178] Vgl. *Richardi*, RdA 1965, 49, 51; *Gramm*, AuR 1961, 353, 356; *Zöllner*, RdA 1969, 250, 253; *Adomeit*, Rechtsquellenfragen, S. 117; *Canaris*, RdA 1974, 18, 24; *Wiedemann / Stumpf*, TVG, § 4 Rdnr. 319; zustimmend dagegen *Hueck / Nipperdey*, II. Bd., 1. Halbbd., S. 592 Fn. 45 b.

lelen Rechtsquelleninhalten"[179] geschaffen werden kann. Das Gesetz sehe nur den Tarifvertrag und die Betriebsvereinbarung vor, wenn Kollektivnormen gesetzt werden sollen. Für den individualrechtlichen Charakter eines Arbeitsvertrags und seinen Bestandsschutz sowie die Zuständigkeit der Kollektivvertragsparteien müsse es gleichgültig sein, ob und wieviele gleichlautende oder aufeinander verhältnismäßig abgestimmte Verträge der Arbeitgeber mit anderen Arbeitnehmern abschließe[180]. Besonders deutlich werde das bei den im öffentlichen Dienst abgeschlossenen Arbeitsverträgen. Da sie ausnahmslos nach Stellenplänen gestaltet werden, würden diese Verträge stets nachfolgenden Tarifverträgen ohne Rücksicht auf den jeweiligen Inhalt weichen müssen. Überdies ließen sich kollektive und individuelle Arbeitsbedingungen von ihrem Inhalt her gar nicht abgrenzen; denn jede Arbeitsbedingung könne gruppenbezogen geregelt werden, auch wenn individuelle Momente wie Leistung und Bedürftigkeit berücksichtigt würden[181].

dd) Schließlich sind auch gegen Säckers Ableitung einer Normsetzungsprärogative der Kollektivvertragsparteien aus Art. 9 Abs. 3 GG erhebliche Bedenken erhoben worden. Wiedemann / Stumpf[182] weisen darauf hin, daß sich die Abänderungsbefugnis der Tarifvertragsparteien für die tarifliche Praxis erledige, wenn sich diese Befugnis — so Säcker und Nipperdey — nur auf Firmentarifverträge und betriebsbezogene Verbandstarifverträge beziehe, allgemeine Verbandstarifverträge jedoch davon ausgeklammert seien. Däubler / Hege[183] bemängeln außerdem, daß Säcker die Gewerkschaften in eine Instanz hineinzwinge, die Arbeitsbedingungen verschlechtere, statt sie zu fördern; der Arbeitgeber solle den Abbau übertariflicher Arbeitsbedingungen selbst verantworten. Vor allem aber überzeuge die verfassungsrechtliche Deduktion nicht[184]. Aus Säckers[185] eigener Definition vom Kernbereich der Kollektivautonomie folge nämlich keineswegs zwingend, daß die Gewerkschaften beim Abbau übertariflicher Arbeitsbedingungen eingeschaltet werden müßten. Solange nämlich den Berufsverbänden wichtige Entscheidungen vorbehalten bleiben (z. B. bei der Lohngestaltung), die den Tarifpartnern zugewiesenen Bereiche nicht „in toto" aufgehoben und sie nicht „innerlich ausgehöhlt" werden, so daß die Koalitionen nur ein „Scheindasein" führen, so lange ist nach Ansicht von Säcker

[179] *Adomeit*, Rechtsquellenfragen, S. 117.

[180] *Dietz / Richardi*, BetrVG, Bd. 2, § 77 Rdnr. 124.

[181] *Richardi*, RdA 1965, 49, 54.

[182] TVG, § 4 Rdnr. 320.

[183] Tarifvertragsrecht, Rdnr. 125.

[184] *Zöllner*, AöR 98, 71, 95; *Canaris*, RdA 1974, 18, 23 f.; *Wiedemann / Stumpf*, TVG, § 4 Rdnr. 320.

[185] Grundprobleme, S. 92.

die Koalitionszweckgarantie und mithin der konkrete Kernbereich noch gar nicht verletzt. Hiervon ausgehend, gelangt Canaris zu dem Schluß, daß den Koalitionen zweifellos noch ein hinreichender Betätigungsraum verbleibe, selbst wenn ihnen die Möglichkeit zum Abbau günstiger Allgemeiner Arbeitsbedingungen genommen sei; es verbleibe den Tarifpartnern nämlich ihre primäre und zentrale Aufgabe, für angemessene Mindestbedingungen zu sorgen. Eine allzuständige soziale Selbstverwaltung fordere das Grundgesetz gerade nicht[186].

b) Für die Anhänger einer uneingeschränkten Anwendung des § 4 Abs. 3 TVG auch auf arbeitsvertragliche Einheitsregelungen steht schließlich auch weniger das Problem im Vordergrund, ob nun das Günstigkeitsprinzip oder das Ordnungsprinzip das angemessene Institut sei, als vielmehr die Frage nach dem richtigen Mittel zur Herabsetzung der Allgemeinen Arbeitsbedingungen. Es soll mithin nicht ein Prinzipienkonflikt ausschlaggebend sein, sondern auf die Entscheidung zwischen zwei rechtlichen Gestaltungsmitteln ankommen: Es sind dies einerseits die (Massen)Änderungskündigung und andererseits die Kollektivvereinbarung. Lieb[187], Canaris[188] und Zöllner[189] sprechen sich nachdrücklich für die Änderungskündigung (§ 2 KSchG) als Mittel zum Abbau einheitsvertraglicher Arbeitsbedingungen im tariflich nicht gesicherten Bereich aus, u. a. weil nach der Lehre vom actus contrarius für die Aufhebung oder Änderung einer Regelung grundsätzlich (nur) diejenigen Rechtssubjekte zuständig seien, von denen diese Regelung geschaffen worden sei. Ergänzend weist Canaris darauf hin, daß die Behauptung, die Massenänderungskündigung sei ein ungeeignetes Instrumentarium, empirisch nicht bewiesen sei. Lieb bezeichnet es außerdem als unerklärlich, warum Allgemeine Arbeitsbedingungen, deren kollektivrechtliche Absicherung von den Gewerkschaften noch nicht erreicht worden sei und denen folglich die Bestandskraft kollektivrechtlicher Regelungen eben noch fehle, dennoch nur mit kollektivrechtlichen Mitteln herabgesetzt werden können sollten. Sähe man schließlich nur den Firmen- oder betriebsbezogenen Verbandstarifvertrag als das geeignete Instrumentarium an — so Nipperdey und Säcker —, so werde die Arbeitgeberseite gezwungen, auf tariflicher Ebene die Einheitsfront aufzugeben, wenn an übertariflichen Arbeitsbedingungen etwas geändert werden solle.

---

186 *Wiedemann / Stumpf*, TVG, § 4 Rdnr. 320.

187 Arbeitsrecht, S. 111.

188 RdA 1974, 18, 25.

189 RdA 1969, 250, 254 - 256.

### 3. *Stellungnahme und eigene Lösung*

a) Die Diskussion über die Abänderbarkeit arbeitsvertraglicher Einheitsregelungen durch eine nachfolgende Kollektivvereinbarung (Tarifvertrag, Betriebsvereinbarung), die das Bundesarbeitsgericht nahezu von Beginn seiner Rechtsprechung an beschäftigt hat, beruht vor allem auf dem Umstand, daß in der Praxis das vorhandene individual- und kollektivrechtliche Instrumentarium nicht in der Weise eingesetzt worden ist, wie es den eigentlichen Bedürfnissen des Rechtslebens entspricht. Diese Fehlentwicklung durch zukunftsweisende Entscheidungen zu korrigieren, wäre auch Aufgabe des Bundesarbeitsgerichts gewesen. Es hat dagegen durch dogmatisch widersprüchliche Konstruktionen und die Entwicklung namentlich des „Rechtsinstituts der ablösenden Betriebsvereinbarung" eher zu einer weiteren Vermehrung der Probleme beigetragen.

b) Das Bestreben, in einer angespannten Wirtschaftslage Arbeitsentgelte und Zusatzleistungen herabzusetzen, die der Arbeitgeber vor allem in Zeiten der Hochkonjunktur seiner Belegschaft vorbehaltlos versprochen hatte, ist keineswegs neu. Da das Zivilrecht von dem Grundsatz der Vertragstreue beherrscht wird und aus bloßen Billigkeitsrücksichten keine Vertragsanpassung an geänderte wirtschaftliche Verhältnisse zuläßt, sah man sich im Jahr 1931 veranlaßt, das Problem durch eine Notverordnung zu lösen[190]. In Kapitel III, § 1 Abs. 1 dieser Notverordnung wurde dem Dienstberechtigten das Recht eingeräumt, „die Vergütung durch schriftliche Erklärung gegenüber dem Dienstverpflichteten auf einen angemessenen Betrag herabzusetzen", wenn der Dienstberechtigte „sich ... zur Zahlung einer Vergütung verpflichtet" hatte, „die mit Rücksicht auf seine Geschäfts- und Vermögenslage oder die veränderte allgemeine Wirtschaftslage als übermäßig hoch anzusehen ist und deren Weiterzahlung ihm deshalb nach Treu und Glauben nicht zugemutet werden kann". Als Vergütung galten nach § 6 Abs. 1: das Gehalt, Vergütungen, die in einem Anteil am Jahresgewinn bestehen, Aufwandsentschädigungen, Provisionen und Nebenleistungen jeder Art. § 4 bezog auch Versorgungsbezüge in die Regelung des § 1 mit ein. Diese Notverordnung strebte keine Lösung der einzelnen Dienstverhältnisse an und räumte dem Arbeitgeber folglich auch kein besonderes Kündigungsrecht ein. Sie gestattete vielmehr eine „angemessene" Änderung des Vertragsinhalts[191]. Was man in der Weimarer Republik nur durch eine (Brüningsche) Notverordnung erreichen konn-

---

[190] Dritte Verordnung des Reichspräsidenten zur Sicherung von Wirtschaft und Finanzen und Bekämpfung politischer Ausschreitungen vom 6. 10. 1931, RGBl. I, S. 537, 557.

[191] *Goldschmidt*, NZfA 1932, Sp. 11, 12.

te, sollte man heute nicht auf das Betriebsverfassungsgesetz, namentlich das Mitbestimmungsrecht des Betriebsrats, zu stützen versuchen, und zwar auch dann nicht, wenn die Verpflichtung des Arbeitgebers auf einer arbeitsvertraglichen Einheitsregelung beruht. Dazu eignet sich weder dieses Gesetz, noch ist die heutige Wirtschaftslage mit der des Jahres 1931 auch nur annähernd vergleichbar.

c) Mit der herrschenden Lehre, deren wesentliche Argumente dargelegt wurden, ist davon auszugehen, daß sich § 4 Abs. 3 TVG nicht auf individuelle Sonderabmachungen reduzieren läßt. Darauf wurde bereits in anderem Zusammenhang[192] hingewiesen. Der Rechtsprechung des Bundesarbeitsgerichts ist eine Begründung für diese restriktive Auslegung — soweit ersichtlich — nicht zu entnehmen. Gegen sie spricht bereits die häufig auftretende Schwierigkeit, individuelle Vereinbarungen von einheitsvertraglichen Vereinbarungen auch nur mit einem Mindestmaß an Bestimmtheit und Verläßlichkeit abzugrenzen[193]. Denn es läßt sich nicht ohne eine gewisse Willkür festlegen, von welchem Kumulierungsgrad an ein Bündel individueller Vereinbarungen nunmehr die Qualität Allgemeiner Arbeitsbedingungen erlangen soll. Obwohl gerade die Entscheidung, unter welchen Voraussetzungen eine Einheitsregelung anzunehmen ist, den grundlegenden Ausgangspunkt für die vom Bundesarbeitsgericht befürwortete Ablösungsbefugnis der Betriebs- oder Sozialpartner bildet, fehlt bislang eine eindeutige Begriffsbestimmung durch das Gericht[194]. Es ist daher zu befürchten, daß die Parteien zunehmend über diese Vorfrage streiten werden, weil hierin die Weichenstellung für die Geltung von § 4 Abs. 3 TVG liegt. Es ist naheliegend, daß sich der Arbeitnehmer auf eine individuelle Zusage beruft, wenn davon der Bestand einer ihn begünstigenden Regelung abhängt. Hinzu kommt, daß das Institut der ablösenden Betriebsvereinbarung ebensowenig für einen betriebsratslosen Betrieb eine befriedigende Lösung anzubieten vermag wie für die Gruppe der leitenden Angestellten[195]. Der am schwersten wiegende Einwand gegen die Rechtsprechung ergibt sich jedoch aus der dogmatischen Schwäche ihrer Konzeption: Es ist — wie oben[196] ausgeführt wurde — mit geltenden Rechtsgrundsätzen

[192] Vgl. § 3 III B 3.

[193] Vgl. § 3 III B 3 Fn. 211.

[194] Der 6. Senat des Bundesarbeitsgerichts, DB 1982, 2298 definiert eine vertragliche Einheitsregelung als „eine betriebseinheitliche Regelung durch gleichlautende Bestimmungen in Einzelverträgen". Damit ist allerdings noch nicht hinreichend konkretisiert worden, unter welchen Voraussetzungen eine Regelung „betriebseinheitlich" ist und deren jeweilige Bestimmungen als (inhaltlich) „gleichlautend" anzusehen sind.

[195] Auf diese Unzulänglichkeiten weist auch *Stumpf*, Ablösende Betriebsvereinbarung, S. 101, 106 hin.

[196] Siehe § 5 II A 4 a.

schwerlich zu vereinbaren, daß die Einschaltung eines Repräsentanten der Arbeitnehmer oder eines Teils von ihnen (Betriebsrat oder Gewerkschaft) es dem Arbeitgeber ermöglichen soll, bestehende Verträge mit den Arbeitnehmern ohne Kündigung und selbst gegen deren erklärten Willen, unter Umständen eindeutig zu deren Nachteil, abzuändern, obwohl derselbe Vorgang im direkten Verhältnis zwischen den Vertragsparteien rechtlich unmöglich wäre. Im Ergebnis bedeutet die Konstruktion des Bundesarbeitsgerichts, daß sich eine Partei von ihren vertraglichen Zusagen dadurch soll lösen können, daß sie sich eines (Interessen)Vertreters der anderen Partei zum Abschluß eines (normativen) Abänderungsvertrages bedient, der diese belastet. Dabei kommt hinzu, daß dieser Vertreter beim ursprünglichen Vertragsschluß vollkommen unbeteiligt war. Vor allem aber wird die Beschränkung des Günstigkeitsprinzips auf individuelle Vereinbarungen und nur solche Einheitsregelungen, die einer kollektiven Ordnung nachfolgen, weder dem Verfassungsrang dieses Prinzips, noch seinem Sinn und Zweck, noch dem Wortlaut von § 4 Abs. 3 TVG gerecht. Es ist ein anerkannter Grundsatz der Methodenlehre, daß unter mehreren möglichen Auslegungen immer diejenige den Vorzug verdient, die mit den Prinzipien der Verfassung am besten übereinstimmt[197]. Das Günstigkeitsprinzip als Verfassungsgrundsatz trägt aber nicht die Beschränkung in sich, daß es auf arbeitsvertragliche Einheitsregelungen, denen eine kollektivvertragliche Ordnung folgt, keine Anwendung findet. Der Versuch, Art. 9 Abs. 3 GG für eine solche Deutung heranzuziehen, ist nicht mehr als ein „Griff in die arbeitsrechtliche Wundertüte"[198]. Denn der Kernbereich der Tarifautonomie wird auch nicht annähernd tangiert, wenn den Gewerkschaften eine Mitwirkungsbefugnis beim Abbau der effektiven Arbeitsbedingungen grundsätzlich verweigert wird. Trägt das Günstigkeitsprinzip als Verfassungsgrundsatz diese Beschränkung nicht in sich, so ist auch § 4 Abs. 3 TVG in diesem Sinn auszulegen. Dafür spricht auch der Telos des Günstigkeitsprinzips. Er besteht — wie gezeigt — darin, die Zuständigkeit der Gewerkschaft auf den Bereich zu begrenzen, in dem eine strukturelle Machtungleichheit zwischen der Arbeitgeber- und der Arbeitnehmerseite herrscht.

Hat sich die Vertragsparität durch ein für die Arbeitnehmer günstiges Vertragsergebnis (hier allgemeine übertarifliche Arbeitsbedingungen) als ungestört erwiesen, so greift die Regelungssperre des Günstigkeitsprinzips gegenüber der Gewerkschaft ein. Der Wortlaut des § 4 Abs. 3 TVG bestätigt dieses Ergebnis, weil arbeitsvertragliche Einheitsregelungen nicht ausdrücklich aus dem Geltungsbereich dieser Vor-

---

197 *Larenz*, Methodenlehre, S. 329.

198 Ähnlich *Canaris*, RdA 1974, 18, 23.

schrift ausgenommen worden sind. Aus dem Umstand, daß § 4 Abs. 3 TVG Abmachungen nur zuläßt, soweit sie eine Änderung der tarifvertraglichen Regelungen zugunsten *des Arbeitnehmers* (und nicht *der Arbeitnehmer*) enthalten, läßt sich jedenfalls nicht folgern, daß eine allgemeine und einheitliche Verbesserung der tariflichen Arbeitsbedingungen etwa zugunsten einer ganzen Belegschaft vom Gesetzgeber nicht gewollt ist[199]; eine solche Wortlautinterpretation würde sich dem Vorwurf der Begriffsjurisprudenz aussetzen. Hinzu kommt, daß die Verwendung des Plurals (also: zugunsten „der Arbeitnehmer") bewirken würde, daß dadurch der Maßstab für den Günstigkeitsvergleich verändert werden würde. Während nämlich die geltende Fassung des § 4 Abs. 3 TVG eindeutig für einen Individualvergleich spricht, wonach maßgebend ist, ob der einzelne Arbeitnehmer bessergestellt wird[200], hätte die Formulierung „zugunsten *der* Arbeitnehmer" zur Folge, daß auf das Interesse der Gesamtarbeitnehmerschaft oder der Gesamtbelegschaft abzustellen wäre. Diese Auslegung würde vor allem deshalb besonders nahe liegen, weil sie vom Reichsgericht[201] unter der TVVO bereits praktiziert wurde.

So höchst angreifbar also die Konzeption der Rechtsprechung und eines Teils des Schrifttums ist, so ist dennoch dem Bundesarbeitsgericht darin zuzustimmen, daß — jedenfalls bestimmte — arbeitsvertragliche Einheitsregelungen, vor allem Ruhegeldordnungen, unter gewissen Umständen betriebs-, unternehmens- oder konzerneinheitlich veränderbar sein müssen. Denn es wäre sinnlos, einen Betrieb, ein Unternehmen oder gar einen Konzern in den wirtschaftlichen Ruin zu treiben, nur um puristisch am Prinzip „pacta sunt servanda" oder am Günstigkeitsprinzip festzuhalten. Der Arbeitnehmerschutz würde sich sonst zum Nachteil aller, auch der Geschützten selbst, auswirken. Anzuerkennen ist ferner, daß eine Abänderung auf außerordentliche Schwierigkeiten stößt, wenn die Einheitsregelung auf einer vorbehaltlosen Zusage des Arbeitgebers beruht und man ihn für den Fall einer Verschlechterung der Arbeitsbedingungen (aus der Sicht der Arbeitnehmer) ausschließlich auf die Änderungskündigung verweisen würde. Zum einen ist — z. B. bei der Umstellung einer Betriebsrentenordnung — zunächst oft noch gar nicht voraussehbar, ob sich die Neuordnung für den einzelnen Arbeitnehmer als eine Besser- oder Schlechterstellung erweisen wird[202];

---

[199] So aber *Nikisch*, DB 1963, 1254, 1257.

[200] *Wiedemann / Stumpf*, TVG, § 4 Rdnr. 239.

[201] RG JW 1927, 241.

[202] Das belegt folgendes Beispiel: In einem Betrieb erhalten aufgrund einer bestehenden Ruhegeldordnung die Arbeitnehmer nach mindestens 10jähriger Betriebszugehörigkeit und nach Erreichen einer bestimmten Altersgrenze einen Festbetrag von 200,— DM als Betriebsrente. Eine geplante Neuregelung sieht vor, daß die Arbeitnehmer künftig bei 10jähriger Betriebs-

Wiedemann / Stumpf[203] weisen jedoch zutreffend darauf hin, daß sich *im voraus* feststellen lassen muß, ob sich die vertragliche Regelung für den betroffenen Arbeitnehmer günstiger auswirken wird[204]. Das von der herrschenden Lehre herangezogene Kriterium der Begünstigung versagt in nicht wenigen Fällen als Entscheidungshilfe dafür, ob eine Modifizierung im Wege der Änderungskündigung herbeigeführt werden muß. Zum anderen läßt sich kaum bestreiten, daß durch Kündigungsschutzverfahren unter Umständen eine sachlich gebotene und möglicherweise eilbedürftige Neuregelung erheblich verzögert werden kann. Zudem versagt die Änderungskündigung weitgehend gegenüber besonders geschützten Arbeitnehmern (Betriebsratsmitgliedern, Schwangeren, Schwerbeschädigten) — jedenfalls dann, wenn die Gründe, die für eine Neuordnung sprechen, nicht auch zu außerordentlichen Kündigungen berechtigen (z. B. eine Änderung der steuerrechtlichen und sozialversicherungsrechtlichen Situation). Auch sind Herschels[205] Bedenken nicht von der Hand zu weisen, die Arbeitsgerichte würden nach der Konzeption der herrschenden Lehre zur Entscheidung von Regelungsstreitigkeiten anstelle von Rechtsstreitigkeiten angerufen werden[206]. Dennoch ist es fehlsam, aus diesen Unzulänglichkeiten der Änderungskündigung bzw. aus den nahezu unüberwindbaren Schwierigkeiten, betriebseinheitlich einverständliche Vertragsänderungen zu erreichen, auf eine anfängliche Regelungslücke des Gesetzes zu schließen, wenn es darum geht, Allgemeine Arbeitsbedingungen ohne Rückgriff auf das Ordnungsprinzip in nicht eindeutig begünstigender Weise zu modifizieren. Zutreffend führt Richardi[207] aus, es sei mit der Bindung des Richters an das Gesetz nicht zu vereinbaren, daß eine Befugnis zur richterlichen Rechtsfortbildung (als Mittel der Lückenschließung) bereits dann bestehen soll, wenn das geltende Recht für das Bedürfnis der Praxis keine Lö-

---

zugehörigkeit einen Sockelbetrag von 150,— DM und pro weiteres Beschäftigungsjahr im Betrieb je 10,— DM, höchstens aber 100,— DM, als Bonus zusätzlich erhalten. Das hat folgenden Effekt: Tritt die Neuregelung in Kraft, so stehen demjenigen Arbeitnehmer 150,— DM Rente zu, der 10 Jahre dem Betrieb angehört hat (= 50,— DM Minus gegenüber der bisherigen Regelung); nach 15 Jahren Betriebszugehörigkeit bezieht er 150,— DM (= Plus/Minus null gegenüber der bisherigen Regelung); demjenigen, der dem Betrieb 20 Jahre treu geblieben ist, werden schließlich 250,— DM gezahlt (= 50,— DM Plus gegenüber der bisherigen Regelung).

[203] TVG, § 4 Rdnr. 240 mit weiteren Nachweisen.

[204] Zutreffend entschied das RAG, BenshSamml. Bd. 31, 44, 46, daß ein augenblickliches Weniger nicht durch die unsichere Hoffnung auf ein späteres Mehr ausgeglichen werden kann, zumal sich die erforderliche Bindung, um das Mehr zu erlangen, nachteilig für den Arbeitnehmer auswirkt.

[205] BB 1970, 5, 8.

[206] Zutreffend hat jüngst *Kissel*, NJW 1982, 1777, 1778 kritisiert, daß zunehmend versucht wird, Zweckmäßigkeits- oder Gestaltungsfragen in Rechtsfragen umzudeuten.

[207] Anmerkung zu BAG AP Nr. 142 zu § 242 BGB Ruhegehalt.

sung enthält, um betriebliche Ruhegeldordnungen betriebseinheitlich zu ändern. Das gilt um so mehr, wenn die Parteien von adäquaten vertragsrechtlichen Mitteln zur Erreichung des erstrebten Zwecks bei Vertragsschluß keinen Gebrauch gemacht haben.

d) Die Vertragsfreiheit ermöglicht es seit jeher, die arbeitsvertragliche Einheitsregelung unter den ausdrücklichen *Vorbehalt einer günstigkeitsunabhängigen Modifizierung* durch Tarifvertrag oder durch Betriebsvereinbarung zu stellen. Das Bundesarbeitsgericht und ein bedeutender Teil des Schrifttums haben das anerkannt, indem versucht wurde, einen nicht vereinbarten Vorbehalt zu fingieren. Auch dem Modell des vom 6. Senat des Bundesarbeitsgerichts für den Bereich der freiwilligen Mitwirkung des Betriebsrats entwickelten „betriebsvereinbarungsoffenen" Arbeitsvertrags[208] liegt — jedenfalls im Ergebnis — die hier befürwortete Konzeption zur Änderung arbeitsvertraglicher Einheitsregelungen zugrunde. Zwar weisen Wiedemann / Stumpf[209] und Lieb[210] zu Recht darauf hin, daß eine Lösung, die sich fiktiver Willenserklärungen bedient, grundsätzlich methodisch abzulehnen ist. Dieser Einwand spricht indes nicht gegen — heute in der Praxis vermutlich noch nicht allzu häufig gebrauchte — ausdrückliche Änderungsvorbehalte[211]. Durch die Vereinbarung solcher Vorbehalte, die selbstverständlich nur im Rahmen der Billigkeit und nicht willkürlich geltend gemacht werden dürften, ließen sich arbeitsvertragliche Einheitsregelungen in dogmatisch unbedenklicher Weise abändern[212]. Nähmen die Arbeitsvertragsparteien Änderungsvorbehalte in ihre Arbeitsverträge, in Ruhegeldvereinbarungen oder in Gratifikationszusagen etc. auf und bedienten sich somit im Hinblick auf deren voraussehbare Abänderungsbedürftigkeit einer adäquaten Vertragsgestaltung, so würde sich die Problematik um die Abänderbarkeit arbeitsvertraglicher Einheitsregelungen weitgehend er-

---

[208] BAG DB 1982, 2298, 2299; siehe dazu auch *Belling,* DB 1982, 2513, 2516 f.

[209] TVG, § 4 Rdnr. 317.

[210] Anmerkung, SAE 1983, 130, 132.

[211] Die Ausführungen von *Warncke,* SchlW 1926, 73, 74 lassen indes erkennen, daß man sich auf der Arbeitgeberseite schon im Jahr 1926 bewußt war, daß sich übertarifliche Löhne und Gehälter unproblematisch abbauen lassen, wenn sie nur für eine bestimmte Zeit, für einen besonderen Zweck, für bestimmte Arbeiten oder *widerruflich* vereinbart sind. Beispielsweise wurde auch im Rahmen des „Unternehmer-Seminars an den Universitäten Mannheim und Münster" im Jahr 1973 darauf sowie auf die Rechtsprechung des Bundesarbeitsgerichts hingewiesen, wie dem Beitrag von *Brox,* Abbau, S. 197, 207 zu entnehmen ist.

[212] *Binder,* DrdA 1971, 50, 52 weist ebenfalls darauf hin, daß dem Arbeitgeber auch ohne Rückgriff auf das Ordnungsprinzip Möglichkeiten offenstehen, um in einer Krisensituation überhöhte Arbeitsbedingungen herabzusetzen. Binder verweist unter anderem darauf, daß der Arbeitgeber vorsorglich ein Abänderungsrecht vertraglich vereinbaren könne; kritisch jedoch *Ahrend,* BetrAV 1982, 96, 97.

übrigen. Dadurch würde auch eine größere Rechtsklarheit für die Vertragsparteien darüber erzielt werden, welches Maß an Bestandskraft einer bestimmten Vereinbarung nach ihrem Willen zukommen soll. Die Bestandskraft eines Arbeitsvertrags, der unter einem solchen Änderungsvorbehalt steht, gleicht nämlich derjenigen eines Arbeitsvertrags, der den jeweiligen Regelungsinhalt eines bestimmten Tarifvertrags übernimmt[213]. Keine Schwierigkeiten bestünden auch dann mehr, wenn an die Stelle vorbehaltloser Einheitsregelungen Betriebsvereinbarungen oder Tarifverträge träten. Denn für deren Ablösbarkeit gilt unbestritten der Grundsatz „lex posterior derogat legi priori".

Diese Konzeption gewährleistet auch ein höheres Maß an Rechtssicherheit im Vergleich zu der von Lieb[214] befürworteten Lösung. Danach ist das entscheidende Kriterium für die Abänderbarkeit einer arbeitsvertraglichen Einheitsregelung durch eine Betriebsvereinbarung, ob es sich um eine „abstrakt/generelle, weit in die Zukunft reichende Regelung"[215] handelt. In welchen Fällen diese (inhaltliche) Voraussetzung erfüllt ist, dürfte häufig nicht eindeutig zu entscheiden sein und zu erheblichen Abgrenzungsschwierigkeiten führen. Diese ließen sich jedoch unschwer vermeiden, wenn der Arbeitgeber einen Änderungsvorbehalt in die Verträge mit seiner Belegschaft aufnähme, sofern er befürchten müßte, die zukünftige Entwicklung nicht hinreichend beurteilen zu können, um sich uneingeschränkt zu verpflichten. Es ist damit in die Hand des Arbeitgebers gelegt, von vornherein eindeutig auszuschließen, daß sich ein schutzwürdiges Vertrauen in den unveränderten Fortbestand einer Einheitsregelung bei den Arbeitnehmern bildet, und ergibt sich nicht letztlich erst aus der richterlichen Beurteilung des Regelungsinhalts.

Die Problemlösung läßt sich somit auf folgende zwei Gesichtspunkte reduzieren: Wie kann die Rechtspraxis, die sich bei der Vertragsgestaltung an der Rechtsprechung des Bundesarbeitsgerichts orientiert und daher vorbehaltlose Einheitsregelungen für zweckmäßig hält, künftig zu einer ausdrücklichen Vereinbarung von Änderungsvorbehalten oder einer verstärkten Hinwendung zu kollektivvertraglichen Regelungen bewogen werden? Wie lassen sich diejenigen Fälle angemessen entscheiden, denen herkömmliche und im Vertrauen auf die bisherige Rechtsprechung konzipierte Einheitsregelungen zugrundeliegen?

---

[213] Das gilt allerdings nur insoweit, als die Parteien des bezugnehmenden Arbeitsvertrags nicht vereinbart haben, daß sie die zum Zeitpunkt der Bezugnahme geltenden Tarifvertragsbestimmungen auch bei einer späteren Änderung des Tarifvertrags als Mindestbedingungen beibehalten wollen; siehe hierzu *Schaefer*, J., Bezugnahme, S. 129 f.; vgl. auch *Dickertmann*, DR 1939, 907, 909.

[214] Anmerkung, SAE 1983, 130.

[215] *Lieb*, Anmerkung, SAE 1983, 130, 132 f.

e) aa) Der erste Aspekt — eine adäquate Vertragsgestaltung in der Zukunft — läßt sich unproblematisch durch eine Änderung der bisherigen Rechtsprechung verwirklichen. Erklärte der Große Senat des Bundesarbeitsgerichts, daß die arbeitsvertragliche Einheitsregelung bezüglich ihrer Modifizierbarkeit nicht mehr anders zu behandeln sei als der echte Individualvertrag, also eine Abänderung nur durch Änderungsvertrag, Änderungskündigung, nach den Regeln über den Wegfall der Geschäftsgrundlage, nach Maßgabe des Günstigkeitsprinzips oder bei eindeutig vereinbartem Vorbehalt einer Änderung durch Betriebsvereinbarung oder durch Tarifvertrag anzuerkennen sei, so würde das zu einer entsprechenden Anpassung in der Rechtspraxis führen; der Große Senat sollte ferner aussprechen, daß die vom 6. Senat befürwortete Differenzierung bezüglich des Günstigkeitsprinzips zwischen Betriebsvereinbarungen im Bereich der erzwingbaren Mitbestimmung und der freiwilligen Mitwirkung des Betriebsrats aufzugeben sei. Danach würden die Arbeitgeber entweder verstärkt ausdrückliche Änderungsvorbehalte in die Arbeitsverträge, Ruhegeld- und Gratifikationszusagen etc. aufnehmen oder überhaupt auf arbeitsvertragliche Einheitsregelungen weitgehend verzichten und statt dessen (freiwillige) Betriebsvereinbarungen oder (Firmen)Tarifverträge abschließen. Die zu erwartende Zunahme von Betriebsvereinbarungen und Tarifverträgen ist im Sinne des Sozialstaatsprinzips durchaus wünschenswert, bewirkt sie doch eine stärkere Partizipation der Arbeitnehmerseite bei der Ausgestaltung des Regelungsinhalts. Der vom Bundesarbeitsgericht betonte Vereinbarungs- und Mitbestimmungsgedanke[216] würde auf diese Weise besonders wirksam gefördert werden. Die derzeitige Rechtsprechung bewirkt eher das Gegenteil: Da der Arbeitgeber seine Allgemeinen Arbeitsbedingungen wie eine Betriebsvereinbarung abändern können soll, besteht für ihn kein Anreiz dafür, bereits bei Einführung einer allgemeinen Regelung eine (freiwillige) Betriebsvereinbarung oder einen Tarifvertrag abzuschließen.

bb) Auch der zweite Aspekt — die angemessene Behandlung in der Vergangenheit vereinbarter Einheitsregelungen im Rahmen einer gewandelten Rechtsprechung — bereitet keine unüberwindbaren Schwierigkeiten, wenn es gelingt, diejenigen Arbeitgeber, die ihre Vertragsbedingungen im Hinblick auf die bisherige Rechtsprechung konzipiert haben, vor einer „Versteinerung" ihrer Vertragsordnungen zu schützen. Um diesem *Vertrauensschutzgedanken*[217] Rechnung zu tragen, bietet sich eine prozessuale und eine materiellrechtliche Konzeption an: die Me-

---

[216] BAGE 22, 252, 265.

[217] Vgl. hierzu die Vertrauensschutzlösung des Bundesgerichtshofs in seinem Urteil BGH NJW 1982, 1937, 1938 zur Frage der Verfassungswidrigkeit von Art. 15 EGBGB.

thode des *„prospective overruling“* und das *Prinzip von Treu und Glauben.*

Das auf Justice Cardozo zurückgehende „prospective overruling“ wird im amerikanischen Recht seit langem[218] praktiziert und ist darauf gerichtet, bei einer als notwendig erkannten Änderung der Rechtsprechung die berechtigten Erwartungen derer nicht zu verletzen, die auf die bisherige Rechtsprechung vertraut haben[219]. Dieses Bestreben wird dadurch verwirklicht, daß das Gericht zwar eine als verfehlt erkannte Rechtsprechung aufgibt, jedoch nur für die Zukunft, also nur „prospectively“. Soweit der Rechtsverkehr sich in seinen Dispositionen auf die bisherige Spruchpraxis eingestellt hatte, beurteilt das Gericht alle unter der alten Rechtsprechung entstandenen und abgeschlossenen Sachverhalte fortan nach dieser[220]. Der zu einem „prospective overruling“ führende Gedankengang wird sehr anschaulich von Traynor[221] wie folgt beschrieben:

> "First, in the course of pondering the hitherto governing rule in the context of the instant case, a court decides that it is inadequate or inept and must give way to an appropriately formulated new rule. It must then go on to decide whether it will operate most justly if it is given the usual retroactive application to the very case before the court that has provided the impetus toward a new rule. If the court decides against retroactive application, as in a case where it would work undue hardship upon a party that has justifiably relied on the old rule, it is driven to a dual resolution of the problem in a bifurcated decision, announcing the new rule for prospective application only and allowing the old rule to apply in the case before the court."

Wendete man diese Methode im Rahmen der hier erörterten Problematik an, so würde man zu einer dogmatisch bereinigten Rechtsprechung für solche Vertragsgestaltungen gelangen, die zeitlich nach der Rechtsprechungsänderung zustande kommen. Zugleich würden die zuvor

---

[218] Vgl. Great Northern Ry. vs. Sunburst Oil & Refining Co., 287 U.S. 358 (1932); *Schaefer*, 42 New York University Law Review 631 - 646 (1967); im englischen Rechtskreis bestehen allerdings gegenüber dieser Methode erhebliche Vorbehalte, siehe *Freeman*, 26 Current Legal Problems 166, 204 - 207 (1973); im kanadischen Recht werden ähnliche Bedenken erhoben, *Friedland*, 24 University of Toronto Law Journal 171 - 190 (1974).

[219] Eingehend *Currier*, 51 Virginia Law Review, 201, 234 ff. (1965).

[220] Zu den verschiedenen Varianten des „prospective overruling“ siehe *Kramer*, 58 Boston University Law Review 818, 826 (1978); *Freeman*, 26 Current Legal Problems 166, 202 f. (1973); vgl. auch *Schlüter*, Obiter dictum, S. 53 m. zahlr. Nachw. in Fn. 71; *Herschel*, AuR 1972, 129, 131; *Fikentscher*, Methoden, Bd. IV, S. 349; zahlreiche Hinweise auf deutsche Abhandlungen, die die Rückwirkungs- und Vertrauensschutzproblematik eines Rechtsprechungswandels untersuchen, finden sich auch bei *Schmalz*, SGb. 1982, 233; siehe auch *Bär*, Praxisänderung, S. 1, 21 ff., der für das schweizerische Recht den Erlaß einer Gesetzesbestimmung fordert, wonach das Bundesgericht ein Urteil mit allgemeingültigen Übergangsbestimmungen erlassen könne.

[221] 28 Hastings Law Journal 533, 560 (1978).

entstandenen Einheitsregelungen weiter nach der bisherigen Spruchpraxis behandelt werden, um das Vertrauen des Rechtsverkehrs in ihren Bestand zu schützen.

Dieses Ergebnis ist zwar insoweit uneingeschränkt zu billigen, als es eine Hinwendung zu den anerkannten Grundsätzen des geltenden Vertragsrechts bedeutet und das fragwürdige, weil jeder Rechtsgrundlage entbehrende, „Institut der ablösenden Betriebsvereinbarung" obsolet werden läßt. Fraglich ist jedoch nicht nur, ob es gerechtfertigt ist, sämtliche früher entstandenen Einheitsregelungen generell weiter nach den Maßstäben der bisherigen Rechtsprechung zu beurteilen, es muß auch als zweifelhaft gelten, ob sich die angewandte Methode des „prospective overruling" überhaupt in das deutsche Recht übertragen läßt. Die hiergegen erhobenen Einwände wurden von Schlüter[222] eingehend dargelegt. Sie bestehen im wesentlichen darin, daß das „prospective overruling" ein Mittel ist, um die Durchbrechung der Präjudizienbindung des Richters tragbar zu machen. Gilt eine solche Bindung, so erzeugt sie ein hohes Maß an Vertrauen[223] in den Bestand einer einmal entwickelten, über Jahrzehnte durchgeführten Spruchpraxis. Wird diese — entgegen der grundsätzlichen Präjudizienbindung — ausnahmsweise geändert, so ist dem in die Kontinuität der Rechtsprechung gesetzten Vertrauen Rechnung zu tragen. Ein diesem Zweck dienendes methodisches Instrument ist das „prospective overruling". Fehlt es aber bereits an der Präjudizienbindung des Richters (und an der Allgemeinverbindlichkeit seiner Entscheidungen[224]), was im deutschen Recht unbestreitbar der Fall ist, so besteht, wenn überhaupt, nur eine wesentlich schwächere Vertrauensgrundlage in den Fortbestand selbst einer gefestigten Rechtsprechung[225]. Die Methode des „prospective overruling" impliziert außerdem, daß die Gerichte neues Recht zu schaffen vermögen[226]. Mit deutschem Verfassungsrecht ist jedoch originär gefundenes Richterrecht unvereinbar[227]. Eine sich neu bildende Rechtsprechung hat dem Grund-

[222] Obiter dictum, S. 54.

[223] Es darf freilich aufgrund der oft mangelnden Kenntnis von einer bestimmten Rechtsprechung nicht überschätzt werden. Dessen ist man sich auch im amerikanischen Recht bewußt, wie die folgende Bemerkung zeigt: „..., in many cases the parties, because of their not uncommon ignorance of the legal principle that controls their actions, will not be able to make a bona fide claim of surprise"; Note, 71 Yale Law Journal 907, 946 (1962).

[224] *Kissel*, AuR 1982, 137, 138.

[225] Siehe auch *Burmeister*, Vertrauensschutz, S. 28 f.

[226] So statt vieler *Friedmann*, 29 Modern Law Review 593, 602 (1966); *Levy*, 109 University of Pennsylvania Law Review 1, 6 ff. (1960); zutreffend stellt *Buchner*, Vertrauensschutz, S. 175, 184 fest, daß in der Würdigung der richterlichen Entscheidungstätigkeit der Schlüssel zur Beantwortung der Frage liegt, ob sich eine Änderung der Rechtsprechung voll auf die in der Vergangenheit abgeschlossenen Tatbestände auswirken soll.

satz nach nicht den Charakter der Schaffung neuen Rechts, sondern den der Feststellung einer bereits bestehenden Rechtslage[228]; allerdings soll das Aufgeben einer höchstrichterlichen Rechtsprechung nach Auffassung des Bundesgerichtshofs[229] in seiner faktischen Bedeutung, d. h. in seinen praktischen Auswirkungen einer Gesetzesänderung gleichkommen können[230]. Aufgrund der im deutschen Recht nicht bestehenden Bindung des Richters an Präjudizien einerseits und der ihm nicht gegebenen Macht, Recht zu setzen, andererseits erweist sich der Hinweis Schlüters[231] als berechtigt, in jedem Fall sei zunächst zu prüfen, ob der Einzelne nicht schon durch die Regeln des materiellen Rechts vor den Folgen einer für ihn unvorhergesehenen Rechtsprechungsänderung hinreichend geschützt werden kann, bevor der Weg zum „prospective overruling" beschritten wird.

Als materiellrechtliche Regelung bietet sich vor allem § 242 BGB an. Es ist seit langem anerkannt, daß ein bei Abschluß des Vertrages bestehender beidseitiger Irrtum der Vertragsparteien in der Rechtslage ein Fehlen der Geschäftsgrundlage sein kann, wenn ohne diesen beidseitigen Rechtsirrtum der Vertrag nicht, wie geschehen, geschlossen worden wäre[231a]. Das ist der Fall, wenn der Arbeitgeber und der Arbeitnehmer bei Vertragsschluß aufgrund der bisherigen Rechtsprechung des Bundesarbeitsgerichts von der Abänderbarkeit vorbehaltloser arbeitsvertraglicher Einheitsregelungen durch Betriebsvereinbarung oder Tarifvertrag ausgegangen sind, das Gericht nun aber seine Rechtsprechung in der Weise ändern würde, daß die Modifizierbarkeit solcher Vereinbarungen wesentlich eingeschränkt wird[232]. Da die Rechtspre-

---

[227] Vgl. *Kissel*, NJW 1982, 1772, 1779. Es gilt der Grundsatz: „Judicis est ius dicere, non dare."

[228] BGHZ 52, 365, 369; 70, 295, 298; *Flume*, Richter, K 5, K 22.

[229] BGHZ 52, 365, 369; 70, 295, 298; ebenso *Canaris*, Anmerkung, SAE 1972, 22.

[230] Aus ähnlichen Erwägungen hat sich der 3. Senat des Bundesarbeitsgerichts in einer ganzen Reihe von Entscheidungen zu dem Grundsatz bekannt, daß eine Änderung der Rechtsprechung nicht unbegrenzt in die Vergangenheit zurückwirken kann; vgl. die Nachweise bei *Buchner*, Vertrauensschutz, S. 175, 189 Fn. 58.

[231] Obiter dictum, S. 54 Fn. 78; bestätigt wird dieser Standpunkt Schlüters durch mehrere Untersuchungen aus den letzten Jahren, die zu dem Ergebnis gelangen, daß die Änderung einer gefestigten Rechtsprechung in bürgerlichrechtlichen Streitigkeiten als Problem *materieller* Einwendungen oder Gestaltungsrechte zwischen den Prozeßparteien zu sehen ist; so *Burmeister*, Vertrauensschutz, S. 35; *Rüberg*, Vertrauensschutz, S. 206 - 211; *Arndt*, Rechtsprechungsänderung, S. 119 - 125; *Götz*, Vertrauensschutz, S. 421, 450 f.; *Schmalz*, SGb. 1982, 233, 235.

[231a] BGHZ 25, 390, 392 f. m. w. N.; allgemein zum Rechtsirrtum im Arbeitsrecht siehe *Mayer-Maly*, Rechtsirrtum, S. 243 - 259.

[232] Daß die Vertragsparteien — von dem hier vertretenen Standpunkt aus zu Unrecht — von der Abänderbarkeit vorbehaltloser arbeitsvertraglicher

chungsänderung lediglich auf einer klareren Erkenntnis der seit ehedem bestehenden und von der herrschenden Lehre im Schrifttum auch bereits zutreffend analysierten Rechtslage beruht[233], befanden sich die Parteien einer arbeitsvertraglichen Einheitsregelung in einem beidseitigen Rechtsirrtum über die Bestandskraft ihrer Vereinbarungen, sofern jene bewußt an die (aufzugebende) Rechtsprechung bei der Gestaltung ihres Rechtsverhältnisses angeknüpft hatten[234]. Sie maßen ihren vertraglichen Rechten und Pflichten im Hinblick auf das „Institut der ablösenden Betriebsvereinbarung" ein höheres Maß an Veränderbarkeit zu, als den Vereinbarungen nach geltendem (Arbeits)Vertragsrecht innewohnt. Die Aufhellung dieses Rechtsirrtums hätte zur Folge, daß die Geschäftsgrundlage für die arbeitsvertragliche Einheitsregelung, d. h. für die Vielzahl der sie bildenden Einzelverträge, entfällt und eine Vertragsanpassung erforderlich macht. Die interessengerechteste Anpassung dürfte darin bestehen, daß ein Änderungsvorbehalt für die „alten" arbeitsvertraglichen Einheitsregelungen fingiert wird. Damit erübrigt sich der Rückgriff auf das „prospective overruling"; es wird zudem gewährleistet, daß nur diejenigen Parteien vor einer Rechtsprechungsänderung geschützt werden, die ihre Verträge gerade im Hinblick auf die bisherige Rechtsprechung vorbehaltlos abgeschlossen haben.

f) Im Ergebnis wird somit folgende *Lösung* vorgeschlagen:

aa) Arbeitsvertragliche Einheitsregelungen sind grundsätzlich nicht anders zu behandeln als echte Individualarbeitsverträge. Sie haben daher aufgrund des Günstigkeitsprinzips Bestand gegenüber verschlechternden Betriebsvereinbarungen und Tarifverträgen. Das gilt jedoch dann nicht, wenn die Parteien einen Vorbehalt vereinbart haben, der eine Abänderung durch Betriebsvereinbarung oder Tarifvertrag unabhängig davon erlaubt, ob eine Besser- oder Schlechterstellung für den Arbeitnehmer eintritt.

---

Einheitsregelungen ausgehen, liegt inzwischen durchaus nahe, jedenfalls wenn sie sich an der folgenden Feststellung *Stumpfs*, Ablösende Betriebsvereinbarung, S. 102, 103 orientieren: „Während sie (die Praxis, Zus. d. Verf.) . . . angesichts der verhaltenen Skepsis eines Teils der Literatur noch Bedenken haben konnte, ob das Bundesarbeitsgericht seine frühere Rechtsprechung zur Ablösenden Betriebsvereinbarung künftig aufrechterhalten werde, kann sie nunmehr darauf *vertrauen*, daß es das Institut der Ablösenden Betriebsvereinbarung gibt." (Hervorhebung durch den Verf.)

[233] Vgl. BGHZ 52, 365, 369.

[234] Vgl. § 5 III C 3 Fn. 211; danach kann im allgemeinen davon ausgegangen werden, daß jedenfalls auf der Arbeitgeberseite die Rechtsprechung des Bundesarbeitsgerichts bei der Vertragsgestaltung berücksichtigt worden ist. Haben sich die Parteien hieran jedoch nicht orientiert, so verdienen sie auch keinen Vertrauensschutz vor einer Rechtsprechungsänderung.

bb) Diese Grundregel läßt sich auf solche arbeitsvertraglichen Einheitsregelungen nicht uneingeschränkt anwenden, die im Vertrauen auf die bisherige Rechtsprechung vorbehaltlos abgeschlossen wurden. Bei ihnen würde durch einen Wandel der Rechtsprechung in dem oben geforderten Sinn die Geschäftsgrundlage (teilweise) entfallen. Das ist durch eine Vertragsanpassung zu beheben, indem ein Änderungsvorbehalt fingiert wird.

## IV. Das Günstigkeitsprinzip im Verhältnis zwischen Betriebsvereinbarung und Tarifvertrag

1. Das Verhältnis zwischen Betriebsvereinbarung und Tarifvertrag unterscheidet sich grundlegend von den bisher erörterten Fällen der Regelungskollision zwischen individualrechtlicher Vereinbarung und materieller Norm. Ein wesentlicher Unterschied folgt zunächst daraus, daß die betriebliche Normsetzungskompetenz gegenüber der tariflichen stark reduziert ist; denn jene ist nicht von der Verfassung vorgezeichnet (sofern man nicht Art. 165 WeimRV als heute noch teilweise fortgeltend betrachtet), sondern wird erst durch das Betriebsverfassungsgesetz eröffnet[235]. Die betriebliche Normsetzungsbefugnis beruht insofern auch auf einer schwächeren Grundlage als die individuelle Gestaltungsmacht (Privatautonomie), die unmittelbar von der Verfassung (Art. 2 Abs. 1 GG) garantiert wird. Allein aus diesem Befund folgt eine entschieden konsequentere Durchführung der Subsidiarität der Betriebsvereinbarung gegenüber dem Tarifvertrag als des Individualarbeitsvertrags gegenüber allen kollektiven Ordnungen. Außerdem wird die Beziehung zwischen Betriebsvereinbarung und Tarifvertrag dadurch geprägt, daß jene als niederrangige Rechtsquelle kollektiver Natur ist und somit auf der Grundlage realer Vertragsfreiheit[236] beruht. Das hier zu erörternde Rangverhältnis wird daher von einer fast „lupenreinen", inhaltsbewertungsneutralen formalen Abgrenzung der Regelungszuständigkeit beherrscht[237], wie § 77 Abs. 3 Satz 1 BetrVG zeigt: Im Interesse einer klaren und praktikablen Scheidung zwischen den Zuständigkeiten der Gewerkschaften und denen der Betriebsräte[238], also um jede Überschneidung der Tätigkeit von Betriebsräten und Gewerkschaften zu vermeiden[239], wird eine echte Normenkollision durch das Ausschließlichkeits- oder Vorrangprinzip verhindert; Schuhmann[240] ver-

[235] *Konzen*, BB 1977, 1307; *Säcker*, AR-Bl. [D] Tarifvertrag I, C Verhältnis zu anderen Rechtsquellen (VIII.2).

[236] Vgl. § 1 Fn. 52.

[237] Vgl. *Hueck*, G., Gestaltung, S. 203, 213.

[238] BT-Drs. I/1546, S. 55.

[239] BT-Drs. I/3538, S. 11.

[240] Regelungsbefugnis, S. 92.

wendet in diesem Zusammenhang den Begriff der „vertikalen Ordnungsfunktion". Es läßt fast ausnahmslos kein Nebeneinander zweier wirksamer Regelungen zu; die von den Koalitionen gesetzte höherrangige Norm schließt jede Regelung desselben Sachbereichs durch die Betriebspartner aus, selbst wenn die Belegschaft durch eine entsprechende Betriebsvereinbarung begünstigt werden sollte. § 77 Abs. 3 Satz 1 BetrVG begründet ein gesetzliches Verbot im Sinne von § 134 BGB[240a], so daß eine konkurrierende betriebliche Regelung nichtig ist. Das gilt jedenfalls für Arbeitsentgelte und sonstige Arbeitsbedingungen, also für Inhaltsnormen des Tarifvertrags[241]. Würde § 77 Abs. 3 Satz 1 BetrVG in seinem Geltungsbereich das Günstigkeitsprinzip nicht verdrängen, es also für Abweichungen vom Tarifvertrag durch Betriebsvereinbarung und Einzelarbeitsvertrag kumulativ gelten, so würde nicht nur die faktische Vormachtstellung des Arbeitgebers überkompensiert werden[242], sondern diese Vorschrift wiederholte auch — im Hinblick auf § 4 Abs. 1 TVG überflüssigerweise — lediglich die Unabdingbarkeit des Tarifvertrags gegenüber verschlechternden Regelungen in Betriebsvereinbarungen[243] und besäße somit keinen eigenständigen Normgehalt. Für das Verhältnis zwischen Tarifvertrag und Betriebsvereinbarung würde § 4 Abs. 1 TVG aus tarifvertragsrechtlicher Sicht dasselbe besagen wie § 77 Abs. 3 Satz 1 BetrVG aus betriebsverfassungsrechtlicher Sicht. Im Ergebnis bestehen daran, daß § 77 Abs. 3 Satz 1 BetrVG in seinem Geltungsbereich eine Kollisionslage verhindert und dadurch jede Anwendung des Günstigkeitsprinzips ausschließt, weder im Schrifttum[244] noch in der Rechtsprechung[245] ernsthafte Zweifel. Lediglich G.

240a BAG AP Nr. 1 zu § 59 BetrVG 1952; *Dietz / Richardi*, BetrVG, Bd. 2, § 77 Rdnr. 235.

241 *Auffarth*, AR-Bl. [D] Betriebsverfassung, XIV Mittwirkung und Mitbestimmung, B Soziale Angelegenheiten (II) 3.

242 Das ist nur dann unbedenklich, wenn es der Arbeitgeberverband selbst zugesteht, indem er eine tarifvertragliche Öffnungsklausel akzeptiert.

243 Ebenso bezüglich des letzten Aspekts *Dietz*, RdA 1955, 241, 242; *Klasen*, Tarifvorrang, S. 27.

244 *Thiele*, GK-BetrVG, Bd. II, § 77 Rdnr. 104; *Fitting / Auffarth / Kaiser*, BetrVG, § 77 Rdnr. 62; *Brecht*, BetrVG, § 77 Rdnr. 27; *Dietz / Richardi*, BetrVG, Bd. 2, § 77 Rdnr. 211; vgl. auch dies., BPersVG, 2. Bd., § 75 Rdnr. 192; *Richardi*, DB 1971, 621, 623; ders., AR-Bl. [D] Tarifvertrag, VI Rechtswirkungen, A. Günstigkeitsprinzip; *Etzel*, Betriebsverfassungsrecht, S. 276; *Buchner*, Die AG 1971, 135, 139; *Kammann / Hess / Schlochauer*, BetrVG, § 77 Rdnr. 86; *Scheid*, Vorrang, S. 145; *Konzen*, BB 1977, 1307, 1310 f.; schon unter der Geltung des AOG sprach sich *Herschel*, ArbR. u. Volkst. 1934, 58, 59 gegen die Geltung des Günstigkeitsprinzips im Verhältnis zwischen Betriebsordnung und Tarifordnung aus.

245 LAG Hamm, DB 1979, 2236; zum BetrVG 1952, BAGE 16, 58, 64; Bezugnahme in BAG SAE 1976, 14, 15; BAG AP Nr. 1 zu § 2 ArbGG 1953 Betriebsvereinbarung; BAG AP Nr. 28 zu Art. 12 GG; unter der TVVO und dem BRG anders RAG SAE 1930, 143, 144 letzter LS, RAG BenshSamml. 31, 44; dagegen *Flatow / Kahn-Freund*, BRG, § 66 Bem. IX, S. 323; zum da-

Küchenhoff[246], Schuhmann[247] und Wiedemann / Stumpf[248] meinen, daß das Günstigkeitsprinzip bzw. „eine inhaltlich gleiche Kollisionsregel für das Verhältnis des Tarifvertrages zur Betriebsvereinbarung" gelten würde[249]. Dieser Auffassung, die vor der Novellierung des Betriebsverfassungsgesetzes im Jahre 1972 verbreitet war[250], ist durch die gegenständliche Erweiterung des Tarifvorrangs jede Grundlage entzogen worden. Denn seit der Neufassung des Betriebsverfassungsgesetzes macht bereits das bloße Bestehen einer tarifvertraglichen Regelung eine denselben Gegenstand betreffende Betriebsvereinbarung unwirksam. Das gilt — wie Kreutz[251] eingehend nachgewiesen hat — für materielle ebenso wie für formelle Arbeitsbedingungen, sofern diese Unterscheidung überhaupt sinnvoll ist[252]. Daher verbleibt auch im Bereich der formellen Arbeitsbedingungen kein Anwendungsbereich für das Günstigkeitsprinzip. Ob diese nicht ohnehin „günstigkeitsneutral" sind, wie Dietz / Richardi[253] und Säcker[254] im Gegensatz zu Galperin / Löwisch[255] meinen, bedarf somit keiner Entscheidung.

2. Hiervon läßt das Betriebsverfassungsgesetz in § 77 Abs. 3 Satz 2 und § 112 Abs. 1 Satz 4 allerdings zwei Ausnahmen zu: Die Sperrwirkung ist für die Tarifvertragsparteien dispositiv, tritt also nicht ein, wenn und soweit der Tarifvertrag seine Ergänzung durch eine Betriebsvereinbarung ausdrücklich zuläßt[256]. Es können also z. B. übertarifliche Löhne festgesetzt werden[257], auch wenn sie nicht an alternative Voraussetzungen gegenüber der tariflichen Lohnregelung anknüpfen, sondern dieselben Leistungen vergüten wie der Tariflohn. Ferner gilt der Ta-

---

maligen Meinungsstand siehe auch *Hueck / Nipperdey*, Arbeitsrecht, 2. Bd., 1./2. Aufl., S. 358.

246 BetrVG, § 77 Rdnr. 17.

247 Regelungsbefugnis, S. 93.

248 TVG, § 4 Rdnr. 227, einschränkend allerdings Rdnr. 289, 294.

249 Ebenso *Säcker*, AR-Bl. [D] Tarifvertrag I, C Verhältnis zu anderen Rechtsquellen (VIII.1) für die nachtarifliche Betriebsvereinbarung; *Quasten*, Zulässigkeit, S. 75.

250 Vgl. *Richardi*, Kollektivgewalt, S. 326 m. zahlr. w. N.

251 Betriebsautonomie, S. 211 - 222.

252 *Herschel*, AuR 1968, 129; AuR 1969, 65 sprach sich mit überzeugenden Argumenten dafür aus, diese Unterscheidung aufzugeben; zuvor schon *Jacobi*, Grundlehren, S. 184 Fn. 5; auch *Piltz*, Lehre, S. 284 fordert in seiner eingehenden Untersuchung „die Nomenklatur ‚formelle und materielle Arbeitsbedingungen' aus dem arbeitsrechtlichen Begriffsapparat zu streichen".

253 BetrVG, Bd. 2, § 77 Anm. 104.

254 AR-Bl. [D] Betriebsvereinbarung (D) II. 2. b.

255 BetrVG, Bd. II, § 77 Rdnr. 96; eingehend auch *Schuhmann*, Regelungsbefugnis, S. 112 - 114.

256 *Dietz / Richardi*, BetrVG, § 77 Rdnr. 227; *Wiedemann / Stumpf*, TVG, § 4 Rdnr. 301.

257 *Fitting / Auffarth / Kaiser*, BetrVG, § 77 Rdnr. 63.

rifvorrang nicht für Sozialpläne (§ 112 Abs. 1 Satz 4 BetrVG), um dem Betriebsrat bei Betriebsänderungen eine ausreichende Handlungsfreiheit einzuräumen[258]. Dadurch wird in diesem Bereich eine gegenüber den Tarifpartnern unbeschränkte betriebliche Autonomie hergestellt[259]. Der Sozialplan kann also ohne Rücksicht auf den Tarifvertrag günstigere Regelungen für die Belegschaft treffen. Praktische Bedeutung hat das vor allem im Zusammenhang mit tarifvertraglichen Rationalisierungsschutzabkommen, soweit sie Abfindungen für den Verlust des Arbeitsplatzes vorsehen[260]. Schließlich gehen auch die §§ 3 Abs. 1, 10 des 3. VermögensbildungsG der Regelung des § 77 Abs. 3 BetrVG vor[261].

3. a) Da das Günstigkeitsprinzip ein allgemeiner Verfassungsgrundsatz ist, stellt sich die Frage, ob dessen Geltung im Verhältnis zwischen Tarifvertrag und Betriebsvereinbarung zulässigerweise nur auf die genannten Ausnahmen beschränkt werden durfte. Besonders offenkundig wird das Problem, wenn unterstellt wird, daß § 77 Abs. 3 Satz 1 BetrVG keinen Verfassungsauftrag erfüllt, sondern lediglich auf einer „positivistischen Entscheidung des Gesetzgebers" beruht[262]. Unter dieser Prämisse würde nämlich der einfache Gesetzgeber die Anwendung eines Verfassungsgrundsatzes bis auf wenige Ausnahmen ausschließen. Dazu ist er offenkundig nur berechtigt, wenn das Günstigkeitsprinzip selbst eine entsprechende Beschränkung seines Geltungsbereichs in sich trägt.

b) Sofern der Gesetzgeber nicht ohnehin durch Art. 9 Abs. 3 GG zur Statuierung eines umfassenden Tarifvorrangs mit Ausschließlichkeitscharakter verpflichtet ist[263], weil es nur den Koalitionen zusteht, die in § 1 Abs. 1 TVG genannten Aufgaben durch normative Regelungen wahrzunehmen[264], so folgt jedenfalls die Befugnis des einfachen Gesetzgebers zu der in § 77 Abs. 3 Satz 1 BetrVG getroffenen Zuständigkeitsabgrenzung aus Sinn und Zweck des Günstigkeitsprinzips. Es beruht, wie oben (§ 3) eingehend erörtert wurde, auf einer Restriktion

---

[258] So BR-Drs. 715/70, S. 55; BT-Drs. VI/1786, S. 55; siehe auch die kritische Stellungnahme von Eichler in der Öffentlichen Informationssitzung des Ausschusses für Arbeit und Sozialordnung über den Entwurf eines BetrVG u. a., 25. 2. 1971, Protokoll Nr. 45, S. 130.

[259] So auch *Konzen*, BB 1977, 1307, 1310; einschränkend dagegen *Wiedemann / Stumpf*, TVG, § 1 Rdnr. 192; *Hanau*, RdA 1973, 281, 285; ders., ZfA 1974, 89, 106 f.

[260] Vgl. z. B. den Tarifvertrag über den Rationalisierungsschutz für Beschäftigte in der Energieversorgung Baden-Württemberg vom 22. 6. 1977 (§ 9), abgedruckt bei *Lühr*, KJ 1980, 90, 99.

[261] *Wiedemann / Stumpf*, TVG, § 4 Rdnr. 289; eingehend *Dietz / Richardi*, BetrVG, Bd. 2, § 77 Rdnr. 215, § 88 Rdnr. 22.

[262] So *Klasen*, Tarifvorrang, S. 24 in Anlehnung an *Dietz*, RdA 1955, 241, 242.

[263] Vgl. § 5 II B, Fn. 63.

[264] In diese Richtung weist BVerfGE 28, 295, 304.

der kollektiven Koalitionsfreiheit zum Schutz der individuellen Koalitionsfreiheit, indem es gegenüber der kollektiven Ebene als Übermaßverbot fungiert. Daneben gewährleistet das Günstigkeitsprinzip die Entfaltungsfreiheit des Arbeitnehmers als Individuum, indem es seine Privatautonomie sichert. Das Günstigkeitsprinzip fußt somit auf Art. 9 Abs. 3 GG und Art. 2 Abs. 1 GG und ist darauf gerichtet, eine kollektivfreie Individualsphäre zu bewahren.

c) Die Betriebspartner können sich nicht auf den Schutz der individuellen Koalitionsfreiheit berufen, weil dieses Grundrecht auf sie seiner Natur nach nicht anwendbar ist. Art. 9 Abs. 3 GG gewährleistet Rechte lediglich den Bürgern sowie den Koalitionen und ihren Mitgliedern[265], nicht aber den Betriebsorganen. Sie können sich zwar der durch Art. 2 Abs. 1 GG garantierten Vertragsfreiheit bedienen, verwirklichen dabei aber nicht die Privatautonomie, sondern die Betriebsautonomie. Der Betriebsrat kann auch nicht die Grundrechte der Belegschaftsmitglieder „gleichsam gesammelt" als Sachwalter von Individualinteressen wahrnehmen[266]. Die Betriebspartner agieren somit außerhalb der Grenzen, die sich für das Günstigkeitsprinzip aus seinem Telos ergeben. Jene stehen daher jenseits seines verfassungsrechtlichen Schutzbereichs. Die Tarifmacht ist in bezug auf Arbeitsentgelte und sonstige Arbeitsbedingungen gegenüber den Betriebspartnern unbeschränkt, soweit nicht im Einzelfall ihre größere Betriebsnähe eine Ausnahme erfordert: Diese ist — soweit ersichtlich — nur bei der Aufstellung eines Sozialplans gegeben.

## V. Das Günstigkeitsprinzip im Verhältnis zwischen Tarifvertrag und Gesetz

1. Die Beziehung zwischen Tarifvertrag und Gesetz ist ebenfalls dadurch gekennzeichnet, daß die niederrangige Rechtsquelle kollektivrechtlicher Natur ist. Die Normen, die jener entspringen, werden von Parteien gesetzt, die der Verfassungs- und Gesetzgeber als gleich stark wertet[267]; zwischen diesen Parteien herrscht strukturell reale Vertragsfreiheit[268]. Einer materiellen Richtigkeitskontrolle durch das Günstigkeitsprinzip bedarf es daher nicht, sondern — wie zwischen den Koalitionen einerseits und den Betriebspartnern andererseits — regelmäßig einer inhaltsbewertungsneutralen Zuständigkeitsabgrenzung. Wegen der verfassungsrechtlichen Garantie der Tarifautonomie ist jedoch eine rein hierarchische Kompetenzabstufung wie zwischen den Koalitionen und

[265] BVerfGE 28, 314, 323.

[266] BVerfGE 28, 314, 323 für den Personalrat.

[267] *Biedenkopf*, Grenzen, S. 147.

[268] *Hueck / Nipperdey*, Arbeitsrecht, 2. Bd., 1. Halbbd., S. 392.

den Betriebspartnern oder nach dem Muster der konkurrierenden Gesetzgebung zwischen Bund und Ländern nur eingeschränkt möglich. Daher existiert auch keine der Vorschrift des § 77 Abs. 3 Satz 1 BetrVG konzeptionell entsprechende Verfassungs- oder Gesetzesnorm, die entweder bestimmte Sachbereiche ausschließlich dem Gesetzgeber vorbehält oder aber allein den Koalitionen überantwortet. Statt dessen räumt einerseits Art. 74 Nr. 12 GG dem Bundes- und subsidiär dem Landesgesetzgeber die Regelungskompetenz auf dem Gebiet des Arbeitsrechts ein[269], und andererseits garantiert Art. 9 Abs. 3 GG den Koalitionen das Recht zur Wahrung und Förderung der Arbeits- und Wirtschaftsbedingungen, wobei für jeden der beiden Kompetenzbereiche die Wesensgehaltsgarantie gilt.

2. a) Aus dem Umstand, daß sich für den Gesetzgeber ebenso wie für die Koalitionen die Normsetzungskompetenz jeweils unmittelbar aus der Verfassung ableitet, folgt zwingend, daß das Ausschließlichkeitsprinzip weder von oben nach unten noch in der umgekehrten Richtung konsequent durchgeführt werden kann, sondern je nach den Erfordernissen des zu ordnenden Sachbereichs daneben noch andere Grundsätze zur Lösung der Zuständigkeitskonkurrenz gelten müssen. Sie führen teils zur Durchbrechung und teils zur Bestätigung des Ausschließlichkeitsprinzips. Dazu zählen unter anderem die Wesensgehaltsgarantie (Art. 19 Abs. 2 GG), das Prinzip der praktischen Konkordanz[270], der Grundsatz der größeren Sachnähe (Subsidiaritätsprinzip), das Vorrangprinzip[271], die staatliche Neutralitätspflicht im Arbeitskampf und in begrenztem Umfang schließlich auch das Günstigkeitsprinzip. Es ist in diesem Zusammenhang jedoch rechtssystematisch anders einzuordnen als im Verhältnis zwischen individualrechtlicher Vereinbarung und materieller Norm. Das Günstigkeitsprinzip gilt zwischen Tarifvertrag und Gesetz durch das (aufgrund des Günstigkeitsprinzips) verdrängte Gesetz selbst, das sich einseitig in die Subsidiarität entweder aus der Natur der Sache oder kraft eigenen Wollens zurückzieht. Die höherrangige (gesetzliche) Norm, nicht der Tarifvertrag, verwirklicht den Grundsatz der Subsidiarität der gesetzlichen Regelung gegenüber der Tarifautonomie[272]. Das Günstigkeitsprinzip läßt sich demnach nicht als Teil der

[269] Art. 74 Nr. 12 GG ist mehr als eine bloße Kompetenzbestimmung. Die Vorschrift besagt auch, daß der Regelungsgegenstand (Arbeitsrecht) konstitutiv verfassungsgarantiert ist; siehe zum materiellen Garantiegehalt der Kompetenznormen *Pestalozza*, Der Staat 11 (1972), 161, 170; ferner *Bleckmann*, DÖV 1983, 129, 131, der sogar meint, die institutionelle Garantie des Arbeitsrechts könne sich bis zu einem Gesetzgebungsauftrag steigern.

[270] Dazu eingehend *Coester*, Vorrangprinzip, S. 85 ff.

[271] Siehe *Ney*, Arbeitsrechtliche Bundesgesetzgebung, S. 24.

[272] Vgl. *Herschel*, RdA 1969, 211, 214, dessen überzeugende Ausführungen über die Zulassungsnormen des Tarifvertrages sich auf die hier zu erörternde Problematik jedenfalls teilweise übertragen lassen.

kollektiven Betätigungsgarantie innerhalb der Koalitionsfreiheit begreifen; denn es eröffnet den Tarifpartnern die Möglichkeit zur eigenen Gestaltung „von oben nach unten", d. h. kraft legislatorischer Entscheidung. Das Günstigkeitsprinzip ist somit *keine Innen- oder Außenschranke* der Rechtsgrundlage zum Erlaß der ranghöheren Norm.

b) Das Günstigkeitsprinzip ist zunächst im Bereich der sogenannten „Minimalgesetzgebung" vorzufinden. Zutreffend weist Coester[273] darauf hin, daß das Sozialstaatsprinzip zusammen mit Art. 1 Abs. 1 GG den Staat dazu verpflichtet, in allen Lebensbereichen den Individuen die gesellschaftsadäquate Existenz, vor allem auch in wirtschaftlicher Hinsicht, zu gewährleisten. Aufgrund der Sozialstaatsentscheidung des Grundgesetzes besteht eine positive Sozialgestaltungspflicht des Staates[274], aufgrund derer es ihm vorbehalten ist, Mindestarbeitsbedingungen (z. B. Mindestlöhne, Höchstarbeitszeit, Mindesturlaub) festzulegen, die von den Koalitionen nicht unterschritten werden dürfen[275]. Dieser Ordnungsauftrag, der wie der Unabdingbarkeitsgrundsatz (§ 4 Abs. 1 TVG) auf eine bloße „Grenzziehung nach unten" gerichtet ist, schließt offenkundig die Möglichkeit zu günstigeren Gestaltungen durch die Koalitionen nicht aus, weil ihm aus der Natur der Sache der Begünstigungsgedanke immanent ist. Ein typisches Beispiel für ein solches „Minimalgesetz "ist das „Gesetz über die Festsetzung von Mindestarbeitsbedingungen" vom 11. 2. 1952. § 8 Abs. 1 MindArbBedG verleiht den gesetzlichen Mindestarbeitsbedingungen weitgehend dieselben Wirkungen, wie sie die Normativbestimmungen eines Tarifvertrages haben[276]. Nach § 8 Abs. 2 MindArbBedG gehen tarifvertragliche Bestimmungen den gesetzlichen Minimalregelungen vor. Obwohl diese Vorschrift die Subsidiarität der gesetzlichen Regelungen nicht ausdrücklich auf den Fall günstigerer tariflicher Abweichungen beschränkt, sind die Tarifpartner nur zu einer Überschreitung, nicht zu einer Unterschreitung der Mindestarbeitsbedingungen befugt; sie wäre als Verstoß gegen das Sozialstaatsprinzip und als Verletzung der Menschenwürde verfassungswidrig[277]. Die „Minimalgesetzgebung" erweist sich als derjenige Komplex, in dem das Günstigkeitsprinzip aus der Natur der Sache heraus gilt. Die (einseitige) Abweichungsbefugnis der Tarifpartner (Günstigkeitsprinzip) ergibt sich in diesem Bereich somit nur reflexmäßig aus der Regelungsmaterie der höherrangigen Norm.

[273] Vorrangprinzip, S. 84.

[274] *Maunz / Dürig / Herzog / Scholz,* GG, Art. 1 Abs. 1 Rdnr. 43.

[275] *Reuß,* AuR 1958, 321, 327.

[276] *Hueck / Nipperdey,* Arbeitsrecht, 2. Bd., 1. Halbbd., S. 228 Fn. 32.

[277] Das wird von *Goldschmidt,* AR-Bl. [D], Mindestbedingungen I, Das Gesetz über die Festsetzung von Mindestarbeitsbedingungen (E. 2) und *Hueck / Nipperdey,* Arbeitsrecht, 2. Bd., 1. Halbbd., S. 370 Fn. 2 verkannt, wenn sie auch ungünstigere tarifliche Regelungen für möglich halten.

c) Im Bereich der verteilenden arbeitsrechtlichen Schutzgesetzgebung, die eine Lastenverteilung unter den Parteien des Arbeitsverhältnisses zum Gegenstand hat und über die bloße Existenzsicherung hinausgeht[278], gilt das Günstigkeitsprinzip nur kraft gesetzlicher Zulassung, d. h. aufgrund einseitiger Öffnung des Vorrangs des Gesetzes. Denn in diesem Bereich sind die vom Gesetzgeber erlassenen Normen nicht schon von der Natur der Sache her Minimalbedingungen, deren Unterschreitung das Verfassungsrecht verbietet. Das Günstigkeitsprinzip geht hier aus einer in das Gesetz eingebauten Geltungsbeschränkung hervor und erfüllt den Zweck, eine Kooperation zwischen Staat und Tarifpartnern zu ermöglichen[279].

Möglich ist allerdings auch in diesem Bereich, daß sich die Zulassung erst im Weg der Auslegung ergibt[280]. Das Fehlen einer Günstigkeitsklausel in einem verteilenden arbeitsrechtlichen Schutzgesetz begründet daher lediglich eine widerlegbare Vermutung dafür, daß die betreffende Norm nicht zugunsten der Arbeitnehmer von den Koalitionen abdingbar ist; diese Vermutung ist widerlegt, wenn sich erweist, daß der Gesetzgeber ihm unbefriedigend erscheinende Arbeitsbedingungen zwar einheitlich verbessern, jedoch keine abschließende Regelung treffen wollte oder mangels Voraussehbarkeit künftiger Entwicklungen nicht treffen konnte[281].

d) Festzuhalten gilt, daß das Günstigkeitsprinzip auch im Verhältnis zwischen Tarifvertrag und Gesetz Anwendung findet[282]. Es hat allerdings rechtssystematisch eine andere Bedeutung als zwischen individualrechtlicher Vereinbarung und Rechtsnorm: Es ist *nicht Schranke der Normsetzung, sondern einseitige Geltungsbeschränkung der Norm selbst.*

e) Biedenkopf[283] vertritt allerdings die beachtenswerte These, daß die Erstreckung des Günstigkeitsprinzips auf das Verhältnis von ge-

---

278 *Biedenkopf*, Grenzen, S. 156; *Hueck / Nipperdey*, 2. Bd., 1. Halbbd., S. 371 halten allerdings diese Unterscheidung gegenüber der „Minimalgesetzgebung" für viel zu kompliziert, auch sachlich überholt und kaum praktikabel.

279 Vgl. *Herschel*, RdA 1969, 211, 212 f.

280 Ebenso *Coester*, Vorrangprinzip, S. 87.

281 Vgl. hierzu *Schlessmann*, DB 1958, 109 sowie auch *Däubler / Hege*, Tarifvertragsrecht, Rdnr. 174, die eine Verbesserung der gesetzlichen Regelung durch die Tarifparteien für möglich halten, „soweit sich aus einem Gesetz nicht eindeutig der Wille zu abschließender Regelung ergibt".

282 Ebenso *Nikisch*, Arbeitsrecht, II. Bd., S. 419; *Siebert*, Kollektivnorm, S. 119, 120; *Wiedemann / Stumpf*, TVG, § 4 Rdnr. 312; *Däubler / Hege*, Tarifvertragsrecht, Rdnr. 174; widersprüchlich *Söllner*, Arbeitsrecht, S. 123; anders *Biedenkopf*, Grenzen, S. 156, der den Begriff des Günstigkeitsprinzips auf seinen „traditionellen, auf das Einzelarbeitsverhältnis bezogenen Sinn" beschränken will.

283 Grenzen, S. 149 f.; ebenso *Ney*, Arbeitsrechtliche Bundesgesetzgebung, S. 83 f.

setzlicher zu kollektivrechtlicher Norm — jedenfalls soweit es nicht um die Normierung echter Existenzminima gehe — den Grundsatz von der Neutralität des Staates verletze. Denn in diesem Vorgang, den er als „Ausbeutungsvorgang mit umgekehrten Vorzeichen" charakterisiert, liege eine Intervention zugunsten der Arbeitnehmer, die auch die Gewerkschaft begünstige. M. Wolf[284] erblickt darin sogar auch eine Einschränkung der Tarifautonomie zu Lasten der Gewerkschaften, weil ihnen die Verzichtsmöglichkeit auf bestimmte vom Gesetz fixierte Positionen genommen werde.

Nicht zu leugnen ist, daß der Gesetzgeber im Bereich der verteilenden Schutzgesetzgebung, wozu Biedenkopf beispielsweise das Bundesurlaubsgesetz[285] und das Lohnfortzahlungsgesetz rechnet, durch die Zulassung nur günstigerer tariflicher Regelungen die Tarifverhandlungen einseitig, und zwar zu Lasten der Arbeitgeberseite, vorprogrammiert. Es wird jedoch durchaus dem Rechts- und Sozialstaatsprinzip gerecht, unabdingbare Mindestarbeitsbedingungen auch oberhalb des Existenzminimums durch „ein auf bestimmten Wertungen und Interessenabwägungen beruhendes, der Rechtseinheit dienendes Dauergesetz"[286] vorzunehmen, solange der Staat keine Tarifzensur betreibt und nicht in den Kernbereich der Tarifautonomie vordringt. Denn der Gesetzgeber ist aufgrund des Sozialstaatsprinzips[287] und vor allem seiner von Art. 74 Nr. 12 GG eingeräumten und durch die Volkssouveränität legitimierten Kompetenz dazu berechtigt, die Gesellschaft und insbesondere das Arbeits- und Wirtschaftsleben aktiv, einheitlich und zukunftsorientiert, also nicht bloß reagierend, fortzuentwickeln und ihre Existenzchancen zu verbessern[288]. Diese Kompetenz ist, was Biedenkopf zu widerlegen hätte, gegenüber der von Art. 9 Abs. 3 GG garantierten Normsetzungs-

---

[284] ZfA 1971, 151, 157.

[285] Grenzen, S. 150, 184 f.; demgegenüber meint *Coester*, Vorrangprinzip, S. 84 Fn. 462, die „§§ 1 - 3 BUrlG gehören dem sozialen Minimum an und sind in negativer Richtung nicht disponibel", während in positiver Richtung das Günstigkeitsprinzip gelte. Bezüglich der Dauer des gesetzlichen Mindesturlaubs läßt sich darüber streiten, ob diese tatsächlich nur das Existenzminimum bildet. Bemerkenswert ist aber, daß Coester sich aufgrund seiner Einschätzung des BUrlG als Minimalgesetz auch für die Geltung des Günstigkeitsprinzips im Verhältnis zwischen gesetzlichen Minimalnormen und Tarifnormen ausspricht.

[286] *Hueck / Nipperdey*, Arbeitsrecht, 2. Bd., 1. Halbbd., S. 371.

[287] Nach Ansicht von *Herschel*, Sozialer Fortschritt 1981, 145 teilt das Sozialstaatsprinzip den Stellenwert der Grundrechte.

[288] Vgl. *Maunz / Dürig / Herzog / Scholz*, GG, Art. 20, VIII, Rdnr. 13; *Käppler*, Richterrecht, S. 50; nach der ständigen Rechtsprechung des Bundesverfassungsgerichts, z. B. BVerfG NJW 1982, 1447, 1449, begründet das Sozialstaatsprinzip die Pflicht des Staates, für eine gerechte Sozialordnung zu sorgen, wobei dem Gesetzgeber bei der Erfüllung dieser Pflicht ein weiter Gestaltungsspielraum zukommt; siehe ferner zur Bedeutung des Sozialstaatsprinzips *Müller*, G., DB 1982, 2459.

befugnis keineswegs nachrangig im Sinne des Subsidiaritätsprinzips. Im Bereich der Lohn- und sonstigen materiellen Arbeitsbedingungen hat der Staat seine Regelungszuständigkeit zwar weit zurückgenommen, wie das Bundesverfassungsgericht zutreffend festgestellt hat[289]; der Gegenstand der Koalitionsfreiheit ist jedoch auf sich wandelnde wirtschaftliche und soziale Bedingungen bezogen, die mehr als bei anderen Freiheitsrechten die Möglichkeit zu staatlichen Modifikationen und Fortentwicklungen lassen müssen. Wie Preis[290] eingehend dargelegt hat, steht dem Gesetzgeber daher eine sozialgestaltende Rolle zu, die es ihm auch gegenüber den Koalitionen, und nicht nur gegenüber tariflichen Außenseitern, in gewissem Umfang erlaubt, Arbeitsbedingungen, die über dem Existenzminimum liegen, als Mindestbedingungen zu verankern.

Der gesetzgeberische Spielraum ist dabei selbstverständlich beschränkt und bemißt sich nach den besonderen Erfordernissen des jeweils zu regelnden Sachverhalts. Das Grundgesetz und zuvor das TVG haben sich zwar — wie oben dargelegt wurde[291] — entschieden und vorbehaltlos vom staatlichen Lohnamtssystem des Nationalsozialismus abgekehrt. Das verpflichtet den Staat aber keineswegs zu einer arbeits-, wirtschafts- und sozialpolitischen „Nachtwächterrolle“, sondern im Gegenteil zur aktiven Mitgestaltung[292], jedenfalls solange den Tarifvertragsparteien wesentliche Aufgaben zur sinnvollen Erfüllung ihres Zwecks belassen bleiben[293], also der Kernbereich der Tarifautonomie durch den Vorrang des Gesetzes nicht berührt wird[294]. Art. 29 Abs. 2 HessVerf. bestätigt diese Auffassung. Nach dieser Vorschrift schaffen die Koalitionen verbindliches Recht *im Rahmen des Arbeitsrechts*. Daß der Staat auch auf dem Gebiet der verteilenden arbeitsrechtlichen Schutzgesetzgebung Mindestbedingungen setzen darf, entspricht schließlich auch der Rechtsprechung des Bundesverfassungsgerichts und des Bundesarbeitsgerichts. Jenes hat wiederholt ausgesprochen, daß es Sache des Gesetzgebers ist, die Tragweite der Koalitionsfreiheit dadurch zu bestimmen, daß er die Befugnisse der Koalitionen im einzelnen ausgestaltet und näher regelt[295]. Die Einschränkung ihrer Gestaltungsmacht durch staatliche Regelungsvorgaben darf freilich nicht ohne Notwendigkeit und nicht in der Weise geschehen, daß die Kompetenz der Koalitio-

---

[289] BVerfG NJW 1982, 815.

[290] ZfA 1972, 271, 293 ff.

[291] Vgl. § 2 V.

[292] Ebenso *Isensee*, Subsidiaritätsprinzip, S. 193.

[293] *Käppler*, Richterrecht, S. 54.

[294] Vgl. *Wiedemann / Stumpf*, TVG, § 4 Rdnr. 312; siehe auch *Badura*, RdA 1974, 129, 134 f.

[295] BVerfGE 28, 295, 306; 50, 290, 368 f.; 57, 220, 246; BVerfG NJW 1982, 815; siehe auch *Otto*, Gewährleistung, S. 36.

nen durch die des Gesetzgebers ganz oder in wesentlichen Teilen verdrängt oder bedeutungslos gemacht[296] und eine Rückkehr zur staatsautoritären Arbeitsnormenregelung wie im Wirkungsbereich der Reichstreuhänder der Arbeit vollzogen wird[297]. Das Bundesverfassungsgericht setzt daher zugleich auch dem Gesetzgeber Grenzen; er darf das Betätigungsfeld der Koalitionen nur durch solche eigenen Regelungen beschränken, die „zum Schutz anderer Rechtsgüter von der Sache her geboten sind“[298]. Hierzu zählen Maßnahmen der Gesundheitsförderung, die den Gegenstand des Lohnfortzahlungs- und des Bundesurlaubsgesetzes bilden. Erfüllt der Gesetzgeber dieses im Einzelfall nicht stets zweifelsfrei zu konkretisierende Kriterium, so bestehen gegen zwingend oder nur nach Maßgabe des Günstigkeitsprinzips von den Koalitionen abdingbar gesetzlich statuierte Arbeitsbedingungen im Rahmen der verteilenden Schutzgesetzgebung keine verfassungsrechtlichen Bedenken. Das Bundesarbeitsgericht[299] hat daher zutreffend entschieden, daß durch das (Hamburgische) Urlaubsgesetz nicht unzulässigerweise in die Tarifhoheit eingegriffen worden ist[300].

## VI. Ergebnis

1. Der Wirkungsbereich des Günstigkeitsprinzips ist nicht auf die Regelungskonkurrenz zwischen (echtem) Individualarbeitsvertrag und Tarifvertrag beschränkt. Obwohl das Günstigkeitsprinzip im Betriebsverfassungsgesetz nicht ausdrücklich normiert worden ist, gilt es auch im Verhältnis zwischen Arbeitsvertrag und Betriebsvereinbarung. Das ist selbstverständlich nur dann der Fall, wenn die Betriebsvereinbarung nicht gegen den Tarifvorrang verstößt oder aus anderen Gründen nichtig ist. Darüber hinaus findet das Günstigkeitsprinzip Anwendung bei Regelungskollisionen zwischen arbeitsvertraglicher Einheitsregelung einerseits und Tarifvertrag oder Betriebsvereinbarung andererseits. Der Standpunkt der Rechtsprechung, wonach das Günstigkeitsprinzip grundsätzlich nicht gelte, wenn eine kollektivvertragliche Ord-

---

296 *Däubler / Hege*, Tarifvertragsrecht, Rdnr. 172.

297 Vgl. LAG München, AP 50 Nr. 275.

298 Vgl. auch *Wolf*, M., ZfA 1971, 151, 158; *Reuß*, ArbRGeg. 1963, Bd. 1, 144, 155.

299 BAG AP Nr. 1 zu § 10 UrlaubsG Hamburg.

300 Siehe die Entscheidung des LAG München, AP 50 Nr. 275, das sich eingehend mit dem Verhältnis zwischen der Regelungsbefugnis des Gesetzgebers und der der Tarifpartner auseinandersetzt; das Gericht gelangt zu dem zutreffenden Ergebnis, daß eine „bestehende Normensetzung durch Tarifverträge den Gesetzgeber verfassungsrechtlich nicht behindert, mit eigenen Gesetzesnormen auch in solche Rechtsgebiete des Arbeitsrechts einzugreifen, für die tarifliche Normensetzung seit langem üblich ist und vorliegt“.

nung einer arbeitsvertraglichen Einheitsregelung nachfolgt, begegnet schwerwiegenden dogmatischen Bedenken und ist daher nicht zu teilen. Schließlich bestimmt sich häufig auch das Verhältnis zwischen Tarifvertrag und Gesetz nach dem Günstigkeitsprinzip. In aller Regel ausgeschlossen ist es dagegen zur Lösung einer Regelungskollision zwischen Betriebsvereinbarung und Tarifvertrag.

2. Die von Dietz[301] getroffene Feststellung, das Günstigkeitsprinzip sei das allgemeine Prinzip zur Lösung der Konkurrenz von Regelungen auf verschiedener Ebene, erweist sich somit nur als bedingt richtig. Denn zum einen findet es nicht zwischen sämtlichen arbeitsrechtlichen Rechtsquellen Anwendung; zum anderen ist es, soweit es gilt, unter rechtssystematischen Gesichtspunkten jeweils verschieden einzustufen: Während es zwischen Arbeitsvertrag einerseits und Tarifvertrag und Betriebsvereinbarung andererseits eine verfassungsrechtlich gewährleistete Schranke der Normsetzungsmacht ist, beruht das Günstigkeitsprinzip im Verhältnis zwischen Tarifvertrag und Gesetz auf einer einseitigen Geltungsbeschränkung der gesetzlichen Norm selbst.

---

[301] Siehe § 4 III.

## § 6 Der Günstigkeitsvergleich

### I. Vorbemerkung

Es wurde bereits darauf hingewiesen[1], daß der Anwendungsbereich und die praktische Bedeutung des Günstigkeitsprinzips entscheidend von der Beantwortung der Frage abhängen, unter welchen Voraussetzungen eine einzelvertragliche Vereinbarung gegenüber einer kollektivrechtlichen Norm als günstiger zu beurteilen ist. Die Entscheidung darüber, welcher Regelung der Vorrang gebührt, erfolgt durch ein *rechtliches Werturteil*[2], dem ein Vergleich der divergierenden Regelungen unter dem Gesichtspunkt zugrundeliegt, welche von ihnen den Arbeitnehmer besser stellt. Da die Tarifautonomie und die Privatautonomie den Koalitionen bzw. den Arbeitsvertragsparteien eine nahezu unerschöpfliche Fülle möglicher Regelungen eröffnet, die jeweils einen Vergleichsgegenstand bilden können, ist infolge der Unvorhersehbarkeit möglicher Einzelfallgestaltungen ein Katalog von allgemeingültigen konkreten Kriterien nur schwerlich denkbar. Möglich ist jedoch, bestimmte methodische Grundsätze zur Ermittlung der Günstigkeit aufzustellen. Außerdem lassen sich bestimmte Wertungen außerrechtlicher Natur ausscheiden. Würde nämlich der Richter im Streitfall darüber, welche von zwei divergierenden Regelungen gilt, etwa auf gesellschafts- oder sozialpolitische Maßstäbe für seine Entscheidung zurückgreifen, so bedeutete das einen Eingriff in die Tarifautonomie. Denn was politisch im Interesse des Arbeitnehmers wünschenswert ist, stellt keine Frage der Günstigkeit im Sinne von § 4 Abs. 3 TVG dar, sondern steht im Ermessen der Koalitionen (hauptsächlich der Gewerkschaften) und des Gesetzgebers, unter keinen Umständen aber im Befinden der Gerichte, deren Aufgabe es ist, Rechtsstreitigkeiten und nicht Regelungsstreitigkeiten zu entscheiden. Anderenfalls würde nämlich der Richter eine subtile Form der Tarifzensur betreiben, indem er eigene politische

---

[1] Siehe § 1.

[2] *Wlotzke*, Günstigkeitsprinzip, S. 72; demgegenüber meint *Büker*, Ausnahmen, S. 20, die Entscheidung über die Günstigkeit sei keine rechtliche Frage. Zutreffend weist *Herschel*, Anmerkung, SAE 1973, 3 darauf hin, daß die Frage, ob sich ein Arbeitsvertragsinhalt als günstiger im Sinne des § 4 Abs. 3 TVG herausstellt, Gegenstand tatrichterlicher Würdigung sei. Dem Revisionsgericht ist jedoch die Nachprüfung des richtigen Verständnisses des Rechtsbegriffs der Günstigkeit gestattet; siehe dazu auch RG JW 1927, 241, 242.

Wertungen zum Maßstab für den Bestand tarifvertraglicher Regelungen erheben würde.

## II. Die Beschränkung der Vergleichsgegenstände auf den jeweiligen Inhalt der divergierenden Regelungen

Es entspricht heute einhelliger Meinung, daß beim Günstigkeitsvergleich ausschließlich die einschlägige tarifliche Regelung und die abweichende arbeitsvertragliche Vereinbarung gegenüberzustellen sind[3]. Anknüpfungspunkte sind also der rechtliche Inhalt des Arbeitsvertrags einerseits und des Tarifvertrags andererseits. Außer Betracht bleibt dagegen, wie sich die Vertragsfolgen auf die wirtschaftliche Gesamtsituation des Arbeitnehmers auswirken[4]. Denn anderenfalls könnte der Günstigkeitsvergleich auch eine untertarifliche Entlohnung rechtfertigen. Würde nämlich der Arbeitnehmer zu den tariflichen Bedingungen keine Arbeit finden, sondern nur zu solchen, die lediglich über den Leistungen der Arbeitslosenunterstützung oder der Sozialhilfe liegen, so würde ein Arbeitsvertrag auf diesem Niveau die wirtschaftliche Gesamtsituation verbessern. Ein solcher Vergleich, der außerhalb des Arbeitsvertrags liegende Momente miteinbezieht, verbietet sich aus mehreren Gründen[5]: Die Schutzfunktion des Tarifvertrags, die vor allem in der Garantie von Mindestarbeitsbedingungen für die Gewerkschaftsmitglieder besteht, würde in Zeiten hoher Arbeitslosigkeit erheblich beeinträchtigt, und eine Lohnkonkurrenz zwischen den Gewerkschaftsmitgliedern würde ausgelöst werden. Das widerspräche dem Sinn des Unabdingbarkeitsgrundsatzes (§ 4 Abs. 1 TVG). Die Unabdingbarkeit tariflicher Normen dient nicht allein dem Individualschutz, sondern sehr wesentlich auch dem Schutz der Arbeitnehmerschaft im ganzen[6], jedenfalls soweit sie tarifgebunden ist. Die Funktionsfähigkeit der Gewerkschaften, namentlich die Durchsetzung einer bestimmten Tarifpolitik, wäre erheblich gefährdet, wenn nicht gewährleistet wäre, daß die Gewerkschaftsmitglieder auf der durch den Tarifvertrag festgelegten Ebene geschlossen der Arbeitgeberseite gegenübertreten. Die Gewerkschaften können ihre Zielvorstellungen nur als „Angebotskartelle der Arbeitskraft"[7] durchsetzen. Die Bindungen, die ein solches Kartell unter seinen Mitgliedern voraussetzt, dürfen sich nicht nur auf den Arbeitskampf

---

[3] *Wiedemann / Stumpf*, TVG, § 4 Rdnr. 238; eingehend *Wlotzke*, Günstigkeitsprinzip, S. 73 - 76; *Hueck / Nipperdey*, Arbeitsrecht, 2. Bd., 1. Halbbd., S. 607 mit zahlr. w. N. in Fn. 83.

[4] *Gamillscheg*, Arbeitsrecht, Bd. I, S. 19.

[5] Siehe auch die eingehende Erörterung des Problems der untertariflichen Entlohnung bei *Woerle*, Entlohnung, S. 71 - 81.

[6] *Nikisch*, RdA 1953, 81, 83.

[7] Siehe § 2 I.

beschränken, sondern müssen im Interesse einer funktionsfähigen Tarifautonomie auch bei der Durchführung des Tarifvertrags fortdauern, selbst um den Preis, daß ein seit langer Zeit arbeitsloser (tarifgebundener) Arbeitnehmer, der bei untertariflicher Entlohnung eingestellt werden würde, weiterhin arbeitslos bliebe[8]. Eine wesentliche Funktion des Tarifvertrags besteht in der kollektiven Festlegung der Arbeitsbedingungen auch für wirtschaftliche Krisenzeiten, d. h. vor allem darin, die Arbeitsbedingungen von Konjunkturschwankungen während der Laufzeit des Tarifvertrags unabhängig zu machen[9]. Das Günstigkeitsprinzip und mit ihm der Günstigkeitsvergleich eignen sich nicht zur Bekämpfung der Arbeitslosigkeit. Entsprechen die Tariflöhne nicht mehr den wirtschaftlichen Gegebenheiten, so müssen die Tarifvertragsparteien ihre Tarifverträge ändern oder von vornherein im Tarifvertrag Ausnahmen für besondere Fälle (z. B. minderleistungsfähige Arbeitnehmer) vorsehen[10].

Es verstößt auch gegen den oben aufgestellten Grundsatz, daß ausschließlich die einschlägige tarifliche Regelung und die abweichende arbeitsvertragliche Vereinbarung gegenüberzustellen sind, wenn behauptet wird, eine im Tarifvertrag (oder in einer Betriebsvereinbarung) vorgesehene Beendigung des Arbeitsverhältnisses bei Vollendung des 65. Lebensjahres des Arbeitnehmers sei für ihn begünstigend, wenn ihm zum Ausgleich für den Verlust des Arbeitsplatzes eine ausreichende Altersversorgung vom Arbeitgeber gewährt werde[11]. Namentlich Canaris[12] sieht hierin eine „insgesamt ... die Arbeitnehmer begünstigende Ordnung". Die Rechtmäßigkeit einer solchen Regelung unterstellt, entzieht sie sich jedoch einem Günstigkeitsvergleich. Der Sache nach ließe sich nämlich nur die Lage eines (über das 65. Lebensjahr hinaus) beschäftigten älteren Arbeitnehmers mit der eines nach Eintritt der Altersgrenze arbeitslosen Arbeitnehmers vergleichen. Bei dieser Gegenüberstellung ist es zwar durchaus möglich, daß der beschäftigungslose Arbeitnehmer durch das Altersruhegeld und durch seine

---

[8] Das Günstigkeitsprinzip eröffnet auch nicht die Möglichkeit, einen tarifgebundenen Arbeitnehmer wegen wirtschaftlicher Schwierigkeiten seines Arbeitgebers vor die Alternative zu stellen, einen untertariflichen Lohn zu akzeptieren oder den Arbeitsplatz zu verlieren; so schon Sächs. OVG, NZfA 1927, Sp. 184, 185.

[9] Ähnlich *Nipperdey*, NZfA 1926, Sp. 193, 212.

[10] So auch *Hueck / Nipperdey*, Arbeitsrecht, 2. Bd., 1. Halbbd., S. 608; ders., NZfA 1926, Sp. 193, 212.

[11] Zur generellen Problematik solcher Altersgrenzen siehe *Dietz / Richardi*, BetrVG, Bd. 2, § 77 Rdnr. 88; *Schröder*, Altersgrenzen; ferner *Schlüter / Belling*, Anmerkung, SAE 1979, 277, 278 f., die erhebliche verfassungsrechtliche Bedenken gegen die Zulässigkeit einer altersmäßigen Befristung von Arbeitsverhältnissen durch die Tarif- oder Betriebspartner äußern.

[12] AuR 1966, 129, 134.

Altersrente das gleiche Einkommen erzielt wie ein aktiver Arbeitnehmer; er ist dadurch jedoch nicht im Sinne des Günstigkeitsprinzips begünstigt. Denn es läßt keinen Vergleich zwischen den Bedingungen der Beschäftigungslosigkeit und denen der Berufstätigkeit zu[13], sondern nur zwischen den konkreten *Arbeits*bedingungen, wie sie sich aus einem bestehenden Arbeitsvertrag einerseits und aus dem auf ihn anwendbaren Kollektivvertrag andererseits ergeben.

Unter diesem Gesichtspunkt ist es für den Günstigkeitsvergleich ferner ohne Bedeutung, ob der Arbeitnehmer durch einen teilweisen Verzicht auf den Tariflohn in überproportionalem Umfang Lohnsteuer oder Sozialabgaben sparen, sich seine Unterhaltspflicht verringern oder seine Kinder in den Genuß einer Ausbildungshilfe nach dem Bundesausbildungsförderungsgesetz kommen würden. Solche außerhalb der vereinbarten Vertragsbedingungen liegenden Auswirkungen müssen unberücksichtigt bleiben[14], weil sie für den Arbeitgeber weitgehend unübersehbar sind. Er kann mithin nicht erkennen, ob die tarifliche Norm den Arbeitsvertrag oder der Arbeitsvertrag die tarifliche Norm verdrängt. Denn es steht im Hinblick auf den Austauschcharakter des Arbeitsverhältnisses außer Frage, daß der Arbeitnehmer gegenüber dem Arbeitgeber nicht seine wirtschaftlichen Verhältnisse umfassend offenzulegen braucht; eine solche Obliegenheit wäre auch mit dem Persönlichkeitsschutz des Arbeitnehmers unvereinbar. Andererseits muß aber für jeden Normadressaten erkennbar feststehen, ob eine Rechtsnorm für ihn in einer konkreten Situation gilt oder nicht. Das trifft auch auf Tarifnormen zu, denen folglich nur die den Arbeitsvertragsparteien bekannten und von ihnen übereinstimmend gewollten Vertragsbestimmungen gegenübergestellt werden können.

Im Ergebnis ist daher festzustellen, daß nur diejenigen Rechtsfolgen des Arbeitsvertrags mit denen des Tarifvertrags zu vergleichen sind, die von beiden Arbeitsvertragsparteien willentlich und wissentlich herbeigeführt worden sind; außer Betracht bleiben dagegen solche Rechtsfolgen, die für steuer-, sozial- oder sozialversicherungsrechtliche Vorschriften ein Tatbestandsmerkmal bilden und erst mittelbar Vorteile herbeiführen, die außerhalb des Arbeitsverhältnisses liegen. Es kommt mithin nicht lediglich auf das wirtschaftliche Netto-Ergebnis an.

---

[13] Ein solcher Vergleich müßte auch zahlreiche weitere Momente berücksichtigen als lediglich die Frage der materiellen Absicherung.

[14] *Hueck / Nipperdey,* Arbeitsrecht, 2. Bd., 1. Halbbd., S. 564 Fn. 7, S. 607 Fn. 83; *Tophoven,* RdA 1953, 422; *Wlotzke,* Günstigkeitsprinzip, S. 75; *Fette,* Günstigkeitsvergleich, S. 31 f.; a. A. *Folger,* RdA 1953, 422; LAG Schleswig-Holstein, ARSt. II, Nr. 560, das die „gesamten Rechtsauswirkungen einer Regelung“ berücksichtigte.

## III. Die Beurteilung der Günstigkeit durch Individualvergleich

Unter der Geltung der TVVO wurde im Schrifttum namentlich von A. Hueck[15] und in der Rechtsprechung vom Reichsgericht[16] die Meinung vertreten, daß die Begünstigung am Gesamtinteresse der Arbeitnehmerschaft und nicht am Interesse des individuellen Arbeitnehmers zu messen sei. Würde nicht das Gesamtinteresse berücksichtigt werden, so sei zu befürchten, daß der Schutzzweck, den der Unabdingbarkeitsgrundsatz verkörpere, zunichte gemacht werde, wenn der einzelne Arbeitnehmer ohne Rücksicht auf die Gesamtheit seine Sonderinteressen durchsetzen könnte. Diese verdienten daher nur insoweit Berücksichtigung, als sie das Allgemeininteresse nicht schädigten[17]. Für Nipperdey[18] war dagegen ausschlaggebend, ob der einzelne Arbeitnehmer begünstigt wird. Denn — so Nipperdey[19] — § 1 Abs. 1 Satz 2 TVVO regele gerade die Gegenüberstellung von kollektiver und individueller Vereinbarung. Die Bestimmung trage einen reinen Individualcharakter, sie solle zugunsten des betreffenden Arbeitnehmers eine Abweichung von dem Tarifschema der anderen Arbeitnehmer ermöglichen. Außerdem weist Nipperdey[20] darauf hin, daß eine Abmachung, die einen Arbeitnehmer begünstigt, eine unmittelbare Schädigung der anderen nicht herbeiführen könne, weil deren Arbeitsverträge in ihrem tarifgemäßen Inhalt unberührt blieben. Das Reichsarbeitsgericht[21] schloß sich nach anfänglichem Zögern der Lehre Nipperdeys an[22]. Die heute herrschende Lehre sieht für die Bewertung der Günstigkeit ebenfalls als maßgebend an, ob der einzelne Arbeitnehmer durch den Arbeitsvertrag besser gestellt wird[23]. Damit ist zwar der Individualvergleich als allein relevanter Maßstab für das Verhältnis zwischen Arbeitsvertrag einerseits und Tarifvertrag oder Betriebsvereinbarung andererseits einhellig anerkannt; die von A. Hueck und Nipperdey unter der Geltung der TVVO erörterte Fragestellung, ob für den Günstigkeitsvergleich das Gesamtinteresse der Arbeitnehmerschaft oder das Einzelinteresse des von der Vertragsabrede unmittelbar betrof-

---

[15] Recht, S. 119 f.; ders., RuW 1920, 157, 158; ders., SchlW 1924, 183, 184 f.; weitere Nachweise bei *Nipperdey*, Anmerkung, BenshSamml. 6, 80.

[16] JW 1927, 241, 242.

[17] *Hueck, A.*, RuW 1920, 157, 158.

[18] Tarifrecht, S. 9 - 12; ders., NZfA 1926, Sp. 193, 210 f.

[19] *Nipperdey*, Tarifrecht, S. 10.

[20] Tarifrecht, S. 10.

[21] BenshSamml. 31, 44.

[22] Einen Überblick über die Rechtsprechung des RAG findet sich bei *Fette*, Günstigkeitsvergleich, S. 33 Fn. 92.

[23] Statt vieler *Wiedemann / Stumpf*, TVG, § 4 Rdnr. 239; *Wlotzke*, Günstigkeitsprinzip, S. 77 f.; *Richardi*, Kollektivgewalt, S. 381.

fenen Arbeitnehmers zu berücksichtigen sei, findet sich jedoch in der Diskussion um die sogenannten Regelungen mit Drittwirkung[24] wieder. Von einer zunehmenden Anzahl von Autoren[25] wird gefordert, einer Günstigkeitsabrede die Wirksamkeit zu versagen, wenn die Günstigerstellung Einzelner automatisch zum Nachteil für andere Arbeitnehmer führt, sich also die Auswirkungen der Günstigkeitsabrede nicht im Innenverhältnis zwischen Arbeitgeber und Arbeitnehmer erschöpfen. Als Beispiel hierfür nennt Säcker die oben erörterten[26] Senioritätssysteme bei Kündigungen. Er meint zwar, die Fälle von Regelungen mit Drittwirkung seien bislang von der herrschenden Lehre nicht behandelt worden; m. E. diskutiert jedoch die genannte Autorengruppe die von A. Hueck und Nipperdey unter der Geltung der TVVO erörterte Frage, ob das Gesamt- oder das Einzelinteresse entscheidend sei, nur unter einem anderen Blickwinkel. A. Hueck ging es ebenfalls darum, belastende Auswirkungen, die sich aus der Begünstigung einzelner Arbeitnehmer für die übrige Arbeitnehmerschaft ergaben, auszuschließen. Er wollte deren Interessen im Rahmen des Günstigkeitsvergleichs berücksichtigen. Dasselbe Anliegen wird mit der Forderung verfolgt, Günstigkeitsabreden mit Drittwirkung für unwirksam zu erklären. Die genannten Autoren schlagen heute lediglich einen anderen methodischen Weg ein, um die Drittinteressen anderer Arbeitnehmer zu berücksichtigen: Jene sollen nicht erst im Rahmen des Günstigkeitsvergleichs zum Tragen kommen, sondern das Günstigkeitsprinzip als Rechtsinstitut soll entsprechend teleologisch reduziert werden[27]. Weder im alten noch im neuen Gewand entspricht es jedoch geltendem Verfassungs- und Arbeitsrecht, durch Drittinteressen die Vertragsfreiheit der Arbeitsvertragsparteien, die eine individuelle Besserstellung für den am Vertrag beteiligten Arbeitnehmer vereinbaren wollen, einzuschränken. Denn die individuelle Vertragsfreiheit und mit ihr das Günstigkeitsprinzip werden nur durch die Schrankentrias begrenzt, d. h. in dem hier zu erörternden Zusammenhang vor allem durch die verfassungsmäßige Ordnung und die *Rechte* anderer. Keine Rolle spielen dagegen die *Interessen* anderer. Diese sind daher auch für den Günstigkeitsvergleich ohne Belang. Ebensowenig ist es von Bedeutung, ob die Günstigkeitsabrede die Interessen anderer im Wege einer „Drittwirkung" nachteilig berührt, solange nicht deren

---

[24] Siehe dazu § 5 II B 2.

[25] *Säcker,* AR-Bl. [D], Betriebsvereinbarung, I Übersicht, 12. Forts.-Bl.; *Galperin / Löwisch,* BetrVG, Bd. II, § 77 Rdnr. 96; *Fitting / Auffahrt / Kaiser,* BetrVG, § 77 Rdnr. 40; *Schuhmann,* Regelungsbefugnis, S. 120 f.; *Kunst,* Günstigkeitsprinzip, S. 42 ff.; erheblich einschränkend *Dietz / Richardi,* BetrVG, Bd. 2, § 77 Rdnr. 105.

[26] Siehe § 5 II B 2.

[27] Vgl. *Säcker,* AR-Bl. [D], Betriebsvereinbarung, I Übersicht, 12. Forts.-Bl. Rücks.

Rechtspositionen (einschließlich derer der Gewerkschaften) geschmälert werden. Folglich sind Günstigkeitsabreden, durch die einzelnen Arbeitnehmern Lohnzulagen zugesagt werden, nicht deshalb unwirksam, weil sich für den Arbeitgeber dadurch die Lohnkosten erhöhen und infolgedessen die Arbeitsplätze (auch) solcher Arbeitnehmer seines Betriebs gefährdet werden, die nicht in den Genuß der Lohnzulagen kommen[28]. Eine Betrachtungsweise, die auch Momente wie die Gefährdung des Arbeitsplatzes anderer (nicht begünstigter) Arbeitnehmer oder auch nur die relative Verschlechterung ihrer Lage[29] mitberücksichtigt, setzt sich im übrigen auch in Widerspruch zu dem unter § 6 II erörterten Grundsatz, wonach die Vergleichsgegenstände auf den jeweiligen Inhalt der divergierenden Regelungen zu beschränken sind.

Abschließend bleibt darauf hinzuweisen, daß die Art des niederrangigen arbeitsrechtlichen Gestaltungsfaktors es erfordern kann, auf das Kollektivinteresse abzustellen. Der Individualvergleich ist der Natur der Sache nach nur möglich, wenn der Arbeitsvertrag den niederrangigen Gestaltungsfaktor bildet. Im Verhältnis zwischen Tarifvertrag und Gesetz muß dagegen das Gesamtinteresse der von der jeweiligen Gewerkschaft vertretenen Mitglieder ausschlaggebend sein.

## IV. Die Beurteilung der Günstigkeit nach einem objektiv-hypothetischen Maßstab

Obwohl es — wie Wlotzke[30] und Däubler / Hege[31] meinen — naheliegend ist, den betroffenen Arbeitnehmer selbst entscheiden zu lassen, was für ihn günstiger ist, besteht Einigkeit darüber, daß ein objektiv-hypothetischer Maßstab anzulegen ist[32]. Denn anderenfalls bestünde die Gefahr, daß der Schutz des Tarifvertrags, der vor allem durch den Unabdingbarkeitsgrundsatz (§ 4 Abs. 1 TVG) bewirkt wird, durch eine Fehleinschätzung des betroffenen Arbeitnehmers oder seine Nachgiebigkeit gegenüber den Wünschen des Arbeitgebers vereitelt wird[33]. Da das Günstigkeitsprinzip nicht mehr wie unter der TVVO zur Disposition der Tarifvertragsparteien steht, sondern eine Schranke der Kollektivmacht bildet, ist auch der Einschätzung durch die Koalitionen keine

---

[28] Ebenso *Nipperdey*, NZfA 1926, Sp. 193, 211 auch für den Fall, daß durch einzelne übertarifliche Löhne die Erhöhung der Tariflöhne verlangsamt wird.

[29] Vgl. *Woerle*, Entlohnung, S. 77.

[30] Günstigkeitsprinzip, S. 78.

[31] Tarifvertragsrecht, Rdnr. 128.

[32] *Wiedemann / Stumpf*, TVG, § 4 Rdnr. 240; *Wlotzke*, Günstigkeitsprinzip, S. 78 f.; *Däubler / Hege*, Tarifvertragsrecht, Rdnr. 128; *Hueck / Nipperdey*, Arbeitsrecht, 2. Bd., 1. Halbbd., S. 609; *Nikisch*, Arbeitsrecht, II. Bd., S. 432 f.; *Richardi*, Kollektivgewalt, S. 380 f.; *Fette*, Günstigkeitsvergleich, S. 32.

[33] *Nikisch*, Arbeitsrecht, II. Bd., S. 432.

entscheidende Bedeutung beizumessen[34]. Würde kein objektiver Maßstab gelten, so wäre auch eine unparteiische Beurteilung des konkreten Einzelfalls durch den Richter unmöglich[35]. Maßgebend ist daher, wie ein verständiger Arbeitnehmer den Arbeitsvertrag vom Standpunkt eines neutralen Beobachters unter Berücksichtigung der Verkehrsanschauung und der Grundsätze und Wertungen der Arbeitsrechtsordnung einschätzen würde. Die subjektiven Anschauungen des betroffenen Arbeitnehmers können dagegen — wie Wiedemann / Stumpf[36] meinen — nicht vollkommen außer acht gelassen werden, sondern sind ein Indiz für die Entscheidung[37]. Sehr anschaulich kommt der hier beschriebene Maßstab in einer Entscheidung des Arbeitsgerichts Würzburg[38] zum Ausdruck. Das Gericht hatte zu beurteilen, ob im Baugewerbe eine längere Kündigungsfrist als die im Tarifvertrag vorgesehene für den Arbeitnehmer günstiger sei. Das Gericht ging davon aus, daß das „in der Masse der Fälle" zu bejahen sei. Es prüfte jedoch sodann eingehend, wie ein mit den spezifischen Verhältnissen im Baugewerbe vertrauter objektiver Beobachter die Vertragsabrede beurteilen würde und gelangte zu dem Ergebnis, daß in dieser Branche die längere Betriebsbindung nachteilig sei und durch die bessere Sicherung des Arbeitsplatzes nicht aufgewogen werde[39].

Hiernach wird im Schrifttum[40] beispielsweise die Frage entschieden, ob es für einen Arbeitnehmer günstiger ist, wenn sein tariflicher Urlaub gegen einen finanziellen Ausgleich verkürzt wird, ohne allerdings die gesetzliche Mindestdauer zu unterschreiten[41]. Der Arbeitsrechtsordnung, namentlich der Vorschrift des § 7 Abs. 4 BUrlG, sei zu entnehmen, daß der Urlaub nur ausnahmsweise abgegolten werden dürfe, wenn er wegen Beendigung des Arbeitsverhältnisses ganz oder teilweise nicht gewährt werden kann. Dieser Regelung liege die allgemeine Wertung zugrunde, daß Urlaub grundsätzlich nicht durch Geld aufgewogen werden könne. Eine Einbuße am tarifvertraglich festgelegten Urlaub sei danach stets ungünstiger, auch wenn der Arbeitgeber als

---

[34] *Wlotzke*, Günstigkeitsprinzip, S. 79; *Richardi*, Kollektivmacht, S. 380; *Wiedemann / Stumpf*, TVG, § 4 Rdnr. 241.

[35] So auch *Hueck / Nipperdey*, Arbeitsrecht, 2. Bd., 1. Halbbd., S. 609; *Wlotzke*, Günstigkeitsprinzip, S. 79.

[36] TVG, § 4 Rdnr. 240.

[37] *Hueck / Nipperdey*, Arbeitsrecht, 2. Bd., 1. Halbbd., S. 609 Fn. 90; *Däubler / Hege*, Tarifvertragsrecht, Rdnr. 128.

[38] ARSt. 1974 Nr. 161.

[39] Zu den Erwägungen des Gerichts im einzelnen siehe ARSt. 1974 Nr. 161.

[40] *Hueck / Nipperdey*, Arbeitsrecht, 2. Bd., 1. Halbbd., S. 610; *Wiedemann / Stumpf*, TVG, § 4 Rdnr. 242; im Ergebnis ebenso RAG BenshSamml. Bd. 7, 32, 36 f.

[41] Zum Problem der Verlängerung der tariflichen Arbeitszeit bei erhöhtem Lohn siehe *Nipperdey*, NZfA 1926, Sp. 193, 210.

Gegenleistung mehr Lohn zahle und der betroffene Arbeitnehmer in seiner individuellen Lage sogar das Geld dringender benötige als die Freizeit. Dem ist zwar im Ergebnis zuzustimmen, jedoch aus anderen Gründen: Es muß der tarifpolitischen Entscheidung der Tarifpartner überlassen bleiben, ob und in welchem Umfang der gesetzliche Mindesturlaub verlängert oder ob statt dessen die Vergütung erhöht wird. Haben sich die Tarifpartner — z. B. aus arbeitsmarktpolitischen Erwägungen — für eine bestimmte Urlaubsdauer entschieden, so kann die daraus resultierende Tarifnorm kein Handelsobjekt für die Parteien des Arbeitsvertrags sein. Dem Richter würde im übrigen auch jeder Beurteilungsmaßstab dafür fehlen, wie hoch die Gehaltszulage sein müßte, um den Verlust an Urlaubstagen in begünstigender Weise abzugelten.

## V. Die Kompensation untertariflicher Arbeitsbedingungen durch die Gewährung übertariflicher Vorteile

Der Günstigkeitsvergleich bereitet im allgemeinen keine Schwierigkeiten, wenn der Arbeitsvertrag quantifizierbare Zusatzleistungen des Arbeitgebers vorsieht, die die tariflichen Mindestbedingungen überschreiten[42]. Gewährt der Arbeitgeber seinem Arbeitnehmer oder seiner Belegschaft vertraglich mehr als die tariflich geschuldete Leistung, so ist die zugrundeliegende Abmachung für den bzw. die Arbeitnehmer günstiger. Die tarifvertragliche Regelung tritt zurück, weil sich nur dadurch ihr Schutzzweck erfüllen kann.

### A. Der Meinungsstand in Rechtsprechung und Schrifttum

Bei reinen Zusatzleistungen des Arbeitgebers, die über das tariflich geschuldete Minimum hinausgehen, ohne dem Arbeitnehmer irgendwelche Zugeständnisse abzuverlangen, ist der Vergleichsgegenstand auf der Ebene des Arbeitsvertrags und des Tarifvertrags stets identisch und daher problemlos zu bewerten. Besondere Schwierigkeiten ergeben sich jedoch, wenn die Arbeitsvertragsparteien versuchen, untertarifliche Arbeitsbedingungen durch übertarifliche Vorteile zu kompensieren. Hierbei werden nämlich oft (auch) ungleichartige Bedingungen miteinander in Beziehung gesetzt, die sich einer rechtlich nachprüfbaren Günstigkeitsbewertung entziehen.

Rechtsprechung[43] und Schrifttum[44] gehen jedoch überwiegend davon aus, daß auch teils untertarifliche und teils übertarifliche Vertrags-

---

[42] Ebenso *Wiedemann / Stumpf*, TVG, § 4 Rdnr. 243.

[43] RAG BenshSamml. Bd. 7, 286, 288; 10, 326, 333; 35, 11; 37, 433, 437; BAGE 7, 149, 151; BAG AP Nr. 1 zu § 6 ArbKrankhG; LAG Hamburg, ARSt. IX, Nr. 237; erheblich einschränkend jedoch RAG BenshSamml. Bd. 38, 404, 409.

bedingungen insgesamt günstiger sein können als der entsprechende Regelungskomplex auf der Ebene des Tarifvertrags. Das soll dann zu bejahen sein, wenn die übertariflichen Vertragsbedingungen die untertariflichen derart kompensieren, daß die vertragliche Abmachung im Gesamtergebnis günstiger ist. Entscheidend sei also, wie es das Reichsarbeitsgericht[45] einmal formulierte, „die Gesamtheit des Gewährten". Wlotzke[46] begründete die Befugnis der Arbeitsvertragsparteien, untertarifliche durch übertarifliche Bedingungen zu kompensieren, wie folgt: Der Tarifvertrag verschaffe dem Arbeitnehmer nicht eine Vielzahl unabhängiger Einzelpositionen. Die tariflichen Mindestsätze bildeten vielmehr eine Einheit, die dem Arbeitnehmer in ihrer Gesamtheit eine bestimmte arbeitsrechtliche Stellung sichere. Allein diese tarifvertragliche Gesamtposition dürfe nicht verschlechtert werden.

Diese in der Rechtsprechung und im Schrifttum nur knapp begründete Ausgangsthese ist von entscheidender Bedeutung für die Bestimmung der Vergleichsmethode: Soll den Arbeitsvertragsparteien die Möglichkeit gegeben werden, bestimmte untertarifliche Arbeitsbedingungen durch übertarifliche Vertragszusagen zu kompensieren, so können nicht die Normen des Tarifvertrags als Einzelpositionen den jeweils abweichenden Vertragsbestimmungen isoliert gegenübergestellt werden. Bei dieser als *isolierte Vergleichsmethode* bezeichneten Betrachtungsweise, die von Nipperdey[47] abgelehnt wird, weil sie gegen das „Verbot der sog. ‚Rosinentheorie' " verstoße, wären die untertariflichen Vertragsbestimmungen, die von den Parteien als „Preis" für die günstigeren Vertragsregelungen vereinbart worden waren, nach § 4 Abs. 1 TVG unwirksam, während nach § 4 Abs. 3 TVG die übertariflichen Abweichungen gelten würden[48]. Der von den Arbeitsvertragsparteien gewollte synallagmatische Zusammenhang zwischen den unter- und den übertariflichen Arbeitsbedingungen ließe sich nicht verwirklichen. Nach Maßgabe des gemäß § 139 BGB zu berücksichtigenden Parteiwillens wäre entweder die gesamte Kompensationsvereinbarung nichtig, oder es würden ausschließlich die übertariflichen Bedingungen gelten. Im Unterschied zur isolierten Vergleichsmethode wäre eine Kompensation prinzipiell möglich, würde man den Arbeitsvertrag in complexu den entsprechenden Normen des Tarifvertrags gegenüberstellen. Diese Methode, der sogenannte *Gesamtvergleich*, wird allerdings allgemein abgelehnt[49]. Gegen

[44] *Wlotzke*, Günstigkeitsprinzip, S. 82; *Richardi*, Kollektivgewalt, S. 377; *Wiedemann / Stumpf*, TVG, § 4 Rdnr. 243; *Nikisch*, Arbeitsrecht, II. Bd., S. 434; kritisch *Däubler / Hege*, Tarifvertragsrecht, Rdnr. 131.

[45] RAG BenshSamml. Bd. 10, 326, 333.

[46] Günstigkeitsprinzip, S. 82.

[47] *Hueck / Nipperdey*, Arbeitsrecht, 2. Bd., 1. Halbbd., S. 610.

[48] *Wlotzke*, Günstigkeitsprinzip, S. 83.

den Gesamtvergleich wird vor allem eingewandt, daß auch solche Arbeitsbedingungen gegeneinander aufgewogen werden würden, die die Parteien nicht in den Rahmen ihrer Kompensation miteinbeziehen wollten[50]. Wiedemann / Stumpf[51] weisen darauf hin, daß der Gesamtvergleich zu einer dem Parteiwillen im Zweifel nicht entsprechenden Gegenüberstellung inkommensurabler Gegenstände führen würde. Wlotzke[52] und Nikisch[53] heben hervor, daß die Bewertung der Günstigkeit um so unsicherer und schwieriger werde, je umfangreicher der Kreis der Bestimmungen gefaßt wird, die miteinander zu vergleichen sind. Rechtsprechung und Lehre[54] haben sich ganz überwiegend für einen „Mittelweg"[55] entschieden, der zwischen dem isolierten Vergleich und dem Gesamtvergleich liegt: den *Gruppenvergleich*. Danach sind alle Bestimmungen des Tarifvertrags und der einzelvertraglichen Vereinbarung miteinander zu vergleichen, die jeweils „im offensichtlichen inneren Zusammenhang stehen"[56]. Es wird also auf der vertraglichen Ebene eine Sachgruppe gebildet, die aus zusammenhängenden Abweichungen vom Tarifvertrag besteht, und mit einem entsprechenden Regelungskomplex des Tarifvertrags verglichen und bewertet. Welche vertraglich vereinbarten Abweichungen zusammengehören, soll entweder der Parteiwille entscheiden (subjektiv-innerer Zusammenhang) oder sich aus der Natur der Sache ergeben (objektiv-innerer Zusammenhang). Stellen die Vertragsparteien einen Zusammenhang her, indem sie erkennbar bestimmte untertarifliche gegen übertarifliche Arbeitsbedingungen aufwiegen, so soll es nicht darauf ankommen, ob sie sich über gleichartige oder ungleichartige Arbeitsbedingungen einigen. Die Vertragsparteien können somit nach eigenem Ermessen bestimmen, in welchem Umfang eine zusammenfassende Beurteilung der Vor- und Nachteile des Arbeitsvertrags vorzunehmen ist. Der Arbeitgeber und der Arbeitnehmer legen damit den Kompensationsrahmen fest. Da sie auch heterogene

---

[49] Vgl. *Fetto*, Günstigkeitsvergleich, S. 38; *Wlotzke*, Günstigkeitsprinzip, S. 83 f.; der Gesamtvergleich wurde vom LAG München, AP 50 Nr. 275 angewandt, indem das Gericht ein tarifliches Urlaubsabkommen im ganzen mit dem Bayerischen Urlaubsgesetz im ganzen verglich. In einer Anmerkung zu dieser Entscheidung hat *Nikisch*, AP 50 Nr. 275, darauf hingewiesen, daß diese Vergleichsmethode „zu einer kaum noch erträglichen Unsicherheit" führt, „weil man die verschiedensten Bestimmungen in ihren oft schwer zu übersehenden Auswirkungen gegeneinander abwägen müßte".

[50] *Wlotzke*, Günstigkeitsprinzip, S. 84.

[51] TVG, § 4 Rdnr. 243.

[52] Günstigkeitsprinzip, S. 84.

[53] Arbeitsrecht, II. Bd., S. 434.

[54] Siehe § 6 V A Fn. 43 und 44.

[55] So *Kaskel / Dersch*, Arbeitsrecht, S. 82.

[56] So die Definition des Gruppenvergleichs bei *Richardi*, Kollektivgewalt, S. 377; siehe auch *Wlotzke*, Günstigkeitsprinzip, S. 84 jeweils m. w. N.

Bedingungen in Beziehung zu setzen vermögen, können sie nach Auffassung von Wiedemann / Stumpf[57] beispielsweise durch übertariflichen Lohn eine Verkürzung der tariflichen Kündigungsfrist kompensieren. Nach Wlotzke[58] und Hueck / Nipperdey[59] besteht ein subjektiv-innerer Zusammenhang auch, wenn dem Arbeitnehmer ein besonders hoher Lohn zugesagt wird, weil er für längere Zeit auf die Kündigung verzichtet hat. Läßt sich allerdings auch im Wege der Auslegung (§§ 133, 157 BGB) nicht feststellen, wie weit die Vertragsparteien den Rahmen der gegeneinander aufzuwiegenden Arbeitsbedingungen gespannt haben, läßt sich also die Sachgruppe nicht durch den Parteiwillen bestimmen, so wird sie nach objektiven Gesichtspunkten festgelegt. Zusammengefaßt werden jeweils diejenigen Regelungen, die nach der Verkehrsanschauung in einem objektiven Sachzusammenhang stehen[60]. Dieser ist gegeben, wenn eine Bestimmung offenbar keine selbständige Existenz führt, sondern mit anderen wesensverwandten Regelungen eine rechtliche Einheit bildet[61]. Nach Nikisch[62] sollen in den Gruppenvergleich diejenigen Bestimmungen der abweichenden Vereinbarung miteinbezogen werden, die derart miteinander zusammenhängen, daß die eine nicht ohne die andere getroffen worden wäre. Das sei regelmäßig anzunehmen, wenn die vom Tarifvertrag abweichenden Vertragsbestimmungen denselben Gegenstand betreffen. Das Bundesarbeitsgericht hat im Urlaubsrecht den Kreis der (objektiv) zusammenhängenden Einzelregelungen verhältnismäßig weit gezogen, worauf auch Neumann[63] hinweist. Es müsse nämlich — so der 5. Senat in einer Grundsatzentscheidung[64] — „von einer gewissen komplexen Schau ausgegangen werden". Der Günstigkeitsvergleich könne sich „nicht auf Urlaubselemente im einzelnen erstrecken"; denn das Interesse des Arbeitnehmers richte sich auf die vergleichende Abwägung, ob er sich insgesamt nach der gesetzlichen oder der tariflichen Regelung besser stehe. Unter Berufung auf dieses Urteil bewertete es der 5. Senat[65] als insgesamt günstiger, wenn der Tarifvertrag sechs Werktage mehr als den gesetzlichen Mindesturlaub gewähre, dafür aber ein entstandener Teilurlaubsanspruch im Falle fristloser Entlassung entfalle. Nach Ansicht

---

[57] TVG, § 4 Rdnr. 244.

[58] Günstigkeitsprinzip, S. 86.

[59] Arbeitsrecht, 2. Bd., 1. Halbbd., S. 613 Fn. 101 a.

[60] *Wiedemann / Stumpf*, TVG, § 4 Rdnr. 244.

[61] *Hueck / Nipperdey*, Arbeitsrecht, 2. Bd., 1. Halbbd., S. 611; *Richardi*, Kollektivgewalt, S. 378; *Wlotzke*, Günstigkeitsprinzip, S. 85.

[62] Arbeitsrecht, II. Bd., S. 434.

[63] *Dersch / Neumann*, BUrlG, § 13 Rdnr. 35.

[64] BAG AP Nr. 3 zu § 10 UrlaubsG Hamburg; zur früheren Rechtsprechung des Bundesarbeitsgerichts siehe *Fette*, Günstigkeitsvergleich, S. 39 f.

[65] BAG SAE 1963, 97, 100.

von Wlotzke[66] müsse eine vertragliche Abmachung, die zwar eine übertarifliche Urlaubsdauer, zugleich aber eine verminderte Urlaubsvergütung vorsehe, mit der entsprechenden Tarifregelung als Ganzes verglichen werden. Die übertarifliche Urlaubsdauer könne die tariflich vorgesehene derart überschreiten, daß hierdurch die untertarifliche Urlaubsvergütung kompensiert werde. Nipperdey[67] führt aus, daß bei einer Urlaubsregelung nicht die Höhe des Urlaubsgelds und der etwaigen Urlaubszuschußregelung für sich allein herausgegriffen werden könne, sondern sie im Zusammenhang mit der Dauer und den Voraussetzungen des Urlaubsanspruchs, namentlich der Länge der Wartezeit, im ganzen zu betrachten und gegeneinander abzuwägen seien. Wiedemann / Stumpf[68] erblicken ferner einen objektiven Sachzusammenhang zwischen tariflichem Grundlohn und tariflichen Lohnzuschlägen, Barlohn und Deputaten.

Wie Wlotzke[69] darlegt, sind der objektiv-innere und der subjektiv-innere Zusammenhang in ihrer Wirkung gleich — wenn auch ihr Umfang verschieden ist, weil jener nur gleichartige, dieser jedoch sowohl gleichartige als auch ungleichartige Regelungen zusammenfaßt. Die Wirkung besteht darin, daß eine Einzelregelung aus einer zusammengehörenden Sachgruppe für sich genommen niemals günstiger oder ungünstiger sein kann als die entsprechende Tarifnorm. Denn die Einzelregelung ist nicht Gegenstand der Betrachtung, jedenfalls dann nicht, wenn Kompensationen möglich sein sollen. Beim Gruppenvergleich ist allein das Bündel unter- und übertariflicher Vertragsbedingungen mit dem entsprechenden Regelungskomplex im Tarifvertrag zu vergleichen und anschließend zu bewerten. Der objektiv-innere und der subjektiv-innere Zusammenhang sind das „Band“, mit dem dieses „Bündel“ geschnürt wird.

### B. Eigene Stellungnahme

Zu Recht hat Richardi[70] bemängelt, daß oft das Problem der Vergleichsmethode und das der Günstigkeitsbeurteilung nicht klar genug unterschieden werden. Schwerer noch fällt allerdings ins Gewicht, daß der Zweck, der den einzelnen Vergleichsmethoden zugrundeliegt und sie prägt, kaum untersucht wurde. Auch die Auswirkungen, die die Vergleichsmethoden für die Günstigkeitsbeurteilung und schließlich für das Verhältnis zwischen der Rechtsprechung und den Tarifpartnern haben, sind bislang weithin im Dunkeln geblieben.

[66] Günstigkeitsprinzip, S. 86.

[67] *Hueck / Nipperdey*, 2. Bd., 1. Halbbd., S. 611; ebenso *Wiggert*, AuR 1958, 50, 51.

[68] TVG, § 4 Rdnr. 244.

[69] Günstigkeitsprinzip, S. 86.

[70] Kollektivgewalt, S. 377.

Wie bereits ausgeführt, ist für die Wahl der Vergleichsmethode ausschlaggebend, ob den Parteien des Arbeitsvertrags eine Kompensation untertariflicher durch übertarifliche Arbeitsbedingungen gestattet werden soll. Das hängt vor allem davon ab, welcher Grad an Unabdingbarkeit den Tarifnormen beizumessen ist[71]. Der Wortlaut von § 4 Abs. 1 Satz 1 und Abs. 3 TVG deutet darauf hin, daß die Rechtsnormen des Tarifvertrags stets Mindestbedingungen sind, deren Unterschreitung ausgeschlossen ist, soweit sie nicht durch den Tarifvertrag gestattet wird. Nach § 4 Abs. 1 Satz 1 TVG gelten „die Rechtsnormen des Tarifvertrages ... unmittelbar und zwingend", von einer nicht zu unterschreitenden bloßen „tariflichen Gesamtposition" ist dagegen nicht die Rede. Auch die auf den „Entwurf eines Tarifvertragsgesetzes des Gewerkschaftsrates der Vereinigten Zonen vom 7. 9. 1948" (Gewerkschaftsratsentwurf)[72] zurückgehende Einfügung des Wortes „*nur*" in § 4 Abs. 3 TVG ist ein Indiz dafür, daß die Möglichkeit, von den Rechtsnormen des Tarifvertrags abzuweichen, restriktiv zu handhaben und die Unabdingbarkeit strikt durchzuführen ist. Das entspricht dem schon im „Referentenentwurf des Zentralamtes für Arbeit (Lemgoer Entwurf) einer Verordnung über den Tarifvertrag"[73] erkennbaren Versuch, die Unabdingbarkeit „schärfer zu formulieren", als es in § 1 TVVO geschehen war[74]. Das erwies sich nachträglich auch durch Art. 9 Abs. 3 GG als verfassungsrechtlich geboten. Die durch diese Verfassungsnorm mitgarantierte Tarifautonomie soll allgemeine und gleiche Mindestarbeitsbedingungen für alle tarifgebundenen Arbeitnehmer sichern. Als Ausprägung der Schutz- und der Ordnungsfunktion des Tarifvertrags soll ein Mindeststandard garantiert werden, der das „untere Allgemeinniveau für die Regelung des Leistungsaustausches beim Arbeitsverhältnis"[75] festlegt. Nach der zutreffenden Ansicht von Karakatsanis[76] ist dieses Mindestmaß den Arbeitnehmern „unter allen Umständen" zu gewähren und wird einheitlich allen zuteil, deren Arbeitsposition abstrakt, tatbestandsmäßig gleichgelagert ist[77]. Denn nur so können die

---

[71] Zu eng ist es dagegen, in den drei Möglichkeiten, den Günstigkeitsvergleich als Gesamt-, Gruppen- oder Einzelvergleich durchzuführen, lediglich eine unterschiedliche Auffassung von der Schutzwirkung des Tarifvertrags zu sehen — so aber *Fette*, Günstigkeitsvergleich, S. 44.

[72] o. Verf., Materialien, ZfA 1973, 129, 145.

[73] o. Verf., Materialien, ZfA 1973, 129, 134.

[74] *Nipperdey*, NZfA 1926, Sp. 193, 212 hatte zwar schon unter der Geltung der TVVO betont: „Keinesfalls kommt ... eine Durchbrechung des Unabdingbarkeitsprinzips durch Einzelabmachungen in Frage."

[75] *Säcker*, Gruppenautonomie, S. 269.

[76] Gestaltung, S. 110.

[77] Oberhalb des tariflichen Minimalniveaus ist es dagegen nicht Aufgabe der Sozialpartner, einheitliche Arbeitsbedingungen herzustellen, wie bereits oben § 3 III B 2 ausgeführt wurde.

Tarifpartner „den im öffentlichen Interesse liegenden Zweck“ wirksam erfüllen, „in dem von der staatlichen Rechtsetzung frei gelassenen Raum das Arbeitsleben im einzelnen durch Tarifverträge sinnvoll zu ordnen, ... und so letztlich die Gemeinschaft sozial zu befrieden“[78]. Sowohl die Schutzfunktion als auch die Ordnungsfunktion des Tarifvertrags würden ausgehöhlt werden, wären Unterschreitungen der tariflichen Minimalarbeitsbedingungen im Wege der Kompensation durch übertarifliche Vorteile zulässig, solange nur der Gesamtkomplex günstiger ist. Zutreffend weisen Däubler / Hege[79] darauf hin, daß damit die einzelnen Tarifbestimmungen zum „Handelsobjekt“ zwischen den Arbeitsvertragsparteien gemacht werden würden und von den Gewerkschaften erreichte Verbesserungen wirkungslos blieben, nur weil der Arbeitgeber in einem anderen Punkt über den Tarifvertrag hinausgehe. Es besteht nicht nur die Gefahr, daß der Arbeitnehmer mangels realer Vertragsparität übervorteilt wird, sondern es erschwert auch die Verfolgung einer für richtig befundenen Tarifpolitik durch die Koalitionen, wenn die vereinbarten Mindestarbeitsbedingungen zur Disposition der Arbeitsvertragsparteien stünden. Für den Bereich der tariflichen Minimalnormen ist Säcker[80] darin beizupflichten, wenn er feststellt: „Die Koalitionsfreiheit gibt dem Berufsverband grundsätzlich das Recht, zur Erreichung von Koalitionswohl und Koalitionszweck alles zu tun, was ihn nach seinem Urteil und seinen Überlegungen dieses Ziel am besten erreichen läßt“. Vereinbaren beispielsweise die Tarifpartner, daß zur Bekämpfung der Arbeitslosigkeit der tarifliche Urlaub verlängert oder die Wochenarbeitszeit verkürzt wird, so muß es den Arbeitsvertragsparteien verwehrt bleiben, diese tarif- und sozialpolitische Zielsetzung zu unterlaufen, indem sie einen höheren Lohn bei kürzerer Urlaubsdauer bzw. längerer Wochenarbeitszeit vereinbaren. Die Tarifpartner müssen ferner verbindlich entscheiden können, ob Erschwernisse und Belastungen am Arbeitsplatz durch geldliche Alimentation oder durch Freizeit abzugelten sind.

Der entscheidende Gesichtspunkt gegen die Zulässigkeit einer Kompensation untertariflicher Bedingungen durch übertarifliche Vorteile besteht in der unüberwindbar erscheinenden Schwierigkeit, einen sicheren Günstigkeitsmaßstab hierfür zu finden. Die Befürworter des Gruppenvergleichs bleiben — soweit ersichtlich — die Antwort auf die Frage schuldig, von welchem Grad an die übertariflichen Vertragsbedingungen die untertariflichen derart kompensieren, daß die vertragliche Abmachung im Gesamtergebnis günstiger ist. Werden in einer Sachgruppe kraft des subjektiv-inneren Zusammenhangs (auch) ungleichartige Re-

[78] BVerfGE 18, 18, 28.
[79] Tarifvertragsrecht, Rdnr. 131.
[80] Gruppenautonomie, S. 263.

gelungen zusammengefaßt, so ist eine Bewertung deshalb auf das äußerste erschwert, weil inkommensurable Gegenstände miteinander verglichen werden müssen (z. B. übertariflicher Lohn und eine kürzere Kündigungsfrist als die im Tarifvertrag vorgesehene). Doch selbst in den Fällen, in denen ein objektiv-innerer Zusammenhang angenommen wird (z. B. Dauer des Urlaubs und Länge der Wartezeit), erweist es sich als sehr problematisch, ein Günstigkeitsurteil zu treffen. Um wieviele Tage oder Wochen muß die Wartezeit verkürzt sein, um den Verlust einer bestimmten Anzahl von Urlaubstagen nicht nur aufzuwiegen, sondern günstiger erscheinen zu lassen? Aufgrund rechtlicher Wertungen läßt sich eine Antwort nicht finden. Der Begriff der Günstigkeit ist bei solchen Kompensationsvereinbarungen nicht mehr hinreichend justitiabel. An die Stelle rechtlicher Kriterien treten zwangsläufig gesellschafts-, sozial-, tarif- und arbeitsmarktpolitische Wertungen, die sich aus Rechtssätzen nicht herleiten lassen und sich folglich auch der rechtlichen Kontrolle entziehen. Für Neumann[81] birgt die Methode des Gruppenvergleichs die Gefahr „verhältnismäßig großer Rechtsunsicherheit" in sich. Dieser Befürchtung ist im Hinblick auf die Arbeitsvertragsparteien uneingeschränkt zuzustimmen. Das Fehlen rechtlicher Beurteilungsmaßstäbe zur Konkretisierung des Günstigkeitsbegriffs hat jedoch eine weitere Dimension, die das Verhältnis zwischen Richteramt einerseits und Tarifautonomie und Privatautonomie andererseits betrifft. Es besteht die Gefahr einer *Tarifzensur und Bevormundung durch Richterspruch* im Wege der Konkretisierung unbestimmter Rechtsbegriffe.

Mit Nachdruck warnte Herschel[82] in seinem Referat auf dem 46. Deutschen Juristentag im Jahre 1966 vor einer richterlichen Tarifzensur, die sich auf unbestimmte Rechtsbegriffe stützt. Meinungsverschiedenheiten beispielsweise über unterschiedliche lohnpolitische Konzeptionen, verschiedene Ansichten über Verlängerung oder Verkürzung der Arbeitszeit u. ä., die gegenüber den Staatsorganen bestehen, seien ungeeignet, einem Tarifvertrag die Gültigkeit zu nehmen. Später bemängelte Herschel[83] das „bei manchen Gerichten so beliebte Basteln an Tarifverträgen" als „stilwidrig und eine unerfreuliche Schwächung der sozialen Selbstverantwortung". Im Schrifttum wurde das von Herschel angesprochene Problem bisher vor allem im Zusammenhang mit dem vom Großen Senat des Bundesarbeitsgerichts[84] aufgestellten Grundsatz er-

---

[81] *Dersch / Neumann*, BUrlG, § 13 Rdnr. 35; *Hoppe*, BlStSozArbR 1972, 234, 235 spricht sich ebenfalls für den Einzelvergleich im Urlaubsrecht aus, offenbar um Kompensationsvereinbarungen auszuschalten.

[82] Vereinbarungsbefugnis, D 7, D 30.

[83] AuR 1972, 129, 133.

[84] BAGE 23, 292, 306 ff.

örtert, wonach Arbeitskampfmaßnahmen unter dem Gebot der Verhältnismäßigkeit und dem der Gemeinwohlverträglichkeit stehen[85]. Nach zutreffender Ansicht von Reuß[86] darf durch die Auslegung der Generalklauseln „Verhältnismäßigkeit" und „Gemeinwohlverträglichkeit" keine Beschränkung des autonomen Bereichs der Tarifpartner etwa in der Weise vorgenommen werden, daß das Bundesarbeitsgericht überprüfen könnte, ob die Relation zwischen dem Streikziel und dem Streikmittel vertretbar sei[87]. Der Staat würde auf diese Weise — mit dem Instrument der Rechtsprechung — eine Tarifzensur ausüben[88]. Das verbietet jedoch nicht bloß eine dem Richter geziemende Zurückhaltung, sondern die funktionelle Garantie des Art. 9 Abs. 3 GG[89]. Die Respektierung der Tarifautonomie begründet somit ein Hemmnis gegen die Expansion der richterlichen Kontrolle.

Wenn Kompensationsvereinbarungen wie die oben beschriebenen als rechtswirksam anerkannt werden und dementsprechend ein Gruppenvergleich durchgeführt wird, so tritt zwangsläufig an die Stelle einer Günstigkeitsbewertung, zu der der Richter berufen ist, eine bloße Billigkeits- oder Angemessenheitskontrolle. Sie ist vor allem deshalb gefährlich, weil sie — ebenso wie die Auslegung der oben genannten Generalklauseln — den politischen Wunschvorstellungen des entscheidenden Richters entspringen würde. Darin liegt ein Eingriff in die Tarifautonomie ebenso wie in die Privatautonomie. Denn mit jeder Anwendung des Günstigkeitsprinzips zieht der Richter die Grenze zwischen der Privatautonomie auf seiten der Arbeitsvertragsparteien und der Tarifautonomie auf seiten der Koalitionen. Der Richter definiert also jeweils den Umfang zweier Autonomiebereiche. Erfolgt diese Grenzziehung nach injustitiablen, subjektiven Wertmaßstäben, wie es beim Gruppenvergleich oft der Fall ist, so hat es der Richter in der Hand, je nach persönlicher Einstellung entweder den Arbeitsvertragsparteien oder den Tarifvertragsparteien den Vorrang zu gewähren. Indem der

---

[85] Hervorzuheben sind die Abhandlungen von *Reuß*, AuR 1971, 353, 355 f.; ders., AuR 1972, 136; ders., AuR 1975, 289; ders., RdA 1976, 53 und *Rüthers*, Zwangsschlichtung, S. 30 ff.; ders., Schlichtungszwang, S. 299, 317 ff.

[86] AuR 1972, 136, 146.

[87] Siehe dazu auch *Rüthers*, Schlichtungszwang, S. 299, 320, der auf dem Standpunkt steht, man könne sich das aufwendige und kostspielige System der Tarifautonomie und des Arbeitskampfes ganz ersparen und durch eine gerichtlich erlassene Lohnordnung ersetzen, wenn die Gerichte am Ende von Tarifkonflikten entscheiden dürften, welche Forderungen gesamtwirtschaftlich angemessen seien. Die gleiche Problematik stellt sich bei der „ultima-ratio-Regel" im Arbeitskampfrecht, die ein Teilaspekt des umfassenderen Verhältnismäßigkeitsgrundsatzes ist. — Siehe hierzu die eingehende Abhandlung von *Picker*, RdA 1982, 331 - 355.

[88] *Reuß*, AuR 1971, 353, 356.

[89] *Herschel*, AuR 1972, 129, 134.

Richter die Peripherie zwischen Tarifautonomie und Privatautonomie „aus eigenem Hirn und Herzen“[90] fixiert, urteilt er nicht mehr, sondern regelt er. Um Herschels Wort[91] aufzugreifen, der Richter „bastelt“ an Tarifvertrag und Arbeitsvertrag.

Die Gefahr, daß der Richter bei Vornahme des Günstigkeitsvergleichs in die Tarifautonomie eingreift, ist dadurch entstanden, daß der gewandelte Rechtscharakter, den das Günstigkeitsprinzip unter dem Grundgesetz und dem Tarifvertragsgesetz im Vergleich zur Rechtslage nach der Tarifvertragsverordnung angenommen hat, allgemein noch nicht hinreichend berücksichtigt wird. Das Günstigkeitsprinzip stand als bloße Auslegungsregel nach § 1 Abs. 1 Satz 2 TVVO zur Disposition der Tarifvertragsparteien[92]. Es lag somit in ihrem Ermessen, ob sie das Günstigkeitsprinzip ausschließen wollten oder nicht. Die Tarifparteien waren auch nicht darauf beschränkt, es entweder aufzuheben oder gänzlich unberührt zu lassen. H. Wolff[93] wies zutreffend darauf hin, daß sie nach dem allgemeinen Grundsatz „in maiore inest minus“[94] die Begünstigung von bestimmten Voraussetzungen abhängig machen konnten; auch nach Ansicht von Potthoff[95] konnte der Tarifvertrag „die Art und das Maß von Verbesserungen zugunsten der Arbeitnehmer über die Tarifnorm hinaus regeln“. Da die Koalitionen das Günstigkeitsprinzip also einschränken konnten, lag es auch in ihrer Macht, die hier erörterten Kompensationsvereinbarungen auszuschließen. Machten sie davon keinen Gebrauch, so lag offenkundig kein Einbruch in die Tarifautonomie vor, wenn auch die Rechtsprechung derartige Vereinbarungen zuließ und den Gruppenvergleich entwickelte. Nachdem aber das Günstigkeitsprinzip unter der Arbeitsverfassung des Grundgesetzes zu einer Schranke der Tarifautonomie umgestaltet worden ist, entzieht sich seine Geltung dem Zugriff der Koalitionen. Damit änderte sich notwendig auch das Verhältnis zwischen Rechtsprechung und Tarifautonomie. Ließ der Richter — unter der Tarifvertragsverordnung — den Arbeitsvertragsparteien bei ihren Kompensationsvereinbarungen allzu freie Hand, so konnten die Tarifpartner dieser Tendenz entgegenwirken, indem sie das Günstigkeitsprinzip aufhoben oder von bestimmten Voraussetzungen abhängig machten. Das geltende Recht schließt diese Möglichkeit aus. Diese Veränderung muß Rückwirkungen auf den Günstigkeitsbegriff

[90] Vgl. *Säcker,* RdA 1969, 291, 293, der dieses Wort allerdings in anderem Zusammenhang verwendet.

[91] AuR 1972, 129, 133.

[92] Siehe oben § 2 II.

[93] Vertragsfreiheit, S. 53.

[94] Der Grundsatz lautet vollständig: „In eo, quod plus sit, semper inest minus.“ — Dig. 50, 17, 110 pr. (Paulus).

[95] NZfA 1929, Sp. 95, 96 f.

und die anzuwendende Vergleichsmethode haben. Ist er das Tatbestandsmerkmal für eine Grundrechtsschranke, so muß er wesentlich restriktiver ausgelegt werden und erfordert weitaus mehr an Klarheit und Bestimmtheit, als wenn er lediglich das Tatbestandsmerkmal einer Auslegungsregel ist. Auch die Vergleichsmethode muß in einem weitaus höheren Maß zu einem eindeutig und rechtlich überprüfbaren Bewertungsergebnis führen, wenn sie zur Bestimmung einer Grundrechtsschranke herangezogen wird, als wenn sie zur Handhabung einer Auslegungsregel dient. Wird dagegen dieser Unterschied mißachtet, indem die Rechtsprechung zum Günstigkeitsvergleich bei Kompensationsvereinbarungen aus der Zeit der Tarifvertragsverordnung und des Gesetzes zur Ordnung der nationalen Arbeit ohne Rücksicht auf den inzwischen eingetretenen Bedeutungswandel des Günstigkeitsprinzips undifferenziert fortgeführt wird, so ist die aufgezeigte Gefahr eines Eingriffs in die Tarifautonomie nicht von der Hand zu weisen.

Die Rechtsprechung kann dem Vorwurf der Tarifzensur durch eigenständige Konkretisierung des Günstigkeitsbegriffs im Zusammenhang mit den erörterten Kompensationsvereinbarungen entgehen, indem die Rechtsprechung die Wirksamkeit dieser Abreden nicht mehr nach unsicheren Günstigkeitsgesichtspunkten beurteilt, sondern nur noch danach, ob die abweichenden Abmachungen durch den Tarifvertrag gestattet sind (§ 4 Abs. 3, 1. Alt. TVG). Damit wäre die Machtsymmetrie, wie sie zwischen den Tarifparteien und der Rechtsprechung unter der Tarifvertragsverordnung bestand, wiederhergestellt. Zudem entfiele die Schwierigkeit der Günstigkeitsbeurteilung, weil an ihre Stelle die Auslegung des Tarifvertrags unter dem Gesichtspunkt träte, welches Maß an Unabdingbarkeit die Tarifvertragsparteien ihren Normen beigemessen haben. Ausschlaggebend wäre somit, ob die Tarifnormen nach dem Willen der Tarifpartner als Einzelbestimmungen zu wahren sind oder lediglich die sich aus dem Tarifvertrag ergebende Gesamtposition. Hierüber befand seit Inkrafttreten des Tarifvertragsgesetzes allein die Rechtsprechung; diese Entscheidung ist jedoch typischerweise ein Teil der durch Art. 9 Abs. 3 GG gewährten Tarifautonomie. Denn dazu gehört vor allem, wie Picker[96] zutreffend meint, daß die Koalitionen entscheiden, welches Verhandlungsergebnis sie anstreben, was für sie *unabdingbar* ist und zu welchen Bedingungen Konzessionen tragbar sind.

---

[96] RdA 1982, 331, 336.

## C. Ergebnis

Zusammenfassend ist festzustellen, daß die Parteien des Arbeitsvertrags untertarifliche Arbeitsbedingungen durch übertarifliche Vorteile nur unter der Voraussetzung kompensieren dürfen, daß es die Tarifparteien nach § 4 Abs. 3, 1. Alt. TVG gestatten. Möglich ist — wie auch Däubler / Hege[97] annehmen — daß die Tarifparteien die Kompensation unter der Voraussetzung zulassen, daß ein bestimmter Regelungskomplex im Arbeitsvertrag bei einem „Gruppenvergleich" insgesamt günstiger abschneidet als das tariflich Vereinbarte. Wenn in diesem Fall bei der Konkretisierung des Begriffs der Günstigkeit durch die Rechtsprechung auch eigene Wertungen des erkennenden Richters miteinfließen, so geschieht es mit dem Einverständnis der Tarifpartner. Ein Eingriff in die Tarifautonomie scheidet daher aus.

Haben die Arbeitsvertragsparteien eine Kompensationsvereinbarung getroffen, ohne daß die Tarifpartner diese Möglichkeit im Tarifvertrag vorgesehen haben, so ist die Wirksamkeit der übertariflichen Bedingungen nach § 139 BGB (gegebenenfalls in Verbindung mit § 4 Abs. 3 TVG) zu beurteilen, während die untertariflichen Bestandteile nach § 4 Abs. 1 TVG nichtig sind. Die übertariflichen Bedingungen bleiben somit ausnahmsweise bestehen, wenn sie die Arbeitsvertragsparteien nach ihrem mutmaßlichen Willen, d. h. in Kenntnis der Nichtigkeit der untertariflichen Abmachungen und im Hinblick auf den mit der Gesamtvereinbarung erkennbar verfolgten Zweck vernünftigerweise vorgenommen hätten.

---

[97] Tarifvertragsrecht, Rdnr. 131.

## § 7 Zusammenfassung der wichtigsten Ergebnisse

1. Im Laufe des 20. Jahrhunderts erwies sich das Günstigkeitsprinzip als ein Instrument zur Förderung von wirtschaftlicher und politischer Freiheit des einzelnen Arbeitnehmers. Es ist ein Ausschnitt aus dem umfassenden Schutz der Rechtsordnung vor Beeinträchtigungen der Privatautonomie.

a) Zunächst war es als Kompensationsmittel gestörter Vertragsparität allein auf den Schutz des Arbeitnehmers vor der Übermacht des Arbeitgebers gerichtet.

b) Später, in der Zeit des Nationalsozialismus, erwies sich, daß das Günstigkeitsprinzip auch im Widerspruch zu staatlicher Zwangswirtschaft, namentlich zu staatlichem Lohndirigismus, steht. Auch in planwirtschaftlich gelenkten Staaten ist dieses Rechtsinstitut undenkbar.

c) Unter dem Grundgesetz und dem Tarifvertragsgesetz erhielt das Günstigkeitsprinzip schließlich eine dritte Dimension: Als Schranke der Tarifmacht schützt es den Arbeitnehmer vor einer Bevormundung durch die Tarifpartner und erlaubt es ihm, als Mitglied einer Tarifvertragspartei individuelle Sonderinteressen durch Abmachungen mit seinem Arbeitgeber zu verwirklichen.

2. Das Günstigkeitsprinzip ist ein durch die Verfassung garantierter Grundsatz des kollektiven Arbeitsrechts.

a) Es folgt aus der Funktion und dem Zweck der Koalitionsfreiheit nach Art. 9 Abs. 3 GG sowie der durch Art. 2 Abs. 1 GG gewährleisteten Vertragsfreiheit. Es fußt ferner auf dem Leistungsprinzip, das sich ebenfalls aus dieser Grundrechtsnorm sowie aus dem (negativen) Gleichheitssatz nach Art. 3 Abs. 1 GG ergibt.

b) Das Günstigkeitsprinzip ist allerdings nicht grenzenlos garantiert. Es steht ausnahmsweise zur Disposition des Gesetzgebers oder — auf Grund einer entsprechenden gesetzlichen Ermächtigung — der Koalitionen, vor allem wenn es der Schutz der verfassungsmäßigen Ordnung erfordert. Dieser Fall ist gegeben, wenn überwiegende Gründe des Gemeinwohls einen solchen Eingriff rechtfertigen oder gar gebieten, also als Mittel der ordnungssichernden Gefahrenabwehr zur Bekämpfung eines wirtschaftlichen Krisenfalls.

3. a) Schuldrechtliche Vereinbarungen zwischen den Tarifvertragsparteien, die darauf abzielen, die tariflichen Arbeitsbedingungen als Höchstbedingungen zu behandeln, sind unwirksam. Derartige Abreden widersprechen der natürlichen Funktion des Tarifvertrags, überschreiten die Vereinbarungsbefugnis der Tarifvertragsparteien und beeinträchtigen in unzulässiger Weise die Vertragsfreiheit auf der Ebene des Individualarbeitsvertrags.

b) Auch einseitige sogenannte Höchstnormenbeschlüsse eines Verbands sind nichtig. Denn sie sind von der Verbandsautonomie nicht gedeckt. Aufgrund des öffentlichen Status und der öffentlichen Funktionen der Berufsverbände ist nämlich das Verbandsinternum grundsätzlich ebenso beschränkt wie das Verbandsexternum, so daß zwischen beiden eine Homogenität besteht. Im Verbandsexternum ist es jedoch verfassungs- und tarifwidrig, den Charakter der Tarifnormen als Mindestbedingungen durch kollektive Maßnahmen dahingehend abzuändern, daß die Überschreitung der Mindestsätze ausgeschlossen oder erschwert wird.

4. Der Wirkungsbereich des arbeitsrechtlichen Günstigkeitsprinzips erstreckt sich auch auf andere Regelungskonkurrenzen als zwischen (echtem) Individualarbeitsvertrag und Tarifvertrag.

a) Obwohl im Betriebsverfassungsgesetz eine der Vorschrift des § 4 Abs. 3 TVG entsprechende Norm fehlt, gilt das Günstigkeitsprinzip auch im Betriebsverfassungsrecht. Ob die mit dem Arbeitsvertrag zusammentreffende Betriebsvereinbarung im Bereich der erzwingbaren Mitbestimmung oder im Rahmen der freiwilligen Mitwirkung des Betriebsrats abgeschlossen wurde, ist — entgegen der Rechtsprechung des 6. Senats des Bundesarbeitsgerichts — für die Anwendbarkeit des Günstigkeitsprinzips ohne Bedeutung.

b) Das Günstigkeitsprinzip findet ferner Anwendung bei Regelungskollisionen zwischen arbeitsvertraglicher Einheitsregelung einerseits und Tarifvertrag oder Betriebsvereinbarung andererseits. Der Standpunkt der Rechtsprechung, wonach nicht das Günstigkeitsprinzip, sondern das Ablösungsprinzip gelte, wenn eine kollektivvertragliche Ordnung einer arbeitsvertraglichen Einheitsregelung nachfolgt, begegnet schwerwiegenden dogmatischen Bedenken und ist daher nicht zu teilen. Der Große Senat des Bundesarbeitsgerichts sollte daher erklären, daß die arbeitsvertragliche Einheitsregelung bezüglich ihrer Modifizierbarkeit nicht mehr anders zu behandeln ist als der echte Individualvertrag, also eine Abänderung nur durch Änderungsvertrag, Änderungskündigung, nach den Regeln über den Wegfall der Geschäftsgrundlage, nach Maßgabe des Günstigkeitsprinzips oder bei eindeutig vereinbartem Vorbehalt einer Änderung durch Betriebsvereinbarung oder Tarifvertrag anzuerkennen ist. Die mit einer solchen Rechtsprechungsänderung einhergehenden Härten für Vertragsparteien, die ihre Vertragsgestaltung an der bisherigen Rechtsauffassung des Bundesarbeitsgerichts ausgerichtet haben, lassen sich über das Rechtsinstitut des Wegfalls der Geschäftsgrundlage durch eine Vertragsanpassung beheben, indem ein Änderungsvorbehalt fingiert wird.

c) Schließlich bestimmt sich häufig auch das Verhältnis zwischen Tarifvertrag und Gesetz nach dem Günstigkeitsprinzip. Es beruht hier auf einer einseitigen Geltungsbeschränkung der gesetzlichen Norm.

d) Bei der Lösung einer Regelungskonkurrenz zwischen Betriebsvereinbarung und Tarifvertrag ist das Günstigkeitsprinzip hingegen durch den Tarifvorrang grundsätzlich ausgeschlossen.

5. Der Günstigkeitsvergleich — zwischen Arbeitsvertrag und Tarifvertrag — ist anhand folgender methodischer Grundsätze vorzunehmen:

a) Anknüpfungspunkte für den Vergleich sind der rechtliche Inhalt des Arbeitsvertrags einerseits und des Tarifvertrags andererseits. Wie sich die Vertragsfolgen auf die wirtschaftliche Gesamtsituation des Arbeitnehmers auswirken, das wirtschaftliche Netto-Ergebnis also, ist ohne Bedeutung.

b) Bei der Ermittlung der Günstigkeit ist maßgebend, ob der *einzelne* Arbeitnehmer besser gestellt wird. Keine Rolle spielen hingegen die Interessen anderer Arbeitnehmer (im Unterschied zu ihren Rechten).

c) Maßgebend ist ferner, wie ein verständiger Arbeitnehmer den Arbeitsvertrag vom Standpunkt eines neutralen Beobachters unter Berücksichtigung der Verkehrsanschauung und der Wertungen der Arbeitsrechtsordnung einschätzen würde.

d) Die Kompensation untertariflicher Arbeitsbedingungen durch die Gewährung übertariflicher Vorteile ist nur zulässig, wenn die Tarifparteien derartige Vertragsabreden gestattet haben (§ 4 Abs. 3, 1. Alt. TVG). Ohne deren Erlaubnis läßt das Günstigkeitsprinzip diese Kompensationsvereinbarungen nicht zu. Denn hierzu fehlt es an hinreichend justitiablen Bewertungsmaßstäben. Die Rechtsprechung setzt sich dem Vorwurf der Tarifzensur durch Richterspruch aus, wenn sie in diesen Fällen dennoch versucht, eine Abwägung zwischen den vertraglichen Abmachungen und den entsprechenden Teilen des Tarifvertrags vorzunehmen. Außerdem würden sowohl die Schutzfunktion als auch die Ordnungsfunktion des Tarifvertrags ausgehöhlt werden, wären Unterschreitungen der tariflichen Mindestarbeitsbedingungen im Wege der

Kompensation durch übertarifliche Vorteile zulässig. Die einzelnen Tarifbestimmungen dürfen nicht zum „Handelsobjekt" zwischen den Arbeitsvertragsparteien gemacht werden. Als Vergleichsmethode eignet sich daher in der Regel nur der „isolierte Vergleich".

## Literaturverzeichnis


*Achterberg*, Norbert: Das Leistungsprinzip im öffentlichen Dienst, DVBl. 1977, 541.

*Acker*, Heinrich: Zur *Soziologie* des Tarifvertrages und seines Rechtes, in: Hauptfragen des Tarifrechts (Hrsg. Kaskel, Walter), Berlin, 1927, S. 10.

*Adomeit*, Klaus: Zur Theorie des Tarifvertrages, RdA 1967, 297.

— *Rechtsquellenfragen* im Arbeitsrecht, München 1969.

*Ahrend*, Peter: Änderung betrieblicher Versorgungsregelungen durch Betriebsvereinbarung, BetrAV 1982, 96.

— Die ablösende Betriebsvereinbarung im *Ruhegeldrecht* — ein Beitrag zum „sozialen Fortschritt"?, in: Festschrift für Hilger, Marie Luise, und Stumpf, Hermann, München, 1983, S. 17.

*Ahrend*, Peter / *Förster*, Wolfgang / *Rühmann*, Jochen: Die ablösende Betriebsvereinbarung — Instrument zur Anpassung betrieblicher Versorgungsregelungen —, DB 1982, 224.

*Anschütz*, Gerhard: Das Programm der Reichsregierung, JW 1918, 751.

*Arbeitgeberverbände*, Bundesvereinigung der: *Gedanken* zur sozialen Ordnung, Köln, März 1953.

*Arndt*, Hans-Wolfgang: *Probleme* rückwirkender Rechtsprechungsänderung, Frankfurt a. M., 1974.

*Auffarth*, Fritz: AR-Bl. [D] Betriebsverfassung, XIV Mitwirkung und Mitbestimmung, B Soziale Angelegenheiten, Beteiligung des Betriebsrats in sozialen Angelegenheiten.

*Bachof*, Otto: Begriff und Wesen des *sozialen Rechtsstaats*, in: Rechtsstaatlichkeit und Sozialstaatlichkeit (Hrsg. Forsthoff, Ernst), Darmstadt, 1968, S. 201.

*Backhaus*, Ludger: Die arbeitnehmerbegünstigende betriebliche Übung in der Rechtsprechung des BAG, AuR 1983, 65.

*Badura*, Peter: Arbeitsgesetzbuch, Koalitionsfreiheit und Tarifautonomie, RdA 1974, 129.

— Das Recht der Koalitionen — Verfassungsrechtliche Fragestellung —, ArbRGeg. 1978, Bd. 15, S. 17.

*Bänziger*, Rolf: Höchstarbeitsbedingungen im Gesamtarbeitsvertrag?, WiuR 1978, 410.

— Die *Effektivklausel* im Gesamtarbeitsvertrag, Bern, 1981.

*Bär*, Rolf: *Praxisänderungen* und Rechtssicherheit, in: Festschrift für Meier-Hayoz, Arthur, Bern, 1982, S. 1.

*Bakels*, H. L. / *Opheikens*, L.: Schets van het Nederlands *Arbeidsrecht*, 6e druk, Deventer, 1982.

*Bartholomeyczyk*, Horst: Äquivalenzprinzip, Waffengleichheit und Gleichgewichtsprinzip in der modernen Rechtsentwicklung, AcP 166, 30.

*Bebel*, August: Die *Frau und* der *Sozialismus*, 10. Aufl., Stuttgart, 1891.

*Beine:* Arbeitsrechtliche Rundschau, Britische Zone, RdA 1948, 24, 137.

*Beitzke*, Günther: *Anmerkung* zu BAG, Urteil v. 20. 12. 1957 — 1 AZR 87/57 —, AP Nr. 11 zu Art. 44 Truppenvertrag.

*Belling*, Detlev: Das Günstigkeitsprinzip im Betriebsverfassungsrecht — Zugleich eine Anmerkung zum Urteil des Bundesarbeitsgerichts v. 12. 8. 1982 — 6 AZR 1117/79 = DB 1982, 1775 —, DB 1982, 2513.

*Benda*, Ernst: Gedanken zum Sozialstaat, RdA 1981, 137.

*Benöhr*, Hans-Peter: Wirtschaftsliberalismus und Gesetzgebung am Ende des 19. Jahrhunderts, ZfA 1977, 187.

*Berghäuser*, Klaus: *Koalitionsfreiheit* als demokratisches Grundrecht, Köln, 1980.

*Bernstein*, Eduard: Gewerkschaftswesen und soziale Auslese, Sozialistische Monatshefte, 1905, 401.

*Bieback*, Karl-Jürgen: Staatliches Besoldungsangleichungsrecht und die Arbeitsvertragsfreiheit öffentlicher Bediensteter, ZfA 1979, 453.

*Biedenkopf*, Kurt H.: *Grenzen* der Tarifautonomie, Karlsruhe, 1964.

— Sinn und Grenzen der *Vereinbarungsbefugnis* der Tarifvertragsparteien, Gutachten für den 46. Deutschen Juristentag, Verhandlungen, Bd. I, München, Berlin, 1966, S. 97.

— *Auswirkungen* der Unternehmensverfassung auf die Grenzen der Tarifautonomie, in: Festgabe für Kronstein, Heinrich, Karlsruhe, 1967, S. 79.

— Die *Wiederentdeckung* des Privatrechts, in: Festschrift für Coing, Helmut, Bd. II, München, 1982, S. 21.

*Binder*, Martin: Grundlagen und Grenzen der kollektiven Normsetzung, DrdA 1971, 50.

*Bischoff*, Joachim / *Gath*, Robert / *Jütte*, Werner / *Kurbjuhn*, Maria / *Lieber*, Christoph / *Schardt*, Klaus: Marxistische *Gewerkschaftstheorie*, Westberlin, 1976.

*Birk*, Rolf: Die Reform des kollektiven Arbeitsrechts in Schweden, AuR 1979, 65.

*Bleckmann*, Albert: Zum materiellrechtlichen Gehalt der Kompetenzbestimmungen des Grundgesetzes, DÖV 1983, 129.

*Bobrowski*, Paul / *Gaul*, Dieter: Das *Arbeitsrecht* im Betrieb, Bd. II, 7. Aufl., Heidelberg, 1979.

*Boelcke*, Willi Alfred: „Liberalismus", Handwörterbuch der Wirtschaftswissenschaften (HdWW), (Hrsg. Albers, Willi u. a.), 5. Bd., Stuttgart, New York, Tübingen, Göttingen, Zürich, 1980, S. 32.

*Bogs*, Walter: Autonomie und verbandliche Selbstverwaltung im modernen Arbeits- und Sozialrecht, RdA 1956, 1.

*Bolte*, Karl Martin / *Aschenbrenner*, Katrin: Die *gesellschaftliche Situation* der Gegenwart, Struktur und Wandel der Gesellschaft, Reihe B der Beiträge zur Sozialkunde, 5. Aufl., Opladen, 1963.

*Braun*, Kurt: Das amerikanische Lohn- und Preisstabilisierungssystem, RdA 1972, 96.

*Brecht*, Hans-Theo: Kommentar zum *Betriebsverfassungsgesetz* nebst Wahlordnung, Herne, Berlin, 1972.

*Brevern*, W. v.: Der Leistungslohn, NSSozPol. 1937, 321.

*Brox*, Hans: Fragen der rechtsgeschäftlichen Privatautonomie, JZ 1966, 761.

— Die Bedeutung von Günstigkeitsklauseln in Kollektivvereinbarungen, BB 1966, 1190.

— Der *Abbau* betrieblicher Leistungen und Sonderzuwendungen, in: Unternehmer-Seminar II, Bd. II der Schriftenreihe des Unternehmer-Seminars an den Universitäten Mannheim und Münster, hrsg. von Pack, Ludwig, Wiesbaden, 1973, S. 197.

— *Grundbegriffe* des Arbeitsrechts, 6. Aufl., Stuttgart, Berlin, Köln, Mainz, 1983.

*Brox*, Hans / *Rüthers*, Bernd: *Arbeitskampfrecht*, 2. Aufl., Stuttgart, Berlin, Köln, Mainz, 1982.

*Buchner*, Herbert: Reform des Betriebsverfassungsrechts, Die AG 1971, 189.

— *Vertrauensschutz* bei Änderung der Rechtsprechung, Verfassungsrechtliches Gebot oder Hemmnis der Rechtsfortbildung?, in: Gedächtnisschrift für Dietz, Rolf, München, 1973, S. 175.

— Der Abbau arbeitsvertraglicher Ansprüche durch Betriebsvereinbarung im System der Mitbestimmung in sozialen Angelegenheiten, DB 1983, 877.

*Bührig*, E.: Der Weg zum neuen Tarifrecht, RdA 1948, 11.

*Büker*, Ludgerus: Die *Ausnahmen* von der Unabdingbarkeit der Tarifnormen, Diss. Jena, 1934.

*Bulla*, G.-A.: Das Prinzip der Sozialadäquanz im Arbeitsrecht, RdA 1962, 6.

*Bundesverband* der Selbständigen e. V.: *Pressemitteilung* BDS zum Pressegespräch am 15. März 1982.

*Burmeister*, Joachim: *Vertrauensschutz* im Prozeßrecht, Ein Beitrag zur Theorie vom Dispositionsschutz des Bürgers bei Änderung des Staatshandelns, Berlin, New York, 1979.

*Butz*, Hans H.: Tarifrecht und Leistungsprinzip, DB 1953, 400.

*Buwert*, Hans: Wandlung im Wirtschaftsrecht, DR 1935, 67.

*Canaris*, Claus-Wilhelm: *Anmerkung* zu BAG, Beschluß v. 6. 1. 1971 — 3 AZR 384/70 —, SAE 1972, 22.

— Funktionelle und inhaltliche Grenzen kollektiver Gestaltungsmacht bei der Betriebsvereinbarung, AuR 1966, 129.

— Die Allgemeinen Arbeitsbedingungen im Schnittpunkt von Privat- und Kollektivautonomie, RdA 1974, 18.

*Charlesworth*, John / *Cain*, Tom E.: *Company Law*, 11th Ed., London, 1977.

*Coester*, Michael: *Vorrangprinzip* des Tarifvertrages, Heidelberg, 1974.

*Courth*, Paul: *Günstigkeitsprinzip* und Günstigkeitsvergleich im Spannungsfeld zwischen Individual- und Kollektivrecht, Diss. Köln, 1969.

*Currier*, Thomas S.: Time And Change In Judge-Made Law: Prospective Overruling, 51 Virginia Law Review 201 (1965).

*Däubler*, Wolfgang / *Hege*, Hans: Das Recht der *Koalitionen*, in: Handbuch des Arbeitsrechts, Hrsg. Maus, Wilhelm, Gruppe XI A, Baden-Baden, Stand Mai 1976.

— *Tarifvertragsrecht*, 2. Aufl., Baden-Baden, 1981.

*Dahrendorf*, Ralf: Über den Ursprung der *Ungleichheit* unter den Menschen, Tübingen, 1966.

*Dahs*, Hans: Bundesarbeitsrecht und Landesarbeitsrecht, RdA 1949, 320.

*Danielczik,* Hans Peter: Grundgedanken nationalsozialistischen Wirtschaftsrechtes, JW 1935, 328.

*Dersch,* Hermann: Das Gesetz zur Ordnung der nationalen Arbeit, Berlin, 1934.

*Dersch,* Hermann / *Neumann,* Dirk: *Bundesurlaubsgesetz* nebst allen anderen Urlaubsbestimmungen des Bundes und der Länder, 5. Aufl., München, 1977.

*Dickertmann,* Harald: Wirken die früheren Lohntarifverträge noch heute nach?, DR 1939, 907.

*Dietz,* Rolf: Die Betriebsvereinbarung im heutigen Arbeitsrecht, RdA 1949, 161.

— Das Monopol der Sozialpartner und die Betriebsvereinbarung, RdA 1955, 241.

— *Betriebsvereinbarung* und Dienstvereinbarung, in: Festschrift für Sitzler, Friedrich, Stuttgart, 1956, S. 131.

— *Freiheit* und Bindung im kollektiven Arbeitsrecht, Schriften der Gesellschaft für Sozialen Fortschritt e. V., Bd. 6, Berlin, 1957, S. 13.

— Die *Koalitionsfreiheit,* in: Bettermann, Karl August / Nipperdey, Hans Carl / Scheuner, Ulrich, Die Grundrechte, 3. Bd., 1. Halbbd., Berlin, 1958, S. 417.

— Verbot der Verabredung übertariflicher Arbeitsbedingungen durch Beschluß eines Arbeitgeberverbandes, DB 1965, 591.

*Dietz,* Rolf / *Richardi,* Reinhard: *Betriebsverfassungsgesetz,* Bd. 2, 6. Aufl., München, 1982.

— *Bundespersonalvertretungsgesetz,* 2. Bd., 2. Aufl., München 1978.

*Dirschmied,* Karl: Neuregelung des kollektiven Arbeitsrechts in Österreich, AuR 1976, 104.

*Dohse,* Knuth / *Jürgens,* Ulrich / *Russig, Harald: Hire and Fire?,* Senioritätsregelungen in amerikanischen Betrieben, Frankfurt a. M., New York, 1982.

*Dreyer,* Joachim: Die einzelvertragliche *Einheitsregelung,* Diss. Hamburg, 1966.

*Ebel,* Wilhelm: *Quellen* zur Geschichte des deutschen Arbeitsrechts (bis 1849), Göttingen, Berlin, Frankfurt a. M., 1964.

*Ecker,* Walther: Ignorierte Lehren Adenauerscher Sozialgesetzgebung, BB 1982, 197.

*Eggert,* Manfred: Die deutsche *ultra-vires-Lehre,* München, 1977.

*Eich,* Rolf-Achim: Kürzung übertariflicher Einkommensbestandteile und Mitbestimmungsrecht des Betriebsrats, DB 1980, 1340.

*Enneccerus,* Ludwig / *Nipperdey,* Hans Carl: *Allgemeiner Teil* des Bürgerlichen Rechts, I. Bd., 2. Halbbd., 15. Aufl., Tübingen, 1960.

*Erdmann,* Gerhard: *Koalitionsfreiheit* und Tarifautonomie aus der Sicht der Arbeitgeberverbände, in: Koalitionsfreiheit und Tarifautonomie als Probleme der modernen Demokratie (Hrsg. Duvernell, Helmut), Berlin, 1968, S. 93.

*Eschenburg,* Theodor: Wenn der Staat die Löhne stoppt, Die Zeit, Nr. 46, 12. 11. 1971, S. 33.

*Etzel,* Gerhard: *Betriebsverfassungsrecht,* 2. Aufl., Neuwied, Darmstadt, 1982.

*Fabricius*, Fritz / *Kraft*, Alfons / *Thiele*, Wolfgang / *Wiese*, Günther: *Betriebsverfassungsgesetz*, Gemeinschaftskommentar, Neuwied, Berlin, Stand November 1982.

*Fechner*, Erich: Die Rechtslage des Tarifvertrages in den Ländern der französischen Besatzungszone, RdA 1950, 129.

— *Freiheit* und Zwang im sozialen Rechtsstaat, in: Rechtsstaatlichkeit und Sozialstaatlichkeit (Hrsg. Forsthoff, Ernst), Darmstadt, 1968, S. 73.

*Feldmann*, Gerald D.: The *Origins* of the Stinnes-Legien Agreement: A Documentation, Internationale wissenschaftliche Korrespondenz zur Geschichte der Deutschen Arbeiterbewegung, Heft 19/20, Dez. 1973, S. 45.

*Fettback*, Richard: Vertragsfreiheit und Zwang im Tarifvertragsrecht, RdA 1949, 404.

*Fette*, Hans-Peter: Der *Günstigkeitsvergleich* im Urlaubsrecht, Diss. Köln, 1967.

*Fikentscher*, Wolfgang: *Schuldrecht*, 6. Aufl., Berlin, New York, 1976.

— *Methoden* des Rechts in vergleichender Darstellung, Bd. IV, 1. Aufl., Tübingen, 1977.

*Fitting*, Karl / *Auffarth*, Fritz / *Kaiser*, Heinrich: *Betriebsverfassungsgesetz*, 13. Aufl., München, 1981.

*Flatow*, Georg / *Kahn-Freund*, Otto: *Betriebsrätegesetz*, 13. Aufl., Berlin, 1931.

*Floretta*, Hans: *Kollektivmacht* und Individualinteressen im Arbeitsrecht, in: Die kollektiven Mächte im Arbeitsleben (Hrsg. Floretta, Hans / Strasser, Rudolf), Wien, 1963, S. 59.

*Flume*, Werner: *Rechtsgeschäft* und Privatautonomie, in: Festschrift zum hundertjährigen Bestehen des Deutschen Juristentages, Bd. I, Karlsruhe, 1960, S. 135.

— Das Rechtsgeschäft und das rechtlich relevante Verhalten, AcP 161, 52.

— *Richter* und Recht, Verhandlungen des 46. Deutschen Juristentages 1966, Schlußvortrag, Bd. II (Sitzungsberichte), Teil K, München, Berlin, 1967.

— *Allgemeiner Teil* des Bürgerlichen Rechts, 2. Bd., 3. Aufl., Berlin, Heidelberg, New York, 1979.

*Födisch*, Rolf A.: Freiheit und Zwang im geltenden Koalitionsrecht, RdA 1955, 88.

*Föhr*, Horst: *Willensbildung* in den Gewerkschaften und Grundgesetz, Berlin, 1974.

— Gewerkschaften und Angestellte in Leitungsfunktionen, Das Mitbestimmungsgespräch 1980, 89.

*Folger*, E.: Verzicht auf Lohn- und Gehaltsspitzen, RdA 1953, 422.

*Forsthoff*, Ernst: Begriff und Wesen des *sozialen Rechtsstaats*, in: Rechtsstaatlichkeit und Sozialstaatlichkeit (Hrsg. Forsthoff, Ernst), Darmstadt, 1968, S. 201.

*Freemann*, M. D. A.: Standards of Adjudication, Judicial Law-Making And Prospective Overruling, 26 Current Legal Problems 166 (1973).

Der *Friedensvertrag* zwischen Deutschland und den Alliierten und Assoziierten Mächten: Amtlicher Text der Entente und amtliche deutsche Übertragung, Im Auftrage des Auswärtigen Amtes, „Materialien, betreffend die Friedensverhandlungen“, Teil VII, Charlottenburg, 1919.

*Friedland,* M. L.: Prospective And Retrospective Judicial Lawmaking, 24 University of Toronto Law Journal 170 (1974).

*Friedmann,* Wolfgang: Limits Of Judicial Lawmaking And Prospective Overruling, 29 The Modern Law Review 593 (1966).

*Friesen,* Juliane v.: Die Rechtsstellung des Betriebsrats gegenüber nichtleitenden AT-Angestellten, DB 1980, Beilage Nr. 1.

— Betriebliche Lohngestaltung für AT-Angestellte, AuR 1980, 367.

*Gaede,* Verena: Freiheit und *Bindungen* des Arbeitgebers bei der Neueinstellung von Arbeitnehmern, Diss. Erlangen-Nürnberg, 1975.

*Galperin,* Hans: Gutachten: Grundlagen und Grenzen der Betriebsvereinbarung, BB 1949, 374.

— Die autonome *Rechtsetzung* im Arbeitsrecht, in: Festschrift für Molitor, Erich, München, Berlin, 1962, S. 143.

*Galperin,* Hans / *Löwisch,* Manfred: Kommentar zum *Betriebsverfassungsgesetz,* Bd. II, 6. Aufl., Heidelberg, 1982.

*Gamillscheg,* Franz: *Internationales Arbeitsrecht,* Berlin, Tübingen, 1959.

— Die Grundrechte im Arbeitsrecht, AcP 164, 385.

— Nochmals: Zur Differenzierung nach der Gewerkschaftszugehörigkeit, BB 1967, 45.

— *Arbeitsrecht,* Bd. I: Individualarbeitsrecht, Reihe: Prüfe Dein Wissen, Heft 14/1, 6. Aufl., München, 1983.

*Gast,* Wolfgang: *Tarifautonomie* und die Normsetzung durch Betriebsvereinbarung, Heidelberg, 1981.

*Geigant,* Friedrich / *Sobotka,* Dieter / *Westphal,* Horst M.: *Lexikon* der Volkswirtschaft, „*Arbeitsmarkt*“, 2. Aufl., München, 1975.

*Gerlach,* Erwin: Die gesetzliche Grundlage des Leistungslohnes, NSSozPol. 1937, 253.

*Gierke,* Otto v.: Die *soziale Aufgabe* des Privatrechts, Berlin, 1889.

*Glaubrecht,* Helmut / *Halberstadt,* Gerhard / *Zander,* Ernst: *Betriebsverfassung* in Recht und Praxis, Freiburg i. Br., Stand 1981.

*Görner:* Die Einwirkung einer Betriebsvereinbarung auf bestehende Arbeitsverhältnisse, DB 1955, 689; 727.

*Götz,* Volkmar: Bundesverfassungsgericht und *Vertrauensschutz,* in: Bundesverfassungsgericht und Grundgesetz, II. Bd., S. 421, Tübingen, 1976.

*Goldschmidt,* Heinz: Herabsetzung übermäßig hoher Dienstvergütungen, NZfA 1932, Sp. 11.

— Das Gesetz über die Festsetzung von Mindestarbeitsbedingungen, AR-Bl. [D], Mindestarbeitsbedingungen I, Gesetz vom 11. 1. 1952.

*Gramm,* Hans: Das Ordnungsprinzip im kollektiven Arbeitsrecht, AuR 1961, 353.

*Grossmann,* Harald: Die *Vertragsfreiheit* als ökonomisches und juristisches Ordnungsprinzip, Diss. Freiburg i. Br., 1957.

*Großmann,* Ruprecht: Das wechselseitige *Verhältnis* zwischen kollektivem und individuellem Arbeitsrecht bei der Begründung von Entgeltansprüchen im Rahmen des Arbeitsverhältnisses, Diss. Köln, 1961.

*Grunsky,* Wolfgang: *Vertragsfreiheit* und liberale Wirtschaftsordnung, in: Marktwirtschaft (Hrsg. Harbusch, Peter / Wiek, Dietrich), Stuttgart, 1975, S. 237.

*Hallstein*, Walter: Wiederherstellung des Privatrechts, SJZ 1946, 1.

*Hamann*, Andreas / *Lenz*, Helmut: Das *Grundgesetz* für die Bundesrepublik Deutschland vom 23. Mai 1949, 3. Aufl. Neuwied, Berlin, 1970.

*Hanau*, Peter: Gemeingebrauch am Tarifvertrag? — BAG (GS), AP Art. 9 GG Nr. 13, JuS 1969, 213.

— Allgemeine Grundsätze der betrieblichen Mitbestimmung, RdA 1973, 281.

— Probleme der Mitbestimmung des Betriebsrats über den Sozialplan, ZfA 1974, 89.

*Hedemann*, Justus Wilhelm: Das bürgerliche Recht und die *neue Zeit*, Rede gehalten bei Gelegenheit der akademischen Preisverteilung in Jena am 21. Juni 1919, Jena, 1919.

— Der Zwiespalt im Recht, BB 1948, 577.

*Herschel*, Wilhelm: Betriebsordnung, Treuhänder der Arbeit und Tarifordnung, Arb.R.u.Volkst. 1934, 50.

— Lohn, DR 1942 (Ausgabe A), 1588.

— Die Vertragsordnung als Rechtsnorm, DR 1942, 753.

— Von den Rechtsquellen des Arbeitsrechts, DAR 1944, 38.

— Rechtsfragen des Lohnstops, Arbeitsblatt für die Britische Zone 1947, 272.

— Die Aufhebung des Lohnstops, RdA 1948, 121.

— Fragen des Tarifrechts, BABl. 1950, 377.

— Zur *Rechtsnatur* der Allgemeinverbindlicherklärung von Tarifverträgen, in: Festschrift für Bogs, Walter, Berlin, 1959, S. 125.

— Privater Lohnstop, DB 1960, 292.

— Sinn und Grenzen der *Vereinbarungsbefugnis* der Tarifvertragsparteien, in: Verhandlungen des 46. Deutschen Juristentages, Bd. II (Sitzungsberichte), D 7, München, Berlin, 1967.

— Die tarifrechtliche *Problematik*, in: Koalitionsfreiheit und Tarifautonomie als Probleme der modernen Demokratie, Hrsg. Duvernell, Helmut, Berlin, 1968, S. 32.

— Abschied von den formellen und materiellen Arbeitsbedingungen, AuR 1968, 129.

— Nochmals: Formelle und materielle Arbeitsbedingungen, AuR 1969, 65.

— Die Zulassungsnormen des Tarifvertrages, RdA 1969, 211.

— Gedanken zum Ersten Arbeitsrechtsbereinigungsgesetz, BB 1970, 5.

— Gedanken zu Richterrecht und Tarifautonomie, AuR 1972, 129.

— Zur Entstehung des Tarifvertragsgesetzes, ZfA 1973, 183.

— *Anmerkung* zu BAG, Versäumnis-Urteil v. 12. 4. 1972 — 4 AZR 211/71 —, SAE 1973, 3.

— Kernbereichslehre und Kodifikationsprinzip in der Tarifautonomie, AuR 1981, 266.

— Gedanken zum Sozialstaat, Zu einem gleichnamigen Vortrag von Ernst Benda, Sozialer Fortschritt 1981, 145.

*Hesse*, Konrad: Grundzüge des *Verfassungsrechts* der Bundesrepublik Deutschland, 13. Aufl., Heidelberg, 1982.

*Hessel*, Philipp: Probleme des neuen Tarifrechts: Wer soll Partner der neuen Gewerkschaften werden?, BlStSozArbR 1947, 223.

*Heuß*, Theodor: Die *„Ware" Arbeit*, in: Beiträge zur Kultur- und Rechtsphilosophie (Festschrift für Radbruch), Heidelberg, 1948, S. 231.

*Hilger*, Marie Luise: Änderung und Aufhebung betriebseinheitlich geltender Arbeitsbedingungen, Zur Rechtswirkung der Betriebsvereinbarung, BB 1958, 417.

— Das betriebliche *Ruhegeld*, Zugleich ein Beitrag zum Recht der betrieblichen Arbeitsbedingungen, Heidelberg, 1959.

— Der *Einfluß* des kollektiven Arbeitsrechts auf das Einzelarbeitsverhältnis, in: Verhandlungen des 43. Deutschen Juristentages, Bd. 2 (Sitzungsberichte), F 16, Tübingen, 1960.

— *Anmerkung* zu BAG, Urteil v. 24. 3. 1981 — 1 AZR 805/78 —, AP Nr. 12 zu § 112 BetrVG.

*Hilger*, Marie Luise / *Stumpf*, Hermann: *Ablösung* betrieblicher Gratifikations- und Versorgungsanordnungen durch Betriebsvereinbarung, in: Festschrift für Müller, Gerhard, Berlin, 1981, S. 209.

*Hillermeier*, Karl: Freiheit und soziale Verantwortung im Vertragsrecht, BB 1976, 725.

*Hinz*, Manfred O.: *Tarifhoheit* und Verfassungsrecht, Berlin, 1971.

*Höfer*, Reinhold / *Küpper*, Peter: Die Änderung genereller Versorgungszusagen durch Betriebsvereinbarung — zugleich Anmerkungen zu den Entscheidungen des Bundesarbeitsgerichts vom 8. 12. 1981, BB 1982, 565.

*Hölters*, Wolfgang: *Harmonie* normativer und schuldrechtlicher Abreden in Tarifverträgen, Berlin, 1973.

*Hönerhoff*, Dieter / *Linnemann*, Eckehard: Interessenpolitische Situation von Angestellten in Leitungsfunktionen in der chemischen Industrie, WSI-Mitteilungen 1980, 381.

*Hönn*, Günther: *Kompensation* gestörter Vertragsparität, München, 1982.

*Honigschmidt-Grossich*, Rüdiger / *Leidig*, Emanuel / *Löhr*, August: *Zwangsschiedsspruch* und Schlichtungswesen, Jena, 1929.

*Hoppe*, Günther: Urlaub und Urlaubsrecht, BlStSozArbR 1972, 234.

— Ausgewählte Entscheidungen der Landesarbeitsgerichte, BlStSozArbR 1983, 65.

*Hoyningen-Huene*, Gerrick v.: Der Schutz des Individualwillens in der Betriebsverfassung, ZRP 1978, 181.

— *Betriebsverfassungsrecht*, München, 1983.

*Huber*, Ernst Rudolf: Betriebsordnung und Tarifordnung, JW 1934, 1017.

— Der Treuhänder der Arbeit, DJZ 1935, 202.

— *Wirtschaftsverwaltungsrecht*, 1. Bd., 2. Aufl., Tübingen, 1953.

— *Wirtschaftsverwaltungsrecht*, 2. Bd., 2. Aufl., Tübingen, 1954.

*Huber*, Hans: Die verfassungsrechtliche Bedeutung der Vertragsfreiheit, Berlin, 1966.

*Hueck*, Alfred: Das *Recht* des Tarifvertrags unter besonderer Berücksichtigung der Verordnung vom 23. Dezember 1918, Berlin, 1920.

— Die Tarifbestimmungen als Mindestbedingungen, RuW 1920, 157.

— Normenverträge, Jherings Jahrbücher für die Dogmatik des heutigen römischen und deutschen Privatrechts, 73. Bd. (1923), S. 33.

— Die Vereinbarung untertariflicher Löhne zur Verhütung der Arbeitslosigkeit, SchlW 1924, 183.

— Deutsches *Arbeitsrecht*, 2. Aufl., Berlin, 1944.

— *Freiheit* und Zwang im deutschen Arbeitsrecht, in: Staat und Wirtschaft, Festgabe für Nawiasky, Hans, Einsiedeln, Zürich, Köln, 1950, S. 187.

*Hueck*, Alfred / *Nipperdey*, Hans Carl: Lehrbuch des *Arbeitsrechts*, 2. Bd., 1./2. Aufl., Mannheim, Berlin, Leipzig, 1930.

— Lehrbuch des *Arbeitsrechts*, 2. Bd., 3./5. Aufl., Mannheim, Berlin, Leipzig, 1932.

— Lehrbuch des *Arbeitsrechts*, 2. Bd., 6. Aufl., Berlin, Frankfurt a. M., 1957.

— Lehrbuch des *Arbeitsrechts*, 2. Bd., 1. Halbbd., 7. Aufl., Berlin, Frankfurt a. M., 1967.

— Lehrbuch des *Arbeitsrechts*, 2. Bd., 2. Halbbd., 7. Aufl., Berlin, Frankfurt a. M., 1970.

— *Grundriß* des Arbeitsrechts, Berlin, Frankfurt a. M., 1968.

*Hueck*, Alfred / *Nipperdey*, Hans Carl / *Dietz*, Rolf: Das Gesetz zur Ordnung der nationalen Arbeit, 4. Aufl., München, Berlin 1943 (zitiert: *AOG*).

*Hueck*, Alfred / *Nipperdey*, Hans Carl / *Tophoven*, Ernst / *Stahlhacke*, Eugen: *Tarifvertragsgesetz*, 4. Aufl., München, Berlin, 1964.

*Hueck*, Götz: Die *Betriebsvereinbarung*, Münster, Köln, 1952.

— Zur kollektiven *Gestaltung* der Einzelarbeitsverhältnisse, in: Festschrift für Molitor, Erich, München, Berlin, 1962, S. 203.

*Hug*, Walther: *Kollektives Arbeitsrecht* in rechtsvergleichender und rechtspolitischer Sicht, in: Ausgewählte Abhandlungen zum Arbeits- und Wirtschaftsrecht, Beiträge zum Arbeitsrecht, Bd. I, Bern, 1978, S. 275.

*Imle*, Fanny: Gewerbliche *Friedensdokumente*, Jena, 1905.

*Isele*, Helmut Georg: Der Einfluß des kollektiven Arbeitsrechts auf das Einzelarbeitsverhältnis, JR 1960, 289.

— Ordnungsprinzip oder Parteiwille, JZ 1964, 113.

*Isensee*, Josef: *Subsidiaritätsprinzip* und Verfassungsrecht, Eine Studie über das Regulativ des Verhältnisses von Staat und Gesellschaft, Berlin, 1968.

*Jacobi*, Erwin: *Grundlehren* des Arbeitsrechts, Leipzig, 1927.

*Jaeckle*, Hans-Guenther: Die *Ablösung* kollektiver Ordnungen (ein Beitrag zur Lehre vom Ordnungsprinzip), Diss. Freiburg, 1969.

*Jenkis, Helmut: Leistung* — ein inhumaner Anspruch? — Zum Ursprung und zur Kritik des Leistungsprinzips —, Frankfurt a. M., 1980.

*Johannes Paul II.*: Der Wert der Arbeit und der Weg zur Gerechtigkeit, Enzyklika über die *menschliche Arbeit* Papst Johannes Pauls II., 2. Aufl., Freiburg, Basel, Wien, 1981.

*Junck*: Neues Tarifvertragsrecht, JW 1919, 75.

*Käppler*, Renate: Voraussetzungen und Grenzen tarifdispositiven *Richterrechts*, Berlin, 1977.

*Kaiser*, Joseph H.: Die *Repräsentation* organisierter Interessen, Berlin, 1956.

*Kammann*, Karl-Udo: Das Ordnungsprinzip in der Rechtsprechung des Bundesarbeitsgerichts, RdA 1967, 401.

*Kammann*, Karl-Udo / *Heß*, Harald / *Schlochauer*, Ursula: Kommentar zum *Betriebsverfassungsgesetz*, Neuwied, Darmstadt, 1979.

*Kant*, Immanuel: *Critik* der practischen Vernunft, Riga, 1788.

*Karakatsanis*, Alexander: Die kollektivrechtliche *Gestaltung* des Arbeitsverhältnisses und ihre Grenzen, Heidelberg, 1963.

*Kaskel*, Walter / *Dersch*, Hermann: *Arbeitsrecht*, 5. Aufl., Berlin, Göttingen, Heidelberg, 1957.

*Kauffmann*, Hermann: Normsetzungsbefugnis der Tarifpartner, NJW 1966, 1681.

*Kissel*, Otto Rudolf: Das Bundesarbeitsgericht — vom Gesetzgeber allein gelassen?, AuR 1982, 137.

— Grenzen der rechtsprechenden Gewalt, NJW 1982, 1777.

— *Aspekte* der jüngsten Rechtsprechung zum kollektiven Arbeitsrecht, Hrsg. Landesvereinigung der Baden-Württembergischen Arbeitgeberverbände e. V., Schriftenreihe 4, Stuttgart, 1982, S. 10.

*Klas*, Helmut: Die Zulässigkeit der *Verfassungsbeschwerde* gegen Tarifnormen, Frankfurt a. M., 1979.

*Klasen*, Klaus: *Tarifvorrang* und Mitbestimmung in sozialen Angelegenheiten, Diss. Münster, 1982.

*Klett*, Erich W.: Grenzen der tarifvertraglichen *Normsetzungsbefugnis*, Diss. Würzburg, 1967.

*Knigge*, Dieter: Die *Einschränkbarkeit* des Günstigkeitsprinzips im arbeitsvertraglichen Verbandsgestaltungsrecht, Diss. Würzburg, 1964.

*Knolle*: Ein lohnpolitischer Versuch, NSSozPol. 1942, 178.

*Knopp*, A.: Die Tarifautonomie in der Diskussion, DB 1966, 1929.

*Koch*, Walter A.: Nivellierung der tariflichen Lohn- und Gehaltsstruktur?, WSI-Mitteilungen 1977, 71.

*Köppe*, H.: Der *Arbeitsvertrag* als Gesetzgebungsproblem, Jena, 1908.

*Kollmann*, Horst: Die Entwicklungsgeschichte der deutschen *Koalitionsgesetzgebung*, Breslau, 1916.

*Konzen*, Horst: Tarifvertragliche und innerbetriebliche Normsetzung, BB 1977, 1307.

— Der Arbeitskampf im Verfassungs- und Privatrechtssystem, AcP 177, 473.

*Koppensteiner*, Hans-Georg: Die *Konzertierte Aktion* im Spannungsfeld zwischen Geldwertstabilität und Tarifautonomie, in: Konzertierte Aktion, Hrsg. Hoppmann, Erich, Frankfurt a. M., 1971, S. 229.

*Kraegeloh*, Walter: Das neue Tarifvertrags- und Schlichtungsrecht des Landes Rheinland-Pfalz, RdA 1949, 369.

*Krahl*, Willi: Der Verband der Deutschen *Buchdrucker* (Hrsg. Vorstand des Verbandes der Deutschen Buchdrucker), 1. Bd., Berlin, 1916.

— Der Verband der Deutschen *Buchdrucker* (Hrsg. Verband der Deutschen Buchdrucker), 2. Bd., Berlin, 1933.

*Kramer*, Ernst A.: Die „*Krise*" des liberalen Vertragsdenkens, München, Salzburg, 1974.

*Kramer*, Steven B.: Prospective — Retroactive Overruling: Remanding Cases Pending Legislative Determinations Of Law, 58 Boston University Law Review 818 (1978).

*Kreis*, Werner: Die Zulässigkeit von *Höchstarbeitsbedingungen*, Diss. Frankfurt a. M., 1960.

— Die Zulässigkeit von Höchstarbeitsbedingungen, RdA 1961, 97.

*Kreutz*, Peter: Grenzen der *Betriebsautonomie*, München, 1979.

*Kronenberg*, Kurt: *Ausnahmen* von der Unabdingbarkeit der Tarifnormen, Jena, 1929.

*Krüger*, Herbert: Die Stellung der Interessenverbände in der Verfassungswirklichkeit, NJW 1956, 1217.

— Staatliche Gesetzgebung und nichtstaatliche Rechtsetzung, RdA 1957, 201.

— Das *Leistungsprinzip* als Verfassungsgrundsatz, Bad Godesberg, 1957.

— Sinn und Grenzen der *Vereinbarungsbefugnis* der Tarifvertragsparteien, Gutachten für den 46. Deutschen Juristentag, Verhandlungen, Bd. I, München, Berlin, 1966, S. 9.

*Küchenhoff*, Günther: *Rechtsgutachten* über die tarif- und verbandsrechtliche Tragweite des im Tarifrecht geltenden Günstigkeitsprinzips, Verbandsnachrichten der Deutschen Orchestervereinigung in der DAG 1962, Heft 7/8 (heute: Deutsche Orchestervereinigung e. V. im DGB).

— *Rechtsgutachten* über die Stellung von Ländern, Gemeinden und Gemeindeverbänden als Mitglieder in Vereinen auf kulturellem Gebiet, Verbandsnachrichten der Deutschen Orchestervereinigung in der DAG 1962, Heft 12 (heute: Deutsche Orchestervereinigung e. V. im DGB).

— *Anmerkung* zu BAG, Urteil v. 12. 12. 1962 — 5 AZR 221/61 —, AP Nr. 11 zu § 4 TVG Ordnungsprinzip.

— Verbandsautonomie, Grundrechte und Staatsgewalt, AuR 1963, 320.

— *Einwirkungen* des Verfassungsrechts auf das Arbeitsrecht, in: Festschrift für Nipperdey, Hans Carl, Bd. II, München, Berlin, 1965, S. 317.

— Freiheit und Gleichheit im Arbeitsverhältnis, AuR 1966, 321.

— *Betriebsverfassungsrecht*, 3. Aufl., Münster, 1979.

*Küchenhoff*, Günther / *Küchenhoff*, Erich: Allgemeine *Staatslehre*, 8. Aufl., Stuttgart, Berlin, Köln, Mainz, 1977.

*Kunst*, Harald: Das *Günstigkeitsprinzip* im Betriebsverfassungsrecht, Diss. Bochum, 1973.

*Kunze*, Otto: *Streikbereitschaft* als Voraussetzung der Tariffähigkeit, BB 1964, 1311.

*Langanke*, Annemarie / *Napierkowski*, Erich / *Rogge*, Werner: *Lohn* und Prämie, Erläuterungen zum 5. Kapitel des Arbeitsgesetzbuches der DDR, 4. Aufl., Berlin, 1981.

*Langerbein*, Eugen: Zum Wesen und Werden der Deutschen *Arbeitsfront*, Diss. Marburg, 1938.

*Larenz*, Karl: *Allgemeiner Teil* des deutschen Bürgerlichen Rechts, 5. Aufl., München, 1980.

— *Methodenlehre* der Rechtswissenschaft, 4. Aufl., Berlin, Heidelberg, New York, 1979.

*Laufer*, Heinz: *Freiheit* und Gleichheit, in: Festschrift für Geiger, Willi, Tübingen, 1974, S. 337.

*Laufke*, Franz: *Vertragsfreiheit* und Grundgesetz, in: Festschrift für Lehmann, Heinrich, I. Bd., Berlin, Tübingen, Frankfurt a. M., 1956, S. 145.

*Leibholz*, G. / *Rinck*, H. J.: *Grundgesetz* für die Bundesrepublik Deutschland, 6. Aufl., Köln, Stand November 1981.

*Leisner*, Walter: *Grundrechte* und Privatrecht, München, Berlin, 1960.

— Grundgesetz nach Landesrecht?, BayVBl. 1966, 329.

— Der *Gleichheitsstaat*, Berlin, 1980.

— „Gesetz wird Unsinn...", DVBl. 1981, 849.

— *Egalisierung* — ein Anliegen der Gerechtigkeit?, in: Bitburger Gespräche, Jahrbuch 1982, Gesellschaft für Rechtspolitik Trier, München, 1982, S. 81.

*Leminsky*, Gerhard / *Bernd*, Otto: Politik und *Programmatik* des Deutschen Gewerkschaftsbundes, Köln, 1974.

*Lenz*, Helmut: Die unbehagliche Nähe der *Koalitionsgarantie* zum Sozialstaat, in: Gesellschaft, Recht und Politik, Hrsg. Maus, Heinz, Neuwied, Berlin, 1968.

*Lerche*, Peter: Verfassungsrechtliche *Zentralfragen* des Arbeitskampfes — Zum hessischen Aussperrungsverbot —, Bad Homburg v. d. H., Berlin, Zürich, 1968.

*Levy*, Beryl Harald: Realist Jurisprudence And Prospective Overruling, 109 University of Pennsylvania Law Review 1 (1960).

*Leydhecker*, E. G.: Lohnstop und Lohngestaltung, BlStSozArbR 1947, 163.

*Lieb*, Manfred: Die Regelungszuständigkeit des Betriebsrats für die Vergütung von AT-Angestellten, ZfA 1978, 179.

— *Arbeitsrecht*, Schwerpunkte Bd. X, 2. Aufl., Heidelberg, 1982.

— Gemeinsame *Anmerkung* zu BAG, Urteil v. 12. 8. 1982 — 6 AZR 1117/79 — und zu BAG, Beschluß v. 8. 12. 1982 — 5 AZR 316/81 —, SAE 1983, 130.

*Liesegang*, Helmuth, C. F.: *Gewerkschaften* in der Bundesrepublik Deutschland, Berlin, New York, 1975.

*Löwisch*, Manfred: Die Ausrichtung der tariflichen Lohnfestsetzung am gesamtwirtschaftlichen Gleichgewicht, RdA 1969, 129.

— Möglichkeiten und Grenzen der Betriebsvereinbarung, AuR 1978, 97.

*Lotmar*, Philipp: Die Tarifverträge zwischen Arbeitgebern und Arbeitnehmern, Archiv für Soziale Gesetzgebung und Statistik, 15 (1900), 1.

— Der *Arbeitsvertrag*, 1. Bd., Leipzig, 1902.

*Lühr*, Hans-Henning: Dokumentation zum Rationalisierungsschutz, B. Tarifvertragliche Regelungen zum Schutz der Beschäftigten bei Rationalisierungsmaßnahmen, KJ 1980, 84, 90.

*Lux*, Hans-Joachim: *Tarifvertrag*, Arbeitskampf, Schlichtung, in: Handbuch zum Arbeitsrecht (HzA), Hrsg. Stahlhacke, Eugen, Neuwied, Darmstadt, Stand Mai 1981.

*Magis*, Hans-Günter: Zum *Günstigkeitsprinzip*, Diss. Bonn, 1966.

*Mampel*, Siegfried: *Arbeitsverfassung* und Arbeitsrecht, Köln, 1966.

*Mansfeld*, Werner: Fünf Jahre Gesetz zur Ordnung der nationalen Arbeit, DAR 1939, 117.

— Die *Ordnung* der nationalen Arbeit, 2. Aufl., Berlin, 1943.

— Zehn Jahre Gesetz zur Ordnung der nationalen Arbeit, DAR 1944, 17.

*Mansfeld*, W. / *Pohl*, W. / *Steinemann*, G. / *Krause*, A. B.: Die *Ordnung* der nationalen Arbeit, Berlin, Leipzig, Mannheim, München, 1934.

*Martens,* Wolfgang: *Öffentlich* als Rechtsbegriff, Bad Homburg v. d. H., Berlin, Zürich, 1969.

Marxistische Gruppe (MG): *Manifest gegen den DGB,* 1982. Verantw. i. S. d. P.: Ebel, Theo, 8000 München 40.

*Masthoff,* Horstfried: Die *Rechtsnatur* des Tarifvertrages als Problem autonomer Rechtsetzung, Diss. Münster, 1974.

*Maunz,* Theodor / *Dürig,* Günter / *Herzog,* Roman / *Scholz,* Rupert: *Grundgesetz,* Bd. 1 und 2, München, Stand 1979.

*Maus,* Wilhelm: Mindest- und Höchstbedingungen in Tarifverträgen, RdA 1958, 241.

*Mayer-Maly,* Theo: *Rechsirrtum* im Arbeitsrecht, in: Festschrift für Bötticher, Eduard, Berlin, 1969, S. 243.

*Meißinger,* H.: Stehen Beschlüsse von Arbeitgeberverbänden, durch die den Mitgliedern die Abdingung eines Tarifvertrages zu Gunsten der Arbeitnehmer untersagt wird, mit § 1 der Tarifvertragsverordnung im Widerspruch?, NZfA 1922, 18.

*Menger,* Christian-Friedrich: Der Begriff des *sozialen Rechtsstaates* im Bonner Grundgesetz, Tübingen, 1953.

*Merz,* Hans: *Privatautonomie* heute — Grundsatz und Rechtswirklichkeit, Karlsruhe, 1970.

*Meßner,* Johannes: *Lohngerechtigkeit* heute, in: Festschrift für Müller, Gerhard, Berlin, 1981, S. 717.

*Michas,* J. / *Hultsch,* St., in: *Arbeitsrecht,* Lehrbuch, Kap. III, Autorenkollektiv unter Leitung von Kunz, Frithjof / Thiel, Wera, Berlin, 1983.

*Misera,* Karlheinz: Tarifmacht und *Individualbereich* unter Berücksichtigung der Sparklausel, Berlin, 1969.

*Mohl,* Robert v.: Die *Polizei-Wissenschaft* nach den Grundsätzen des Rechtsstaates, 3. Aufl., 2. Bd., Tübingen, 1866.

— Staatsrecht, Völkerrecht und *Politik,* 3. Bd., Politik, 2. Bd., Tübingen, 1869.

*Molitor,* Erich: Das deutsche Arbeitsrecht und die Privatrechtswissenschaft, RdA 1948, 44.

— Entwicklungen und Probleme der kollektiven Arbeitsverträge in Deutschland, Riv. dir. lav. 1953, 135.

— *Rechtsgutachten:* Höchstbegrenzung von Tarifnormen, Mitteilungen der Arbeitsrechtlichen Vereinigung der Gemeinden und gemeinwirtschaftlichen Unternehmen in Nordrhein-Westfalen (Kommunaler Arbeitgeberverband Nordrhein-Westfalen), März 1956.

— *Anmerkung* zu BAG, Urteil v. 23. 3. 1957 — 1 AZR 64/56 —, AR-Bl. [D], Tarifvertrag I, B Entscheidungen 1.

— Höchstbegrenzung von Tarifnormen, BB 1957, 85.

*Monjau,* H.: Senkung außertariflicher Löhne, DB 1959, 707.

— Höchstlöhne im öffentlichen Dienst?, DöD 1964, 224.

*Mühl,* Margarete: Die *Lehre* vom ‚besseren‘ und ‚günstigeren‘ Recht im Internationalen Privatrecht, Zugleich eine Untersuchung des ‚better-law approach‘ im amerikanischen Kollisionsrecht, München, 1982.

*Müller,* Friedrich: Die *Einheit* der Verfassung, Berlin, 1979.

*Müller*, Gerhard: Überlegungen zur Sozialstaatsmaxime, DB 1982, 2459.

*Münch*, Ingo v., in: Kommentar zum Bonner *Grundgesetz* (Bonner Kommentar), Zweitbearbeitung Art. 9, Hamburg, Juni 1966.

— *Grundgesetz-Kommentar*, Bd. 1, 2. Aufl., München, 1981.

*Münchener Kommentar* zum Bürgerlichen Gesetzbuch, Bd. 1, Redakteur: Säcker, Franz Jürgen, München, 1978.

*Nell-Breuning*, Oswald v.: *Freiheit* und Bindung im kollektiven Arbeitsrecht, Schriften der Gesellschaft für Sozialen Fortschritt e. V., Bd. 6, Berlin, 1957, S. 27.

— Die *Gewerkschaft* in der freien Gesellschaft, in: Wirtschaft und Gesellschaft heute, Bd. III, Freiburg, 1960, S. 150.

— Der *Arbeitsmarkt* in individual- und sozialethischer Sicht, in: Arbeitsmarkt und Menschenwürde, Die Ökonomie auf dem Prüfstand der Ethik, Münster, 1980, S. 32.

*Neuhaus*, Paul Heinrich: Neue Wege im Europäischen Internationalen Privatrecht?, RabelsZ 35 (1971), 401.

— Entwicklungen im Allgemeinen Teil des Internationalen Privatrechts, in: Festschrift für Kegel, Gerhard, Frankfurt a. M., 1977, S. 23.

*Neumann-Duesberg*, Horst: Wirkungsgrenzen der Betriebsordnung und Betriebsvereinbarung, RdA 1949, 48.

— *Betriebsverfassungsrecht*, Berlin, 1960.

— Kollektivvertrag und Individualrecht, JZ 1960, 525.

*Ney*, Rudolf: Das Verhältnis der Tarifautonomie zur *arbeitsrechtlichen Bundesgesetzgebung*, Diss. Frankfurt a. M., 1966.

*Nicklisch*, Fritz: *Inhaltskontrolle* von Verbandsnormen, Heidelberg, 1982.

*Nikisch*, Arthur: Die Entwicklung des Tarifrechts, RdA 1948, 4.

— Arbeitsrechtliche Rundschau, Sowjetische Zone, RdA 1948, 65.

— *Anmerkung* zu LAG München, Urteil v. 16. 12. 1949 — I 441 - 443/49 —, AP 50 Nr. 275.

— Individualismus und Kollektivismus im heutigen Arbeitsrecht, RdA 1953, 81.

— *Arbeitsrecht*, II. Bd., 2. Aufl., Tübingen, 1959.

— *Anmerkung* zu BAG, Urteil v. 4. 2. 1960 — 5 AZR 72/58 —, SAE 1960, 146.

— *Arbeitsrecht*, III. Bd., 2. Aufl., Tübingen, 1966.

— *Rechtsgutachten*: Die Bedeutung des tariflichen Günstigkeitsprinzips für die Vergütung der Musiker in den Kulturorchestern, Sonderschrift des Deutschen Bühnenvereins, Köln, 1963.

— Inhalt und Grenzen des tariflichen Günstigkeitsprinzips, DB 1963, 1254.

*Nipperdey*, Hans Carl: Beiträge zum *Tarifrecht*, Mannheim, Berlin, Leipzig, 1924.

— Die Rechtsprechung des Reichsgerichts zum Tarifrecht (1919 - 1925), NZfA 1926, Sp. 193.

— Art. 159. *Koalitionsrecht*, in: Die Grundrechte und Grundpflichten der Reichsverfassung, 3. Bd., Berlin, Mannheim, 1930, S. 385.

— *Anmerkung* zu RAG, Urteil v. 13. 3. 1929 — 460/28 — BenshSamml. Bd. 6, 80.

— *Mindestbedingungen* und günstigere Arbeitsbedingungen nach dem Arbeitsordnungsgesetz (Ordnungsprinzip und Leistungsprinzip), in: Festschrift für Lehmann, Heinrich, Berlin, 1937, S. 257.

— Das Recht des Tarifvertrages, BB 1948, 157.

— Das Tarifvertragsrecht des Vereinigten Wirtschaftsgebietes, RdA 1949, 81.

— Unzulässigkeit von *Höchstlöhnen* in Tarifverträgen und Tarifordnungen der öffentlichen Hand, in: Beiträge zu Problemen des neuzeitlichen Arbeitsrechts, Festschrift für Herschel, Wilhelm, Stuttgart, 1955, S. 9.

— *Freie Entfaltung* der Persönlichkeit, in: Bettermann, Karl August / Nipperdey, Hans Carl, Die Grundrechte, 4. Bd., 2. Halbbd., Berlin, 1962, S. 741.

— *Soziale Marktwirtschaft* und Grundgesetz, 3. Aufl., Köln, Berlin, München, Bonn, 1965.

*Notes And Comments:* Prospective Overruling And Retroactive Application In The Federal Courts, 71 Yale Law Journal 907 (1962).

*Oehmann,* Werner: Tarifvertrag und Betriebsvereinbarung, RdA 1950, 457.

*Oertlieb,* Karl: Das Wesen des *Zwangstarifs,* Stuttgart, 1932.

*Oertmann,* Paul: Vertragspflicht und Verbandspflicht, JW 1925, 2420.

*Oncken,* August: Die *Maxime* Laissez faire et laissez passer, ihr Ursprung, ihr Werden, Bern, 1886.

*Ossenbühl,* Fritz: Der öffentliche Status der Gewerkschaften, NJW 1965, 1561.

*Otto,* Hansjörg: Die verfassungsrechtliche *Gewährleistung* der koalitionsspezifischen Betätigung, Eine Analyse des Beschlusses des Bundesverfassungsgerichts vom 17. Februar 1981 — 2 BVR 384/78 — zur Frage gewerkschaftlicher Zutrittsrechte zu kirchlichen Einrichtungen, Stuttgart, 1982.

*Pätzold,* Erich: Durchsetzung des *Leistungsprinzips,* Berlin, 1975.

*Papritz,* Ludwig: Das *Günstigkeitsprinzip* im Arbeitsrecht — Auch in verfassungsrechtlicher Hinsicht, Diss. Würzburg, 1976.

*Pestalozza,* Christian v.: Der Garantiegehalt der Kompetenznorm, Erläutert am Beispiel der Art. 105 ff GG, Der Staat 11 (1972), 161.

*Peters,* Hans / *Ossenbühl,* Fritz: Die *Übertragung* von öffentlich-rechtlichen Befugnissen auf die Sozialpartner unter besonderer Berücksichtigung des Arbeitsschutzes, Berlin, Frankfurt a. M., 1967.

*Pfromm,* Hans-Adam: Solidarische *Lohnpolitik,* Köln, Frankfurt a. M., 1978.

*Picker,* Eduard: Ultima-ratio-Prinzip und Tarifautonomie, RdA 1982, 331.

*Piltz,* Albrecht: Die *Lehre* von den formellen und materiellen Arbeitsbedingungen, Diss. Bonn, 1975.

*Pleyer,* Klemens: Wirtschaftsordnung und Arbeitsrecht, ZHR 125 (1963), 81.

— Gewerkschaften und Kollektivverträge in der *Zentralplanwirtschaft,* in: Koalitionsfreiheit und Tarifautonomie als Probleme der modernen Demokratie, (Hrsg. Duvernell, Helmut), Berlin, 1968, S. 161.

*Poppe,* Stefan: Das Leistungsprinzip als soziale Kategorie, verfassungsrechtliches Prinzip und Gegenstand der Auseinandersetzung mit der bürgerlichen Ideologie, StuR 1982, 398.

*Potthoff,* Heinz: Bessere Bedingungen im Tarifvertrage, NZfA 1929, Sp. 95.

— Die „Entthronung" des Arbeitsvertrages, NZfA 1931, Sp. 283.

*Preis,* Bernd: Tarifdispositives Richterrecht, ZfA 1972, 271.

*Premßler,* M. / *Zierholz,* H. P., in: *Arbeitsrecht,* Lehrbuch, Kap. XX, Autorenkollektiv unter Leitung von Kunz, Frithjof / Thiel, Wera, Berlin, 1983.

*Probst,* Matthias: Das *Günstigkeitsprinzip* im Arbeitsrecht unter besonderer Berücksichtigung seiner Regelung in den Tarifordnungen, Diss. Köln, 1937.

*Quasten,* Walter: *Zulässigkeit* und Unzulässigkeit von Betriebsvereinbarungen, Diss. Köln, 1971.

*Raape,* Leo / *Sturm,* Fritz: *Internationales Privatrecht,* Bd. I, 6. Aufl., München, 1977.

*Raatz,* Günter: Personalleitung und Betriebsverfassung, DB 1972, Beilage Nr. 1.

*Radbruch,* Gustav: Der *Mensch* im Recht, 2. Aufl., Göttingen, 1961.

— *Rechtsphilosophie,* 8. Aufl., Stuttgart, 1973.

— *Einführung* in die Rechtswissenschaft (Hrsg. Zweigert, Konrad), 3. Aufl., Stuttgart, 1980.

*Radke,* Olaf: Die Nachwirkungen des „Gesetzes zur Ordnung der nationalen Arbeit", AuR 1965, 302.

— Das *Koalitionsrecht* als Ausdruck der Freiheit, in: Festschrift für Brenner, Otto, Frankfurt a. M., 1967, S. 113.

*Raiser,* Ludwig: Vertragsfreiheit heute, JZ 1958, 1.

— *Vertragsfunktion* und Vertragsfreiheit, in: Hundert Jahre deutsches Rechtsleben, Festschrift Deutscher Juristentag, Bd. II, Karlsruhe, 1960, S. 101.

— Die *Zukunft* des Privatrechts, Berlin, New York, 1971.

*Ramm,* Thilo: Die *Arbeitsverfassung* des Kaiserreichs, in: Festschrift für Mallmann, Walter, Baden-Baden, 1978, S. 191.

— Die Rechtsnatur des Tarifvertrags, JZ 1962, 78.

— Die Rechtsprechung des Bundesarbeitsgerichts, JZ 1964, 546.

— Die Rechtsprechung des BAG, Schlußwort, JZ 1966, 214.

*Rehhahn,* Hans: Aequivalenzprinzip und Leistungszulagen, AuR 1956, 37.

*Reichel,* Hans: Zwanzig Jahre Tarifvertragsgesetz, BABl. 1969, 189.

*Reinhardt,* Rudolf: *Der gerechte Preis,* ein Bestandteil unserer Rechtsordnung?, in: Festschrift für Lehmann, Heinrich, Berlin, 1937, S. 221.

*Reuß,* Wilhelm: Die Stellung des kollektiven autonomen Arbeitsrechts im Rechtssystem, AuR 1958, 321.

— Die Stellung der Koalitionen in der geltenden Rechtsordnung, ArbRGeg. 1963, Bd. 1, 144.

— Buchbesprechung von W. Weber, Koalitionsfreiheit und Tarifautonomie als Verfassungsproblem, DVBl. 1966, 422.

— Das neue Arbeitskampfrecht, AuR 1971, 353.

— Tarifautonomie und Richterrecht, AuR 1972, 136.

— Die Unzulässigkeit gerichtlicher Tarifzensur, AuR 1975, 289.

— Bindung der Rechtsprechung an die autonome Konkretisierung abstrakter Begriffe, RdA 1976, 53.

*Reuter*, Dieter: Betriebsverfassung und Privatautonomie, ZfA 1975, 85.

— Zulässigkeit und Grenzen tarifvertraglicher Besetzungsregelungen, ZfA 1978, 1.

— *Vergütung* von AT-Angestellten und betriebsverfassungsrechtliche Mitbestimmung, Königstein/Ts., 1979.

*Ricardo*, David: On the *Principles* of Political Economy and Taxation, 2nd. Edition, London, 1819.

*Richardi*, Reinhard: Die arbeitsvertragliche Einheitsregelung und ihr Verhältnis zu Kollektivvereinbarungen, RdA 1965, 49.

— *Kollektivgewalt* und Individualwille bei der Gestaltung des Arbeitsverhältnisses, München, 1968.

— Lohngerechtigkeit und Leistungslohn, RdA 1969, 234.

— Die *Beschränkung* der Vertragsfreiheit durch das Mitbestimmungsrecht des Betriebsrats in sozialen Angelegenheiten, in: Festgabe für Lübtow, Ulrich v., Berlin, 1970, S. 755.

— *Anmerkung* zu BAG, Urteil v. 30. 1. 1970 — 3 AZR 44/68 —, AP Nr. 142 zu § 242 BGB Ruhegehalt.

— Grundprobleme der kollektiven Koalitionsfreiheit, ZfA 1970, 85.

— Kritische Anmerkungen zur Reform der Mitbestimmung des Betriebsrats in sozialen und personellen Angelegenheiten nach dem Regierungsentwurf, DB 1971, 621.

— *Betriebsverfassung* und Privatautonomie, Berlin, New York, 1973.

— Koalitionsgewalt und individuelle Koalitionsfreiheit, AöR 93, 243.

— Zugangsrecht der Gewerkschaften zum Betrieb, DB 1978, 1736.

— Das *Günstigkeitsprinzip*, AR-Bl. [D] Tarifvertrag, VI Rechtswirkungen, A Günstigkeitsprinzip.

*Richter*, Lutz: Die Rechtswirkungen der Tarifordnung, JW 1934, 1013.

*Ridder*, Helmut: Preisrecht ohne Boden, AöR 87, 311.

*Riezler*, Erwin: Arbeitskraft und Arbeitsfreiheit in ihrer privatrechtlichen Bedeutung, Archiv für Bürgerliches Recht, Bd. 27 (1906), S. 219.

*Ritter*, Gerhard A. / *Tenfelde*, Klaus: Der *Durchbruch* der freien Gewerkschaften Deutschlands zur Massenbewegung im letzten Viertel des 19. Jahrhunderts, in: Vom Sozialistengesetz zur Mitbestimmung (Hrsg. Vetter, Heinz Oskar), Köln, 1975, S. 61.

*Roeckner*, Rudolf: Die strafrechtliche *Bedeutung* des Streiks nach Reichs- und preußischem Landesrecht, Breslau, 1911.

*Roellecke*, Gerd: *Gleichheit* in der Industriegesellschaft, Berlin, New York, 1980.

*Rohwedder*, Detlev: Über die *Ultra-Vires-Lehre* und ihre Problematik im deutschen Recht, Diss. Mainz, 1961.

*Romatka*, Ursula: Die *Unabdingbarkeit* nach bisherigem Urlaubsrecht und nach § 13 BUrlG, Diss. Köln, 1966.

*Roos*, Walter: Behandlung der Tarifnormen als *Höchstnormen* durch den Arbeitgeberverband, Diss. Köln, 1961.

*Roquette*, Hermann: Neues *soziales Mietrecht*, Tübingen, 1969.

*Rüberg*, Burkhard: *Vertrauensschutz* gegenüber rückwirkender Rechtsprechungsänderung, Hamburg, 1977.

*Rüfner*, Wolfgang: *Grundrechtskonflikte*, in: Bundesverfassungsgericht und Grundgesetz, Festgabe aus Anlaß des 25jährigen Bestehens des Bundesverfassungsgerichts, 2. Bd., Tübingen, 1976, S. 453.

*Rüthers*, Bernd: Zur Kampfparität im Arbeitskampfrecht, JurA 1970, 85 (ARuSR 3).

— Tarifautonomie und *Schlichtungszwang*, in: Gedächtnisschrift für Dietz, Rolf, München, 1973.

— Tarifautonomie und gerichtliche *Zwangsschlichtung*, Konstanzer Universitätsrede, Hrsg. Hess, Gerhard, Konstanz, 1973.

— Arbeitsrecht und *politisches System*, Frankfurt a. M., 1973.

— Zum Arbeitsentgelt des Betriebsrates, RdA 1976, 61.

— Gesellschaftlicher *Wandel* — Anpassung oder Widerstand des Rechts?, Königstein/Ts., 1981.

— Die Kontrolle der sozialen Koalitionen (Gewerkschaften und Arbeitgeberverbände) durch Verwaltung und Rechtsprechung, ZfA 1982, 237.

*Rundstein*, S.: Die *Tarifverträge* und die moderne Rechtswissenschaft, Leipzig, 1906.

*Säcker*, Franz-Jürgen: *Grundprobleme* der kollektiven Koalitionsfreiheit, Düsseldorf, 1969.

— Kollektivgewalt und Individualwille bei der Gestaltung des Arbeitsverhältnisses, RdA 1969, 291.

— *Gruppenautonomie* und Übermachtkontrolle, Berlin, 1972.

— Die Regelung sozialer Angelegenheiten im Spannungsfeld zwischen tariflicher und betriebsverfassungsrechtlicher Normsetzungsbefugnis, ZfA-Sonderheft 1972, 41.

— *Tarifhoheit*, Koalitionsfreiheit und Verbände, in: Staatsführung, Verbandsmacht und innere Souveränität, Hrsg. Biedenkopf, Kurt H. / Voss, Rüdiger v., Stuttgart, 1977, S. 93.

— Die *Betriebsvereinbarung*, AR-Bl. [D] Betriebsvereinbarung, I Übersicht.

— Tarifvorrang und Mitbestimmung des Betriebsrates beim Arbeitsentgelt, BB 1979, 1201.

— Die Betriebsräte werden mächtiger, Manager-Magazin 1980, Nr. 10, S. 36.

— AR-Bl. [D] Tarifvertrag I, C *Verhältnis zu anderen Rechtsquellen*, Das Verhältnis des Tarifvertrages zu den übrigen arbeitsrechtlichen Rechtsquellen.

*Samuelson*, Paul A.: *Economics*, 11th Edition, New York u. a., 1980.

*Sauer*, Ernst: Grundlehren des *Völkerrechts*, 2. Aufl., Köln, 1948.

*Savaète*, Eugen: *Grundfragen* des Arbeitsrechts, Schwenningen, 1949.

*Schäfer*, Josef: Die individualrechtliche *Bezugnahme* auf tarifvertragliche Bestimmungen, Diss. Köln, 1974.

*Schaefer*, Walter v.: The Control Of „Sunbursts": Techniques Of Prospective Overruling, 42 New York University Law Review 631 (1967).

*Schebanowa*, A. I.: *Pravo sovetskoe trudovoe (Sowjetisches Arbeitsrecht)*, (Hrsg. der deutschsprachigen Ausgabe: Kunz, Frithjof / Wolf, Heinz), Berlin, 1974.

*Scheerer*, Artur: Das Tarifvertragsgesetz für das Land Rheinland-Pfalz, Schaffendes Volk in Rheinland-Pfalz (Monatsschrift des Sozialministeriums), 1949, 106.

*Scheid*, Wolfgang: Der *Vorrang* tarifüblicher Regelungen nach § 59 Betriebsverfassungsgesetz, Diss. München, 1971.

*Scheidig*, Heinrich: Der Grundsatz der Mindestbedingungen und der Günstigkeit im geltenden Arbeitsrecht, DAR 1941, 21.

*Schelp:* Tarifvertrag und Betriebsvereinbarung im Rahmen von § 59 des Betriebsverfassungsgesetzes , DB 1962, 1242.

*Scherrer*, Werner: Die geschichtliche Entwicklung des Prinzips der *Vertragsfreiheit*, Basel, 1948.

*Scheuner*, Ulrich: Der Inhalt der *Koalitionsfreiheit*, in: Weber, Werner / Scheuner, Ulrich / Dietz, Rolf, Koalitionsfreiheit, Berlin, Frankfurt a. M., 1961, S. 27.

*Schichtel*, Walram: Die *Grenzen* kollektivrechtlicher Regelungen von Arbeitsentgelten, Diss. Münster, 1961.

*Schlessmann*, Karl: Günstigkeitsvergleich beim Arbeiter-Krankheitsgesetz?, DB 1958, 109.

*Schlink*, Clemens: Die *Ultra-Vires-Lehre* im englischen Privatrecht, Berlin, Leipzig, 1935.

*Schlüter*, Wilfried: Die Rechtsfolgen mangelnder Beteiligung des Betriebsrats in sozialen Angelegenheiten (§ 87 BetrVG n. F.), DB 1972, 92; 139.

— Das *Obiter dictum*, Die Grenzen höchstrichterlicher Entscheidungsbegründung, dargestellt an Beispielen aus der Rechtsprechung des Bundesarbeitsgerichts, München, 1973.

*Schlüter*, Wilfried / *Belling*, Detlev: *Anmerkung* zu BAG, Beschluß v. 8. 2. 1977 — 1 ABR 82/74 —, SAE 1978, 45.

— *Anmerkung* zu BAG, Beschluß v. 18. 7. 1978 — 1 ABR 79/75 —, SAE 1979, 277.

*Schmalz*, Hans-Joachim: Die historische Rechtslage — eine Rückwirkungsschranke bei Rechtsprechungsänderung?, SGb. 1982, 233.

*Schmidt*, August: Begriff und Grenzen der *Unabdingbarkeit* des Tarifvertrags, Diss. Köln, 1929.

*Schmidt*, Folke: Die *Reform* des kollektiven Arbeitsrechts in Schweden, Frankfurt a. M., 1978.

*Schmidt*, Gerhard: Das *Günstigkeitsprinzip* im deutschen und schweizerischen Arbeitsrecht, Diss. Freiburg, Schweiz, 1969.

*Schmidt*, Otto: Die „abstrakte" Tarifnorm, RdA 1960, 288.

*Schmidt-Bleibtreu*, Bruno / *Klein*, Franz: Kommentar zum *Grundgesetz* für die Bundesrepublik Deutschland, 5. Aufl., Neuwied, Darmstadt, 1980.

*Schmidt-Preuss*, Matthias: Verfassungsrechtliche Zentralfragen staatlicher *Lohn- und Preisdirigismen*, Baden-Baden, 1977.

*Schmidt-Rimpler*, Walter: Grundfragen einer Erneuerung des Vertragsrechts, AcP 147, 130.

— Zum Problem der *Geschäftsgrundlage*, in: Festschrift für Nipperdey, Hans Carl, München, Berlin, 1955, S. 1.

*Schneider*, Wolfgang: Die Abgrenzungsproblematik zwischen Betriebsrat und Sprecherausschuß, WSI-Mitteilungen 1980, 375.

*Schnorr*, Gerhard: Genehmigungsbedürftigkeit tariflicher Indexlöhne?, AuR 1963, 136.

— *Kollektivmacht* und Individualrechte im Berufsverbandswesen, in: Festschrift für Molitor, Erich, München, Berlin, 1962, S. 229.

— Inhalt und Grenzen der Tarifautonomie, JR 1966, 327.

*Scholz,* Rupert: *Koalitionsfreiheit* als Verfassungsproblem, München, 1971.

— Das *Grundrecht* der Koalitionsfreiheit, Stuttgart, München, Hannover, 1972.

— Die Koalitionsfreiheit des Arbeitgebers, ZfA 1980, 357.

*Scholz,* Rupert / *Konzen,* Horst: Die *Aussperrung* im System von Arbeitsverfassung und kollektivem Arbeitsrecht, Berlin, 1980.

*Schröder,* Ulrich: Altersbedingte Kündigungen und Altersgrenzen im Individualarbeitsrecht — Zur Zulässigkeit einer „Zwangspensionierung" mit 65 Jahren, Berlin, 1984.

*Schuhmann,* Gerhard: Die Grenzen der *Regelungsbefugnis* der Betriebspartner bei der Regelung der Arbeitszeit, Diss. Würzburg, 1982.

*Siebert,* Rolf: Das *Abkommen* vom 15. November 1918 und die Zentral-Arbeitsgemeinschaft der industriellen und gewerblichen Arbeitgeber und Arbeitnehmer Deutschlands, Diss. Jena, 1932.

*Siebert,* Wolfgang: Die deutsche *Arbeitsverfassung,* 2. Aufl., Hamburg, 1942, 241.

— *Kollektivnorm* und Individualrecht im Arbeitsverhältnis, in: Festschrift für Nipperdey, Hans Carl, München, Berlin, 1955, S. 119.

— Kollektivmacht und Individualsphäre beim Arbeitsverhältnis, BB 1953, 241.

*Sinzheimer,* Hugo: Der korporative *Arbeitsnormenvertrag,* 2. Teil, Leipzig, 1908.

— Ein *Arbeitstarifgesetz,* München, Leipzig, 1916.

— *Grundzüge* des Arbeitsrechts, 2. Aufl., Jena, 1927.

— Der Wandel im Weltbild des Juristen, Zeitschrift für Soziales Recht 1928/29, 2.

— Über einige *Grundfragen* des Arbeitstarifrechtes, in: Die Reichsgerichtspraxis im deutschen Rechtsleben, IV. Bd., Berlin, Leipzig, 1929, S. 1.

— Das *Problem* des Menschen im Recht, Groningen, Batavia, 1933.

*Sitzler,* Friedrich: Probleme der Lohngestaltung, Soziale Praxis 1941, 3.

— Staatseingriffe zur Ordnung der Arbeitsbedingungen, BB 1948, 333.

— Tarifvertrag oder Tarifordnung?, RdA 1948, 8.

*Sitzler,* Friedrich / *Goldschmidt,* H.: *Tarifvertragsrecht,* 2. Aufl., Berlin, 1929.

*Smith,* Adam: Der *Wohlstand* der Nationen (aus dem Englischen übertragen von Recktenwald, Horst Claus), München, 1974.

*Söllner,* Alfred: Einseitige *Leistungsbestimmung* im Arbeitsverhältnis, Wiesbaden, 1966.

— Zu Sinn und Grenzen der Vereinbarungsbefugnis der Tarifvertragsparteien, AuR 1966, 257.

— *Arbeitsrecht,* 7. Aufl., Stuttgart, Berlin, Köln, Mainz, 1981.

*Spiertz,* Heinz: Das *Ordnungsprinzip* im Arbeitsrecht, Diss. Köln, 1971.

*Spitta,* Theodor: Kommentar zur Bremischen *Verfassung* von 1947, Bremen, 1960.

*Stackelberg*, Heinrich v.: *Grundlagen* der theoretischen Volkswirtschaftslehre, Tübingen, Zürich, 1951.

*Stahlhacke*, Eugen: Kollektive Einwirkung auf erworbene Rechte, RdA 1959, 266.

— *Anmerkung* zu BVerwG, Urteil v. 13. 3. 1964 — VII C 87.60 —, AP Nr. 4 zu § 4 TVG Angleichungsrecht.

*Staudinger*, J. v. / *Dilcher*, Hermann: Kommentar zum *Bürgerlichen Gesetzbuch*, Allgemeiner Teil, 12. Aufl., Berlin, 1980.

*Stege*, Dieter / *Weinspach*, F. K.: *Betriebsverfassungsgesetz*, 4. Aufl., Köln, 1981.

*Stein*, Lorenz v.: Die *Verwaltungslehre*, 1. Theil, 3. Abteilung Die vollziehende Gewalt, 3. Theil, 2. Aufl., Stuttgart, 1869.

*Steindorff*, Ernst: *Anmerkung* zu BAG, Urteil v. 14. 6. 1963 — 2 AZR 267/60 —, SAE 1963, 38.

*Steinmann:* Neue Verordnung über Kriegslöhne, DAR 1939, 269.

*Steuer*, Werner: Die Grenzen der *Tarifautonomie*, in: Festschrift für Gleitze, Bruno, Berlin, 1978, S. 303.

*Stöckli*, Jean-Fritz: *Allgemeine Arbeitsbedingungen*, Bern, 1979.

*Stommel*, Bernd: Günstigkeitsprinzip und *Höchstbegrenzungen* im Tarifrecht, Diss. Köln, 1966.

*Storch*, Anton: Auf dem Wege zum freien Tarifrecht, DB 1949, 233.

*Strathmann*, Werner: Der *Werdegang* und die Rechtslage der Deutschen Arbeitsfront bis zum Einweisungsgesetz vom Dezember 1937, Diss. Leipzig, 1940.

*Streich*, Rudolf: Die *Entwicklung* des Arbeitsrechts in der amerikanischen Besatzungszone unter Berücksichtigung der Bizone, Vom Zeitpunkt der Kapitulation am 8. 5. 1945 bis zum Inkrafttreten des Grundgesetzes am 24. 5. 1949, Diss. Gießen, 1973.

*Stumpf*, Hermann: Die *Ablösende Betriebsvereinbarung*, in: Gegenwart und Zukunft der betrieblichen Altersversorgung, Hrsg. Höfer, Reinhold, Stuttgart, 1982, S. 102.

*Tophoven:* Verzicht auf Lohn- und Gehaltsspitzen, RdA 1953, 422.

*Traynor*, Roger J.: Quo Vadis, Prospective Overruling: A Question of Judicial Responsibility, 28 The Hastings Law Journal 533 (1977).

*Tuhr*, Andreas v.: Der *Allgemeine Teil* des Deutschen Bürgerlichen Rechts, Bd. II, 2. Hälfte, Berlin, 1918.

*Turchi*, Renato: Die Verwirklichung des Leistungsgedankens im Faschistisch-Korporativen Arbeitsrecht, NSSozPol. 1938, 463.

*Ullmann*, Peter: *Tarifverträge* und Tarifpolitik in Deutschland bis 1914, Moderne Geschichte und Politik (Hrsg. Schulz, Gerhard / Born, Karl Erich / Scholder, Klaus), No. 6, Frankfurt a. M., Bern, Las Vegas, 1977.

*Vischer*, Frank: Zum *Gesamtarbeitsvertrag* in der schweizerischen Wirtschaftsordnung, in: Festschrift für Meier-Hayoz, Arthur, Bern, 1982, S. 395.

*Volze*, Armin: Der Entwurf eines Arbeitsgesetzbuches für die sowjetische Besatzungszone Deutschlands, BABl. 1961, 21.

*Warncke*, Hans: Uebertarifliche Löhne und Gehälter, SchlW 1926, 73.

*Weber*, Hansjörg: *Anmerkung* zu BAG, Beschluß v. 22. 1. 1980 — 1 ABR 48/77 —, SAE 1981, 114.

*Weber*, Max: *Rechtssoziologie*, Neuwied, 1960.

*Weber*, Werner: *Spannungen* und Kräfte im westdeutschen Verfassungssystem, Stuttgart, 1951.

— Die *Verfassung* der Bundesrepublik in der Bewährung, Berlin, Frankfurt a. M., 1957.

— *Koalitionsfreiheit* und Tarifautonomie als Verfassungsproblem, Berlin, 1965.

— Die Bundesrepublik und ihre Verfassung an der Schwelle des dritten Jahrzehnts, DVBl. 1969, 413.

*Weiss*, Manfred: *Betriebsverfassungsgesetz*, 2. Aufl., Baden-Baden, 1980.

*Weitnauer*, Hermann: Der *Schutz* des Schwächeren im Zivilrecht, Karlsruhe, 1975.

*Wiedemann*, Herbert: Zur Tarifzuständigkeit, RdA 1975, 78.

— *Leistungsprinzip* und Tarifvertragsrecht, in: 25 Jahre Bundesarbeitsgericht, Hrsg. Gamillscheg, Franz / Hueck, Götz / Wiedemann, Herbert, München, 1979, S. 635.

*Wiedemann*, Herbert / *Stumpf*, Hermann: *Tarifvertragsgesetz*, 5. Aufl., München, 1977.

*Wiggert*, Wilhelm: Günstigkeitsprinzip und Günstigkeitsvergleich bei Normenkollision im Urlaubsrecht, AuR 1958, 50.

*Willeke*, Eduard: „*Arbeitsmarkt*", in: Handwörterbuch der Sozialwissenschaften (HdSW), I. Bd., Stuttgart, Tübingen, Göttingen, 1956.

*Willoweit*, Dietmar: Historische Grundlagen des Privatrechts, JuS 1977, 573.

*Wlotzke*, Otfried: Das *Günstigkeitsprinzip*, Göttingen, 1957.

*Woerle*, Karl Jos.: Die *Entlohnung* unter Tarif, Diss. München, 1933.

*Wolf*, Ernst: *Anmerkung* zu BAG, Urteil v. 8. 2. 1972 — 1 AZR 221/71 —, AP Nr. 49 zu § 4 TVG Ausschlußfristen.

— Das Recht zur *Aussperrung*, München, 1981.

*Wolf*, Hans, in: Grundriß *Arbeitsrecht*, Kap. 5, 2. Aufl., Berlin, 1980.

*Wolf*, Manfred: Rechtsgeschäftliche *Entscheidungsfreiheit* und vertraglicher Interessenausgleich, Tübingen, 1970.

— Tarifautonomie, Kampfparität und gerechte Tarifgestaltung, ZfA 1971, 151.

*Wolff*, Herbert: Die *Vertragsfreiheit* im kollektiven Arbeitsrecht, Diss. Halle-Wittenberg, 1934.

*Zander*, Ernst: Kommunismus und *Leistungsprinzip*, 2. Aufl., Heidelberg, 1975.

*Zeiselmair*, Josef: *Tarifmacht* und Vereinsmacht, Diss. München, 1970.

*Zeuner*, Albrecht: Günstigkeitsprinzip und Verbandsbeschluß zur Verhinderung übertariflicher Arbeitsbedingungen, DB 1965, 630.

*Zieger*, Gottfried: Individuum und politisches System in der DDR, ROW 1979, 209.

*Zinn*, Georg August / *Stein*, Erwin: *Verfassung* des Landes Hessen, 2. Bd., Bad Homburg v. d. H., Berlin, Zürich, Stand Juli 1980.

*Zöllner*, Wolfgang: Der Abbau einheitsvertraglicher Arbeitsbedingungen im nicht tariflich gesicherten Bereich, RdA 1969, 250.

— Die Rechtsprechung des Bundesverfassungsgerichts zu Art. 9 Abs. 3 GG, AöR 98, 71.

— Privatautonomie und Arbeitsverhältnis, AcP 176, 221.

— *Arbeitsrecht*, 2. Aufl., München, 1979.

FSC®
www.fsc.org
MIX
Papier | Fördert
gute Waldnutzung
FSC® C083411

Kolibri 360 GmbH
Ferdinand-Jühlke-Straße 7
99095 Erfurt, Deutschland
produktsicherheit@kolibri360.de

Druck:
CPI Druckdienstleistungen GmbH
im Auftrag der
Kolibri 360 GmbH
Ferdinand-Jühlke-Str. 7
99095 Erfurt